ベーシック造形技法

—図画工作・美術の基礎的表現と鑑賞—

監修 宮脇 理

編集 山口喜雄
　　 天形 健

編集委員 伊藤文彦
　　　　 岡本康明
　　　　 新関伸也
　　　　 佐藤昌彦

建帛社
KENPAKUSHA

■執筆者

監修
宮脇　理　　インディペンデント・スカラー
　　　　　　元筑波大学芸術学系博士課程　教授

編集
山口喜雄　　元宇都宮大学教育学部　教授，元宇都宮大学教育学部附属小学校　校長
天形　健　　元福島大学人間発達文化学類　教授，元福島大学附属中学校　校長

編集委員
伊藤文彦　　静岡大学教育学部　教授
岡本康明　　元京都造形芸術大学　教授
新関伸也　　滋賀大学教育学部　教授
佐藤昌彦　　北海道教育大学（札幌キャンパス）　教授

執筆
荒井経　　　東京芸術大学大学院美術研究科
新井浩　　　福島大学人間発達文化学類
池永真義　　大谷大学教育学部
石井壽郎　　東京学芸大学教育学部
伊藤伸子　　宇都宮美術館　学芸員
上山浩　　　三重大学教育学部
大泉義一　　横浜国立大学教育人間科学部
大嶋彰　　　滋賀大学　名誉教授
岡田匡史　　信州大学教育学部
尾澤勇　　　秋田公立美術大学美術学部
梶原良成　　宇都宮大学教育学部
片平仁　　　福島県立福島工業高等学校
川合克彦　　川崎市総合教育センター
川路澄人　　島根大学教育学部
小町谷朝生　東京芸術大学　名誉教授
齋藤学　　　山形大学地域教育文化学部
佐藤賢司　　大阪教育大学教育学部
椎原保　　　元京都造形芸術大学
高石次郎　　西九州大学子ども学部
西村徳行　　東京学芸大学教育学部
西村俊夫　　元上越教育大学学校教育学部
芳賀正之　　静岡大学教育学部
橋本優子　　宇都宮美術館　学芸員
細内俊久　　元宇都宮大学教育学部附属小学校
松島さくら子　宇都宮大学教育学部
松原雅俊　　横浜市教育委員会教職育成課
三浦浩喜　　福島大学人間発達文化学類
村松和彦　　作新学院大学人間文化学部
山木朝一　　鳴門教育大学学校教育学部
山田文一　　戸田市立美笹中学校
渡邊晃一　　福島大学人間発達文化学類

まえがき

●伝統と未来にフォーカスする造形技法

　いま，任意の"木の板"を皆さんに示して，「……この木片を触ってもよいから，原木が植生されている姿，状況を思い浮かべることが出来ますか？……」と質問をしてご覧なさい。何人かの人は見慣れている"木材"の名称を当てることはできるが，"木"の生育状況や枝葉などの形状は？と質問を拡げていくうちに，正解は皆無に近くなる……。

　私たちは知らず知らずのうちに眼前の現状にのみ眼を向け，材料の生成アーカイブを等閑視し，そうすることで進歩の概念を創り上げてきたのである。理由は媒体の生成・因果関係などを知らずとも日常生活には困らないからであり，結果，過去・現在・未来を連動させ，俯瞰することによって現在を焦点化するという能力を失っている。

　ところで今，この国の教育界は「競い合う気持ちが出発点」，「世界のトップレベル」への眼差しと志向に溢れているが，これは"OECD"（Organization for Economic Cooperation and Development：経済協力開発機構）による2000年と2003年の比較調査と，理数教育に重点を置く"IEA"（国際教育到達度評価学会）による国際順位の凋落が原因であり，明らかに世界のトップを飾ったフィンランドを念頭に置いていることは確かである。しかしフィンランドが頂点の座を得た理由を推量すれば，143年前の1863年，"フィンランド教育の父"といわれるウノ・シグネウス（Uno Cygnaeus）が"民衆芸術"を教育の基底媒体に置き，手渡す教育として"手工・工作教育"を生み出し，単なる知識の集積や競争心を煽ることを彼岸とし，心と身体を練り合わせた知による歴史的遺産，つまり"果実"が現在へと結果しているのである。

　さて本書の企画は三つの段階を踏んでいる。第一段階は37年前の1969年に，図工・美術教育の基底に「手渡す技法」を置くことで，単なる知識だけではない「知」の存在の必要なことを掲げ，「造形社」より『造形ハンドブック』Ⅰ＆Ⅱを刊行。第二の段階は装いも新たに"建帛社"より『造形の基礎技法』として1984年に出版，そして今回の第三段階が37年の歴史を抱え，その継続と進展を意図して企画したものである。その射程はネットワークを利用し情報の授受を夢想した"ユビキタスネット社会"を想定している。

このように過去37年間の「基礎技法」のアーカイブでは多くの"変動"に出会ったが，常に「手渡すシステム」を併進させてきたのである。いいかえれば複数の歴史を同時進行させ，練り合わせ，保持してきた伝承は，このたびの企画にも引き継がれ，本書の骨格になっている。

　"伝統の初源"から，"ICT"（Information & Communication Technology）までの技法を併走させることは困難ではあるが，日本の現実は2001年，総務省は「IT国家」を想定した"e-Japan"を提起，「2005年に世界最先端のIT国家になる」という目標を掲げ，それは2003年の"e-Japan戦略Ⅱ"，2004年12月には"u-Japan"（ユビキタスネット・ジャパン）へとつづき，2010年までに日本を世界最先端の「ユビキタスネット社会」へ発展させることを目指している。これらの背景には「形式知」や言語化されない「暗黙知」を組織全体で共有し，これの有効活用を眼目とした"ナレッジ・マネジメント（Knowledge Management：KM）"や，メディアの生態系をデザインする"メディア・ビオトープ（media biotope）"の存在がある。

　本書は創造的にして持続的，そして地域に連動する協働指向をもち，未来へ向かう"生きている造形の基礎技法"を試みた。建帛社の既刊：『美術科教育の基礎知識』と併せてご利用願いたい。

　　　2006年8月

　　　　　　　　　　　　　　　　　　　　　　　　監修者　宮　脇　　　理

カバーデザイン：伊藤文彦
ページレイアウト：伊藤文彦，片柳佳之

目次

1 人間と造形
- ●自然と人間と造形 …………………… 1
- ●造形の世界 …………………………… 4
- ●子どもの造形表現と教師 …………… 6
- ●造形表現による教育 ………………… 8

2 造形表現の分類
- ●造形表現の諸相 ……………………… 12
- ●造形遊びから表現への過程
  - 見立ての造形遊び－幼児向け ……… 16
  - 素材体験を楽しむ－低学年向け …… 18
  - 材料操作からその子の表現へ
    －中学年向け ……………………… 20
  - "地球に穴をあけよう"
    －高学年向け ……………………… 22
- ●造形の表現性
  - 絵画の表現性 ……………………… 26
  - 彫刻の表現性 ……………………… 28
  - デザインの表現性 ………………… 30
  - 工芸の表現性 ……………………… 32

3 絵画・彫刻の基礎技法
- ●絵画の主題
  - 観察による絵画表現 ……………… 34
  - 想像による絵画表現 ……………… 36
  - 内面・抽象の絵画表現 …………… 38
- ●絵画の材料と技法
  - 絵画の材料と用具 ………………… 40
  - 素描 ………………………………… 42
  - パステル …………………………… 44
  - 水彩 ………………………………… 46
  - 油彩 ………………………………… 48
  - アクリル …………………………… 50
  - フレスコ，テンペラ ……………… 52
  - 日本画 ……………………………… 54
  - 水墨画 ……………………………… 56
  - 漫画 ………………………………… 58
- ●版画とその特性
  - 版画の教育的意義 ………………… 60
- ●版画の材料と技法
  - 版画の材料と用具 ………………… 62
  - 版画の種類 ………………………… 64
  - 木版画－伝統技法 ………………… 66
  - 木版画－いろいろな技法 ………… 68
  - 銅版画－直接法 …………………… 70
  - 銅版画－間接法Ⅰ（エッチング） …… 72
  - 銅版画－間接法Ⅱ
    （メゾチント・アクアチント） …… 74
  - 孔版画 ……………………………… 76
  - 平版画 ……………………………… 78
  - いろいろな版画 …………………… 80
  - 木版画の共同制作 ………………… 82
- ●彫刻の主題
  - 具象彫刻 …………………………… 88
  - 抽象彫刻，想像による主題 ……… 90
  - 彫刻表現の広がり ………………… 92
- ●彫刻の材料と技法
  - 彫刻の材料と用具 ………………… 94
  - 粘土クロッキー …………………… 96
  - 直づけ ……………………………… 98
  - モデリング ………………………… 100
  - キャスティング …………………… 102
  - カービングⅠ（木彫） …………… 104
  - カービングⅡ（石彫） …………… 106

4 デザイン・工芸の基礎技法
- ●デザインの主題
  - 形態と機能 ………………………… 110
  - ユニバーサルデザインと
    アクセシビリティ ……………… 112

●デザインの材料と技法
- デザインの材料と用具 …………… 114
- 紙という素材 ……………………… 116
- 平面構成 …………………………… 118
- マーク ……………………………… 120
- ポスター …………………………… 122
- ダイアグラム ……………………… 124
- イラストレーション ……………… 126
- アニメーション …………………… 128
- 文字とデザイン …………………… 132
- 写　真 ……………………………… 134
- 2DCG表現 ………………………… 136
- 3DCG表現 ………………………… 138
- デザインの共同制作 ……………… 140
- デジタルビデオ編集Ⅰ …………… 142
- デジタルビデオ編集Ⅱ …………… 144
- 総合的な情報伝達Ⅰ ……………… 146
- 総合的な情報伝達Ⅱ ……………… 148

●工芸の材料と技法
- 工芸の材料と用具 ………………… 154
- 陶　芸 ……………………………… 158
- 陶芸教育のあり方 ………………… 160
- 金　属 ……………………………… 162
- プラスチック ……………………… 166
- 七　宝 ……………………………… 168
- 染　色 ……………………………… 170
- 漆　芸 ……………………………… 172

5 芸術作品の鑑賞

●芸術体験としての鑑賞
- 美術館を愉しむ …………………… 174
- 絵画の鑑賞 ………………………… 176
- デザインの鑑賞教育 ……………… 178
- 手で見る美術鑑賞 ………………… 180
- 美術館での鑑賞マナー …………… 182

●美術館の活用
- 美術の多様な広がり ……………… 184
- ミュージアム・アウトリーチ …… 186
- "美術館ならでは"の
  授業を考える …………………… 188

6 生活と造形

●伝承と保存
- 文化の伝承と保存Ⅰ ……………… 190
- 文化の伝承と保存Ⅱ ……………… 192

●鑑　賞
- 工芸作品を「見る・触る・使う」… 194

●世界遺産
- 世界遺産と美術文化 ……………… 198
- 世界遺産の街「古都京都」
  の文化財 ………………………… 200
- 「姫路城」の用と美 ……………… 202

- ●作品・資料提供者一覧 …………… 206
- ●引用文献・参考文献 ……………… 207
- ●索　引 ……………………………… 208

コラム
- 「紙」 ………………………………… 10
- 「人間にとっての遊び」 …………… 14
- 「日本の伝統文化と遊び」 ………… 24
- 「展示と空間」 ……………………… 84
- 「塗装と接着」 ……………………… 108
- 「アニメ」 …………………………… 130
- 「色彩」 ……………………………… 150
- 「絵巻を英語で鑑賞する」 ………… 196

1 人間と造形

自然と人間と造形

総論 主題 技法 知識 鑑賞

　私たちは今，自然とどのように向き合い，かかわり合って生きているのだろうか。そして自然は人間にとってどのような存在であるといえるのだろう。絵画の起源ともいわれる旧石器時代のスペインのアルタミラやフランスのラスコーの洞窟壁画には多くの野獣たちを見ることができる。中でもアルタミラ洞窟の〈飛び跳ねるビゾン（野牛）像〉，ラスコー洞窟の〈牡牛の広間〉などは，自然界に生きる獣たちの姿が悠々しく，今にも跳び出しそうな生命感と躍動感をもって描かれていることで知られている。現代からみてもその卓越した技術と表現力には目を見張るものがあり，まさに先史時代の優れた洞窟絵画といえる。これらの洞窟絵画には，牛や馬を始め，クマ，ライオン，マンモス，トナカイなど比較的大きな獣が描かれており，火を使う食住の場としての洞窟とは別の，それも太陽の光がまったく届かない洞窟奥の壁や天井に集中していることが多いことから，描かれた獣は当時の人々にとって特別な意味をもち，描かれた場所やその空間も生活の中で特別な場であったのではないかと推測されている。洞窟の凹凸や岩のかたちを巧みに利用した，今にも眼前に迫ってくるような立体的な描写は，本能的に描いた絵の力強さを感じさせるもので，描くことが魂の拠り所と深く結びついた行為であったということなのかもしれない。自然界の真っ只中で狩猟・採集を中心とした生活をする当時の人々にとって，闇の空間である洞窟奥の壁や天井に，必ずしも狩猟の対象としなかった大型の野獣を描くことは，それが一つの聖なる空間の創造[1]，神聖な場所であり，大自然に対する祈りにも近い気持ちの表れだったのかもしれない。洞窟に描かれた絵画を，今日の私たちが考えるところの絵画と同一の視点で語ることはできないかもしれないが，太古の人々が自然とどのようにかかわり，世界をどのように捉えていたかを伺い知ることはできる。

　同じく狩猟・採集の生活をし，先史時代の自然観あるいは世界観が表れているものとして，日本の縄文時代の土器や土偶の形体にその片鱗をみることができる。1951年，東京国立博物館で縄文土器を見た画家・岡本太郎は全身を激しく揺さぶられるほどの衝撃を受ける。特に，縄文中期の火焔形土器にみられるその特異な形体に，「じっさい，不可思議な美観です。荒々しい不協和音がうなりをたてているような形態，紋様。そのすさまじさに圧倒される。はげしく追いかぶさり，重なりあって，突きあげ，下降し，旋回する隆線紋。これでもかこれでもかと執拗に迫る緊張感，しかも純粋に透った神経の鋭さ」[2]とその造形性と美的価値を認めて絶賛している。芸術の本質はその超自然的な激しさにあると語る岡本太郎は，この火焔形の縄文土器を考古学という一研究領域から一気に現代の美の領域へとクローズアップさせ，縄文文化こそが日本文化の原点であると主張した。火焔形土器

ラスコー洞窟壁画『オーロックスと馬の群』

1

は，単に煮焚き物をする実用性のある器としてはかなり逸脱した印象を受ける。器面の突起や紋様も，装飾的要素として理解するにはあまりに過剰で，むしろ土器としての形体そのものがこの時代の宇宙観のようなものを表しているかのように映る。土器の外側から内側へつながる形体と紋様の運動性，その連続するリズムは，土器の外部と内部をつなぎ，結合させ，一体となることで内部空間の奥行きや広がりを生むとともに，外界にまで轟く一個のエネルギーとしての形体を成しているかのようだ。世界に類のない特異な造形性をもち，日常の実用的な器であると同時に，当時の人々の自然観，世界観が激しく入り交じり凝縮された縄文土器には，一個の生命の輝きさえ感じるのである。

　自然を見る眼差しは時代や地域や民族によって大きく異なり，宗教や思想，さらには科学や芸術といった分野からの異なる視点によっても着眼点や関心に違いが生まれる。また例えば土器においては，土という素材，焼成という加工技術の共通性はあっても，形や表面の紋様，つくりにはその文化固有の様式があり，絵画においては西洋画，東洋画というだけでイメージをもってしまうほど，それぞれに異なる様相がみられる。自然観も，そこで生み出される造形も，土地や人々の生活空間との深いかかわりの中で独自に形成され育まれるものである。勿論，地域を異にし，時代や民族を超えての類似や共通性をみることもあるし，表れる形式や形に差異があっても，その奥底には共有する生の基盤といえるものがあり，個々の文化を超えた人類共通の営為として捉えることもできる。

　自然と人間の関係を，造形表現を通して形成される思考によって捉えることは一つの重要な視点といえる。自然をどのように規定するかは難しいところであるが，例えば西洋絵画における風景画の歴史をみれば，目の前に広がる自然の風景を忠実に描き始めたのは17世紀ネーデルランドの画家たちといわれ，それほど古いことではないのである。彼等は日の出とともに起き，木炭と色チョーク，ペンと画用紙を持って暗闇の中から現れる自然の荘厳な姿を描き留めようとした。それ以前の風景画は人間を主題とし，人間にとっての理想化された自然であったり，古典的秩序のもとで再構成された，言わばつくられた風景ということになる。それでも油彩による本格的な制作はアトリエの中で行われ，自然の中で絵筆をふるう画家の登場は印象派の出現を待たなければならない。

　しかしモネやピサロ，ルノアールのように目の前の自然に疑いを抱くことなく，降り注ぐ陽光を浴び，時間や季節の変化とともに映り行く風景を描くことができた幸福な時代は，ほんの束の間のことであった。既にアンリ・ルソーやポール・ゴーギャンにおいては，近代化がもたらした都市生活に疑問を持ち，遠く南の島々にそのユートピアの幻想をいだき始めていた。2人はともにパリのセーヌ河畔にある奇蹟の庭と呼ばれた植物園，シャルダン・デ・プラントの温室に足繁く通い，フランスの植民地となった熱帯や亜熱帯の国々から届いた数々の見知らぬ植物から受ける刺激に酔いしれたという。特にル

モネ『サン・シメオンの道』(1864) 国立西洋美術館

ソーは高いガラス張りの天井をもつ宮殿の内部のような温室で、生い茂った植物と、色鮮やかな花々の中で、熱帯がもつ不思議な高揚感を味わい、あの素朴派といわれる独自の絵画を確立した。熱帯はルソーにとって内的世界の同一化として捉えられたが、ゴーギャンは魂の安らぐ新たな希望の地として南の島をめざし、神々がつくり出した理想郷と謳われ、原始のエネルギーがみなぎるポリネシアのタヒチ島に移住してしまう。しかしながらゴーギャンが求めるジャングルでの優雅な生活は既になく、自然と人々との交流の中で、むしろ過去に撮影された多数の写真を手にすることから、タヒチのイメージを構築し、新たな絵画を創造することになる。ルソーとゴーギャンは息詰まる近代ヨーロッパを予見し、ともに熱帯のパラダイスを夢想することで、伝統的な遠近法や、当時、只中にあった印象主義を越える新たな地平を開いていったのである。

20世紀は自然科学と技術の飛躍的発達により、過去のどの時代よりも物質的に豊かな時代だといわれるが、同時に、近代科学文明は都市にみられる自然環境を大きく変え、風景という観念そのものを変貌させるとともに、芸術概念をも変質させた。日本の都市の風景から手つかずの自然は消え、その近郊に里山も田園の風景さえも見ることはなく、高層ビルやマンションがそびえ、市街地を走る高架橋の幹線道路や地下深くを縦横に結ぶ地下鉄や地下街が新しい都市の風景となっている。都市景観は鉄とガラスに象徴される高密度に集約された人工都市となり、張り巡らされた交通網と、携帯電話やパーソナルコンピュータのマルチメディアの多用によって、広く私たちの社会全体に大きな意識や身体の変容を起こしているといわれている。これまでの、自然や自己を基点とした世界との対峙から生まれる芸術概念ではなく、人間のつくり出した圧倒的な人工環境と、そこで起こるさまざまな社会的現象に対する反映概念によって今日の芸術は生み出されている。また、高度な情報化社会は、私たちに急速な感覚のメディア化を招いたともいえる。情報によってつくられた現実、情報によって編集された価値が私たちを取り巻き埋めつくす時、私たちの感覚そのものもまた電子メディアのデジタル環境に回収される。さらに、グローバリゼーションによる世界の均質化やメディアを介した多くの記号化された現実との接触は、消

椿昇『Polly Zeus』(1994) 宇都宮美術館

化不可能な現実に埋め尽される結果を招いて、私たちは生のリアリティーを日々喪失し、「世界の意味」を消耗してしまっているかのようにも思えるのだ。今日の社会は価値の多様化というより、価値の喪失、社会という枠組みや構造そのものの急速な解体と個の内部崩壊にさらされている。それゆえ、生きることの全体性を回復するために、いま、唯一その行為の無償性に立脚し得る芸術から教育へのメッセージが必要とされる。ことさらに表現することを目的にするのではなく、世界に触れ、ものの本質とその生命に触れることの意味をもう一度確かめるための手立てを探ることこそが目的とならなければならない。しかしそれにしても、先史時代の自然観や常に生の全体性と直面するところから生まれた造形の逞しさとその美しさには驚かされる。その崇高な精神や喜びを目の当たりにすると、私たちは今なにをこの時代に求めているのだろうかと改めて考えてしまう。

1) 中原佑介編『ヒトはなぜ絵を描くのか』フィルムアート社, 2001, 14章
2) 岡本太郎『原色の呪文』文芸春秋, 1968, p.163

(岡本康明)

1 人間と造形

造形の世界

総論 主題 技法 知識 鑑賞

批評することで造形は進歩する

　私たちの造形表現の歴史は，私たちが外界と内面とに感じる「美」との対話の歴史である。ヒトはさまざまな表現材料と表現の方法を駆使し，非常に多様な「美」を発見し続けている。そのため「美とは何か？」という問いには，誰も一言では答えられない。常に「美」そのものが生きているかのように進化していると考えることができる。

　ただ，私たちの個人の発達の中においては，まるで人類史が「美」を求めたのと類似すると思われる「美」の感受の成長を感じるときがある。幼児が，表現行為として「絵」や「もの」をつくり出すことに喜びを見出し，手あたりしだいに描いてみたり，組み合わせてみたりする中から，ものの存在やあり様に気づく段階もあれば，思春期とともに，写真のように描かれた「絵」にあこがれ，「ほんもの」らしく三次元を二次元に表そうとした頃もあるだろう。やがて私たちは，「創造性」の価値に気づき，個人の「想像力」が生み出す「創造力」に，より高次の「美」を感じるようにもなる。

　その創造力に秘められた造形の技は，「主題性」「技法性」「技術性」により発揮される。本書では，そのうちの基礎的な「技法性」と「主題性」について詳しく取り上げ，造形のジャンルごとに表現や鑑賞の方法としてまとめた。「技術性」についてもできるだけ触れるようにしたが，表現の技術は，造形的な表現や鑑賞の体験から学習される部分も多いため，本書で学んだことをぜひ個人の造形表現の実践に，また図画工作科や美術科の授業で活用してほしい。本書が「技術性」の理解を深めるとともに，表現技術の向上に役立てば幸いである。

　さて，美術や造形的な作品を「知る」ということは，すでに価値づけられた過去の作品の歴史や作品の分析を行うことだけではない。私たちは有名とされる「作品」を展覧会や「美術館」で見るときと，無名作家と思われる作品に公募展や偶然立ち寄った個展会場などで出会うときとでは，鑑賞する自分の気持ちに変化があることに気づかないだろうか。

　例えば，「モナリザ」や「ゲルニカ」に対面するときには，多くの人に素晴らしいと価値づけされた作品に出会える喜びが強くなる傾向にあるが，初めて見る作品に対しては強い評価の気持ちをもって見るものである。むしろその方が私たちは主体的に作

Ⓐ 「ヴィレンドルフのヴィーナス」旧石器時代，オーストリア

Ⓑ 「ミロのヴィーナス」前2世紀頃，メロス島（ギリシャ）

品を見ているということができるだろう。

　一方で「芸術」と考えられている作品以外にも，多くの造形作品が私たちの身の回りにあることを自覚したことはないだろうか。建造物や文房具，台所用品などのデザインや工芸の分野とされる作品である。それらは，絵画や彫刻などの作品とは異なり，使用目的や機能などの用途が美しさとともに表された作品といえるだろう。

　私たちは自家用車や住居，身の回りの小物に至るまで，選ぼうとする際には外観の美しさとともに，使いやすさや耐久性，安全性についても吟味するはずである。それらは造形物の作者の創造意図に基づいたデザインを評価することに等しい。そしてそれを鑑賞する人，味わう人が自分なりの「美」の価値観を見出し，また自らも表現者であろうとする発想や工夫の糸口をつかむ瞬間でもある。絵画や彫刻などと同じように，私たちを美的体験に導いてくれることにおいては，やはり造形作品だといえる。

永遠のモチーフ「女性美」

　私たちの先達は，いつの時代も「女性」をモチーフとして表現してきた。宗教画の中に，風景画の中に，また「女性」だけをテーマとして絵に表したり，彫刻として表したりしている。彼らの遺した作品から，それぞれの時代のテーマ性や美意識を想像することも作品鑑賞の楽しみ方の一つである。その時代の価値観や「美」意識の中で物事を考え，判断しながら生きた先人のセンスが伝わってくるような体験ができるだろう。

　そして，そのような「美」の概念や価値観は，過去のものとして存在するだけのものでも，直線的に進化発展の一過程として残っているわけでもない。造形表現の世界は，多様な「美」意識や価値観として，時代が進むにつれ，世界が広がっているということもできる。私たちは最新のセンスと思われるような「美」意識や表現方法で表された作品にも，過去に表された造形物からも，私たちの鑑賞力による「美」を感じることができるのである。

　造形の世界とは，国境や民族のみならず，壮大な時空を超えたコミュニケーションの世界なのである。

　Ⓐの「ヴィレンドルフのヴィーナス」と名づけられた作品は，現代的な眼で見ると，なんとも不格好な「肥満」を感じるが，当時（２〜３万年前）は，現代人が認識する「美」の概念とはまったく異なった認識で「女体」を見ていたのだと思われる。そのたくましさは，Ⓑ「ミロのヴィーナス」からも感じられる。「ミロのヴィーナス」は，遙か2000年以上前の作品であるにもかかわらず，私たちもヴィーナスと呼ぶことに違和感がない。Ⓒのピカソの作品「夢」は，女性特有の曲線を生かしながらデフォルメした形で画面構成しており，表現が写実表現でなくなったことを感じる。Ⓓの「三美神」は，一瞬「女性？」と思うほど単純化された女体で構成されている。未来の人々は20世紀ヴィーナスとして，その「美」を感じるのだろうか。

パブロ・ピカソ（1881-1973，スペイン）「夢」（1932）

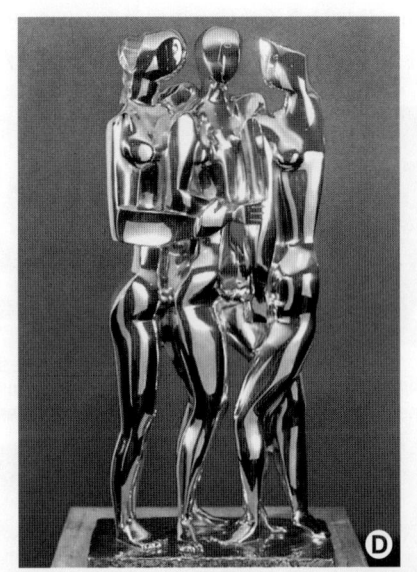

オシップ・ザッキン（1890-1967，ロシア）「三美神」

（天形　健）

1 人間と造形

子どもの造形表現と教師

総論 主題 技法 知識 鑑賞

わが国における子ども概念の変遷

日本における「子ども」概念の発生は，江戸期に身分別であった学習機会の全国的統一ならびに子どもの家内労働からの解放につながる学制頒布（1872年）以降と考えられる（旧制尋常小学校の28％であった1872年の就学率が90％を越えたのは1910年以降）。

美術教育の世界でいえば，1910年には児童の心理的発達を考慮した，当時としては画期的な臨画の国定教科書『尋常小学新定画帖』が刊行された。そして，その8年後の1918年には，臨画教育を批判し子どもの個性的表現を重視した自由画教育運動が，山本鼎らにより全国に広げられた。

しかし，大正自由主義を背景とした自由画教育の隆盛は一時的なものにとどまり，ファシズムが台頭する1930年代の国民学校では，「教育勅語」（1890年頒布）に基づいた軍国主義教育が行われ，子どもは「少国民」と呼ばれて，自由で子どもらしいありのままの生活は許されなかった。

子どもの意思を尊重する考えは，第二次大戦後，1946年公布の日本国憲法，翌1947年公布の教育基本法，学校教育法に明記され，子どもらしい自由な造形表現を大切にする授業が展開されるようになる。

1970年代には高等学校への進学率が90％を越え，モラトリアム（執行猶予）化が進行する。また1989年には「子どもとは，18歳未満のすべての者をいう」とした子どもの権利に関する条約が国連総会にて満場一致で制定された。

造形表現における教育の効果

子どもは生得的に造形表現能力を有しているとする考えもあるが，必ずしもそうでないことは，近代文明と未接触であったニューギニア高地人の村で「最も"鑑賞に堪える作品"を描いた」8歳男児の絵「ブタ・木・人」（本多勝一・藤木高嶺：ニューギニア高地人，朝日新聞社，1964）と，現代の日本の子どもたちの描いた絵を比較すれば明らかであろう。

美術にかかわるさまざまな文化や学校での造形学習の蓄積をベースとして，現代では子どもの絵の題材設定や技法の多様さは無尽蔵である。

「ブタ・木・人」（ニューギニア高地人の8歳男）
マジックインキによる描画

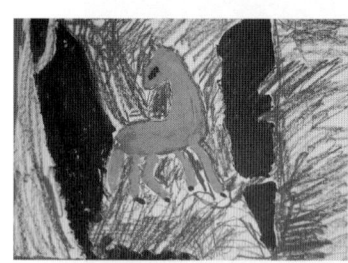

「白馬の森」（小2男）
東山魁夷の絵を観たときの感動の記憶を基に描く

「○○先生との3年間」（小4女）
9cm×13cmの小画面に虫眼鏡で見て描く

「ステキなアジサイ」（小4女）
色づくり遊びをした和紙をちぎって糊づけ

「ザリガニのいけ」（小1男）

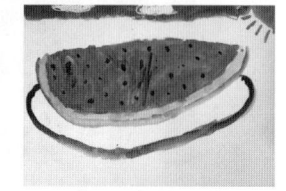

「スイカ」（小2男）

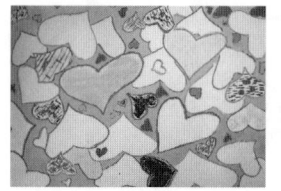

「自分を伝える」（小6女）

「グチャグチャ君の芸術」（小5男）

教師のかかわり

　子どもの造形表現能力は，幼稚園・小学校低学年における「造形遊び」をはじめ，幼・小・中・高校の各期における学習指導要領「内容構成」の構造（見返し参照）にそって培われる。現代における造形教育は，近代前半における限定的な造形学習の枠をはるかに超えて制度化されている。

　そこで問題になるのが教員の造形学習の企画力や指導力であり，特に重要なのが題材設定である。作例をみてみよう。

① 子どもにとって大きな関心事である修学旅行と日本美術の鑑賞を関連させ，生徒の側から捉え直した「日本美と私」。
② 不特定多数の人びとにメッセージを伝えるという従来のポスター概念を逆転し，自分への訴求へと転換した「自分を励ますポスター」。
③ 自分の願いや好みを彫刻で表し，篆刻印としても使用できる「親しみのある印鑑」。

いずれも授業の成立が難しい受験をひかえた中学生のものであるが，生徒のやる気を引き出しやすい

「日本美と私」（中3男）
「自分を励ますポスター」（中3女）
「親しみのある印鑑」（中3男・女）

題材設定による作品である。

　次に重要なポイントは，技法を教えるタイミングである。「中学生になって美術が嫌いになった」という場合が少なくないが，その要因は過度な技法修得の指導にある。以下の木版画指導例は，中学3年の同一人物による約1ヶ月間における表現の洗練過程を示したものであるが，このように生徒自身の学習への積極的態度が形成されるタイミングをはかり，適切に指導することが大切であろう。

●下絵1（アイデアスケッチ）
●下絵2
●下絵3

　下絵2から下絵3への段階では，何を表したいかという主題と，おじいさんと鬼の位置関係や主題にかかわる状況など空間認識を深める助言が有効であった。

　下絵3から木版画への段階では，自分の描いた下絵の表現意図を版木の上に巧く再現したいという意欲が生まれている。この段階での，切り出し・丸刀・三角刀・平刀など彫刻刀の使い分けや「技法」の指導が有効である。刷り上げた作品を見ながらの喜びの共有も忘れてはならない。

●作品：木版画「こぶとり爺さん」（中3男）

（山口喜雄）

1 人間と造形

造形表現による教育

総論 主題 技法 知識 鑑賞

造形表現の楽しさを知る

　造形表現を学ぶ，あるいは教える目的は，まず，造形表現の面白さに気づかせることにある。砂浜に指で絵を描いたり，トンネルをつくる楽しさは誰もが知っている。

　プロスポーツマンをめざしていなくても，私たちがキャッチボールをしたり，サッカーの試合観戦を楽しんだりするように，造形活動を好きな行為と思わない子どもたちから高齢者までが，人生の一部に造形活動を楽しむ喜びを保障する必要がある。そして，もっと造形表現のことを知りたいと思う人たちには，表現技法や材料の特性を学ぶ場を提供することも必要である。

　また，好きと感じる私たちの感情は必ずしも持続するとは限らない。特に，描画については，夢中になって表現していた児童が高学年になると，それまでのように素直に表現できなくなることも決して少なくない。

　「造形表現による教育」は，造形的な表現を得意とする人だけを対象とするような「美術の教育」に偏ってはならない。

　「美術が好き」と感じていない人たちにも，それぞれに理由があると考えられる。それは，小・中学校での指導や経験に起因するとは限らない。熱中できるものがほかにあり，美術以外に魅力的なものを見つけた人は，造形行為に割り当てる時間がないのかもしれない。しかし，時には美術館に足を運んだり，街角のデザインに目をとめたり，室内の装飾を自分好みにしてみたいと願うことがあるはずである。それこそが「造形表現による教育」が重視すべきことなのである。

　私たちの生活環境を見渡してみると，造形的なモノやデザインされたものであふれている。街角に置かれた現代彫刻やオシャレな建物を鑑賞できるし，ポスターや液晶ディスプレイから美術的な多くの情報を得ることもできる。それらを繊細に味わえる感受性や，表現者と表現意図を共有できるセンスは，私たちの生命を豊かにしている。

　教育として「造形活動」に期待される意味は，上手に表せること，つまり「造形的表現力」だけにあるのではない。造形的に表現しようとする行為を通して，現代を知り，他者に気づき，やがて自らを見つめるという多くの学びのチャンスを得ることにある。その学びは，私たちをヒトとして成長させ，人間としての形成を助けることになる。学校教育における「美術教育」は，むしろその点に期待するところが大きいといえよう。

　人間形成とは，この世に生を受けた私たちが，その時代や，生きていく社会に必要とされる知識や情報を得て，多くの人々と交流しながら正しい価値観を身につけ，主体的な判断と行動による社会貢献によって果たされる。そして，自らのよさや能力を発揮して表現し，自らの人格を高めようと常に学び続ける姿勢が求められる。そのための手段として造形的な表現活動は優れた学習方法の一つである。

　私たちは，それが現実に役立たない限り学習する意味はないに等しいと考えがちである。しかし，文章を読んだり，方程式の解き方を学んだりして，先人たちからの貴重な知恵の伝承を受けていることに気づき感動すべきである。言い換えれば，私たちは距離や時間を超えて，過去の人とのコミュニケーションを学習の場で展開しているのである。そして，学び表現するということは，隣人や未来の人々にコミュニケーションを働きかけていることにほかならない。

　美術館でピカソの作品と向き合うとき，それはあなたにピカソが過去から語りかける瞬間である。

　朝のホットミルクをお気に入りのマグカップで味わうとき，それは，あなたが会うことのない磁器デザイナーから贈られた，やさしさのコミュニケーションである。ことばや作品であなたの考えを人に伝えたり，また誰かの生き方を知らされたりすることは，私たちが生きるうえでの大きな喜びの体験なのである。そうした気持ちで改めて文学や歌を味わ

い，身近な生活用品を鑑賞してみてほしい。美術を好きになるということのすばらしさが見えてくるだろう。造形表現を学ぶということは，だれかと交流するための造形的行為を好きになることから始まるのである。

発達段階と学び

　美術教育においては，これまで子どもたちの発達と描画に関する研究が多くなされてきた。2～3歳児の表すスクリブルや頭足人は，世界中の子どもたちに驚くほど共通する表現傾向であり，10歳前後から奥行感や立体感のある表現に興味をもち，表現が写実傾向へと向かうことも共通している。これらはそれぞれの年代共通の状況認識や空間把握に関する発達や成長を私たちに伝えている。つまり，表された絵から表現者の発達の様子を洞察し，その子にとって，描画や造形的行為がどのような意味をもつのかを判断し評価することが，教育的には重要なのである。

　まず，描画とは，画用紙や地面・壁面に自らの認識の程度を表してみる行為だということができよう。その自らの認識や発達の状況を仲間と相互鑑賞することにより，相手の情況を知ることと，自らに気づくことが重要な学びである。そして自らについて気づいたり，理解できたりした部分に成長が期待できるのである。特に異年齢集団での相互認識の場合には，表されるものの差が大きい分だけ，自らの行為を振り返るチャンスも増大すると考えられており，年齢差のある兄弟や，地域での異年齢集団からの学びは，子どもたちの成長にとって大切であることはいうまでもない。そういった集団内での学びは，学校での学びよりも，はるかに多くの問題解決のヒントを子どもに与えていると考えられるからである。

　また，粘土や積み木は，三次元空間に表現するという難しさを感じさせる。表現しようとする子どもたちは，多くの視点から確かめながら制作ようとする。これは絵画にはない体験であることは確かである。ただし，ある意味において，立体的なものを平面に表す描画より，本来は三次元的なものを空間に表すことの方が，子どもにとっては無理なく実践できる表現であるのかもしれない。粘土の感触を味わったり，積み木の組み方から何かを見立てたりすることも，クレヨンを持つ手の感触や描かれる形や色の変化を楽しむことも，自らの認識の程度を確認しながら試行錯誤し表現するということにおいては，子どもたちにとって意味ある学習行為なのである。幼児や小学校中学年までの児童は，自らの表現行為に埋没し，表現エネルギーがそのまま作品となることが多いと思われる。

　下の表は，造形表現が育む学力についてまとめたものである。「資質」とは，私たちが生育環境から得る個としての性質を指し，造形的行為に必要な直接的学びを「基本」として捉え，多くの生活の場で生きる人間力を「基礎」として分類した。この考え方は，指導計画の立案および評価での教育的視点をすっきりとさせてくれる。ただし，基礎・基本とは，決して固定的なものではなく流動性あるものとして認識しておく必要があるだろう。社会や時代の大きな流れの中で影響を受け変化する子どもたちに対し，近未来を予測しながら授業内容や導入の方法を進化発展させるには，常に私たちがグローバルな視点で学びを捉える必要がある。特に近年は価値観や情報・環境などの変化が激しく，指導者自身の社会認識はすでに過去のものと言われかねない状況にある。

● 造形表現が育くむ学力

		表現の傾向	絵画	彫刻	工芸	デザイン	鑑賞
学校	教科性	基本（造形力）	造形感覚，造形的表現力，造形的構成力，造形的発想力，造形的調和感覚，造形的直感力，色彩知識，配色力，視覚伝達力，材料知識，デザイン力，材料・道具活用力・加工力，版表現力，空間表現力，表現技術力，造形的演出力，造形的鑑賞力，造形的批評力，成就感，造形的達成感，造形的協働分担力					
		基礎（能力）	発想力，想像力，アイデア力，構想力，計画力，企画力，構成力，空間認識力，洞察力，表現力，判断力，批評力，思考力，発見力，探求力，感受性，価値観，表現意欲，学習意欲，指導力，問題解決力，自己認識力，他者理解力，空間認識力（やさしさ，思いやり，統率性，協調性，巧緻性，伝達性…）					
地域	総合学習	源資（資質）	五感力（味覚・嗅覚・視覚），感性，郷土意識，色彩認識，色感，美意識，価値意識，好奇心，線の認識力，物質体験，物質認識（やさしい，おとなしい，活発，動物好き，自然洞察，おしゃべり…）					

（天形　健）

コラム

1．紙はニュートラルな材料である

材料と技法の関係は多岐にわたるが，紙ほど多様な技法に満ちた性質は少ない。逆にいえば材料に固有の特性が少ないことを意味している。

紙の分類は洋紙と和紙に大別されるが，王道は「洋紙」であろうか。その理由は製造の過程が"手づくりから量産"までの通路を独占しているからであり，一方，和紙の製法は固有の歴史を持ち続けているがために日本各地に拡散している。

2．「紙の博物館」へ行こう……

紙の大要を知るには「紙の博物館」（PAPER MUSEUM）を訪れるのがベストである。

かつて東京都北区にあった「王子村」に，1873（明治6）年，渋沢栄一によって抄紙会社が設立され，日本の製紙工業の先駆的な役割を果たすが，77年を経た1950（昭和25）年に，「紙の博物館」はレンガ造りの製紙工場の建物を再利用して発足。1998（平成10）年3月に近隣の飛鳥山公園内に移転した。名称は財団法人紙の博物館。

当館の紙に関する資料は50,000点以上。館内展示物の概要を挙げれば，洋紙の製造工程をパネルで解説，模型や資料，洋紙の種類と用途の資料，絵画・折り紙・切り絵・人形などの資料，紙でつくられた美術・工芸品，紙以前の書写資料および歴史的工芸品，日本の洋紙産業発達の歴史的資料とつづく。さらに和紙の種類と用途の資料，和紙手すき関係資料，その他，季節や特定テーマに合わせた資料がある。館内施設としては紙手すき教室（紙すきの希望者への実習指導／毎日曜日），図書室には手すき紙および洋紙に関する内外の文献，製紙関係者の伝記，新聞，印刷など関連事業の図書，製紙諸統計まで幅広く揃えてある（蔵書数約7,000冊）。

＊問合せ：〒114-0002　東京都北区王子1-1-3
　　　　　　　　　（飛鳥山公園内）
＊TEL. 03-3916-2320　FAX. 03-5907-7511
＊URL　http://www.papermuseum.jp

3．紙に関するアーカイブ／archive

紙の造形的活用は文字に比べて登場順位は遅い。文字は竹簡・木簡・布帛（ふはく）の順を経て紙の発明に辿り着くが，造形と紙とのかかわりは，いわば枝分かれの進化である。

まず文字に眼を移せば，文字はコミュニケーションの手段であり，中国の文字は占いの結果を記すために亀甲・獣骨に刻むことを経て，竹や木，絹の順に墨によって標（しる）されてきた。記録媒体のそれぞれには特質があるが，例えば竹に例をとると，竹を細長く縦に割ったものを竹簡といい，これにひもを通して何本かを束ねたものを「策」もしくは「冊」と呼び，竹簡に一度書かれた文字も，表面を削り取ることによって再利用が可能となる。早期のリ・サイクルである。また，中国発祥の絹布に文字を記す方法（布帛）も，春秋戦国時代（前8〜前3世紀）から秦・漢代には広く普及し，衣服の材料として用いられるだけでなく，貨幣，あるいは文字保存のメディアとしても使われ，使用範囲の拡がりが観られる。

4．紙の出現

秦の始皇帝が中央集権政策の一環として言論・思想の統制を行い，著名な「焚書・坑儒」を行った（前213年）が，ここに紙を連想する「焚書」なる語が登場するものの，「書」とはいえ竹簡・木簡・布帛のことであり，未だ紙は登場していない。

「紙」は印刷術と結びつくことで登場する。発明者は後漢時代の宦官，蔡倫（さいりん）とされている。彼はいま風にいえばさしずめ頭脳派の用度長官であろうか。『後漢書』を点描，要約すれば，「……古来，書籍は竹簡によって編纂されたが，簡は重くかさばり，絹は貴重だが高価。そこで蔡倫は樹皮や麻くず，ボロきれ，魚網を用いて"紙"をつくったといわれ，元興元（105）年に皇帝に献上。これによって蔡侯の紙"蔡侯紙"と呼んだ……」と記述されており，発明・発想にリアリティがある。「重い簡，高価な帛」に替わる素材への試行は，蔡倫以前の前漢時代からすでに

column　紙

考えられていたが，蔡倫にはプロパガンダの実力があったのであろうか。

さて，中国では製紙法を国外に伝えることは固く禁じられ，紙の製法が東西世界に伝わるまでには長い時間がかかり，朝鮮半島に伝わったのが4世紀の末，日本には蔡倫から実に500年の時を経た610年頃，高麗の僧・曇徴によって伝えられたとされている。

一方，西への拡がりは唐時代，イスラム王朝（アッバース朝）とのタラス河畔の戦い（751年）で捕虜となった中国人の中に製紙職人がおり，彼によってイスラム世界に伝えられたといわれている。製紙法はイスラム帝国の版図を西伝し，エジプト（10世紀），モロッコ（12世紀），スペイン（1144年）を経て13世紀にはイタリアに伝播……。

5．和紙について

日本でも製紙法の研究がさかんに行われ，材料として麻，雁皮，楮，三椏等が使われるようになるが，こうして生まれた良質の和紙は手づくりには独自性があるものの量産には不向き。しかし和紙は文字を記すのはもちろんのこと，提灯，傘，などの日用品から，障子，ふすまのような建築の材料として，造形への連鎖と拡がりは突出している。

6．技法からの連鎖

造形への拡がりはさまざまなスタイルをみせるが，一例を挙げれば敦煌文書の多くは「巻物」。「巻物」が必要な長さになるまでには，紙の端と端を糊で継ぎ足し，つまりジョイント接着であるが，敦煌の「巻物」文書は最長の32mに達するまで続いたという。まさにギネス掲載もの。ちなみに普通，1巻の長さは9～12m。人間の好奇心と欲求の顕れの一例であり，また，敦煌文書の多くは黄色く染色されているが，これは虫害と変質から紙を保護するために，毒性をもつ黄檗の種子から採取した液体が利用されたのだといわれる（5世紀の農業経営の手引き書『斉民要術』）。まさに知恵の源流から次なるオンデマンドへの連鎖・連動・連続である。

●参考文献（いずれもPAPER MUSEUMからの抜粋・転用）
・銭存訓『中国古代書籍史―竹帛に書す―』，法政大学出版局（1980）
・木寺清一・三輪計雄『本の歴史と使い方』，内田老鶴圃新社（1960）
・寺田光孝・藤野幸雄『図書館の歴史』，日外教養選書（1994）
・潘吉星『中国製紙技術史』，平凡社（1980）
・森田康敬：季刊「日本アカデミーニュース」（1992）

（宮脇　理）

2 造形表現の分類

造形表現の諸相

総論 主題 技法 知識 鑑賞

造形は人間の発達史

　私たちの生活環境は，造形的な創造物であふれている。机上の筆記用具から身につけている衣服，足をカバーするスニーカーなど，どれもが造形物である。使い捨てられて時代とともに消えていった物もあれば，歴史的価値を認められ博物館に展示されている物，芸術性を評価され美術館に収められている作品に至るまで，すべて，私たちの先人が生きた証のように遺した造形的創造物であるといえる。

　それらを分類・区分けするための軸は，いく通りにも考えられる。

　例えば，美術館で作品を鑑賞すると，それぞれの時代性を反映した価値が今も新しく，多くの人の心を魅了する。また，時代の進歩と発展を示すように歴史的記念碑として保存されている作品もある一方で，新しい表現手段の開発で生まれたそれまでにない作品や，「美」の認識がまったく新しく，今後どのように価値が位置づけられるのか楽しみな作品などもあり，実に多様でさまざまな挑戦を試みてきた表現者たちの生命が多軸的に私たちに伝わってくる。

　それらの作品を分類しようにも，単純にすべてを網羅できる整理方法は見出せない。ここでは最も一般的と考えられる美術科の授業で経験した「絵画・彫刻・デザイン・工芸・鑑賞」というとらえ方を軸に，近似する表現を包含した分類を示した。したがって分類のための要素には「平面や立体」という作品の形状や，材料と技法という表現の方法に関するものが混在するとともに，作品の機能や表現目的が諸相の要素として重視され，表現の主題性や時代性はあまり加味されない分類の方法となっている。

　また完成した作品のとる形状などにより，分類の方法もいくつか考えられる。例えば「平面（二次元）と立体（三次元）」という区分である。

造形の区分を考える

　区分化とは，「知」の範疇であり，必ずしも表現者はそれぞれの区分を自覚して表すわけではない。分類し整理することによって，先人たちの知恵を学ぼうとしたり，鑑賞作品を認識するために役立つ基礎的な学びの手順が見えてくるのである。

　特に美術教育のカリキュラム化，作品の分類展示，作品の応募などでは，必ずといっていいほど分類の概念が求められることになる。美術館・博物館学芸員や出版関係の編集者にとっては重要なカテゴリー認識となるだろう。

　ただ，こうした区分は，便宜的な分類という側面をもち，すべてがすんなりとそれぞれのジャンルに収まる訳ではなく，むしろ近年は，どの範疇にも属

造形表現の表現形式による分類

●造形次元による区分

- 平面
  - 絵画
    - ドローイング（鉛筆，木炭，ペンなど）
    - ペインティング（油彩，水彩，アクリル）
    - 版画（凸版，凹版，平版，孔版）
    - 写真（フォトグラフィ，モンタージュなど）
    - その他（ミニマルアート，オップアートなど）
  - デザイン
    - 映像デザイン（CF，タイトルなど）
    - エディトリアルデザイン（編集）
    - グラフィックデザイン（ポスターなど）
    - テキスタイルデザイン（染織）
- 現代美術（コンバインアート）
- レリーフ作品（彫刻，彫金など）
- 立体
  - 彫刻
    - カービング（木彫，石彫）
    - モデリング（塑像，テラコッタ，直づけ）
    - キャスティング（ブロンズ，乾漆，鋳造）
    - 集合彫刻（スクラップ彫刻など）
    - その他（キネティックアート，アースワークなど）
  - 工芸
    - 木材工芸
    - 金属工芸（鍛金，鋳金）
    - 土の工芸
    - 紙の工芸
    - その他（皮，ガラスなど）

●造形機能による区分

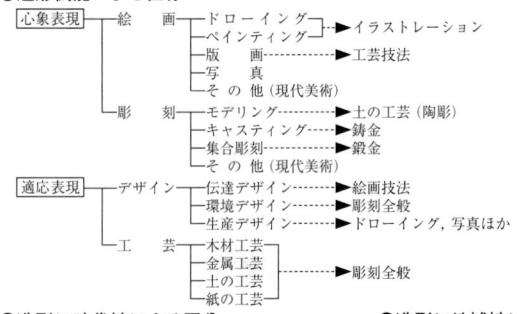

- 心象表現
  - 絵画
    - ドローイング → イラストレーション
    - ペインティング
    - 版画 → 工芸技法
    - 写真
    - その他（現代美術）
  - 彫刻
    - モデリング → 土の工芸（陶彫）
    - キャスティング → 鋳金
    - 集合彫刻 → 鍛金
    - その他（現代美術）
- 適応表現
  - デザイン
    - 伝達デザイン → 絵画技法
    - 環境デザイン → 彫刻全般
    - 生産デザイン → ドローイング，写真ほか
  - 工芸
    - 木材工芸
    - 金属工芸
    - 土の工芸 → 彫刻全般
    - 紙の工芸

●造形に時代性による区分

- 伝統造形
  - 絵画（油彩，水彩，日本画，凸版，凹版）
  - 彫刻（モデリング，キャスティング）
  - 工芸
- 現代造形
  - 絵画（ミックスメディア，平版，孔版，写真）
  - 現代美術（キネティックアート，アースワーク，ミニマルアート）
  - デザイン（伝達，環境，生産）

●造形に地域性による区分

- 西洋美術（フランドル美術，ローマ美術など）
- 東洋美術（オリエント美術，インド美術，日本美術など）
- 民族美術

12

さないと思われる作品が増えている。

　私たちの認識として，その作品の範疇を考えると同時に，作者の主題意識や素材などの選択まで十分に理解して鑑賞したり，造形表現の歴史的な進化発展などを参考にしたりしながら，一方で，私たち自らの主体的な価値判断を明確にし，鑑賞や表現に生かす必要があるだろう。

■発展

●アンディ＝ゴールズワージー（1956-，イギリス）
　その場で得られる素材を用いて表している。写真を作品とするため，大きさは実物ではなく写真の大きさとなる。

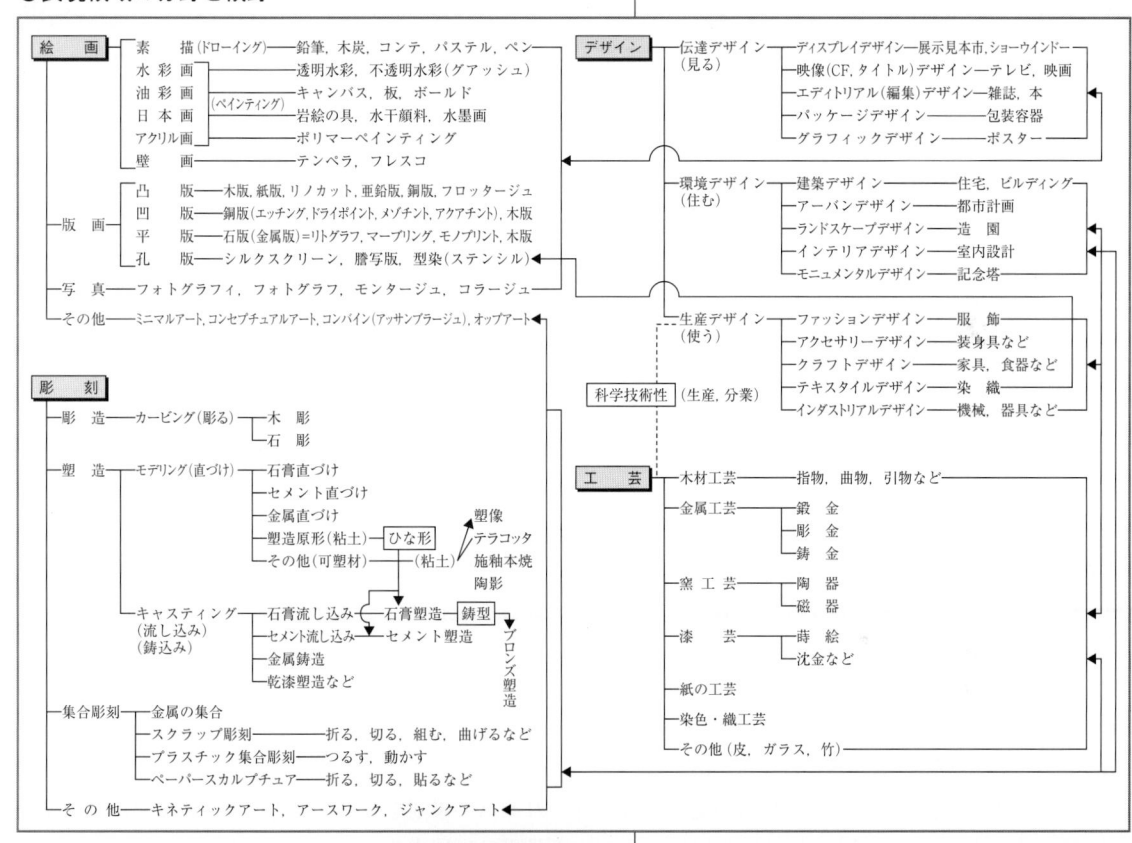

●表現領域の分野と領野

```
絵画 ─ 素 描（ドローイング）── 鉛筆，木炭，コンテ，パステル，ペン
     ─ 水彩画 ──────── 透明水彩，不透明水彩（グアッシュ）
     ─ 油彩画 ─┐         ─ キャンバス，板，ボード
              │（ペインティング）
     ─ 日本画 ─┘         ─ 岩絵の具，水干顔料，水墨画
     ─ アクリル画 ────── ポリマーペインティング
     ─ 壁 画 ────────── テンペラ，フレスコ
  ─ 版画 ─ 凸 版 ── 木版，紙版，リノカット，亜鉛版，銅版，フロッタージュ
         ─ 凹 版 ── 銅版（エッチング，ドライポイント，メゾチント，アクアチント）
         ─ 平 版 ── 石版（金属版）＝リトグラフ，マーブリング，モノプリント，木版
         ─ 孔 版 ── シルクスクリーン，謄写版，型染（ステンシル）
  ─ 写 真 ─── フォトグラフィ，フォトグラフ，モンタージュ，コラージュ
  ─ その他 ── ミニマルアート，コンセプチュアルアート，コンバイン（アッサンブラージュ），オップアート

彫刻 ─ 彫 造 ── カービング（彫る）── 木 彫
                                 └ 石 彫
     ─ 塑 造 ── モデリング（直づけ）─ 石膏直づけ
                                  ─ セメント直づけ
                                  ─ 金属直づけ
                                  ─ 塑造原形（粘土）─ ひな形 ─ 塑像
                                  ─ その他（可塑材）  （粘土） テラコッタ
                                                            施釉本焼
                                                            陶彫
              ─ キャスティング ── 石膏流し込み ─ 石膏塑造 ─ 鋳型
                 （流し込み）    ─ セメント流し込み─ セメント塑造  ブロンズ塑造
                 （鋳込み）     ─ 金属鋳造
                             ─ 乾漆塑造など
     ─ 集合彫刻 ── 金属の集合
                ─ スクラップ彫刻 ──── 折る，切る，組む，曲げるなど
                ─ プラスチック集合彫刻 ─ つるす，動かす
                ─ ペーパースカルプチュア ─ 折る，切る，貼るなど
     ─ その他 ── キネティックアート，アースワーク，ジャンクアート

デザイン ─ 伝達デザイン ── ディスプレイデザイン ── 展示見本市，ショーウインドー
        （見る）       ── 映像（CF，タイトル）デザイン──テレビ，映画
                      ── エディトリアル（編集）デザイン── 雑誌，本
                      ── パッケージデザイン ───── 包装容器
                      ── グラフィックデザイン ──── ポスター
        ─ 環境デザイン ── 建築デザイン ────── 住宅，ビルディング
         （住む）      ── アーバンデザイン ──── 都市計画
                      ── ランドスケープデザイン ── 造 園
                      ── インテリアデザイン ─── 室内設計
                      ── モニュメンタルデザイン ── 記念塔
        ─ 生産デザイン ── ファッションデザイン ─── 服 飾
         （使う）      ── アクセサリーデザイン ─── 装身具など
          科学技術性    ── クラフトデザイン ───── 家具，食器など
         （生産，分業） ── テキスタイルデザイン ─── 染 織
                      ── インダストリアルデザイン ── 機械，器具など

工芸 ─ 木材工芸 ─── 指物，曲物，引物など
    ─ 金属工芸 ─── 鍛 金
                 ─ 彫 金
                 ─ 鋳 金
    ─ 窯工芸 ───── 陶 器
                 ─ 磁 器
    ─ 漆 芸 ───── 蒔 絵
                 ─ 沈金など
    ─ 紙の工芸
    ─ 染色・織工芸
    ─ その他（皮，ガラス，竹）
```

●ジョージ・シーガル（1924-2000，アメリカ）
　実際の人間を型どりしたものを作品として構成している。日常生活の一瞬を切り取ったような作品からは，現代人の孤独や空虚感を感じることができる。

アントニオ・ガウディ
「集合住宅のテラス」

●アントニオ・ガウディ（1852-1926，スペイン）
　テラスの底部は蓮の葉であろうか。私たちの周辺に見られる手すりやベランダに比べ，有機的な曲線と配色の構成が特徴的である。

造形表現の諸相

POINT

● 私たちの生活は造形意図にあふれている

● 表現者は表現の範疇を意識している訳ではない

● 現代は範疇を越えた作品が多くなっている

関連リンク

絵画・彫刻　　→ p.26，28，85

デザイン・工芸　→ p.30，32，110，134

鑑 賞　　　　→ p.178，194，200

（天形　健）

コラム

1. 四半世紀余を経た「造形遊び」

現在の「造形遊び」は，1977（昭和52）年7月，文部省（現 文部科学省）小学校学習指導要領図画工作科編低学年に「造形的あそび」として登場，2005年7月の時点では創設から28年を経ている。

ところで「造形遊び」は，国民国家の創生期の教育には決して登場することはなかったと推論される。なぜなら国民国家というコンセプトは，ナショナルカリキュラムの創生期からグローバリゼーションの中にある「現在」まで，大きな変容を遂げているからである。

2. 創生期の国民国家の教育目的に「あそび：遊び」の入る余地はなかったのか？

「国民国家とは何か」の定義を示すことは難しいが，近代（モダニティ）から現代にかけての教育の目的，営為について語る時には，避けることのできない国家のあり方なのである。国民国家（Nation State）とは自分たちの国ということであり，その時の「国民」とは英語では普通「Nation」となるが「民族」と訳されることも多く，その場合は「少なくとも同一と理解される言語や文化を共有している，と信じられている人々の集合」ということになる。したがって日本の近代国家の成立の象徴的文書である「被仰出書（おおせいだされしょ）」には，「……同一と理解される言語や文化の共有……」を前提として，当時の列強諸国に対して対等に「生き抜く気概」が示されていることになる。

いうまでもなく官僚主導による明治維新の諸改革が極めて短期間に進んだこと，一例として明治政府は「教育の急速な普及」のため1871（明治4）年7月に文部省を創設し，教育体系についての検討を，翌1872（明治5）年9月5日には「学事奨励に関する被仰出書」の布告を，そしてフランスの制度に倣（なら）った「学制（抄）」を頒布（いずれも大陰暦8月3日）している。「被仰出書」には学ぶ場としての学校の必要を謳い，また，学問は旧武士階級だけのものでないこと，つまり国民皆学を強調しており，ここから学問は「身を立てる方策・財産（＝財本）」という考え方が人々の間に広まっていくことになる。ただ，学問云々の意味はかなり曖昧であるが，それが「身を立てる財産」につながることは，当時の図画，手工の教育目的に強く反映されている。現在の学校教育の目的も「生きる力」を謳ってはいるが，両者の「生きる力」の意味と，それに連動する「学力観」には大きな距離があり，とうてい温度差などという表現で語れるものではない。

3.「造形遊び」は，あそび／遊び理論の，どこをどこまで，基底にすればよいのか？

日本で夙（つと）に知られている「遊び」の理論は，オランダの歴史家であり「遊戯的人間：homo ludens」の著者，ヨハン・ホイジンガ（Johan Huizinga, 1872–1945）と，ホイジンガの「ホモ・ルーデンス」に影響を受けつつも「遊びと人間」を執筆した，ロジェ・カイヨワ（Roger Caillois, 1913–1978）の2人の仕事に影響を受けたといわれるが，多数派として想定されるのは前者であろうか？ それはなぜなのか？

＊ ＊ ＊

ホイジンガが「遊び」を自由な行為であると仮定しつつも，遊びは秩序を創造し，すべての遊びがそれぞれの規則をもち，規則が犯されるや否や遊びの世界は崩壊するとしている。つまりホイジンガが提唱する遊びの理論は，自由でありつつも倫理的厳粛さを伴い，形式は美的なものであり，なごやかなリズムと調和がとれているとの条件を付している。そして，そうであるからこそ，そこから「文化」が生まれてくるのであって，その意味での「遊び」は文化に不可欠なのだとの考えに立っている。

したがって遊びが過剰となれば，その活力を失い退廃してしまうのだと。ここに両者の差異のいずれかに世間は常識としての軍配を挙げ，「遊び／あそび」の岐路を浮上させる。統一という秩序を標榜したフレーベル（Friedrich Wilhelm August Fröbel, 1782–1852）の恩物（おんぶつ）：「遊戯」が日本でも謳われた理

column 人間にとっての遊び

由がここにある。

　一方のカイヨワは，遊びを次の四つに分類している。①アゴン（競争）：運動や格闘技，子供のかけっこ，②アレア（偶然）：くじ，ギャンブル，③ミミクリ（模倣）：演劇，物真似，ままごと，④そしてイリンクス（めまい）：ブランコなどの分類は著名。カイヨワは明らかに前者のホイジンガの「遊ぶ」行為を一段と，いや，はるかに開放したところに焦点化を試みたと思われるが，明らかにカイヨワは一見，不真面目に見られる人間の営みをも文化の本質とは切り離せない立場として，問題提起をしている。

4.「あそび／遊び」が世間，文化のありようを左右する

　学校教育こそが価値の生産と再生産のための意義と気概を掲げたいと望めば，遊び論の「ありよう」を改めて確認すべきである。そのことは遊びを読み解くリテラシーのレベルにもかかわっている。社会・世間が「遊び」を編み出したのではなく，「あそび／遊び」が世間，文化のありようを左右するとした標題の意味はここにある。

5.「造形遊び」についてのリテラシー

　リテラシーは時代とともに定義の更新がなされるが，とりわけアーカイブス（archives）関連で示されたのが，1986年の臨時教育審議会第2次答申であろうか。
　ここでは「情報及び情報手段を主体的に選択して活用していくための個人の基礎的な資質」と定義され，続けて「学校でいう"情報リテラシー教育"は広義の情報リテラシーを指している」と記している。言い換えれば人間の知の体系や社会構造の変化をリテラシーは反映するとの解釈である。

●近代建築の頂点の一人として著名なフランク・ロイド・ライト：Frank Lloyd Wright（1867-1959）が，幼児期に"遊んだ"フレーベルの第一恩物と，ライトが設計した旧帝国ホテル（1963年に解体され，中央玄関のみ愛知県明治村に移築・保存）。

6.「リテラシー」の常識，常識という名の「リテラシー」

　思い返せば「情報手段を主体的に選択して活用していく能力」を伸ばし，深めることの因果関係では，1970年代後半のアメリカ合衆国ニューヨーク市において，芸術教育不要論が起こった際の理由（『形』日本文教出版，No.272に書いた拙論）の一つ，「前衛芸術が伝統を破壊する云々」に眼を移すと，世間，大衆は芸術は文化そのものだといいつつも，「前衛云々」が伝統・しきたりを破壊するとの思い込みが「……先端芸術が伝統を破壊してしまう……」へと短絡する。ここには世間，大衆の大多数がホイジンガの遊び理論は肯定できるが，これを超えたカイヨワの視点には届かない現実が活写される。はたして未来への「気概（テューモス）」と「使命（ミッション）」を決定するリテラシーには，いずれが妥当なのか？

（宮脇　理）

2 造形表現の分類

見立ての造形遊び
—幼児向け

総論 **主題** 技法 知識 鑑賞

見立てる造形

　『見立て』とは，一般に身の回りの形や色から発想して，そこに自分のイメージを投射することである。見立ての造形遊びを行う対象には，手元の作業から生じる形を変化させるモノ（デカルコマニーなど）や，大きくは日常空間全般の事象を変化させるモノ（アースワークなど／図1）などがある。また，何も変化を与えず，コトとして焦点を当てるだけにとどまる発展形も考えられる。基本的に既存の事象を利用して自己イメージを構築（制作）するが，それがつまりは既存事象の再構築という形で表れてくる。形式や様式にこだわらなければ，日常的生活の中で気軽に行えるイメージトレーニングとして行うことも可能であろう。

　事例は，『色んな所で動物発見』をテーマに日常の生活空間にある風景を自己イメージで変化させる（図2，3）幼児から小学校低学年向けの実践である。日常にある学習空間の中から見立てを行い，さらにイメージを強調するために，加飾（加工）して，自分の発見した動物として完成させている。「テーマ」は，その年次，その時期，また子どもたちの興味・関心に合わせた事柄などから選定することがこの活動の活発さにつながる。

表現活動の過程

1）事前に年次に合った素材と道具を用意し（例では画用紙B4程度とクレヨン・マジックとはさみ・カッターとセロハンテープ，ガムテープ），まず，参考作品（Ⓐ）を提示する。より低年次の場合は，臨場感を損なわないために，ファシリテータ（促進者）的に参考作品を紹介する方法を勧めたい（下のⒶ〜Ⓕでは小学2年生の活動例である。Ⓐの鳥を捕まえておいたので見にいくという設定で紹介）。

2）安全確保のため活動区域を設定した後，子どもは動物を探しに行き，発見できた子どもから順に戻り，イメージを強調するための部品を制作する（ⒷⒸ：例では範囲を教室・校庭に設定した）。

3）制作した部品を現地で現物に貼りつけ，自分のイメージした表現の効果をみる（Ⓓ）。

4）見立てた動物を鑑賞し，相互評価する。中学年で行う場合には，発想の広がりやイメージの深まりを期待して，統一テーマを定めたり，見る視点を工夫させたりしたものをプレゼンテーションカードなどに記録させてもよい。図4は，ⒺⒻのあとで制作者が絵日記風にプレゼンテーションカードを描いたものである。

技法（つくるプロセス・考えるプロセス）

図1　Christo（1969）

図2　「コアラ」

図3　　「キツネ」　図4

■発展

　自主的に発想を発展させたり，『鼠を捕まえた猫』（図5）のように，単に形体として完成させるのではなく，見立てた形体そのものを応用し，設定を工夫（図6；捕まった鼠）して状況をつくり出す方法など表現の幅は広い。その幅に対応できる本題材の柔軟性が，この活動そのものの展開につながる。年次に従った『テーマ』を設定し，それに沿った実践形式と無理のない活動にしたい。テーマ性にも柔軟性が加われば，活動範囲を地域社会へと広げることも可能である。

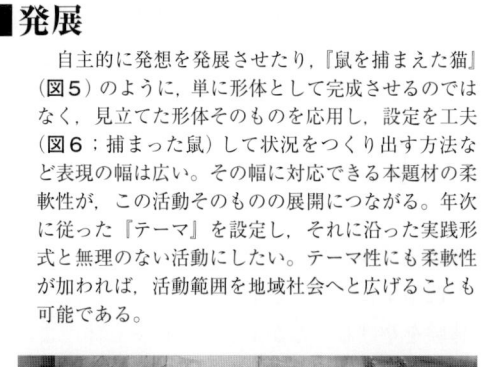

図5

図6

造形遊びから表現への過程

POINT

- 見立てとは他の形になぞらえること
- 身の回りの形や色から発想する
- 見立ては想像力の源泉

関連リンク

見立て　　　　　　　→ p.23, 24, 133
アースワーク　　　　→ p.22, 87, 184
イメージ・トレーニング → p.21, 26
造形遊び　　　　　　→ p.8, 14, 21, 96

（石井嘉郎）

2 造形表現の分類

素材体験を楽しむ
―低学年向け

総論 **主題** 技法 知識 鑑賞

豊かな材料との出会い

　低学年における造形的課題の一つに，十分な材料体験を挙げることができる。絵や立体，またつくりたいものや工作など，具体的なものや事柄を表現する以前に，まず材料そのものにしっかりと向き合いまみれること。材料のもつ質感や量感を手や体全体で十分に味わい楽しむことは，より主体的な表現活動が行えるよう，子どもたち一人ひとりが「自らの表現の場」を耕し，整えていく大切な過程である。幼稚園，保育所などにおける，就学前の造形活動との関連を図り，造形の基礎的な力を育てる学習として，低学年には不可欠な内容である。

　この材料などをもとにした楽しい造形活動が，「造形遊び」と呼ばれるものである。造形遊びは，子どもたちが生来もつ遊戯衝動を，造形活動の中に取り込んだ表現活動である。子どもたち一人ひとりの創造的な想像力や造形感覚などが十分に働き，またつくりだす喜びが味わえるよう，より適した学びの環境を設定することも，授業をつくるうえでの大切な課題である。

　学びの目的に合わせながら，活動で用いられる材料を吟味し，子どもたちに豊かな材料との出会いを味わわせたい。

材料からの発想

　造形遊びに用いられる材料は，土や石，草花などの身近な自然物から，ビニル，紙などの人工の素材までさまざまなものが考えられる。

　造形遊びでは，子どもたちの造形の体験や表現に対する関心など，児童の実態に配慮しながら授業を構想し，そのねらいや目的にあった材料を選ぶことが必要である。また，学校や地域の実態にあわせて材料を用意するなど，子どもたちの生活と造形活動をつながりあるものとしてとらえることも，「造形遊び」を行ううえで大切なことである。自然物を用いた造形遊びなどでは，季節や天候，また学習する環境など，授業をするうえでのさまざまな学びの要因に考慮して，授業を構想する必要がある。

　低学年の造形遊びにおいては，材料が子どもたちにとって身近なものであることや，またその扱いが容易であることなどが求められる。材料の質や量，種類などによって，子どもたちの学びが大きく変わることからも，材料を選ぶうえでのより細やかな注意が必要である。

子どもが主体となる造形活動

　造形遊びには，色や形，質感など，材料そのもののもつ特性に触れて楽しむ活動や，丸めたり破った

粘土の質感や可塑性を体全体で味わう造形遊び

草花などの身近な自然物から発想する造形遊び

りすることで、材料に直接はたらきかけ、その変化を楽しむ活動など、さまざまなものがある。また同じ種類の材料を並べたり、つなげたり、積んだり、体全体を働かせることでつくりだす喜びを味わう活動など、材料とのかかわりを通した、子どもたちの多様な造形活動が考えられる。

造形遊びは、「つくりたいもの」をつくる活動以上に、表現される過程によって得られる子どもたちの学びを、より一層重視している学習活動である。同じ材料や活動の環境にあっても、活動する人数を変えるなど、活動に新たな条件をつけ加えることで、子どもたちの学びの関係性を組み直し、授業構造を再構築することで、子どもたちにより充実した表現活動を味わわせたい。

環境と安全

造形遊びの授業づくりでは、単に指導のねらいにあった材料を選ぶだけではなく、活動場所の範囲や安全面にも配慮する必要がある。今までにない新しい材料に挑戦させるなど、子どもたちの学びの環境に大きな変化が生じる場合は、特にその必要性がある。

低学年においては、まず子どもたちが、自分たちの活動できる場を、自身で把握することが大切である。活動できる範疇を理解することも、造形遊びにおいては重要な活動の要素となってくるからである。

指導者は、子どもたちと一緒に活動の場所づくりをするなどして、活動できる環境を子どもたちに伝える工夫を行いたい。

■発展

●表現の広がり

造形遊びでは、子どもたちが体全体で素材と交わり、その質感や表現の可能性を十分に味わうことが目的である。しかしその活動の中で、「具体的につくりたいものをつくる」活動へと、子どもたちの興味が移行していくことは、十分に考えられることである。

指導者は子どもたちの活動の広がりを事前に予測して、授業の準備を行う必要がある。

新聞紙で大変身

新聞紙をつかった立体造形

新聞紙をつなげて楽しむ造形遊び

POINT

- ●造形遊びは生来もつ遊技衝動を取り込んで
- ●豊かな材料の発見は日ごろの視線
- ●主体的な造形活動とはひらめきの喜びから

関連リンク

材料体験 → p.20, 60, 96, 166

造形遊び → p.8, 14, 16, 21, 96

（西村徳行）

2 造形表現の分類

材料操作からその子の表現へ
―中学年向け

総論 **主題** 技法 知識 鑑賞

ガラクタからの見立てと材料操作

　本題材は，従来の枠組みでいえば「工作」の範疇に入るものであるが，「計画・設計」があらかじめ設定されるような，大人のとらえによるところの「工作・工芸」を指してはいない。さまざまな身辺材（木片，プラスチック容器，包装紙，リボン，ペットボトル等）を元につくりたいものを発想し，さらに試行錯誤しながら材料操作を行っていく過程で発想を広げ，自己の表現を追究していくというプロセスをもった造形遊びの題材である。

　中学年の子どもたちは，それまでのように，主にモノの組み合わせ（接着・接合等）から発想し表現することに加え，モノそのものをより具体的に操作すること（切断・加工等）を通して自分なりの表現が追究できるようになる。本題材では，そうした子どもたちの材料操作に対する興味・関心を活動の中心に据え，その問題解決（発想・構想・技能）を支える役割を教師が果たすことになる。

　その活動の展開は，おおよそ次の通りである。
① 1週間ほど前から身辺材を収集する。
② 持ち寄った材料で，どんなものがつくれそうか，発想したり，話し合ったりする。
③ 主な道具の使い方を指導する（集まった材料や子どもの発想から，必要な指導内容を教師が決定する。鋸，小刀，カッターナイフ，錐等）。
④ 材料からの発想をもとに，組み合わせたり操作したりしながらさらに発想を広げ，試行錯誤してつくる。
⑤ つくったものを見せ合って楽しむ。

材料操作のベースとなる「ベニヤ板」

　先述したように，本題材は，子どもが試行錯誤しながら材料を操作し，さらにその操作のプロセスそのものから発想を広げていくことを期待するものである。ゆえにその操作という行為のプロセスが「カタチ」として保持されている必要があるのではないかと考え，材料操作のベースになる「ベニヤ板」を子どもたち全員に配布した。ベースを共通にすることで，子どもたちの「材料操作―発想」のサイクルがより活性化するのではないかと考えたのである。図1はその表現の典型例（教師の想定モデル）である。

教師の想定モデルからその子の表現へ

　しかしながら，この教師の設定は子どもたちによって見事に破られることになる。さらに，教師がその「破れ」に着目し，題材に対して新たな価値を見出したことによって，子どもたちの表現活動が多

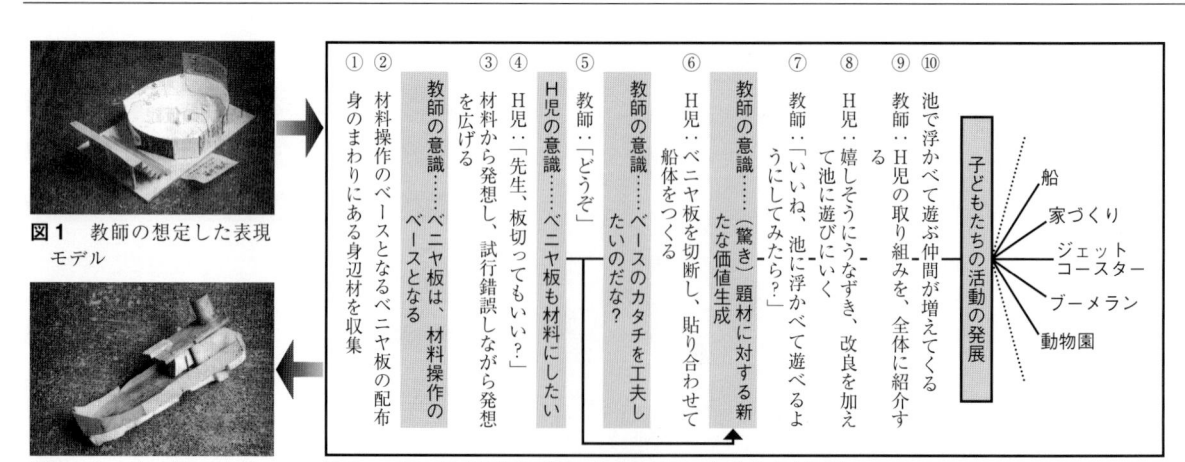

図1 教師の想定した表現モデル

図3 その子（H児）の表現

図2 H児の活動展開と題材に対する教師の価値生成（変容）

① 身のまわりにある身辺材を収集
② 材料操作のベースとなるベニヤ板の配布
③ 教師の意識……ベニヤ板は，材料操作のベースとなる
④ 材料から発想し，試行錯誤しながら発想を広げる
⑤ H児：「先生，板切ってもいい？」
⑥ 教師：「どうぞ」
⑦ 教師の意識……ベースのカタチを工夫したいのだな？
⑧ H児：ベニヤ板を切断し，貼り合わせて船体をつくる
⑨ 教師の意識……（驚き）題材に対する新たな価値生成
⑩ 教師：「いいね，池に浮かべて遊べるようにしてみたら？」
　H児：嬉しそうにうなずき，改良を加えて池に遊びにいく
　教師：H児の取り組みを，全体に紹介する
　池で浮かべて遊ぶ仲間が増えてくる

子どもたちの活動の発展
― 船
― 家づくり
― ジェットコースター
― ブーメラン
― 動物園

様に発展することになった。

図2にそのきっかけを生み出したH児の活動と教師の意識の変容過程をシェーマで示す。

H児は，日頃他から何を言われようと自分なりのこだわりを粘り強く追究する姿勢を見せている子である。本題材でも，教師から題材が提案され，ベニヤ板が配られるとすぐに，つくりたいもの（ここでは「船」）の簡単なスケッチと設計図を，不要になったプリントの裏に描き出し，大切に持っていた。

こうしたささやかな子どもの思いの中に，教師の意識にあるモデルとしての表現ではなく，その子独自の表現が創出され得る可能性が感じられた。そこで教師は，「ベニヤ板は表現のベースである」という想定を放棄し，題材に対する新たな価値を生成するに至ったのである。

以上のように，教師のモデルとしての表現から，その子の表現へと視点を移していくことが，造形遊びのもつ行為性の中から，その子なりの表現を生み出させるための重要なポイントである。また子どもにとっての造形技法とは，自己実現のための一つの手段に過ぎない。

本題材では子どもたちは，自分の願いを実現するために絶えず造形技法を模索していた。教師の支援・指導を必要としたのは，その試行錯誤の過程においてであり，はじめから教師による技法の設定を望んだのではない。図4に本題材における表現の例を示す。

『風のレーシングカー』

『おてんきロボット』

図4　ガラクタ工作における表現の例

■発展

造形遊びの活動は，子どもの成長とともにどのように変容するのであろうか。ここでは，2年生で取り組んだ『木ぎれでつくろう』の活動が，翌年にアンコールされて成立した『木でグレードアップ！』の活動をもとに考えてみたい。

題材『木ぎれでつくろう』は，さまざまなカタチの「木ぎれ」を接着・接合することを通して，自分なりに発想を広げ，表現していくものである。この題材は人気が高く，翌年に子どもたちから再びリクエストされるに至った。そこで3年生の題材としてあらためて取り組んだのが，題材『木でグレードアップ！』なのである。

その活動の「導入・過程・鑑賞」の各段階においては，子どもたちが前年の活動よりも「グレードアップ」させたいこと，つまり3年生としての「めあて」を絶えず確認するようにした。そこには，子どもたちの次のような意識が含まれていた。

(a)「材料」への意識
　　より多様で多くの材料を使ってみたいという意識
(b)「作品」への意識
　　作品の質（色，形）の向上に対する意識
(c)「丁寧さ」への意識
　　よりじっくり活動に取り組みたいという意識
(d)「技法，道具」への意識
　　より複雑で高度な材料操作に対する意識
(e)「イメージ・想像」への意識
　　より自分らしく発想を膨らませたいという意識

これらは，造形遊びに対する子どもの成長と意識の変容のありようを端的に示すものとして興味深い。

●ある子どもの表現に見る変容

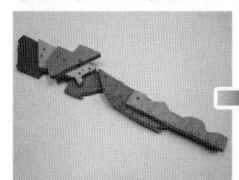

2年『木ぎれでつくろう』作品　　3年『木でグレードアップ！』作品

POINT

- ●ガラクタは子どもたちの発想の宝庫
- ●問題解決を支える役割を教師が果たす
- ●はじめから技法の設定を望んではいない

関連リンク

材料操作　　　　　→ p.16, 90, 92

イメージトレーニング → p.16, 26

造形遊び　　　　　→ p.8, 14, 16, 21, 96

（大泉義一）

2 造形表現の分類

総論 **主題** 技法 知識 鑑賞

"地球に穴をあけよう"
—高学年向け

穴掘りからの展開

　本題材は「穴を掘る」という単純な活動である。ほとんどの子どもたちは就学前や低学年の時に砂場遊びを経験している。穴を掘り，山をつくり，水を流して遊ぶという砂場での活動は，抵抗感の少ない砂という素材とふれあいながら身体感覚を養い，友達との協同を学ぶ格好の機会であったといえよう。

　この活動を高学年で行う意味は，思春期の前段階にあり，自我の目覚めつつある子どもたちに癒しの場をもたらすと同時に，彼らが砂場での活動に意味づけを行うことができるということである。

　授業の導入では子どもたちに穴の話をする。穴は人に特別な感情をもたらすものの一つである。自然の中に穴はたくさん存在する。例えば森の中にある木のムロや木の穴は動物の棲み家であり，洞窟は人が住居とした過去の記憶を呼び覚まして冒険心をくすぐるものである。街の中にも人工的につくられた穴が存在する。マンホールを開ければ，その意外な深さと広さに驚き，ポストは郵便物を飲み込む。子どもたちには「地球に穴をあけよう」と投げかけて校庭に穴を掘る活動を提案する。体育で使うフィールドや人がよく通る所を避けて穴を掘るように伝えると，子どもたちは校庭の周辺部や人目につかないところを選ぶ。教師は事前に大人が使うシャベルではなく生活科や理科で使っているハンドスコップを用意しておき，一人一本使えるようにする。

　多くの子どもが砂場を選んで活動するが，硬い地面や木の下などを選ぶ子どもも多い。また何人かで協力しながら掘り始める子どももいれば，一人で黙々と掘り始める子どももいる。

　子どもたちは穴の形を相談し合って想定し，地面に形を描いてから始めたり，ある程度掘り進めてから形を整えたりしていく。穴の広さや深さを競う反面，タイトで深い穴やいくつかの穴を並べて掘っている子どもなど，さまざまな様相が見えて興味深い。できた穴に入ったり，周囲にある自然物で飾ったりする活動が自然に始まる。子どもたちの装飾には穴に原始的な宗教性を見出していると考えられるものが現れてくる。地面の下に埋まっている何かの破片や樹木の根を発見する喜びを得たり錆びた釘を宝物として持ち帰る子がいたりする。はじめは子どもっぽい活動と冷めている子どもたちも，無心に穴を掘る活動に集中する。高学年になって学習も難しくなり責任も増してくる子どもたちにとって，穴を掘ることは自分を癒し，心を深く掘ることにつながるのである。

　掘った穴はデジタルカメラで記録し，必ず埋め戻す。埋めたくないという子どももいるが，秘密を隠

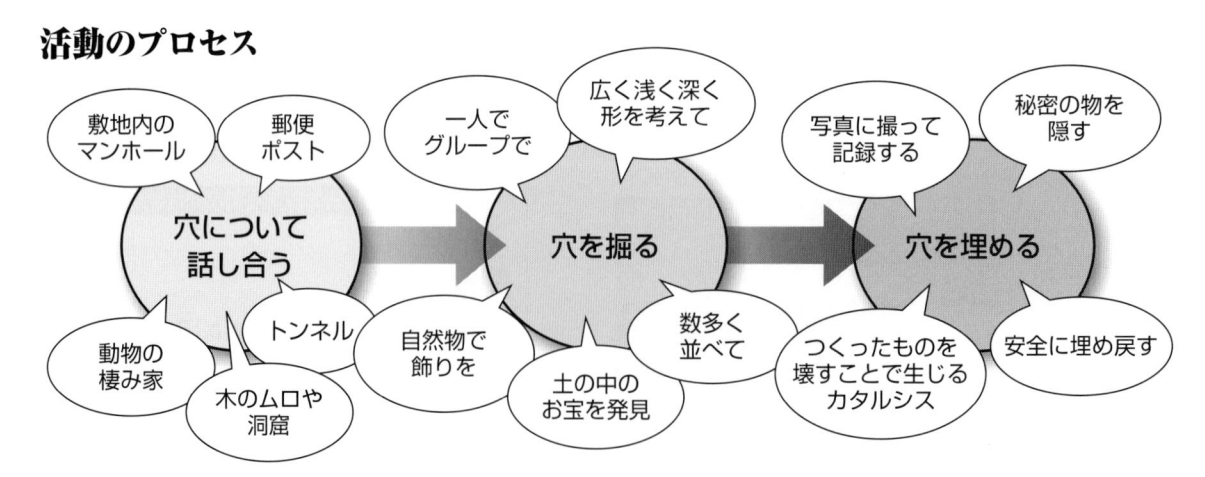

活動のプロセス

穴について話し合う
- 敷地内のマンホール
- 郵便ポスト
- 動物の棲み家
- トンネル
- 木のムロや洞窟

→ 穴を掘る
- 一人でグループで
- 広く浅く深く形を考えて
- 自然物で飾りを
- 土の中のお宝を発見
- 数多く並べて

→ 穴を埋める
- 写真に撮って記録する
- 秘密の物を隠す
- つくったものを壊すことで生じるカタルシス
- 安全に埋め戻す

させたり穴を崩して埋めることにカタルシスを感じさせたりすることが可能となる。

●穴を見立てた多様な造形

●女子が一人で表現した穴。はじめからハートを構想しゆっくりと掘っていた。中にはクローバーをなるべく少ない装飾として並べて顔に見立てている。

●ミステリーサークル風に，一つの大きな穴を中心に小さな穴で円形に囲み，白い砂でつなぎ，落ち葉，草などを使って表現している。

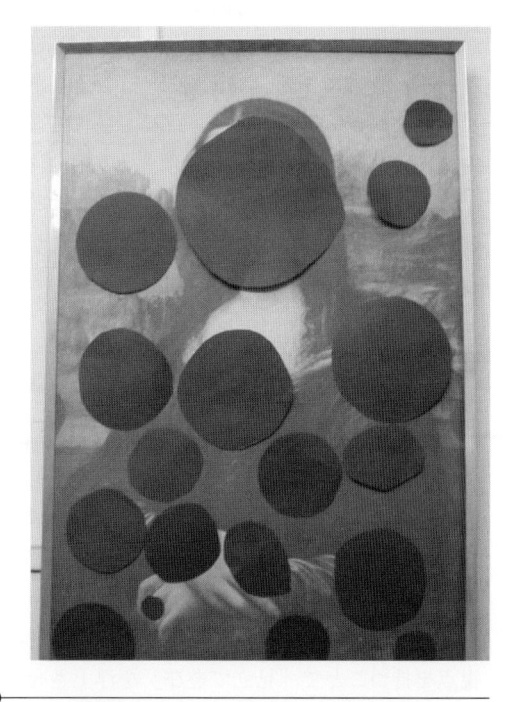

穴の形のイメージ	穴の形状など
・動植物などの自然	・浅く掘る
・人工物	・広く掘る
・幾何形態	・深く掘る
・キャラクター	・狭く（細く）掘る
・宗教的なもの	・以上の組み合わせ
・超常現象	・一つを掘り下げる
・意味をもたない形	・数多く
・その他	・穴に装飾する
	・穴と穴をつなげる

■発展

校庭での活動の後や，授業時数の少ない高学年の造形遊びとして，黒い色画用紙を切り取って穴に見立て，それを校舎内の穴を開けたいところに貼るという活動が考えられる。

下の写真は，図工室のモナリザの複製画に子どもが黒い円を貼ったものである。さまざまな大きさの円を切り取って，好きな場所に貼ったり床に並べたりする活動を行い，円ばかりでなく好きな形に切り取って貼ってもよいことにすると，場所に応じた形を考える。例えば体育館の地下室などにはコウモリのシルエットを切り取って貼ったり，手の形に切り取ったものをガラスに貼ったりする。高学年として，黒い小さな紙一枚を貼ることによって楽しくなったり，いつもと風景が違って見えたりすることを理解させ，生活の中の造形に目を向けさせていくことが可能になる。

造形遊びから表現への過程

POINT

●素材とふれあいながら身体感覚を養う

●大地に働きかけることは自らに向かうこと

●穴を掘ることは自分をいやし，心を深く掘ること

関連リンク

アースワーク ⟶ p.16, 87, 184

見立て ⟶ p.16, 24, 133

造形遊び ⟶ p.8, 14, 16, 21, 96

（村松和彦）

コラム

1．グローバリゼーション時代の「造形遊び」

　冷戦終結（1991）という真空の一瞬を迎えた後の国際社会は，それまで潜在していた複雑な様相を陽の当たる場所へと移し，内戦をきっかけにして民族や宗教観の対立を軸とする紛争を起こしたが，他面〈EU〉のような超国家的プロジェクトが国民国家の主権を制限する方向も出現した。さらに国際的上位組織や，強大国家の一方的な力学も生まれているのが現在である。いうなれば古典的な主権国家の逸脱，後退，変貌である。「造形遊び」はこうしたグローバリゼーション時代に登場し，展開されてきた。この時こそ「造形遊び」と「世間」との距離を縮め，その焦点化の啓発が望まれよう。それには「造形遊び」と伝統とのつながりとして世間・大衆が共有できる「見立て遊び」に眼を向け，注視したい。

2．「見立て遊び」／"長屋の花見"

　世間・大衆の「造形遊び」に対する認知には，「リテラシーの欠如があった」と前述した。さらに「造形遊び」を孤立化させないためには，「造形遊び」を世間・大衆が期待する伝統へのブリッジとして，"見立て遊び"へ眼を向けてはどうだろうか？　とも付言した。つまり学校と世間とを同時に把握する視点を持つことで「見立て遊び」を浮上させフォーカスする。

　落語は日本文化の一つであるが，現在，その多くは様式，型のアーカイブとして隠れてはいる。しかし落語の感性は形を換えて現在に浸み通っている。その一つの『長屋の花見』は伝統落語としても絶品の部類であろうか。

　『CD／NHK落語名人選(49)：五代目／柳家小さん』では，『粗忽長屋』の際は奥に引っ込んで顔を見せなかった大家さんが，「長屋中で花見に行って，貧乏神を追い払っちまおう」と語る……が，花見の中味は番茶，それも水で薄めた「番茶」をまずは"酒"に見立て，次いで「たくあんと大根」の香々（漬け物）を"かまぼこ"に見立てての花見である。家主が長屋の面々に提案した花見は，長屋住民にかなり気を遣った住民懐柔対策として企画されたとの解釈もあるとか。なにしろ時代劇に登場する長屋の風景には，家賃を何年も払わないことを自慢する面々，親父の代からの居住を理由に家賃延滞の男，凄いのになると家賃の存在すら知らないなどと宣（のたま）う住民がいるのだから大家も楽ではない。だから長屋住民の，なにやら陰気でやけくそな調子が漂うし，大家は家賃徴収がままならないもどかしさを，恨み言をいうことで憂さを晴らそうとする……。このあたりは，幕藩体制下の底辺階層の情景，アンダーグラウンド運動とも。いやいや，現実逃避幻想のアソビなのかもしれない。

3．「見立て遊び」／"日本庭園への眼差し"

　目の前に存在する景色を原風景とし，併せて背後に別の想像物を二重写しのように透かし見る，竜安寺の石庭こそ「見立て遊び」の代表であろうか。……石が島に，白砂が大海となって視る者に迫る場景である。世間を魅了する発想である。連鎖して考えてくると茶室などはすべてが「見立て」のオンパレードかもしれない。さしずめ狭くて低い入口"にじり口"は，都会から異世界ゾーンに入る境界であり，"掛け軸"には異世界をデフォルメした"山水"が描かれ，次いで，茶碗を初めとする茶道具には宇宙までをも抱え込んでいるという，大人の「ゴッコ遊び」といえそうである。いや「茶室」にまで至らなくとも，和室の襖と障子はそれへの助走であろうか？　生活への一般化であろうか？

4．「見立て遊び」／"異世界へタイムスリップ"

　南総里見八犬伝はまさに異世界物語。『バトル・ロワイアル』（2000，日）の演出家：深作欣二（1930-2003）が創った映像（『里見八犬伝』1983）は，舞台を戦国の関八州としながらも実はその多くが中国の故

column 日本の伝統文化と遊び

事であり，物語は因果応報が基軸。そして現実とは異なる世界は大人の遊び心を誘うし，一方において堯舜や孔子の時代，三国志の時代，そして水滸伝の時代へと時空を超えた壮大な見立て遊びは，児童文学は無論のこと，ゲームセンターの機器から子どもたちの心にも影響を与えているはずである。

5.「見立て遊び」／"茶道の見立て"

すでに製品として使われている生活雑器を茶道具に転用することを"茶道の見立て"とする思想。例えば，李朝の雑器を井戸茶碗とし，蓋置も別の雑器をアレンジするという，釜，水指，茶碗，建水，花入など，茶道具すべての配置の中のバランスを最上とする"茶道の見立て"の旋回感は見事。

6.「見立て遊び」／"デュシャンの見立て"?

マルセル・デュシャン (1887-1968) が1917年，30歳の折のアンデパンダン展にて，男性便器を横置きにして「泉」なる展示作品として提示,「実用性を剥奪した」と謳っている。つまり既存の価値を超えた世界を発見するものだが，すでに利休の見立ての精神には古いものの価値を認め，さらに，そのどんでん返しを試みることで別の想像と認識を呼び起こす試みは周知のこと。"デュシャンの見立て"? は日本人の心に息づいている感性との連鎖か？

7.「見立て遊び」／"見立てメニュー"

ぐっと身近なものに，レストラン，飲食店のメニューモデルがある。隠喩に満ちた「見立て遊び」とは違って，そのものズバリの「作品」がショウインドーに並ぶ光景は日本独特の現象とか。連動する実物印刷の「出前屋仕出しメニュウ」には，会議・行楽弁当，出前慶弔料理，仕出し寿司，出前おせち料理と……見立てメニューの仕出しのサービスの表現こそ，まさに見立ての特出しである。

"教育"が生涯教育のすべてにわたるということは，とりも直さず，教育の主導権が世間・大衆の手に移りつつあるということであり，それは確かなことなのだが，だからといって決して学校の存在が薄くなったわけではない。むしろ気概と存在感を生涯教育の中に示すこと，それこそが平等・対等・共生・共創の現在にあって，学校が価値の生産と再生産の方向を示すチャンスであると思う。「見立て遊び」のいろいろは世間・大衆が期待する学校と伝統への架橋／ブリッジである。

(宮脇　理)

龍安寺庭園
(室町時代，京都市右京区)

● 「見立て」は日本庭園の造園様式のひとつ「枯山水」でもよく知られている。白砂に熊手で描いた線を海や川に見立て，置かれた石を島に見立てて，限られた空間の中で大自然と幽玄の世界を表現している。

２ 造形表現の分類

総論 主題 技法 知識 鑑賞

絵画の表現性
絵画とは何か

「絵画」への問い

　現代絵画の表現性を語ろうとした時，事物や物語，あるいはファンタジーなどの再現性だけを絵画の表現だということはできなくなっている。もちろん再現性に多くの比重をかけている絵画であっても，制作者の気持ちのありようによって絵画は微妙かつ複雑に変化するであろうし，偶然の筆触に加えて，思いがけない色彩やテクスチャーの効果，さらには絵画的な構成への計算などを考慮すると，絵画自身の変化と生成は無限の出来事を常にはらんでいるといえよう。

　しかし，このような無限の出来事として，あるいは，絵画固有のイリュージョンとしての深まりは，近代になってから次第に意識されてきた「絵画への問い」に始まる。さまざまな映像技術の発達に伴い，メディアとしての情報伝達の機能を限りなく奪われていく絵画は，絵画のあり方をその根底から常に意識しなくてはならなくなったのである。

　そもそも絵画という形式はどのようなものなのか，何を描くのか，そして絵画は人と社会をどのように切り結ぶのか。絵画の表現性を語る場合，多かれ少なかれこのような根底的な問いに触れざるを得ないことが，今日の絵画の状況を物語っている。絵画の危機が叫ばれるたびに，現代美術の解体と拡張がみられることからも，絵画の未来は厳しい隘路にはばまれているかのようである。

絵画の変容

　それでもなぜ絵画は存在し続けるのであろうか。それはおそらく，言語以前とも言えるかもしれないイメージの発生にかかわっているからなのであろう。たとえば，不可能図形やエッシャーの作品などは現実に存在しないかたちをイメージとして与えてくれる。このように，絵画とは存在しないものを在るように見せてくれる言語以前あるいは言語と協働的にイメージをつくり出す装置でもあるからだ。さらには，ジャクソン・ポロックやサイ・トゥオンブリのごとく，もっとも素朴な身体的行為とともに，世界とかかわりながら今，ここで立ち上がるイメージの原型を見せてくれる場が絵画なのである。

　バーチャルな情報・消費社会が進めば進むほど，このような原初的な行為や場が逆に人間の存在を支えてくれるのである。絵画は消滅するどころか，ますます重要であり，むしろ絵画自身の根拠を常に問われ続けるという意味で，スリリングな面白さに満ちているとも考えられるのではないだろうか。絵画の表現性は，今や，私たちの存在の根拠にかかわるメディアに転換したともいえるのである。

生成するイメージ

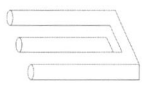

不可能図形

M.C.エッシャー『滝』リトグラフ（1961）

サイ・トゥオンブリ『レバントⅦ』（2001）

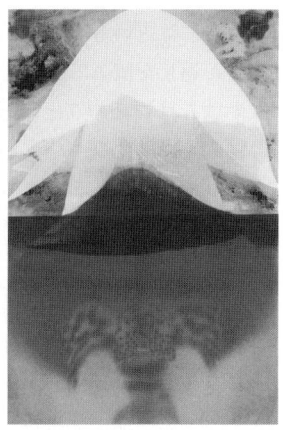

山口啓介『蕊柱のcore』（2003）

現代絵画のリアルさとは

　私たちの存在の根拠をめぐる絵画の表現性は，膨大なものと情報に日々記号化され続け社会から遠ざけられる私たちの希薄な生そのものに，直接介入してくるようなリアルさを持ちはじめているとはいえないだろうか。

　転換された絵画の表現性は，おのずとこれまでとは違った視線に誘われるだろう。

　絵画の表面や肌理そのものから生まれる，揺れ動くような写像（ゲルハルト・リヒター）。一見，再現的なイメージに見えつつも，不安定な筆触や，思いがけないトリミングと組み合わせによる新たな分節化（ロス・ブレックナー）。幼児が一心不乱に環境に働きかけ，働きかけられる無我夢中の行為のような痕跡（サイ・トゥオンブリ）。意識や生命の発生する源，あるいはいまだ形ならざる記憶の深層としての原初的風景（山口啓介）。

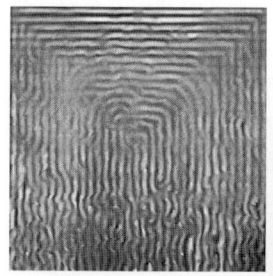

ゲルハルト・リヒター
『グレイの筆跡』（1968）

ロス・ブレックナー
『ONE DAY FEVER』（1986）

ジャクソン・ポロックの制作スナップ

■ 発展

●主観性を排することによる豊かな技法

　今日の独創的な絵画は，端的にいって，主観性を極力排除したところで成り立っている。

　ここでいう主観性とは，個別的な感情や物語のことを指しているが，例えばフランク・ステラの場合は，そのような「私」をいったん白紙に戻し，キャンバスの形から内側に反復される図をさまざまに展開していった。形式から内容を生み出したのである。自由な曲線を用いる際，雲形定規そのものを取り入れたことなど，まさに主観的に生み出される曲線を忌避したことの端的な表れとみることができよう。

　ゲルハルト・リヒターは，理想の絵画として，あらゆるものを写し出す「鏡」を想定し，写し出されるもの（イリュージョン）と物質（絵具）の往還を，機械のように精密に作業する技法そのものと化した。

　ジグマー・ポルケは，制作の最終的な結果としての絵画ではなく，レントゲン写真を見るかのように絵画を解剖し，そのプロセスに介入する。そのプロセスを際立たせるために，さまざまな化学薬品を用いて表面を変容させ，日常的なクリシェ，政治的モチーフなどを多重露出のように混合する。いってみれば，絵画の総合的な学習といえよう。

　この3人に代表されるように，今日の絵画のリアリティは，「私」という個別的なアプローチをいったん白紙に戻すことによって，逆に自由な，しかも極めて振幅の大きな展開が可能になったのである。主観性という個別的な主題に拘束されていては，このような驚くべき多様な展開が実現されることはなかったであろう。

　私たちを取り巻く現実の世界は，本来多様で多義的な，しかも一貫性のない矛盾に満ちた場であることを，現在の絵画が刺激的に美しく表現し，批評しているのである。

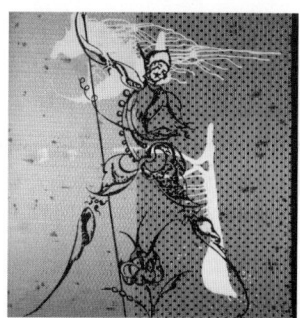

ジグマー・ポルケ
『園丁（Gardener）』（1992）

造形の表現性

POINT

- ●絵画とは私たちの存在の根拠にかかわるメディア
- ●表面や肌理へのかかわりとイメージの生成
- ●主観性の排除による絵画の多様な展開

関連リンク

イメージ	→ p.16, 91
写実・抽象	→ p.34, 38, 89
情報伝達	→ p.122, 146
主観性	→ p.2, 34, 86

（大嶋　彰）

② 造形表現の分類

彫刻の表現性
主題の設定

総論 主題 技法 知識 鑑賞

　粘土をこねたり，適度に抵抗感のある木を彫刻刀で削ったりすることは，誰にとっても心地よいものである。また彫刻は立体物を立体物として直接表現するので，直感的な表現活動になり得る。彫刻はこうした，ものと人間の原初の関係に根ざしている。彫刻の主題を設定するうえでは，次のような点に配慮する。

1）立体表現としての形の追究

　頭像を一つつくるだけで，目鼻の形やそれを支える頭部全体の形などを探ることとなり，立体表現のもつ奥深さを十分体験することができるだろう。幼少時の直感的・触覚的な粘土遊びを，意図的・空間的な表現に高めるには，彫刻表現のさまざまな性質を学ばなければならない。

　彫刻の主題を設定する場合，材料経験のもつ楽しさのうえに，立体物としての形の追究という，造形的な課題を設ける必要がある。

2）技法・材料とテーマの一体化

　彫刻表現においては技法・材料とテーマの間に一定の関係をもたせなければならない。用いる材料によって表現できるテーマも限定され，材料を工夫することによりより深くテーマを追究することも可能になる。例えば，〈＋〉の表現の塑造と，〈－〉の表現の彫造とでは，自ずと表現の質が異なる。また，同じ塑造でも，軽量粘土を用いれば，重量の影響が少なく自由な形が表現できるのに対し，旧来の石塑粘土であれば，重量感のある深い表現が可能になる。

3）物理的な条件への配慮

　彫刻は，空間の中に物理的な材料を用いて表現する領域である。これは，絵画が画面の上に置いた色材の特質を用いて多様であいまいなテーマも自由に表現できるのに対し，彫刻は重力に逆らって作品自体を支えなければならないという物理的な条件が付随し，表現できるテーマも自ずと限定されてくる。

　例えば，「宇宙」というテーマを設定した場合，絵画の場合，視覚的な宇宙空間を表現できるのに対し，彫刻の場合「球」で完全性を，「種」で宇宙の始まりを，といったように象徴的に表現することになる。したがって，彫刻の方が面白そうなので，といった安易なテーマの設定は避けるべきであり，彫刻の性質を十分に生かすことのできるテーマを設定すべきである。

4）形のしくみの認識

　ルネサンスの巨人ミケランジェロ（Michelangelo. B., 1475-1564）は解剖をして人体のしくみを究明し，近代彫刻の父・ロダン（Rodin. A., 1840-1917）は「自然に学べ」といった。彫刻は表面だけを写すことを嫌い，形そのもののしくみを学ぶことが重要である。

彫刻の領野

塑造

主な材料	天然粘土，加工粘土（油土，紙塑，石塑，軽量粘土，小麦粉粘土など），石膏，セメント，和紙，など	技法	塑造，テラコッタ（焼成），芯棒，流し込み，張子，石膏直づけ
特徴	主として，粘土を用いるために自由度が高く試行錯誤が可能で，芯材等を用いることによりきわめて多様な表現が可能である。しかし，粘土は重量があり，乾燥すると収縮し，もろくなるために，保存方法や，芯材の組み立て，石膏型取り，焼成などの技術が必要である。また，高い可塑性ゆえに，形の組み立てが曖昧になることもある。		

彫造

主な材料	木材，石材，石膏ブロック，ワックスなど	技法	木彫，石彫など
特徴	木や石，ワックス，石膏などのかたまりからイメージする形を彫り出していく。正面，側面，平面といった彫刻的な見方を学ばせることができるが，試行錯誤できないので，計画性が必要である。塑造に比べ材料や道具の扱いで高い技術が必要である。		

例えば，多くの動物は平板な胴体の下面から四肢が出ているのではなく，縦長の胴体の側面から四肢が出ていることに気づくだけで，より自然な形を表現することができる。「彫刻家は人体から離れてはいけない」と言われるほど，顔や手などの部分も含めて人体の表現を繰り返し行ってきた。

5）質感からのイメージ

彫刻は視覚的な表現であると同時に触覚的な表現でもある。外形をイメージし再現するとともに，その形がどのような質をもつものであるかをイメージしながら制作する。外形をイメージする想像力を「形相的想像力」といい，質感をイメージする想像力を「質料的想像力」という。筋肉や骨格，眼球や髪の毛などをイメージしながら制作することが重要である。プラスチックのような均質なものとして表現するのではなく，木や粘土などの材料を用いながらも，密度が高い／低い，堅そうな／しなやかな，重そうな／軽そうななどの質的なイメージを表現する。

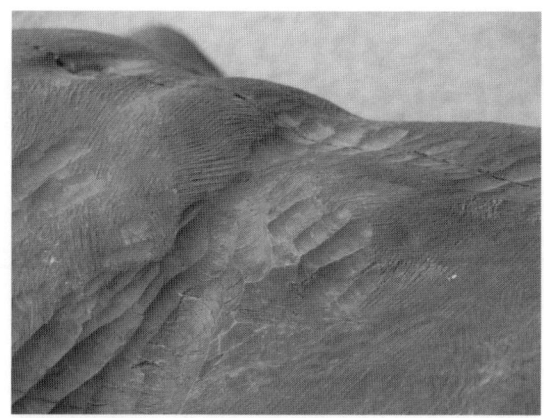

●彫刻の表面
表面の処理の仕方で，さまざまな「質」を表現する。

■発展

●彫刻表現の造形性要素

- 量　感…「中につまっている感じ」を表現することで，重量感のある存在感を表現する。
- 面　　…量を取り囲む表面が「面」で，面を単純化することで空間感を強める。
- 空　間…面を操作することによって，「流れるような」「奥行きのあるような」空間を表現することができる。
- バランス…彫刻は物理的な材料で表現するために，平面作品以上に形の釣り合いが重要となる。バランスがしっかりしていると安定感が強まる。
- 動　き…今にも動き出しそうな，あるいは動いているかのような感じ。バランスを適度に崩すことによって動きが生じる。
- 質　感…つるつるした，ざらざらした，衣服のような，髪の毛を感じさせる，などの質感。表面の加工によって表現する。
- 材　質…材料となる粘土や木のもつ材質の特徴を作品の中で生かす。
- 構築性…立体物としての物理的な組み立てと同時に，表現上の組み立てを明確にする。

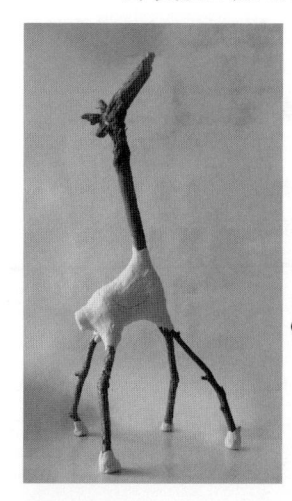

●自然物や廃材で制作した馬
形をうまく利用しており，空間や動きがよく表現されている。

造形の表現性

集合彫刻

主な材料	金属（塊，板，針金），プラスチック，スクラップ，紙	技法	溶接，接合，モビール，折り紙，ペーパークラフト
特徴	成型されたプラスチックや金属などの既存の多様な材料を用いることで，直接的で自由な表現が可能である。彫刻の材料の選定そのものが難しく，もととなる材料如何によってテーマが引きずられることがあるのでテーマや方向性を明確にする必要がある。		

POINT

- ●直感的・触覚的把握から意図的・空間的表現へ
- ●彫刻の分類
- ●平面表現との差異

関連リンク

象徴性	→ p.39, 90
形相的想像力	→ p.88, 96
質料的想像力	→ p.91
質　感	→ p.154

（三浦浩喜）

2 造形表現の分類

総論 主題 技法 知識 鑑賞

デザインの表現性
領域・プロセス・評価

デザインとは
　デザインとは，私たちの生活をより良くするために必要な物や環境や情報をつくるにあたって，最適な材料や技術の選択，形態の美しさや機能性，環境や文化への影響などを考えながら，一つの「形」にまとめ上げる総合的な計画・設計を意味する。

　実際のデザインプロセスにおいては，生活にかかわる人間の要求を実現するために，目的や条件を明確化し，使いやすさ，伝わりやすさ，快適さなどの観点から問題解決と創造的なアイデア展開を行っていく。したがってデザインの教育においても，「目的や条件の中で自己表現を行うことで，自己を生かす」といった特性を把握しておく必要がある。

デザインの領域
　図1は，人間―社会―自然とデザインのかかわりを示したものである。それぞれの関係を結ぶために生産・伝達・環境デザインが位置づけられるが，実際には，それらは互いに関連し合って私たちの生活をつくりあげている。さらに情報メディアが浸透してきた今日では，デジタル情報の表現と伝え方を主とした"情報デザイン"領域が，それぞれの領域と横断的にかかわりをもつ領域として浮上してきた。

　このようにグラフィックスやプロダクト，建築，情報等をつくるといったデザイン活動は，人間―社会―自然の関係をより良く適合させるためと認識すべきである。

デザインのプロセスと評価
　図2のようにデザインのプロセスは絵画や彫刻のプロセスと異なり，対象に関する問題点や，使い手や受け手の要求といった外的要因を明確化することからはじまり，分析→提案→評価をフィードバックしながら制作目標に近づけていくという流れが一般的である。

　デザインの成果は形態と機能と技術のバランスで評価される。

○形態……審美性や象徴性など
○機能……物理的側面（安定性，強度）
　　　　　行動的側面（使いやすさ）
　　　　　認知的側面（わかりやすさ）など
○技術……材料・資源・環境との適合性
　　　　　生産工程の合理性など

　これらのデザイン軸は，生活スタイルや時代の価値観によってバランスは異なるため，まず各自が明確な生活意識をもつことが重要である。

デザインの領域

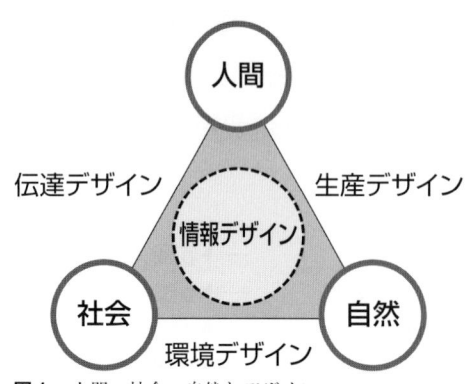

図1　人間・社会・自然とデザイン

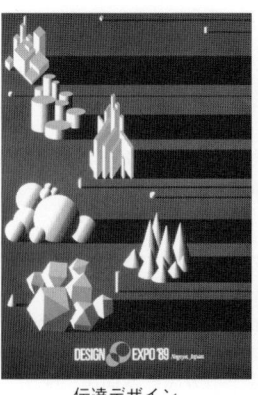

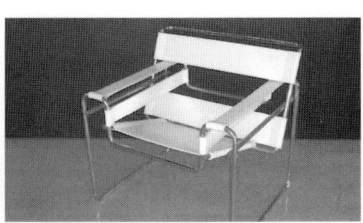

生産デザイン

伝達デザイン

環境デザイン

拡大するデザインの諸相

1）デジタルデザイン（Digital Design）

　パソコンなどを媒介に急速に日常生活に浸透してきたデジタルデザインは，迅速性・複製可能性・対話性・メディアの複合性（テキスト・画像・音・動きetc.）などが主な特性といえる。これらの制作表現に求められるのは，従来の視覚デザイン表現に加えて，デジタル表現ならではの発想力，情報の読み取りや編集能力（情報リテラシー）などが挙げられる。コンピュータグラフィックスはもとより，Webページ製作や個人で雑誌を編集出版するなど，従来は専門的な職能に任せてきたものが，自らが計画から完成までの全デザインプロセスを実現できるようになり，メディアを使った創造力やプレゼンテーション能力の重要性が高まっている。

2）エコロジカルデザイン（Ecological Design）

　環境保全を考慮したデザイン活動への眼差しは，特に生産や環境デザイン分野に波及している。製品や材料を再利用しようとするリサイクルの視点，環境にやさしい素材を使用するといった廃棄を考慮したデザインなどが増えてきており，伝達デザインではそれらをPRする活動も盛んに行われている。

3）ユニバーサルデザイン（Universal Design）

　これは，バリアフリーの概念を拡張し，すべての人にとっての使いやすさや快適性の実現を目標とするものである。デザインは元来こうした目標を前提としていたが，よりその目標を強くクローズアップさせた今日的な概念といえよう。他の諸学問分野との連携を図りながらの総合的な取り組みが求められている。

■発展

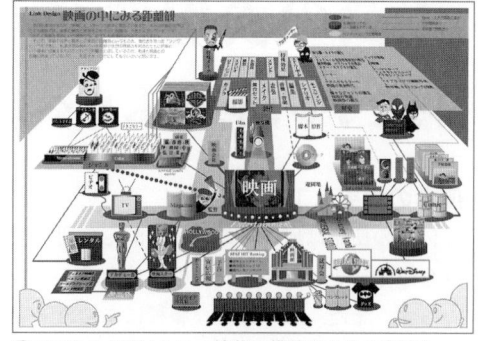

●デジタルデザインは，情報の構造化とその表現といった従来のデザイン分野に新たな側面を創出した。

●スプーンにもフォークにもなる携帯用使い捨て食器。土に還る素材（でん粉）でできている。

●重い荷物もバランスよく持つことができるハンドル。

図2　デザインのプロセス

要求の明確化 → 調査・分析 → 提案 → 評価 → 生産・伝達

POINT

- デザインとは総合的な計画・設計
- 目的や条件の中で自己表現
- 形態と機能と技術のバランスで評価

関連リンク

形態と機能　　　　　→ p.110, 112, 178
デジタル表現　　　　→ p.125, 136, 138
ユニバーサルデザイン → p.112, 180
情報デザイン　　　　→ p.111

（伊藤文彦）

② 造形表現の分類

工芸の表現性
何を学び，何を未来へ伝えていくのか

総論 主題 技法 知識 鑑賞

使命の探究と工芸教育

　自らの使命は何か。これは図画工作科や美術科のみならず，そして小学校や中学校などの違いにかかわらず，また，どのような職種にあろうとどのような地位にあろうと，未来を託す子どもたちにかかわる者であれば，誰もが突き詰めて考えなければならない教育の根本課題である。さらに生きる意味を問う観点からすれば，このことは教育だけではなく，政治，経済，法律，医学などさまざまな分野における人間の行動を決定づける重要な問いでもある。

　とすれば，工芸教育にかかわる者として，何をなさなければならないか。美意識や技術，用と美の調和，素材と用途との関係など，さまざまな視点から考察することができるが，ここでは「人類の課題に工芸教育はどう貢献できるか」という観点から検討を加えたい。なぜなら，自然破壊や地域紛争など現代社会が直面する深刻な課題に学校教育が無関心でいることはできないからである。そのことを踏まえれば，わが国の伝統的工芸の背景にある精神文化の掘り起こしと，その発信は工芸教育にかかわる者としての重要な使命の一つになるものと考える。

わが国の伝統的工芸の背景にある精神文化

　では，なぜわが国の伝統的工芸の背景にある精神文化の掘り起こしとその発信が人類の課題にかかわる取り組みになるのか。結論からいえば，自然と人間とはどうかかわっていけばいいのか，さらに，ものと人間，人間と人間との関係はどうあればいいのか，という根本的な思想が伝統的工芸の背景にある精神文化の中に受け継がれてきたからである。

　その事例の一つとして挙げたものが下の写真に示した「ヤラス（樹皮の鍋）」（アイヌ民族の伝統的工芸，アイヌ語でヤラは樹皮，スは鍋の意味）である。工芸は，木，竹，金属，石，土，紙，ガラスなどの素材を材料としながら，実用的価値と美的価値とを併せもつ造形であるが，これは白樺樹皮を素材として製作したものである。材料の採取段階では，「ヤラスをつくるために材料を少しいただきます」と感謝の言葉を述べてから樹皮を採取し，その量は白樺の木が枯れてしまわないように樹皮全体の3分の1以下だけを採取する。製作段階では，採取した樹皮が無駄にならないように，樹皮の皮目に対して平行に折り曲げながら容器の形にしていく。皮目と直角にすると縁から裂けやすくなり丈夫で長持ちするようなヤラスにはならない。

　こうした採取方法や製作方法の背景には，アイヌの人々の自然の恵みに感謝する精神がある。人間は自然の一部であるとともに，たくさんの自然の恵み

ヤラス（樹皮の鍋）の製作プロセス

●材料となる樹皮を採取する

　白樺の木が枯れてしまわないように，全体の樹皮の3分の1以下だけを採取する。

●樹皮の皮目に合わせて折る

　丈夫で長持ちするように，樹皮の皮目に合わせて折る。採取したばかりの白樺樹皮はゴムのように柔らかいために折って容器の形にすることができる。

●完成

　「ヤラス（樹皮の鍋）をつくろう」北海道旭川市民生活館。製作指導：杉村満氏，杉村フサ氏。

によって生かされている存在であると考えるのである。そしてこうした考え方は，自然だけにかかわるのではなく，ものや人間という私たちを取り巻くすべてのものに及んでいる。例えば，ものに対しては「長い間アイヌのために働いてくださって本当にありがとう」（萱野茂『アイヌの民具』）と感謝の気持ちを表し，人間に対しては「（材料採取の仕方や製作方法は）みなアイヌの長老から教えていただいたことです。大事なことを教えてくれた長老に心から感謝します」という言葉になって表れる。ヤラスの製作指導にあたった杉村フサ氏の「自然に感謝し，ものに感謝し，人に感謝する。これがアイヌの心です」という言葉はその精神を端的に示すものである。

これらのことは伝統的工芸が人間の造形能力とともに，自然と人間，ものと人間，人間と人間という関係にも深くかかわってきたことを意味している。人々の生活の中で継承されてきた「自然に感謝し，ものに感謝し，人に感謝する」という精神文化への着目は，日本発の工芸教育の根本精神として，そして人類の課題解決へ向けた方策の一つとして，わが国はもちろんのこと世界に貢献し得る重要な出発点になるだろう。

一人ひとりの人間には時間が限られている。しかし，何を大切に考え，どう行動したのか，人間のその姿と精神は次の世代にとっての指標となる。また，目の前にある造形から何を読み取り，何を学び，何を未来へ伝えていくのか，その追究は工芸教育をさらに発展させる原動力ともなる。いま，ここにあって，自らは何をなすべきなのか。このことをあらためて問い直したいものである。

カパラミプ（木綿衣，左側），チヂリ（刺繍衣，中央），アットウシ（樹皮衣，右側）
「第4回美術科教育学会『東地区』研究発表会in函館」の会場に展示されたアイヌ工芸品の一部（財団法人アイヌ文化振興・研究推進機構収蔵品）

■発展

●全国の伝統的工芸品

「伝統的工芸品産業の振興に関する法律〈伝産法〉」（1974年）に基づき，1975年に設立された伝統的工芸品産業振興会の『全国伝統的工芸品総覧』には，わが国の伝統的工芸品が次の17業種に分類されている。①織物，②染色品，③ひも・糸・刺繍・その他の繊維製品，④陶磁器・瓦，⑤漆器，⑥木工品，⑦竹工品，⑧金工品，⑨仏壇・仏具，⑩和紙，⑪文具（筆，墨，硯，そろばん），⑫石工品，⑬郷土玩具・人形，⑭扇子・団扇・和傘・提灯，⑮和楽器・神祇調度・慶弔用品，⑯その他の工芸品，⑰工芸用具・材料。〈例〉津軽塗（青森県），樺細工（秋田県），六角巻凧（新潟県），益子焼（栃木県），江戸風鈴（東京），鎌倉彫（神奈川県），美濃和紙（岐阜），伊賀くみひも（三重県），加賀友禅（石川県），堺打刃物（大阪），西陣織（京都），播州そろばん（兵庫県），福山琴（広島県），丸亀うちわ（香川県），博多人形（福岡県），別府竹細工（大分県），都城大弓（宮崎県），紅型（沖縄）

●工芸に関する検索アドレス

・日本の伝統的工芸品館
　　　　　　　　http://www.kougei.or.jp/
・東京の伝統工芸　http://dentou.aitoku.co.jp/
・アイヌ文化振興・研究推進機構
　　　　　　　　http://www.frpac.or.jp/

シーサー（名護市役所の外壁，沖縄県）

造形の表現性

POINT

- 使命の探究と工芸教育
- わが国の伝統的工芸の背景にある精神文化
- 工芸から何を学び，何を未来へ伝えていくのか

関連リンク

文　化　　　　　　　→ p.174

文化の伝承と保存　　→ p.190, 192, 200

体験を通して学ぶ　　→ p.160, 179, 194

（佐藤昌彦）

3 絵画・彫刻の基礎技法

観察による絵画表現

総論 **主題** 技法 知識 鑑賞

絵の基本は観察画

　絵とは基本的に観察画である。しかし，見ることと描くことをめぐっては内実の変遷がある。そこでまず，3歳と小1と小5の牛の絵（図1～3）を比較し，観察とはどういうことかに関し理解を深めよう。

　図1の牛は観察結果のレポートではなく，実際に見ることを通じ，子どもが牛について知りえた内容を一つの像にまとめ，自分なりの理解も込めた，つまりは牛の知識に基づく絵である。その知識とは，「デッカイ！　模様がある，丸っこい体，横ッチョにくっつく顔，ツノ，シッポ，脚…」であり，巨体を支える脚は書き足されて13本もあり，シッポは体が倒れぬよう紙の角まで伸び突っ張り棒の役を果たしている。正面向き・段重ねの子が緑の丸を握るが，皆で牛を囲み餌をやっている情景を示している。

　ジョルジュ・アンリ・リュケ（Georges Henri Luquet）は，こうした知識を描画ルールとする伝達力旺盛な子どもの絵の性向を，「知的写実性」とした。

　図2はノッシと歩む牛がこちらを振り向く場面で，リアルさが増す。しかし，よく見ると，牛は横向きの体に正面向きの顔と等間隔に並ぶ脚4本をジョイントした合成像であり，知識側に寄る割合がまだ高い。注目すべきは遠近表現で，上辺近くに柵を描き，その向こうに牛を見る子らを小さく横に並べて描いている。ただし，斜めの奥行情報はない。横広がりの層状の構図は正面性に依存し，概念的でもある。

　さて，図3で劇的変容を認め得る。餌を食む2頭の牛は，シッポの垂れた尻から乳が覗いたり，片脚を軽く折り曲げながら首をニュッと伸ばしたりと，一つの位置から捉えられた1回切りのポーズを描く。飼育係も正立像を破り，忙しげに体をひねり餌を運ぶ動きが描出されている。描く視点を斜め上に定め，場を鳥瞰的に表し，そのことと連動し柵は箱を意識して軸側投象的な高難度の処理を試みている。

　写実を求める傾向，もっと詳しくいうなら，時間・場所に左右されぬ知識の「普遍」から，今ここで見る事実の「個別性」に重心が移るその特質を，リュケは「視覚的写実性」とした。

知的写実性から視覚的写実性へ

　知的写実性から視覚的写実性への移行は，技能習熟的に難しかろうが，「牛はこうあるべき」という認識の枠組を変えることも求められるため簡単ではなくなる。知的から視覚的へと物の見方を変えるためには，クロッキー・素描・淡彩などで図式（お決まりの型）に頼ることなく見たままを描く練習が必要となり，現に実効性が確かめられている。

　図4は，顔ほど図式的影響力をもたない手を，割り

図1

図2

図3

図4

図5

図6

図7

図8

図9

図10

図11

図12

図13

箸ペン＋墨を用いて10分位で描いた例。図5は，モデルを見た通り丹念に写し取る鉛筆画の例。2例は形と細部を重んじるが，陰影には重きを置かない。

嶋田加代子教諭（元宇部市立恩田小）は観察に力を注ぎ，頭足人を淵源とする前向き型を脱すべく，見慣れぬ顔の向きやポーズを大胆に対象化した。施影により量塊的な把握も求める。図6はその何ともユニークな成果である。

ところで，観察は対象をよく知る方法でもある。図7には，花にビッシリできた種，大きな葉の虫喰いや色変わりなど，育てながら見てきたことが，図式の範疇を越えたひまわりの像として統合されている。その反面，基底線上の人は図式段階に留まる。

加えて観察は体験の一部を成す。親とやった庭の花壇づくりの体験が豊かな観察的要素を含み，図8のような絵を生む素地となる。石の囲いは上からの形だが，記憶を頼りに個々をできるだけ見た通りに描こうともしており，写実の萌芽を認め得る。体験を広義の観察と捉えるのは正しい。

図9のような主情性に勝る表現主義的作風も純粋な写実とは違うが，観察画の内に認めていきたい。

小6～中学段階では写実指向が一層高まるので，観察は本質的ツールとなる。観察画の代表的ジャンルとは人物・静物・風景の三つで，室内・建物などさらに加えてもよかろう。それらが主要題材となる。

細やかな観察が実らせた友だちの絵（図10），質感・光沢とか物の配置構成の妙を追究した卓上画（図11），1点透視図法を適用した街景画（図12），対象の大きさとボリュームに挑んだ船の絵（図13）など，観察画の諸例を挙げることができる。

■発展
●写実画の四つの基本技法

写実画とは，目の前の対象を何ら加工せず再現する絵を指し，独特な描法はことさら求めない。写実的に描けぬことが絵の苦手意識を生むというのが定説だが，写実画は原理的には誰でもなし得るものである。

以下，写実画を可能とする四つの基本技法を列挙しよう。

① 素　描："網膜像"として目に映る形（厳密には輪郭）を写し取る。鏡の像をマーカーでたどれば自動的に得られるし，碁盤目を入れた紙にファインダーで得た位置情報を記すというのが一般的やり方である。

② 明暗法：明暗の流れ・分布を狭いエリアと全体を関係づけながら調べ，適切な陰影を施す。するとそこに丸み・凹凸など面の様態と像の塊的な三次元情報が現れる。

③ 遠近法：単独像でなく複数要素を扱う場合は，前が後ろを遮ったりもする配列，遠くが小さく，近くが大きくなる大小関係を正しく表す。次にはそう見える実地体験を踏まえ，室内や遠退く道・川に1点透視図法，手前に角がくる位置の建物に2点透視図法を適用し，空間の合理的構築に挑む。

④ 短縮法：四肢やニンジン・キュウリなどが，"長い"と知識化される正面・横の形とは違う向きに示される時は，脳裡の形と大幅に違ってもギュッと縮めて描く。すると逆説的に見た通りの形が得られる。

"細かく描く＝リアルに描く"と子どもは考えるが，実際には上記4条件を満たすことが求められる。

ともあれ，絵には十分な時間をかけることが肝要である。授業時数縮減の影響や，塾などで忙しい子どもの生活を配慮し絵を宿題としなくなったこともあり，近年失われてしまった観のある，綿密に描き込まれた絵を2点掲げておく。

図14　「オートバイ」（小6）フェルトペン，水彩，画用紙4ツ切り

図15　「すばらしい菊川の秋」（小6）鉛筆，水彩，画用紙4ツ切り

図1　「うし」（3歳）クレヨン，水彩，色画用紙4ツ切り
図2　「うし」（小1）クレヨン，色画用紙4ツ切り
図3　「乳牛」（小5）フェルトペン，水彩，画用紙4ツ切り
図4　「手（チョキ）」（小3）割り箸ペン，墨，画用紙8ツ切り
図5　「おとうさん」（小2）鉛筆，上質紙B5
図6　「上を向いている友だち」（小6）パステル，水彩，画用紙4ツ切り
図7　「ぼくらのひまわり」（小2）クレヨン，水彩，画用紙4ツ切り
図8　「かだん」（小1）鉛筆，紙（28×26cm）
図9　「つよそうな木」（小5）鉛筆，水彩，画用紙4ツ切り
図10　「友だち」（小6）Gペン，墨，水彩，画用紙4ツ切り
図11　「リンゴとミカン」（中2）水彩，画用紙（17.5×25cm）
図12　「道」（中1）鉛筆，水彩，画用紙4ツ切り
図13　「漁港」（中2）鉛筆，水彩，画用紙4ツ切り

POINT

- どんな絵も見ることや見た記憶が基盤
- 知的写実性から視覚的写実性への移行
- 体験は広義の観察と捉えるのは正しい

関連リンク

知的写実性　　→ p.4, 6, 84

視覚的写実性　→ p.4, 6, 84

主観性　　　　→ p.2, 27, 86

（岡田匡史）

[3] 絵画・彫刻の基礎技法

想像による絵画表現

総論 **主題** 技法 知識 鑑賞

想像は創造の泉

　はじめにいくつかの想像画の例を見ていこう。
　図1は，ペタッと貼った豆から美しい花が生えてくる，小さな子の想像力をかき立てる題材例である。ファンタジーはしばしば装飾的意匠を生み出す。
　そして，メリーゴーランドの絵（図2）。厳密には記憶画というべきであろうが，楽しかったその体験は日常を脱しまさしく夢のようであったに違いない。
　子どもが想を語りながら綴る漫画チックな絵も，想像画の範疇に入れてよかろう。図3は人や場面をカタログ描法（一つひとつ羅列するやり方）で描いた，身の周りの出来事とイメージの入り混じる絵である。
　図4には花々が写実的に描かれているが，それらを単位と考えて規則的に並べるといったやり方は，装飾的な想像画のベーシックな方略の一つである。
　図5には実現させたい夢・願いが主題化される。空青く，椰子・蘇鉄系の高木が繁り，花が咲き誇る。そこを甲羅に作者を乗せた，大きな亀が行進する。きれいな格子パターンはウキウキした昂揚感を伝え，パウル・クレー（Paul Klee）を偲ばせもする。
　しかし，願いはひっそりと表現されることもある。羽仁進監督『絵を描く子どもたち』（1956）に，はじめ何も描けなかった入学してきたばかりの男子児童が一軒家を延々と描き続けるエピソードが紹介されている。その子はアパート暮らしで親の帰りが遅く鍵っ子であった。温かく楽しい団欒を象徴するその絵を，野々目桂三教諭はひたすら受け止め続けるという，最高の"待ち"の指導を実践している。
　描く前，話を聞いたりいろいろと経験したりして，子どもの心の内に想が膨らんでいることが大切である。そうして描かれた絵をクラスメート皆が「いいね！」と誉め合うような教室づくりをめざそう。そんな認め合う文化風土が素敵な想像画を育む。
　ところで，想像して描くことと見ないで描くことは同じだろうか。想像と観察はしばしば対義・反対の語とされるが，子どもが描く内容はすべてが観察により得られているのを鑑みると，観察は想像を基礎づけるというのが正しい見識ということになる。

想像から技法を考える

　では次の問い。想像画とは発想的・描法的にフリーな絵を指すのだろうか。何も参照しないでも描ける絵を想像画と考えるのは誤りである。観察画の比重が増す小5〜中学では，描写能力は想像画にとっての極めて有益な基礎となり得る。
　そもそも想像画を描くうえで大切なのは，描写力と塗り方・混ぜ方など描画材・絵具の扱いに関する豊富な経験である。東山明氏は小6の指導に関し，

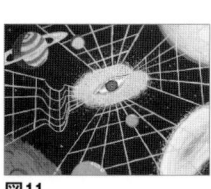

図1
図2 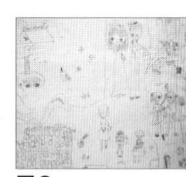
図3
図4
図5
図6
図7
図8
図9 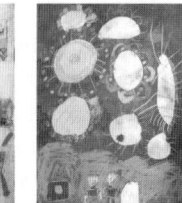 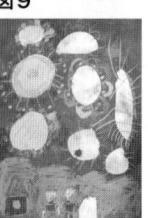
図10
図11

『美術教育と人間形成』で次のように記している。
「物語の絵をかくときは，鳥がでてくるときには，前もって鳥を写生したり観察したり図鑑で調べるなどして，鳥をかく力をもたせておくことが大切だ。」

図6・7は，ワシ・ミミズク・カラスといった，ともに鳥が登場する話の絵（読書感想画）である。翼を広げて飛ぶ様が実によく描けている。実物や剥製を観察するなど，想を何枚も描き溜める習作過程を必要としよう。とはいえ，読んで得たイメージを自分なりの表し方で描くこともあってよい。楽しい料理の場面を描く図8では，擬展開図法で表された調理台の4本の脚がユーモラスな気分を醸し出している。図9だと，奥行感稀薄なフラットな場，人も鳥も獣も皆左を向くぎこちなくもある構図が，かえって観る者を魅了する。本作がもし17世紀オランダ室内画的に描かれたとしたら印象は激変しよう。

物語には空想上の生き物や不思議なオブジェが出てくることも多く，その発案は楽しい経験を残す。また，動き・成長・音楽など"時"とかかわる不可視的な対象を絵に表そうとする際，想像力を要し，そうして生まれた絵も想像画の一部と考えられる。そして，当ジャンルは抽象画の地盤ともなり得る。

さらに色の演出効果も計算しなくてはならない。色を塗る際，ベタ塗りを思いつくだけではなく，点描，クロス＝ハッチング，重色，にじみやぼかし，霧吹き・墨流しなどモダンテクニックと，幅広いレパートリーの中から最適なやり方を選び出せるようにしておきたい。既習経験の積み重ねが大事となる。想像画はデザインとも連接し，にじみで花火を表した絵が構成表現に結びついたりもする（図10・11）。

■発展

●空想画の表現例

先に想像画はフリーな絵かと問うたが，夢幻性を強調する空想画は，描写の前提となる"現実"を規定するところの，色と形，サイズ，遠近関係，重力，物の性質，時の流れ，因果律（原因と結果）などに縛られることなく，「ありえないこと」がむしろ主題・意図となる。

以下，空想画に限り許されるような表現例である。

シッポだけ虹色の猫，人の顔をした蝶，星型スイカ，大きな蟻・小さな象，学習机の上に広がる街，宙に浮く人，ユラユラ揺れるヒョロ長い高層ビル，花壇に逆様に植わったチューリップ，凍った蠟燭の炎，ダラリと融けそうな時計。こういうアイデアを列した見本帳のような絵を，マルク・シャガール（Marc Chagall），サルバドール・ダリ（Salvador Dali）らが描いているので参照しよう。

図12はドライポイントで表現に凝る。樹は空に根を張り，地に枝を伸ばす。絵は，"上：根の中に建つチャペル"など，中：塀が囲う城，下：地中の枝"と，3界構造を成す。二つの時計は上と下とで違う時刻を示している。

図13は幻視的な設定とし，透視図の意識をもって描いた階段スペースに，キャラ風の奏châtel天使とデジカメで撮ったクラスメートを登場させ，天使も友もフワフワ宙に浮く。

図14に描かれているのは，卵・芋虫・蛹・アゲハチョウという同時にはありえぬ4態である（異時同図法に近い）。

想はオートマチックな描線・塗り跡から湧いたりもし，空想画は多様に進め得る。コラージュ，CGも有効である。

図12 「僕の城」（中3）ドライポイント，紙（26.5×20cm）

図13 「忘れ物を取りに行くと そこには天使たちが…！」（小6）コラージュ，鉛筆，水彩，画用紙4ツ切り

図14 「アゲハチョウの一生」（小3）鉛筆，水彩，画用紙4ツ切り

図1 「きれいな花でしょ みたことありますか」（6歳）種，色紙，水彩，画用紙4ツ切り
図2 「メリーゴーランド」（5歳）水彩，色画用紙4ツ切り
図3 「ぬりえきれいにぬりましょお」（6歳）鉛筆，中質紙B4
図4 「ソファルの町の花」（小4）色鉛筆，上質紙A4
図5 「みなみのしまにいったよ」（小1）鉛筆，クレヨン，水彩，色画用紙4ツ切り
図6 「感想画 帰らぬ大わし」（小5）鉛筆，水彩，画用紙4ツ切り
図7 「感想画（銀の星）みみずくとの戦い」（小5）鉛筆，水彩，画用紙4ツ切り
図8 「楽しくお料理しているクシュン（お話の絵）」（小3）パステル，水彩，色画用紙4ツ切り
図9 「ブレーメンの音楽隊」（小6）割り箸ペン，墨，水彩，画用紙4ツ切り
図10 「うちあげ花火をみたよ」（6歳）パス，水彩，画用紙4ツ切り
図11 「立体感のある平面構成」（中3）ポスターカラー，画用紙8ツ切り

POINT

● 認め合う文化風土が素敵な想像画を生む

● 観察は想像を基礎づける

● 漫画チックな絵も，想像画の範疇

関連リンク

色の演出効果　→ p.118, 150
観　察　→ p.26, 34
コラージュ　→ p.137
Ｃ　Ｇ　→ p.37, 136

（岡田匡史）

3 絵画・彫刻の基礎技法

内面・抽象の絵画表現

総論 主題 技法 知識 鑑賞

内面表現とは
1）こころの世界
　人間の心には，その人だけにしか見ることのできない世界がある。その世界の様子はなかなか言葉にして表現することができないが，その一つひとつの構成要素を組み合わせることによってその人だけの内面世界を表現することが可能である。

2）思春期の内面
　人間の内面，心的側面を表現するためには精神的な成長・成熟を待つ必要がある。小学校高学年から中学生にかけて自我が育つ時期（思春期）に，「外的（現実）世界」の再現としての表現から「不可視な世界」の表現に興味・関心が移っていく。自我が育つことによって他者と自分の違いに敏感になり，劣等感・優越感，疎外感等を一層感じるこの時期の子どもたちには，不可視（非現実的なもの）であるからこそ自分の内面（心の悩み，現実との葛藤・矛盾，未来への不安・希望，夢など）を色や形を使って自由に表現できるという喜びがある。

3）「第二の自画像」としての内面表現
　また，再現的な表現に対して苦手意識をもつ生徒にとって，自由な発想やモダンテクニック（こすり出し，スパッタリング等）を活用して描ける，そして他者と比較されにくい表現は新たな魅力的題材となるであろう。自分の内面を見つめ，そこにあるものを具体的なものや風景，あるいは線や色に置き換えることによって「第二の自画像」ともいえる内面表現ができる。

抽象表現とは
1）難解な抽象表現
　抽象表現は従来「わかりにくい，意味がわからない」といわれてきた。具象表現（観察による表現）と比較して，その対象が具体的な物，風景等の再現としての表現ではないため，その意味や作者の意図をくみ取りにくいと考えられたからだろう。

2）具象と抽象
　絵画という平面表現は点，線，面，色といった造形要素によって構成されている。一般に具象表現と呼ばれている絵画は，線と面と色彩によって，描く者もそれを見る者も，そこに描かれているものが何であるかを判読できるから安心する。
　抽象表現は，具体的なものを単純化，拡大・縮小，誇張し，平面としての面白さや美しさを追究する方法もあれば，元来抽象的なものである，音や感情，感覚，心理，思想，直観といった具体的な形態をもたないものを外的なイメージとして表出するものもある。

具象から抽象へ（モンドリアンの作例をもとに）

3）絵画としての抽象表現

　色や形に還元された表現は，絵画表現においてより純粋な表現，再現性を伴わない絵画の自立性を高めるものとして，20世紀における美術の重要な主流となってきた。モンドリアンのように直線や正方形といった幾何学図形の構成による抽象表現は「冷たい抽象」と呼ばれ，形自体がはっきりしない輪郭線の不明瞭な表現は「熱い抽象」と呼ばれる。またポロックのようにドリッピングの技法を利用した偶然性を活かした表現もある。

●内面・抽象表現へのプロセス

拡大・縮小，強調，省略，リズム，ムーブメント
色，線，形（幾何形態・具体物）
記憶，象徴，イメージ，メタファー

絵画表現 ← 内面世界・抽象的発想 ⇔ 外界（現実）・具象

CGで表現した「冷たい抽象」（生徒作品）

木の形を意識した具象的な表現から，そこから受けるイメージや，見出した面白い形に着目して作品が変化していく。

■発展

●「内面世界」のメタファー

　内面世界はメタファー（隠喩）による表現。心の状況が場所や空間，時間，そして物体に置き換えられ，それらが意味するものによって表現される。
○時計や道……時間，過去，現在，未来，人生
○階段や扉……予想される難題，関門，節目
○山・空・雲……夢，目標，険しい現実
○顔・目・手・体……自我やまわりの他者（大人）

鉛筆による心の中の世界1（生徒作品）

鉛筆による心の中の世界2（生徒作品）

POINT

- ●内面表現は子どもの心の様子を映す鏡
- ●抽象表現は芸術的発想のトレーニング
- ●平面における色と形の調和・新奇さを評価

関連リンク

自　我　　→ p.27, 47
具　象　　→ p.5, 34, 88
抽　象　　→ p.90

（川路澄人）

絵画の主題

3 絵画・彫刻の基礎技法

絵画の材料と用具
水彩・パステル・油彩・日本画，そして筆各種

総論　主題　技法　知識　鑑賞

絵画および材料・用具の概念

　絵画は，洋の東西でほぼ一致した語義をもつ。旧字の「繪」は糸と，音を示す會（よせあわせるの意）とで作られた字で，色のついた糸で刺繍をすることを表している。また，田圃の周囲を区切り地図に書き入れることから作られた「畫」は，筆を手で持ったかたちと田のまわりを区切った様子を示し，境目を書き込むという意味で，両者の合成語が絵画である。一方，ラテン語のpingereを語源とするPictureやpaintingは，「示す・描く・刺繍する・飾る・彩色する・派手にする・入墨する」などの意で，一般に物体の形象あるいは心象を材料や用具を駆使した二次元的な表現，つまり平面に描き出した芸術作品を指す。

　材料（material）は「物質に属するもの」が原義で製品に加工する前のものや研究・調査で扱う資料を指す。ちなみに題材，用具・道具，人材・人物の意味も含まれるが，素材あるいは原料として本書では解説する。

　ところで，用具と道具という呼び名は，無理解に使用しやすい。「道具」には，仏教修行の用語・物づくり用の器具の総称・武器・舞台の装置類・方便など多様な意味が含まれる。何かを行うための道具を「用具」といい，対象の分野や範囲を限定して使用される。そのため，図画工作・美術の授業用語としては用具が使われている。

絵画表現を支える材料・用具

　主題別なら歴史画・風景画・人物画・静物画，流派別なら印象派や立体派・琳派や狩野派，文化別なら日本画・西洋画など，何を軸に分類するかで絵画の名称は異なる。それぞれがイメージした形象あるいは心象などの適切な表現のために材料や用具はある。用具や描法の違いにより，素描・パステル・水彩・油彩・アクリル・フレスコ・テンペラ・日本画・水墨画・版画・漫画などに分類でき，本書ではそれら材料や用具に基づいた分類で解説する。

　各々の表現には，画面材料・着彩材料・描画用具の三つが必要である。ちなみに，画面材料には紙（スケッチブック）・キャンバス・板など，着彩材料には水彩絵具・パステル・油彩絵具・水干絵具など，描画用具には木炭・鉛筆各種・消しゴム・筆・筆洗・パレットなどである。水彩・パステル・油彩・日本画に必要な最低限の用具については図示した。

　例示していない材料・用具には，素描用のカルトン，イーゼル，アトリエ用キャビネットや絵具箱，生乾きの油絵携行用のキャンバスクリップ，水墨画に欠かせない墨や硯など，枚挙にいとまがない。

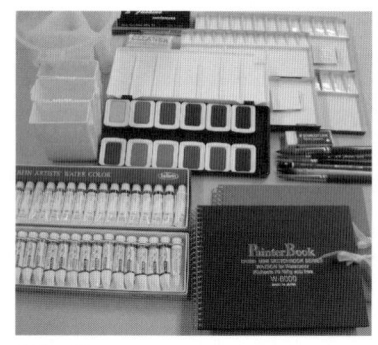

●水　彩
水彩絵具・スケッチブック・筆洗・パレット・筆各種・木炭・鉛筆各種・消しゴムなど。

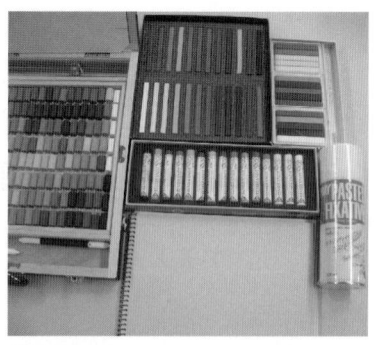

●パステル
パステル（軟質・硬質，油性）・パステル用スケッチブック・擦筆・フィキサチフなど。

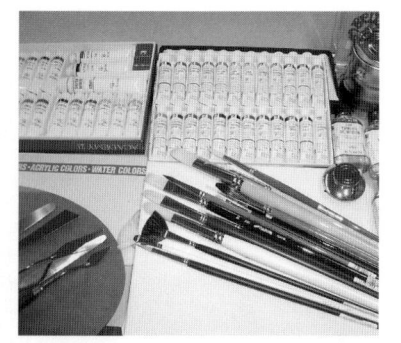

●油　彩
油彩絵具・キャンバス・筆各種・ナイフ各種・パレット（木・紙）・油壺・筆洗・溶油各種など。

水彩・パステル・油彩・日本画に用いる筆等に関し解説する。小・中学生には安価な動物の毛や化学繊維が使われているが，筆の選択の要点は，毛先の繊細さと弾力性である。

筆の毛質はコシ，穂丈は水含みを左右し，形状とサイズが技法を支える用具である。種類もサイズも多数あり，以下に特徴的な筆を例示した。サイズはメーカーにより異なる。

●水彩筆

01 ①丸筆，②ウインザーニュートン [000]，③コリンスキー，④細密表現に適し，日本画の面相筆に類する。
02 ①ライナー，②アシーナ [2]，③ナイロン，④コシが強く，先が長いのに水含みよく，長いつるや茎の描写に有効である。
03 ①丸筆，②ラファエロ [3]，③コリンスキー，④高級筆。コシと含みも優れ穂先がまとまり描きたい線が描ける。
04 ①丸筆，②ナムラ [12]，③馬・イタチ混毛，④線描と着彩に適している。
05 ①丸筆，②ラファエロ [12 1/2]，③リス，④線描と着彩に適している。
06 ①フィルバート，②ラファエロ [1/2]，③リス，④コシは弱いが，柔らかく含みがよいので同じ色で長く描ける。
07 ①平筆，②ナムラ [4]，③ナイロン，④同じ幅で線が描け，平らに塗るのに適す。柄の先でスクラッチもできる。
08 ①フィルバートコーム，②アシーナ [1/4]，③ナイロン，④穂先が丸く櫛状で草むら・髪・動物の毛を描くのに最適。
09 ①コーム，②アシーナ [1/2]，③ナイロン，④平筆型の櫛状穂先なのでチェックを描くと布目のような模様になる。
10 ①アンギュラー，②アシーナ [1/2]，③山羊，④斜めにカットした形状で，細かい線もバラの花びら表現も可能。
11 ①ダガー，②ホルベイン [8]，③ナイロン，④ナイフ型で穂丈が長い。長いストロークの葉・羽根・リボンの表現に。
12 ①平筆，②ホルベイン [20]，③ナイロン，④イタチ毛に似せた高価筆で，広い部分の塗りつぶしに適している。

●擦筆・ブラシ（パステル用）

13 ①擦筆，②ナムラ [小]，③和紙，④鉛筆を削ったような先端を用いて描いたパステルをぼかすために使用する。
14 ①擦筆，②ナムラ [中]，③和紙，④ぼかしたい面積が広い場合に，より太い擦筆が効果を上げる。
15 ①スタンドブラシ，②アルテージュ [R1]，③鹿，④丸筆を根本近くで平らに切った形状で色づけやぼかしに使う。
16 ①スタンドブラシ，②アルテージュ [R3]，③鹿，④混色や平塗り，立てて軽く掃くように色をのばす使用法もある。
17 ①カットブラシ，②青雲堂 [1]，③ナイロン，④パステル特有のぼけた部分を取り除きシャープな細密描写ができる。
18 ①ファンブラシ，②アルテージュ [F]，③白山羊，④扇形の羽根で掃くように用いて色を広げソフトにぼかす。
19 ①メークブラシ，②アルテージュ [A]，③ウレタンスポンジ，④人物画の微妙な表情をつけるのに効果を発揮する。
20 ①スポンジブラシ，②アルテージュ [P]，③ウレタンスポンジ，④均一で滑らかに色を伸ばし，ぼかすのに便利。

●油彩筆

21 ①サイン筆，②青雲堂 [3]，③イタチ，④細い線描に適すが，薄めて何度も重ねるなどやや高度な技巧が必要。
22 ①丸筆，②ナムラ [8]，③ナイロン，④細いナイロン毛を使ってあり，絵具の含みを生かした表現に用いる。
23 ①丸筆，②青雲堂 [10]，③バーミー，④イタチ科の動物だがイタチよりコシが強く，きれいの線描に有効。
24 ①丸筆，②ナムラ [10]，③ブタ，④硬い毛質を生かした線描と着彩に用いる。
25 ①フィルバート，②ホルベイン [8]，③ラクーン，④軽い弾力が，おつゆ描きでフラットな画面づくりに適する。
26 ①フィルバート，②ホルベイン [8]，③マングース，④柔らかく絵具含みよく，タッチを生かした表現ができる。
27 ①フィルバート，②ナムラ [14]，③ブタ，④一般に普及している筆で，当て方で大きな表現に応用できる。
28 ①ファン，②ナムラ [8]，③タヌキ，④扇形の筆で，ぼかしに用いたり，髪の毛の表現に用いたりする。
29 ①平筆，②ナムラ [8]，③ブタ，④同じ幅で線が描け，広い部分塗るのに適すが，角に絵具溜まりができやすい。
30 ①地塗り用刷毛，②ナムラ [S]，③ブタ，④S・M・Lの3種があり，地塗りやファンデーションに用いる。

●日本画筆

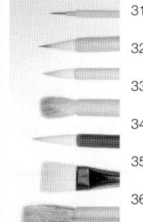

31 ①面相，②名村 [極小]，③イタチ，④眉や髪，輪郭などの細い線描に用いる。
32 ①削用筆，②青雲堂 [大]，③羊・馬混毛，④毛先が削られていて細い線描に適し，水含みもよいので着彩可。
33 ①彩色筆，②名村 [中]，③羊，④大・中・小を揃え，各色ごとにあると便利な彩色用の筆で，多用される。
34 ①隈取，②青雲堂 [中]，③羊・馬・鹿混毛，④ぼかし筆ともいい，水を含ませて既に色を染めた部分をぼかす。
35 ①長流，②青雲堂 [小]，③羊，④作品の大きさによるが大の長流一本で，すべての表現が可能という便利な筆。
36 ①平筆，②青雲堂 [6]，③羊，④広い範囲を着彩したり，同じ幅の線を着彩するのに用いる。
37 ①連筆，②名村 [五連]，③羊・馬混毛，④同じ幅の5本の筆を連ね含みがあるので，ムラなく塗り描ける。
38 ①刷毛，②ナムラ [20]，③羊，④ムラに留意し，地塗り・水張り，広い面の着彩，一筆グラデーションができる。

【凡例・備考】
写真左上の筆から，通し番号，①筆の名称，②メーカー名[サイズ]，③毛質，④特徴。

■発展

●愛用筆との出会い

いろいろ使ってみて特徴を知り，自分に合った筆をもつことが，自分らしい表現の形成へとつながる。水彩筆・ブラシ・油彩筆・日本画筆の分類に限定せずに用いられている。愛用筆との出会いが豊かな表現の第一歩になる。

絵画の材料と技法

●日本画

水干絵具・角顔彩・鉄鉢顔彩・岩絵具・胡粉・水干胡粉・膠・乳鉢・絵皿・梅皿・筆各種・麻紙ボード・ベニヤパネルなど。

撮影協力／
画材・白木屋
（宇都宮市伝馬町）

POINT

- ●絵画とは物体の形象・心象を二次元的に表現した作品
- ●用具とは対象の分野や範囲を限定して使用する道具
- ●もともとの分類に縛られない自分らしい使い方が大切

関連リンク

道具と用具	→ p.154
筆	→ p.46, 48, 50
材　料	→ p.154

（山口喜雄）

③ 絵画・彫刻の基礎技法

総論 主題 技法 知識 鑑賞

素　描
素描の概念・用具および技法・対象の見方

素描の概念

素描とは，木炭・鉛筆・コンテ・ペンなどを使い，単一色ないし黒色で主に線で描く行為あるいは描かれた絵を指し，デッサン（dessin／仏）やドローイング（drawing）という用語も同義である。一般に絵画表現の基礎と考えられ，技術的訓練や完成作品（tableau／仏）の下絵を目的とするが，独立した作品として描かれることもある。写実的な表現以外にも，デフォルメした表現，空想的・抽象的な表現も含まれる。また，対象の動勢（movement）や質量感（volume）などを瞬時に把握し速描するクロッキー（croquis／仏），概略や印象の下絵（esquisse／仏）および野外での写生という意の総称としてのスケッチ（sketch）なども「素描」と呼ぶ場合がある。

素描の用具および技法のポイント

●鉛　筆　8B〜9Hの19硬度があり，明度の階調を描くにはB類（3B位）・HB・H類（2H位）の3種各1本は必要である。イーゼル上に立てかけて置いた用紙には文字を書く鉛筆の持ち方でなく，細部を表す場合は写真の例示のように鉛筆を短めに持ち，薬指や小指を画面に添わせ芯先への力を調節する。

●木　炭　軟から硬まで硬度は豊富にあり，はじめは中程度を使うとよい。中の芯抜きをし，先を不要な紙でならし描きしてから使う。下の写真のように先を長くし，親指・人指し指・中指で軽く持つのが基本で，大きなタッチで描くのに適している。細部の描写には短めに持つことも，あるいは文字を書く際の鉛筆の持ち方をすることもある。

●用　紙　鉛筆の素描には，繊維の強い画用紙やケント紙を使う。木炭にはMBM紙が好適で，透かし文字で表を判断し，カルトン上にクリップで止めて使う。使用済みの同紙数枚を間に挟むと描きやすくなる。

●消し具　鉛筆には消しゴムより紙を傷めない練りゴムがよく，必要な分量を，表面をきれいにしつつ適切な形で使う。一度洗った柔らかいガーゼで木炭のはたき落としや擦り込みをし，指に巻き点や線で，たたんで面を消す。食パンの白い部分で木炭の色を弱め，消し，乾かぬようビニールに保存する。消し具は紙を傷めるので，「白で描く」ように使用したい。

●その他　対象と画面が同時に見える位置に座り，背筋を伸ばした姿勢で視点を固定する。寸法を測るために自転車のスポークなど測り棒や見取り枠があると便利で，見取り枠を前後に移動するとズームあるいはワイドに見える。完成したら定着用スプレーを画面から50センチ位離して噴霧し保護する。

鉛筆による素描

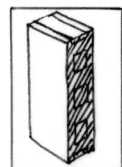

●対象の見方（直方体・球形） 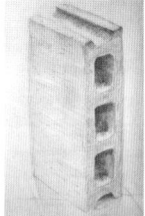　　「ブロック」 　　「あじさい」

●鉛筆の持ち方 　　「積み木と縄の構成」

木炭による素描

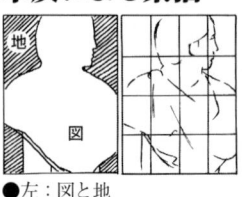

●左：図と地
　右：見取り枠による構図

●木炭の持ち方 　　「ブルータス」

対象の見方の深まりが表現力の源

　対象をどう捉えるかが素描の質を左右する。左頁下の中学生作品「ブロック」が全体を直方体と捉えているように，大きな三つの面として明暗の違いを描くことが大切で，次第に細部に目を移し，穴の部分やザラザラした質感へと描き進める。「あじさい」は，手まりのような長球体とそれを支える軸から五方向へ葉がのびていると捉えることが描写に立体感を与えている。手前の花弁は6Bなど濃い鉛筆で強く，背後の花弁は2BないしHBで淡く描き，花弁や葉に陰影をつけることで長球体の感じを強調する。ブロックもあじさいも実際に触れてみることで材質感の表現につながるだろう。短大生作品「積み木と縄の構成」は，積み木の向きや位置関係，木と縄の材質感や色の違いを対比し描き分けている。平面から上への垂線で位置を，着色された木の色を明度に置き換え，光に留意し相対的に捉えて描き込んでいる。「横濱築港パーマーの夢」のように概略あるいは印象としての素描を版画に発展させる例もある。

　また素描というと，大学生作品「ブルータス」のような木炭による石膏像が想起される。前述した正しい位置と姿勢で肘を伸ばし，測り棒を垂直に持って対象を見ることを心がける。一度決めたイスやイーゼルの位置を床にチョーク等で印をつけて視点を固定する。木炭紙と縦横比が同じ見取り枠を使い，紙におおまかな形を描く。その際，石膏像（図）だけでなく，背景（地）の形を意識すると描きやすい。裏側も見ることで全体の量感を感じ画面いっぱいに配置し，近くは強く濃く，遠くは弱く淡く明暗を与え，大から小へと面として捉えて描き進める。

●素描から版画へ

　上図は横濱築港を夢見ているパーマーと後年横濱港の施設を重ね合わせた粗い「素描」である。それを基にした下図の版画「横濱築港パーマーの夢」は，イメージをふくらませ，想像で表現した人物描写や空間感を工夫した。

　H・S・パーマーは日本近代化の玄関となった横浜築港事業を1886（明治19）年に託された英国人技師である。

■ 発展

小松益喜「総社風景」(1985)：鉛筆

「総社風景」は，神戸のユトリロという異名をもつ小松益喜（1904-2002）の鉛筆による素描である。遠景の家や樹々を淡く，右上の木を強く濃く，手前の背丈の高い草を柔らかく，かつその何本かにピントを合わせて風景の空間を描き出している。

佐藤忠良「未菜」

「未菜」は，彫刻家の佐藤忠良（1912- ）による量感を感じさせる思い切りのよい線で描かれたリトグラフである。

POINT

- ●素描とは単一色の線で描く行為や描かれた絵
- ●対象の裏側も見て全体の量感を感じ大きく描く
- ●クロッキーやスケッチも素描と呼ぶ場合がある

関連リンク

スケッチ　　　→ p.83, 84

クロッキー　　→ p.96

用　具　　　　→ p.40

（山口喜雄）

3 絵画・彫刻の基礎技法

総論　主題　技法　知識　鑑賞

パステル
材料・用具の理解および人物表現

パステル技法に不可欠な材料と用具の理解

1) パステル
　胡粉・アルミナ白・チタン白・酸化亜鉛などに顔料を加えて調色し，アラビアゴム溶液で練り固めた棒状の不透明な乾性画材で，オイルを含まないパステル (pastel) と，定着性が比較的よいオイルパステルとに大別でき，6色から400色のセットが市販されている。前者は粘着材含有量でソフト・セミハード・ハードに分類でき，ソフトパステルは面の描写，ハードパステルは鋭い線描に適す。定着性が低い反面，つまんで手軽に描いたり消したりが容易で，発色がよく，耐光性に優れ変色も少ない。

2) パステル用紙
　画面に棒状固形絵具を粉末状で描くため，オイルパステル以外のパステルは光沢面には描けない。荒い描き味を好むなら中間色のマーメイド紙，密な表現にはキャンソン紙の裏面あるいはケント紙，またキャンバスに描く方法もある。

3) 描画用具
　紙を棒状に硬くして細かい部分の擦りぼかしに擦筆，極細かい部分への着色は綿棒，広い面の擦りぼかし色落としには綿布やティッシュペーパーが有効である。強い擦りぼかしや粉払いに各種パステルブラシを活用すれば，さらに表現に幅がでる。

4) 定着材
　少しの接触で画面が傷つきやすいパステル・オイルパステルの両者とも定着材を吹きつける必要がある。染料タイプ顔料のパステル作品への石油系，加修正できる水溶性系など各種のパステルフィキサ，油性パステルの作品にクレヨンコートなどがある。吹きつけ後に色が濃く見えるが，数分で元に戻る。保管にはパラフィン紙で包んで保護する。

クレヨン・クレパス・コンテ
　広義のクレヨン (crayon：仏語) は鉛筆・コンテ・パステルを指し，仏語ではそれらを使用した絵画をも指す。日本では，パラフィンや木蠟などと顔料を練り固めたワックスクレヨンを指し，大正後期に山本鼎らが自由画教育運動にかかわって普及させた。クレヨンとパステルの長所を合わせたクレパスは商標なので，学校など公的機関では「パス類」と呼ぶ。蠟分が多くやや固めのクレヨンは透明感がある発色で軽いタッチの線描や描画に，油脂分が多く柔らかくて延びがよいクレパスは不透明で，面塗りや重厚なタッチの表現に適すというのが，一般的な理解である。また，コンテは同名の科学者・画家 (1755-1805, 仏) が創案した白・黒・茶などの素描用棒状絵具である。

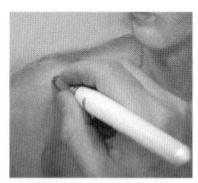

●スタンドブラシで肩の明部を整える。

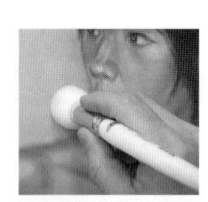

●スポンジブラシで滑らかに色を伸ばす。

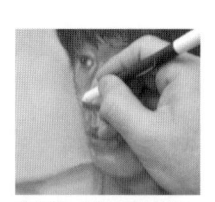

●擦筆で鼻の奥の狭い肌をやわらかく描く。

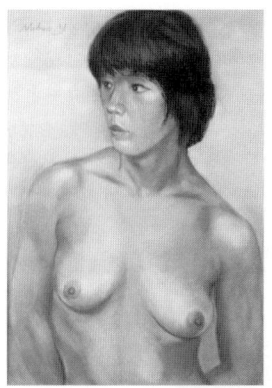

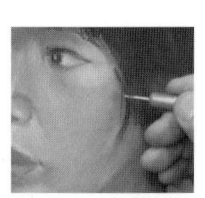

●鉄筆の丸い先端で細部のパステルを定着させる。

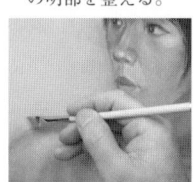

●カットブラシで肩と背景との境の微妙な調子を描く。

●スタンドブラシで胸下の影と明部の交差部分を調整する。

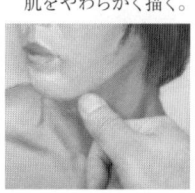

●親指の腹で首と喉の色をソフトに融和する。

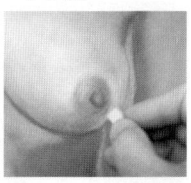

「感傷」[530×365mm]

●最終段階には全体を眺め用具を使って各部を調整する。

●パステルで影部分に明色を軽くのせる。

パステルによる人物表現過程の要点

　ここでは，掲載した3作品の表現過程をもとにパステルによる人物表現の要点を記す。各作品とも，その場の光や配色，モデルの表情や雰囲気から想起した主題を意識し，ライトグレイッシュな色調のキャンソン紙から最適な色を選び，裏面に描いた。

　「想」は，ぺんてる製オイルパステルで描き，紙色より暗いアンバー系でモデルを画面にどう入れるかを練った。素描が気に入らず，綿布で線部分をはたいたが消えないので，イエローグレイで紙色に近い調子に戻した。肌の明色部分にマダーピンクやフレッシュティントをのせ，セピアやアンバーで形を整える。明暗の描写のみで全体の凹凸を感じながら描けるのが中間色の紙の良さである。唇上半分をセピアとカーマインで影色に，光を受ける下唇を明るめの紅色に描く。上瞼の明るさと眼中の暗さを対比させ絵を引き締め，途中で描くのをやめた。

　「感傷」はレンブラント®社製のソフトパステルと一部にヌーベル®社製のハードパステルを用いた。ほぼ仕上がった最終段階では図示したように，それぞれの部分に適したスタンドブラシ・スポンジブラシ・擦筆・カットブラシ・鉄筆などの用具を使って調整を行った。親指の腹で何カ所も描く時には，やや湿らせた布で前の色を拭いて落としておく。

　「微睡」もソフトパステルで描いたが，他の2作との大きな違いは，画面の下半分を床を占める難しさにある。できるだけ線描を避けて綿布や親指の腹を生かして描いた。ゆったりと微睡む雰囲気を柔らかな面が連なる体で表し，下の床と上の背景を含め一つの空間感となるように調子を整えた。

■発展

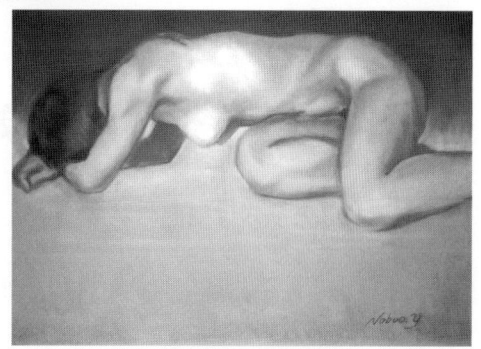

「微睡」[530×365mm]

「想」[380×270mm]

●パステルの種類
（ソフト＝ソフトパステル，セミH＝セミハードパステル，ハード＝ハードパステル，オイル＝オイルパステル）

国名	会社名	商品名	種類	
日本	サクラクレパス	サクラクレパスペシャリスト		オイル
	ぺんてる	オイルパステル for ARTIST		オイル
	ヌーベル	カレーパステル	ハード	
	ゴンドラ	ゴンドラパステル	ソフト	
	ホルベイン	ソフトパステル	ソフト	
	〃	セミハードパステル	セミH	
	〃	オイルパステル		オイル
オランダ	レンブラント	ソフトパステル	ソフト	
	シュミンケ	ソフトパステル	ソフト	
フランス	コンテ	ソフトパステル	ソフト	
イギリス	ラウニー	ソフトパステル	ソフト	
	ウインザー＆ニュートン	アーチスト ソフトパステル	ソフト	
	ダーウェント	パステルブロック	セミH	
ドイツ	ファーバーカステル	ポリクロモスパステル	ハード	
	〃	ファーバーソフトパステル	ソフト	
	〃	ファーバーオイルパステル		オイル
スイス	カランダッシュ	ネオパステル		オイル
アメリカ	サンフォード	プリズマカラー ニューパステル	ハード	

POINT

- 油脂分なしのパステルとオイルパステルに大別
- スタンド・スポンジ・カット等のブラシの活用
- 中間色のパステル紙の裏面は人物表現に効果的

関連リンク

パステル用具	→	p.40, 41
素描	→	p.42
用具	→	p.40

（山口喜雄）

[3] 絵画・彫刻の基礎技法

総論　主題　技法　知識　鑑賞

水彩
風景のスケッチから心象表現まで

水彩絵具による表現は描画の基本

「鉛筆の下描きはできても，絵具で色を塗るとだめになる」といった水彩表現への嫌悪が美術嫌いを増殖させる要因ともなっており，学習指導要領美術の解説には体験させたい主な描画材料として「水彩絵具を基礎に」とに明記されている。「絵具や筆の基本的な使い方をしっかり身につけ，一人ひとりが自分の思いに合って的確に描ける」確かな指導が求められている。

パレット・絵具・筆の扱いがキー

次に記すパレット・絵具・筆の扱いに関する留意が，思いに合った美しい水彩表現に不可欠である。

●パレット　形状は多様で指穴のないものもある。図示（右利きの例）したように，左手首に乗せて指穴に親指を入れて持つ。パレットを置いたままの使用では不安定になり，自分らしい微妙な色づくりが十分にできない。また小区画に絵具を出し，大・中の区画はそれぞれ混色するところとして使う。中区画はすぐ上の小区画にある類似色や濃い色の混色に，下半分の大区画は広い面に着彩する同一色や水を多くした淡い色調の混色に使う。

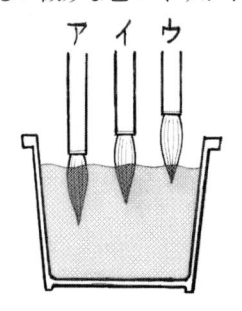

●絵具　一般的な12〜18色入り児童・生徒用水彩絵具セットの場合，使いそうもない色もすべて米粒程度を小区画に出しておくことが自分らしい色づくりにつながる。赤・橙・黄・黄緑のように隣同士を類似した色の順に並べると，混ざっても困らない。また，白と黒の絵具が入ると濁色になるので，初心者が発色の美しい水彩画を描くためには両色を用いない方法もある。画用紙は白いので純白部分は着彩せずに残し，白っぽくしたい場合は水を多く混ぜる。黒のかわりに青紫や青緑系統の色を用いてみるのもよい。

●筆　筆に含ませる水分を意識することが大切である。まず，左図アのように穂先全体に水を含ませ指で軽く水分をしぼり，水になじませて穂先を揃える。つくりたい色の量に応じて，多い場合はア，中くらいならイ，少しならウのようにして水分を調節する。また三つに区分された筆洗なら筆洗用・混色用・清水用に分けて使用し，必要なら木綿の布小片で筆の余分な水分を拭きとることも有効である。

「アユタヤの寺院（タイ）」（2005）［140×180mm］

「早春の鳥羽湾」（1989）［143×180mm］

水彩のスケッチ・心象表現の要点

●スケッチ(sketch)　実物や実景の写生，概略や印象を写した図をさす。その表現の要点を次に記す。

「アユタヤの寺院（タイ）」は，1491年建造の王室寺院ワット・プラシーサンペートで，F0号スケッチブック・12色固形水彩・水を入れたシロップ薬用50cc容器を左手に持ち，右手の丸筆（6号）で十数分間で描いた。ガイドの説明の間にかすれた油性ペンを走らせて淡彩で仕上げた。ペンで描く前に，人差し指で描いて構図を決め，描いて消しての繰り返しを防ぐ。湿潤な曇り空はその部分に水を塗り，雲間の青空に淡いウルトラマリンを流し込んで表す。複雑な形が逆光で見えにくく量を感じとり，色を塗るというより色で描くという意識で淡彩を数回重ねた。

地球の丸さを感じ水平に拡がる海，青空に雲が浮かぶ「早春の鳥羽湾」は，約40分で描いた。目を細めるとおおまかに明暗がとらえられる。白い船尾の波は着彩せずに残し，乾くまで隣り合う部分は待つ。島の量感や海や空の動きを濃い色で描き進める。

「公園にて」は，並木の連なりと遠くの鶴見岳（大分県別府市）に向かう小径の距離感を色の濃淡で巧みに表している。また，『ロマンチック街道』は眼下に広がる林と向こうに見えるドイツの古い街並みを軽妙な淡彩で柔らかく印象的に描き出している。

●心象表現　「窓からのイマージュⅠ」は東京街道の起点（宇都宮）の印象を描いた小品で，しばらく眺めて目に焼きついた形や色彩で構成し，水彩とパス類を併用して描いた。バランスに留意して左右のビルの形を変え，看板や歩道橋をアクセントにして対角線構図のかたさを感じさせない工夫を試みた。

発展

伊藤武夫（1905-1995）
「公園にて」（1984）
[356×247mm]

「窓からのイマージュⅠ」
（2000）
[220×155mm]

安野光雅（1926-）『ロマンチック街道』表紙原画，講談社（1980）[158×300mm]

●「透明」と「不透明」水彩絵具の違い

水彩絵具は精製上の違いから「透明」と「不透明」に大別できる。顔料からの光の反射の違いのメカニズムから「色」が違って見える。そのため，使われている成分としての顔料は同じであるが，両者の違いは顔料の含有率と関係がある。

含有率がメーカーにより異なるが，透明水彩は顔料が20〜30％前後のため顔料の粒子の隙間から下の紙が見え，溶剤として使用されているアラビヤゴムの被膜で透明感が伝わってくる。また，不透明水彩はガッシュともいい，顔料の含有率が50〜60％程度と多く，下の紙の色が見えにくい性質がある。水を多く用いると不透明水彩で透明な表現も見え，透明水彩も厚く塗れば不透明な表現に変化するが，両者の特徴や効果を理解して活用したい。ポスターカラーもテンペラも不透明水彩の類で，樹脂と顔料が空気中で結合後は水に溶けなくなるアクリル絵具も水で描くので水彩絵具の一種と考えられる。

POINT

●水彩は体験させたい主な描画材料

●筆に含ませる水分は，つくりたい色の量に応じて

●「透明」と「不透明」の特徴や効果を理解して

関連リンク

筆	→ p.41
心象表現	→ p.38
スケッチ	→ p.42, 84
水彩絵具	→ p.81

（山口喜雄）

油彩

油彩画とは

　絵具は，顔料（非水溶性の細かい色の粉）と結合材（塗膜形成・接着成分）から成るが，乾性油（空気中で酸化重合する油／リンシード，ポピー等）を主たる結合材とする絵具（油絵具）を主に使用して描かれた絵画を一般に油彩画と呼んでいる。その特色はファン・アイク兄弟やフェルメール，19世紀フランスアカデミズム派等の作品に見られるように，再現性豊かな深い描写性にあるといってよい。ただし，技法史的に見れば油絵具は卵テンペラ絵具等との併用が一般的であり，油絵具を主とする作品は17世紀以降の作品に多い。

　19世紀中頃，明暗法を主とした透明感のある再現的表現とはまったく異なる表現が現れる。それは印象派に代表される柔らかい光と空間を表現する絵画であるが，技術的な面から見れば色彩の追究である。不透明な色斑やタッチによる構成的画面が新たな表現として成立したのである。その後，現在に至るまでさまざまな表現が試みられているが，技術的には両者の折衷的運用であるといってよい。

　油彩画を描く場合，どちらの手法を主体とするのかを決め準備を整えることが必要であり，両者の技法のどの部分を画面上で生かしていくのかを意識することが作画上の鍵となる。

油彩画のメチエ

1）絵　具

- 使用されている顔料の物性を考慮し使い分けることが肝要である。
- 描きはじめは天然土系の絵具（白はチタン白，鉛白）を主体に使い，透明度が高い有機顔料系や彩度の高い金属顔料系の絵具は上層に使用する。

2）展色剤およびメディウム

- 市販されている絵具にアルキド樹脂等を主剤とするメディウムを混ぜ合わせ使用することが薦められる。塗膜の強度と乾燥性が高まる。
- 展色材は，俗称「溶き油」と呼ばれる。乾性油（リンシード，ポピー等）と樹脂油（ダンマル，コーパル，マスティック，合成樹脂等のニス），精油（テレピン，ペトロール等）を等量ずつ混ぜたものを原液とし，それを精油で薄めて使用する。各素材の配合比は各自工夫するとよいが，乾燥性油と樹脂をあわせた分量が50％を超えると使いにくい。市販の混合溶き油を使用する場合は成分表を入手し使用したい。

3）筆・ペインティングナイフ等の描画道具

- 豚毛などの剛毛系と軟毛系を使い分け表現に幅をもたせたい。ペインティングナイフ等も描画用の道具として用い，さまざまな効果を試すとよい。

古典画法について

　この作品は古典作品の描法を推察し，作画工程を段階的に示した例である。画面上・下端から，①板＋前膠層→②地塗り＋素描層→③下描き層→④仕上げ層を示す。

　作品は，板または麻布を貼った板を膠引きし，そこに膠液と白亜等を混ぜた地塗り塗料（gesso）が塗られた画地を使用し制作された。最初に原寸大下絵（cartone）が制作され，それを画地に転写した後，絵具を使用する制作を行った。下描きはテンペラ絵具を使用することが多かったが，上描きはそのマチエールの美しさから油絵具が使用されるようになる。下描き層を活かしながら絵具の塗り重ねで絵ができていく。油絵具はこのような描法のために最適な画材である。

作画例（作画工程を段階的に示した例）

下図，上・下端から，①地塗り＋素描層→②下描き層→③中描き層→④仕上げ層を示す。

以下は，描写を主体とする一般的描画法である。

1）地塗り＋素描層*

画地（市販のキャンバスや木板等）に地塗りした後，4B程度の鉛筆で軽くアタリをつけ，土性褐色系の絵具＋精油で形をとる。

2）下描き層*

ローシェンナ，テール・ヴェントなどで全体を着色（インプリマトゥーラ）し，白＋土性褐色系絵具で光と陰影を描き入れ立体感を出す。同時に形を十分に追究する。

3）中描き層

白（鉛白・チタン）と土性顔料系絵具を主体に使い，ボリュームや空間感を追究する。個々の物体ごとに明・中・暗（＝トロワトーン）を意識しながらモデリングする。物体間の明度差も考慮し描いていく。

4）仕上げ層

絵具を自由に使い，細かな観察で得た色や形・発見を画面に投入していく。

＊1）と 2）の工程は，画地にアクリル系地塗り塗料を塗布しアクリル絵具で実施してもよい。

■発展

●有色下地を用いた制作

地塗りした画地にデッサンを施した後，画面全体を着色する作業をインプリマトゥーラと呼ぶが，この作業が簡略化され最初から着色してある画地に描くという方法がとられるようになった。この画地を有色下地と呼んでいる。最も有名なものは「スペイン地塗り」と呼ばれる濃い褐色の地であるが，グレイ（暖色調から寒色調まで）の下地が一般的に薦められる。この方法の特色は，次の2点にある。
① 白を用いたモデリングが効果的に行える。
② 上層に激しい色彩を用いても比較的調和のとれた画面をつくることができる。

濃い褐色の下地は後年画面が暗色化することが知られているが，中間色調のグレイッシュな有色下地は画地として最適なだけでなく絵づくりをさらに楽しいものにする。自分の制作スタイルや画面の傾向を考慮し有色下地を用いた制作を実施してみてはどうだろうか。なお，地塗り塗料はアクリル系のものが薦められる。

POINT

- 有機顔料系や金属顔料系は上層に使用
- 不透明な色斑やタッチによる構成的画面
- 油絵具は塗り重ね描法に最適な画材

関連リンク

顔　料	→ p.54
油彩絵具	→ p.40, 81
下　地	→ p.50

（片平　仁）

③ 絵画・彫刻の基礎技法

アクリル

総論 主題 技法 知識 鑑賞

アクリル絵具とは

アクリル絵具は，顔料の結合材にアクリル樹脂分散液を使用した水性絵具であり，20世紀後半に実用化された。アクリル樹脂分散液は乳濁した液体であるが水分の蒸発とともに透明度を増し急速に固まる。その強靭な塗膜は，透明で柔軟性に富み，耐水性となる。アクリル絵具は次のような特色を有する。

① 水で描くことができる。
② 極端な非吸収性の平滑面や油質の面等を除いたあらゆる基底材に描くことができる。
③ 乾燥・固化が早く（数分～2時間），その後は水で再溶解しない耐水性の塗膜となる。
④ 固着力が強く，形成された塗膜は柔軟かつ堅牢で耐候性が高い。

製品としてのアクリル絵具は，改良が重ねられ非常に使いやすいものになっている。水等で薄く溶くと透明水彩風の効果が生まれ，通常の濃度で使用すると油絵具やポスターカラーのような密度の高い表現を可能にする。早い乾燥・固化速度を生かし大胆な厚塗りや斬新なテクスチャーの表現も可能でコラージュ等も容易である。つまり，あらゆる絵画の技法─古典的描法からモダン・テクニックまで─を使うことができるのである。そのために，効果的に使用するためには「どのような画面に仕上げたいのか」明確な意図をもち，準備に当たる必要がある。

アクリル絵具のマチエール

アクリル絵具は単独でも使用できるが，下記のようなメディウム等を使用すると表現の幅が大きく広がる。

1）地塗り塗料

「ジェッソ」という商品名で売られている。単独で使用するだけでなく，補助充填用メディウムを混合するとさまざまな描法に対応する下地塗料が調合できる。それは油彩，テンペラ用の下地としても有効である。

2）ポリマー（マット）メディウム

アクリル樹脂分散液を主体とするメディウムである。絵具層に艶と強度・柔軟性を与える。また，軽量物のコラージュ用の糊としても使用できる。アクリル絵具は通常水で溶いて使うが，このメディウムを1～2倍量の水で薄め展色剤として水代わりに使用すると効果的である。マットメディウムは同じ効果をもつが仕上がりが艶消しになるタイプのものである。また，マットメディウムは目止め剤としても使える。吸収性の素材にジェッソを塗る前に塗布すると効果的である。

アクリル絵具によるさまざまな表現

コラージュと線を使用したグラフィカルな作品（図1），ジェルメディウム＋モデリングペーストを使用した大胆な厚塗り（図2），セラミックパウダーを使ったメディウム等を塗り重ねたソリッドなテクスチャー（図3），古典的描写＋線や文字＋コラージュ等の技法で描かれた作品（図4）。各種メディウムを駆使することによって多様な表現が可能になる。

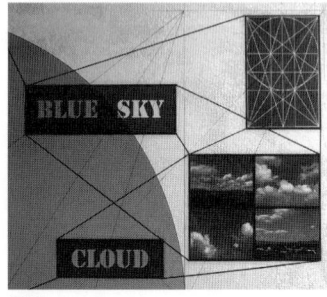

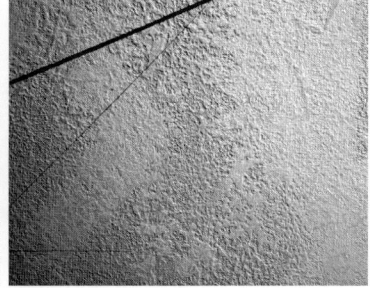

図1

図2

図3

3）ジェル（マットジェル）メディウム

ポリマー（マット）メディウムの濃いゲル状のもの。強い接着力を有し，乾くと透明になる。これを絵具に混入すると厚塗りが容易になり筆跡やタッチがよく残る。また重量物のコラージュ用の糊としても効果的である。

4）補助充填用メディウム

モデリングペースト等の名称で市販されているもので，炭酸カルシウムやセラミックパウダーを含む盛り上げ用の充填剤である。他のメディウムや絵具と混ぜることによってさまざまな表情のマチエールをつくり出すことができる。

5）各種プライマー

ガラスや金属にアクリル絵具を塗るための下塗り用塗料が市販されている。

描画用の道具（筆，エアブラシ等）

油彩，水彩用の筆，ナイフ等はすべて使える。パレットには，表面加工が施された紙製のもの，陶器皿等が適している。筆は，絵具をつけたまま放置すると短時間でも使えなくなってしまうため，描画作業中の筆を一時的に浸しておくための筆洗バケツを準備したほうがよい。

また，エアブラシのためにはアクリル絵具は最良の画材である。水で緩めに絵具を溶き，ポリマーメディウムを混入し，絵具やメディウムの凝固カスをストッキング等で濾し取った後に使用する。吹きつけ後，表面保護と定着のため水で薄めたポリマーメディウムを軽く吹きつけるとよい。

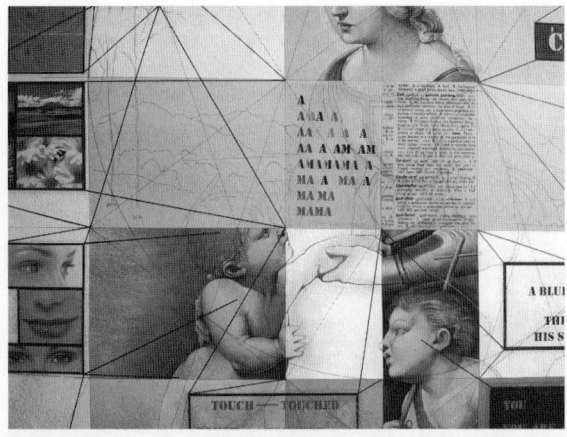

■発展

●オブジェ作品等への応用

現代絵画における絵具の役割はタブローの制作用という枠をはるかに超えて，色彩そのものの表現や特定の意味の演出という大きな役割をもつものに拡大してきた。アクリル絵具のもつ画材としての特性は，そうした役割を十分に担うことができる。

図5は，オブジェのカラーリングに使用された例である。他の絵具やペンキでは得られない高彩度の色やメディウムを使用した微妙な質感，エアブラシを使用した複雑な表面への彩色などはアクリル絵具でなければ成し得ない。

図6は，アクリル板やアルミに彩色された例である。アクリル絵具でなければ出すことのできないプラスチッキーな質感が作品の雰囲気づくりに一役かっている。

図5

図6

図4

POINT

- ●アクリル絵具はあらゆる絵画技法に使える
- ●メディウムを駆使すれば多様な表現が可能
- ●筆は絵具をつけて放置すると使えなくなる

関連リンク

地塗り塗料	→ p.49, 52
カラーリング	→ p.108
アクリル絵具	→ p.47, 50, 81

（片平　仁）

３ 絵画・彫刻の基礎技法

フレスコ, テンペラ

総論 主題 **技法** 知識 鑑賞

フレスコ画

フレスコ画は，ポンペイの壁画やシスティーナ礼拝堂のミケランジェロの超人的作品等で知られる壁画の技法である。フレスコと呼ばれる壁画の技法は数種類あるが，この項では「真のフレスコ」と呼ばれるブオン・フレスコ（buon fresco）を概観する。なお，frescoという単語は「新鮮な・湿っている」を表すイタリア語である。

ブオン・フレスコは，よく洗浄し粒度をそろえた砂に消石灰を混ぜた石灰モルタル（マルタ；malta）を薄く壁に塗り，生乾きのマルタの上に水で溶いた顔料で絵を描く壁画の技法である。マルタ中の石灰は乾燥の過程で空気中の二酸化炭素と反応し透明な結晶を形成し，顔料はその結晶に封じ込められて定着する。この技法は，壁が濡れている間に絵を描く必要があるため，計画的に手際よく実施しなくてはならない。そのために，制作は通常次の手順で行われる。

1）原寸大下絵（カルトーネ；cartone）の制作

構想を練り上げ，線描を中心とした下絵を仕上げておく。大作の場合1日の仕事量を考えジグソーパズルのように下絵を線で区分ける。この1日分の仕事量をジョルナータ（giornata）という。

2）地塗り（アリッチョ；arriccio）

壁面や壁材にマルタ（砂：消石灰＝3～2：1）を地塗りする。厚さは10～20mm程度である。

3）中塗り（シノピア；sinopia）

マルタを中塗りし，赤褐色の顔料で下絵を描く。シノピアとは赤褐色の顔料を指すがフレスコ画では，この中塗り壁と下描きのことを指す。

4）上塗り（イントナコ；intonaco）と描画

1日のジョルナータ分のマルタ（砂：消石灰＝1：1）を塗り，その上に描画する。細かなデッサン等は，下絵の線上に無数の穴をあけ，壁に下絵をあててその上から顔料をつめた袋で叩き転写（スポルヴェロ；spolvero）する。

5）仕上げ

大作の場合ジョルナータを組み合わせて完成させる。ジグソーパズルができ上がっていくような感じで仕上がっていくのである。壁が乾き顔料が定着した後，カゼインや卵テンペラに顔料を混ぜ，修正やハイライト等を描き加えることがある。この技法をセッコ（乾燥した；secco）技法という。

テンペラ画

テンペラ（tempera）は，顔料の結合材やメディウムすべてを指す言葉であったが，15世紀の油彩技法

フレスコ画の実作に触れる

ヴァチカンのシスティーナ礼拝堂・ミケランジェロ作「天地創造」「最後の審判」，ヴァチカン美術館内「ラファエルロの間」（図1・2）の壁画群，フィレンツェのサンタ・マリア・デル・カルミネ教会ブランカッチ礼拝堂のマザッチョの壁画（図3）等はフレスコ画のすばらしさを肌で感じることができる傑作である。

図1 　図2 　図3

の普及とともに，鶏卵を使った乳濁液（卵テンペラ乳濁液）やカゼインを主な結合材とする絵画技法を指し示すようになり，現在ではもっぱら後者の意味で使用される。

鶏卵による乳濁液を結合材とする卵テンペラ（egg tempera）は自由度が高く，多くの画家がそれを用いて制作した。卵テンペラ乳濁液は乾性油やニス（樹脂油）を配合し調整することができるため，さまざまな描き味や仕上がりを展開できる。シャープな線描が容易で，凝固が早いため細密な描写や下描きには好適である。そのため多くの画家が愛好し，現在ではテンペラという言葉は卵テンペラと同義で使われることも多い。

作画例（作画工程を段階的に示した例）

この作品はテンペラ画の一般的な描法を段階的に示した例である。画面上・下端から，①麻布を糊貼りした板＋前膠層→②地塗り＋素描層→③下描き層→④仕上げ層を示す。

素描はテンペラの美しい半透明の効果を活かすために高い密度で描かれることもある。下描きはインプリマトゥーラの後，暗部にテール・ヴェルト等が置かれ白でモデリングが行われる。仕上げ層は細かなハッチングや半透明の層を交互に置き，密度感を高めていく。

■発展
●卵テンペラの素材

図4 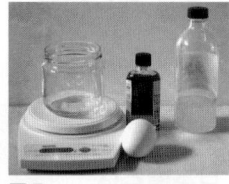　図5
図6 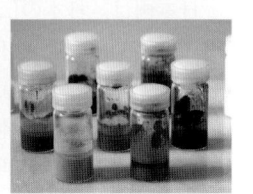　図7 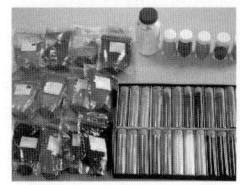

図4　左から，うさぎ膠（下地用）／ダンマル樹脂（ニスの原料）／ボローニャ石膏（地塗り塗料用）。膠は，膠：水＝1：10（重量比）で膨潤させ湯煎して使用する。ダンマル樹脂はテレピンに溶解させ―樹脂：テレピン＝1：2（重量比）―ニスにする。ボローニャ石膏は，石膏：酸化チタン（顔料）：膠水：水＝1：1：1：1～2（容量比）でよく混ぜ合わせ，地塗り塗料（ゲッソ；gesso）として使用する。

図5　テンペラ乳濁液用の素材。鶏卵，サンシックンド・リンシード（スタンドオイルでもよい），ダンマルニス。以下は全卵の処方箋である。全卵：オイル：ニス＝1：0.5：0.5（重量比）を壜に入れ，激しく振り混ぜる。マヨネーズ状のものができ上がる。使用直前に等量の水で激しく振り混ぜ，乳濁液にする。それを水練り顔料に混ぜ，描く。

図6　顔料。画材店で入手できる。日本画用の水干も使用することができる。毒性があるものもあるため取り扱いには注意が必要である。

図7　水練りした顔料。顔料は事前に水練りし，小壜にストックしておく。使用直前にテンペラ乳濁液と混ぜる。顔料は粉末の状態でテンペラ乳濁液と混ぜ合わせてもよいが，保存に手間がかかる。

POINT

- frescoは「新鮮な・湿っている」という意味
- テンペラはシャープな線画が容易
- フレスコに卵テンペラで修正やハイライトを加える

関連リンク

壁画　　　　　→ p.1
半透明　　　　→ p.46
インプリマトゥーラ → p.49
メディウム　　　→ p.48, 50

（片平　仁）

3 絵画・彫刻の基礎技法

総論 主題 技法 知識 鑑賞

日本画

日本画とは

　日本画は，日本の伝統絵画と解されることもあるが，近年では「近代日本画」を指す言葉として定着してきている。その意味で「日本画」は，明治の近代化以降，西洋から本格的に流入した「近代美術」という概念のもとに再構築された日本絵画を指し，個性的な表現，新しい表現を追い求める姿勢は西洋画（油彩画）と同じであるといえる。

　社会の変動とともに日本画の表現は変化し，技術や材料も伝統絵画から少なからず変容を遂げてきた。しかしながら，失われつつある東洋の伝統的な絵画技術も受け継がれている。

　日本画の特徴の一つに，まず顔料と接着剤をその都度自分で調合することが挙げられるだろう。油彩画や水彩画，アクリル画などの絵画では，絵具はすでに調合されてチューブに入っているが，日本画では，膠（にかわ）という伝統的な接着剤を溶かし，使いたい顔料を一つひとつ自分で練らなければならない。日本画による表現は，技術と切り離すことができないのである。絵具の調合が悪ければ，剝落したり，ひびが入ったりするなどのトラブルを生じることもある。チューブ入りの既製絵具に慣れている人には面倒かもしれないが，基礎的な作業が多い分だけ自分なりの技法や表現を見つけだすチャンスも多いはずだ。岩絵具や金銀箔など，個性的な材料を使いこなすこともまた日本画の魅力の一つである。

日本画の材料

　日本画の顔料には，さまざまな種類のものがある。伝統的に使われてきた顔料としては，貝殻からつくられる胡粉（ごふん），天然土を精製した黄土や朱土，希少な天然鉱物を粉砕した岩絵具の群青（ぐんじょう）・緑青（ろくしょう），水銀を硫化してつくられる朱（しゅ）などがあり，それぞれの特性をもっている。

　現在では，こうした伝統的な顔料に加え，かつては使われなかった天然鉱物を粉砕した岩絵具や人工的に作られた岩絵具など，新しく開発された岩絵具が多く使われている。この岩絵具には，粒子の粗細という特徴があり，粒子が粗いほど濃く，細かいほど白っぽい発色になる。

　支持体には，日本画専用につくられた厚手で大判の和紙に礬水引き（どうさ）というにじみ止めをして使われることが多く，伝統的な薄手の和紙や絹が使われることは少なくなった。しかし，裏打ちなどの表装技術を学べば，多様な素材を支持体に取り入れることが可能である。

日本画の顔料とその原料

●代表的な白色顔料の「胡粉」（右）と原料のイタボ牡蠣（左）

●〈上〉岩絵具・群青（右）と原石の藍銅鉱（左）
〈下〉岩絵具・緑青（右）と原石の孔雀石（左）

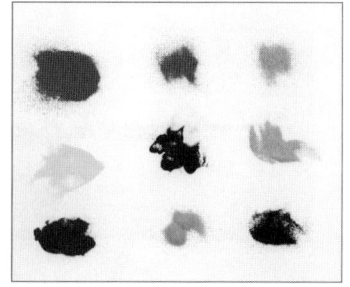

●さまざまな色の新しい岩絵具

顔料の溶き方

●絵具皿に入れた顔料に適量の膠を加える。

●中指で顔料と膠を練る。

●水を加えて，使いたい濃度に調整する。

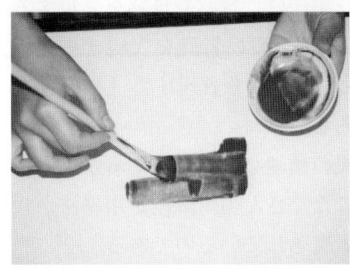

●水分と顔料をよく撹拌し，筆で画面に塗る。

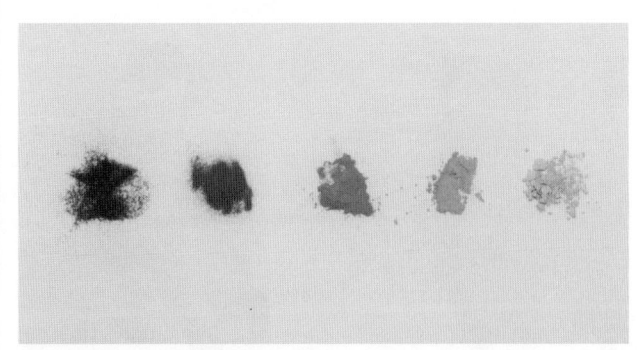

●岩絵具の粒度による発色の違い
同じ岩絵具でも粒子が細かくなるほど発色は白っぽくなる。

■発展

●参考作品

『食卓』（P30号）

●色の組み合わせばかりでなく，粒度の違う顔料を効果的に使って表現されている。

絵画の材料と技法

POINT

- ●東洋の伝統的な絵画技術を受け継ぐ
- ●個性的な材料を使うことも日本画の魅力
- ●岩絵具の粒子が細かいほど発色は白っぽい

関連リンク

筆　　　　　　→ p.41

顔　料　　　　→ p.48

用　具　　　　→ p.41

（荒井　経）

[3] 絵画・彫刻の基礎技法

総論 主題 技法 知識 鑑賞

水墨画

水墨画とは

　水墨画とは，墨と水と筆遣いによって表現される絵画のことである。わずかに色彩を施した作品もあるが，墨だけを使ったものも多く，あくまでも墨で描くことを主としている。なぜ墨だけにこだわって描くのだろうか。それは古くから「墨は五彩を兼ねる」といわれているように，墨一色の中にあらゆる色彩が含まれていると考えられているからである。

　この白黒の水墨画は，色彩豊かな現代の世界を表現するにはそぐわないという声もある。また，基本的な筆遣いや定式的な画題が多いことも，現代人に不自由を感じさせるかもしれない。しかし，たとえ同じ画題を描いたとしても，そこにはその時代時代を生きる画家たちの解釈が加わり，絶えず表現が更新されているのである。

　水墨画の特徴には，描き直しがきかず，完成まで一気に描き切る一筆性が挙げられる。また，作品の背景にある精神性も深く重んじている。水墨画を支えてきた東洋の思想や哲学に対する造詣，そして画家自身の人間性や世界観も作品の質を左右する重要な要素となるのである。

水墨画の技法

　水墨画は墨だけで表現される絵画であり，それだけに，長い歴史の中で用筆法（筆の遣い方）や用墨法（墨の使い方）が著しく発達してきた。基本的な用筆法には，直筆，側筆，蔵筆，露筆，方筆，円筆，逆筆などがあって，それぞれ筆の扱い方が異なる。用墨法には，墨の濃淡や乾湿の差を利用して墨色を変化させる「破墨法」，画面に墨をかけてできた偶然の形を利用する「溌墨法」，かすれた筆で描く「渇筆法」，画面上の水分が乾く前に濃い墨をたらす「たらし込み」などがある。

　また，輪郭線を描く手法を「勾勒法」，輪郭線を描かず面で表現する手法を「没骨法」として区別している。そして，線の表現にも，均質な線の「鉄線描」，やわらかく抑揚のある線の「蘭葉描」，釘の頭のような形の打ち込みと細長い尾をもつ「釘頭鼠尾描」など18種類がある。

　その他の代表的な手法に，質感や量感を表現するための「皴法」があり，硬い岩肌を表現する「斧劈皴」や，なだらかな丘陵を表現する「披麻皴」は代表的なものである。

　一見すると白と黒の単純な世界に見える水墨画だが，実はこのようにたくさんの用筆法と用墨法が複雑に組み合わさり表現されているのである。

●線の表現Ⅰ
筆の芯を中心にして引く「直筆」（上）と筆を寝かせて側面で引く「側筆」（下）。

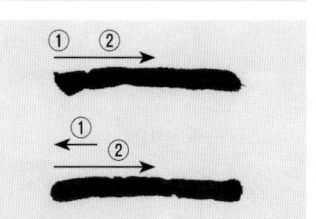

●線の表現Ⅱ
筆を下ろした位置で一旦止めてから右方向へ引く「露筆」（上）と左方向の動きをつけたあとに右方向へ引く「蔵筆」（下）。

●紙による墨色の違い
にじみ止めをしたドーサ紙（左）とにじみ止めをしていない生紙（右）では，生紙のほうが幅広い濃淡で表現できる。

用墨法の一例

- 輪郭線で表現する勾勒法
- 輪郭線を描かず面で表現する没骨法 
- 均質な線の鉄線描 
- やわらかく抑揚のある線の蘭葉描 
- 硬い岩肌を表現する斧劈皴
- なだらかな丘陵を表現する披麻皴

■発展

- 参考作品

興安『月下吟詩図』[34.0×60.0cm]

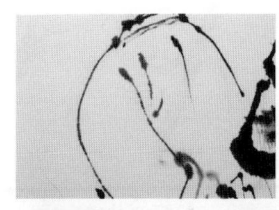

- 釘頭鼠尾描で描かれた人物の衣 
- 斧劈皴と破墨法の組み合わせで表現された岩肌

絵画の材料と技法

POINT

- 特徴は，完成まで一気に描き切る一筆性
- 作品の背景にある精神性も深く重んじる
- 用筆法と用墨法が複雑に組み合わさった表現

関連リンク

世界観　　→ p.5, 24

筆　　　　→ p.41

（荒井　経）

3 絵画・彫刻の基礎技法

総論 主題 **技法** 知識 鑑賞

漫　画
キャラクターの創案，そして一コマ漫画を描く

「漫画」の変遷，意義・意味，用具，基礎技法

　漫画の「漫」は「とりとめなく」「きままに」等の意がある。平安期の『鳥獣人物戯画』は文人趣味的な手描きで，江戸期に不特定多数を対象に木版画の『北斎漫画』を経て，幕末・明治期にワーグマンやビゴーに影響され政治諷刺や社会批判を取り入れ教養人のものになる。大正期頃から子どもの読み物として扱われ，現代では多数の国際漫画大賞が公募されて久しい。漫画の多読は思考力や創造力の減退を招くとの批判もあったが，1998年改訂中学校学習指導要領美術に明記された。漫画は時代を映し出すユーモアのある知的活動であり，直観やインスピレーションを生かした絵画性が追究できる。また個性表現としての可能性も大である。

　漫画の用具は図示したが，紙・筆記具・インク他が必要である。市販の漫画原稿用紙にはA4とB4判の無地・罫線引き・四コマ等がある。筆記具はシャープペンシル・Bか2Bの鉛筆，消しゴム・練り消し，ペン軸とペン先（Gペン・丸ペン等），筆ペン・ミリペン，耐水性の製図用インクや墨汁，修正のためのホワイトとそれ用の筆も欠かせない。各種スクリーントーン，カッター，定規類，他は必要に応じて。

　ペンの持ち方，ペン先につけるインクの量は図示の通り。ベタ塗りはペンで主線を描いて中を筆ペン等で塗りつぶす。スクリーントーンは貼りたい部分にあてがい，ひと回り大きく切り，主線にそって切り取る。トーンの代用にカケアミという技法もある。

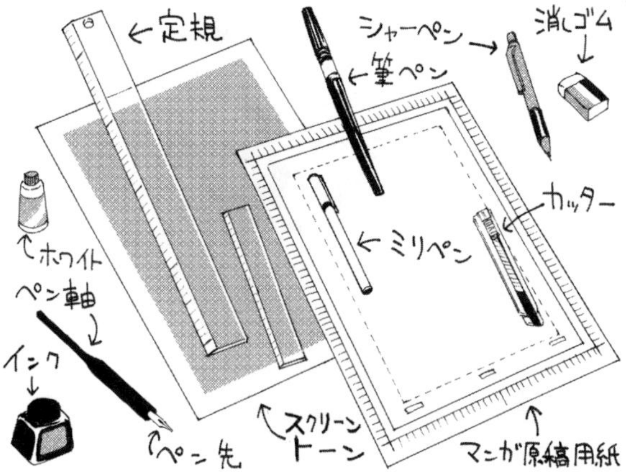

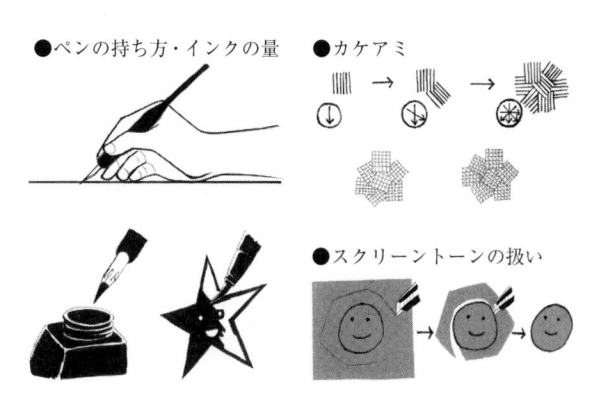

●ペンの持ち方・インクの量　　●カケアミ

●スクリーントーンの扱い

キャラクターの創案

●年齢・性別・性質・活動を設定　　●眉・目・口・傾き等で表情を　　●丸や線でアタリをつけポーズを表す

容易に描けるキャラクター漫画の基礎

　漫画を中学校の美術では,「自分の思いや情報を伝えるビジュアル・コミュニケーションの役割を重視した表現方法の一つ」ととらえ,それを身につけることは豊かな社会生活を送るために有効と考える。観察による表現ではなく,自分が想い浮かべたイメージを描く表現であり,幼児画の特徴である「省略」「誇張」「変形」という3要素を有する。そのため,キャラクターは誰にも容易に描くことができる。

① 年齢・性別・性質・活動を設定：乳児は身長に対する頭の割合が大きく二頭身程度,青年は八頭身とするなど,その比で年齢の暗示が可能である。なお漫画では,顔や頭部を大きめに表すことが少なくない。手足の動きや表情は性質や気持ちを決定し,骨格・肉づきなど体型や髪型・化粧・服装などで性別を演出できる。活動をどう設定するかも大切である。

② 眉・目・口・傾き等で表情を：顔で最も重要なのは目の位置で,頭部の半分より下に描くと幼く,上に描くと成人に見える。眉と目を関係的につり上げれば怒りを表し,八の字型にすれば困った感じになる。その際に口の形も真一文字・への字・半開き・大きく開ける等でまったく異なる表情に変化する。汗・輝き・星などを添えるとより感情豊かな表現となる。

③ 丸や線でアタリをつけポーズを表す：頭部・胸部・腰部を大楕円や箱型で,手・足を中丸,肩・肘・膝などの関節を丸,それらを線で結ぶとポーズを表現しやすい。安定あるいは不安定なポーズの表現は,それら全体のバランスに関係している。描いたり消したりを安心して行うためには,漫画原稿用紙の適度な厚さや紙質のよさが不可欠である。ポーズに肉づけをしていくのが楽しさであり,課題でもある。

■発展

●一コマ漫画／「ボク・わたしの夢」

　手近な少年少女・青年・美少女・成人漫画等のコミック誌上には教育的に不適な表現もある。また,新聞の風刺漫画や四コマ漫画,手塚治虫が創作のストーリー漫画,ドラマチックな長編と現実味を志向した画風の劇画もある。学習としての漫画表現には気軽に描け,ほどよい密度で表せる葉書大かA5判大の「一コマ漫画」が好適である。それは世界的には漫画の主流でもあり,日本では主に諷刺漫画として機能してきた。

　「男の子と女の子が将来の夢について,『ボクは超満員のステージでカッコよく演奏するギタリスト』『わたしは可愛い子どもたちと楽しく毎日を過ごす幼稚園の先生になるの！』と,誇らしげに語り合っているイメージを描いてみました。ベタ塗り・スクリーントーン・カケアミ（左頁に図示）,中心を決めて定規でランダムに線を引く『集中線』などを効果的に用いて描きました」（赤川伸吾）

●集中線の描き方

　上の作品では男の子の頭上に中心を設定して用いている。線の抜きぎわを細く表現するため,ペンの太さは中くらいか,ねらいによっては太めでもよい。左手で定規をしっかり押さえ,線を引いている右手は一定の力で,抜きぎわにペン先にかかる力を心持ち上に抜く感じで描く。

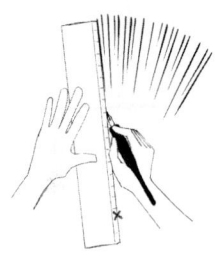

●漫画には主に三つの形式がある。

① カーツーン（Cartoon）は壁画・モザイクなどの実物大下図を意味し,今日では新聞・ポスターなどにより公布する絵で,純粋な絵画的表現形式による深い意味や辛辣な政治諷刺を含むものと,家庭的で単純な毒のないユーモアを特徴とする二つがある。

② カリカチュア（Caricature）は特徴が滑稽に誇張された肖像とか嘲笑皮肉の絵という意味で,F・ゴヤの『戦争の不幸』はその好例である。

③ 新聞読者が文章より視覚的なものを求める一現象として19世紀末のアメリカで大流行したのが,①の発展としてのコミックストリップ（Comic Strip；続き漫画）である。雲形の線で囲まれた言葉は,視覚と言語の特性を結合する新しい手段として1905年に創案された。

POINT

- 漫画は時代を映し出すユーモアのある知的活動
- 自分が思い浮かべたイメージを描く表現
- 一コマ漫画は,世界的には漫画の主流

関連リンク

キャラクター　　　　→ p.128, 132

カリカチュア　　　　→ p.78

ビジュアルコミュニケーション → p.126

（山口喜雄）

③ 絵画・彫刻の基礎技法

版画の教育的意義
版画の特性と教育における可能性

総論 主題 技法 知識 鑑賞

版画とは

　版画を歴史的に俯瞰した場合，印刷術の発展とは切っても切れない関係にある。印刷において文字だけでなく図像が一体の情報として発展してきた経緯がある。グーテンベルクの活版印刷機の発明以降，西欧の視覚文化は急速に大衆化へと向かう。特権階級に独占されていた知識や情報は市民社会へ開放され，その影響で学校教育が確立していく。まさに印刷術は，人類の近代化を推し進めた強力なメディアとなり，その立役者ということができよう。

　このように印刷術に寄り添いながら進展した「版画」とは，広義にいえば「版をもとにして，別の素材に絵図や文字などを写し取ったもの」である。

　英語では「版画」の総称を「print」としているが，その訳は「印刷；活字（体）；版画；複製画；〔写真〕印画；プリント模様；プリント地（で作った服）；跡，跡形」とあり，版画だけでなく，写真や布地までを含んでいる。

　狭義にいえば，「木版・銅版・石版などで刷った絵」つまり「版を使って描く絵」ということができる。その他，一般的に「版画」は，版の材料の違いによって，木版画，銅版画，石版画などと呼ばれているほかに，版形式によって凸版，凹版，平版，孔版，拓版に分けられる。

　日本の版画の代表は，浮世絵である。木版画の技法を駆使した「錦絵」などの浮世絵は，19世紀ヨーロッパの印象派に大きな影響を与えた。

　しかし，江戸時代にはまだ版画という概念がなく，あくまでも肉筆浮世絵の複製としての刷り物であった。実際に日本で「版画」という名称が使われ始めたのは，1900年代に入ってからであり，山本鼎によって提唱された「創作版画運動」に由来する。その運動は，作家自身による「自画・自刻・自摺」を提唱し，他の絵画表現と並立する「版による絵」としてその創作性を主張した最初であった。

版画の教育的な可能性

　真っ白な雪の上に足跡をつけて遊ぶ子どもたち…。この何もないところに，何かしらの痕跡を繰り返し残したくなる原初的な行為は，造形感覚が覚醒する以前の人間の本能的欲求である。

　この原初的欲求を満たし，楽しいという感覚を呼び起こす版画教育のあり方を考えたとき，単なる作品づくりとはひと味違った教育的な意味も浮上する。また，版画制作の全プロセスに内包する美術教育としての可能性は，以下「版画の特性」の三つの観点から導くことができる。

写す・押す・繰り返す

●子どもの手形遊び

●子どものスタンプ遊び

●各種の版でつくられた年賀状

版画の特性

1）複数性（間接性）

　版画の特徴として，まず挙げられるのが，同一の絵が何枚も刷れる「複数性」にある。作品を複数刷る行為は，一点ものの絵画作品と性格を異にする。これらは歴史的に一部の者に占有されていた美術作品を多くの者が鑑賞する機会を増大させ，美術の大衆化を推し進めた。この複数性によって，版画作品は「社会性」を持ち始めたともいえる。

　また同時に，作者自身が何枚も「刷るという行為」を楽しみ，間接的な表現を意識することで表現の幅を広げて発展してきたといえる。

2）計画性

　版画は，技術的な制約とともに歩んできた。下絵から完成まで，版種による技術的な制約のため手順をふまえた計画性が要求される。特に，下絵，製版，刷りとそれぞれの段階で版種や材料によって，道具や技法が異なり，生半可な技術では表現を高めることはできない。また，タブロー絵画のように描いたり消したりすることが容易ではないため，下絵や構想を十分に練り制作をすすめることが肝要である。しかし，製版や刷りを行う過程で表現が少しずつ変化していくことも多い。

3）技術性

　版の形式を規定するものとして，版の材料がある。木，金属，リノリウム，粘土，石膏など材料各々の特性に応じて，製版技術も変化する。また，版の材料に応じた用具，材料，技法習得が要求される。それぞれの材料に応じた技術によって，版や紙のもつ材料感が版の効果として現れ，版画の特質となる。

■発展

●版画教育

　戦後，版画教育を推し進めた大田耕士は，「版画の持つ抵抗性が子どもの創作活動を刺激し，充実させるということ，そして，この中に，積極的で健康な子どもを育てる貴重な教育的意義，および価値があるということを認めねばなりません」と述べている。

　さらに「作業性，行動性，労働性，社会性，共同性―融和性，持続性―継続性，他教科との関連性」において版画教育は優れていると述べている。

　このように，版画のもつ材料や技法上の抵抗感，下絵から彫りを経て，刷りに至るまでの計画性などが子どもたちの造形感覚や発達段階と相まって，きわめて教育的であるとしている。

「木わり」（『山びこ学校・炭焼き物語』より）

●年賀状版画

　われわれ日本人が一年中で最も版画を意識するのは正月の年賀状であろう。もちろん手書きもあるが，ある程度枚数を必要とする年賀状は，版画によるところが大きい。木版やイモ版，「国民的行事」というキャッチフレーズで普及した「プリントゴッコ」による孔版年賀状から，最近ではコンピュータによって写真を加工したものまでさまざまな印刷を駆使した賀状が元日に配達される。

　子どもから大人まで創意工夫をこらす年賀状版画は，前述した版画の特性を考えるうえでも身近な教材であるといえるだろう。

版画とその特性

版画の特性
- ① 複数性（間接性）
- ② 計画性
- ③ 技術性

POINT

● 印刷術は人類の近代化を推し進めたメディア

● 版画の複数性は美術の大衆性に寄与

● 版画の特性は，複数性・計画性・技術性

関連リンク

印刷術	→ p.77
山本鼎	→ p.6, 64
版材	→ p.62, 80
版形式	→ p.63

（新関伸也）

版画の材料と用具

版画の用具や材料は版種によってさまざまであり，技法を支えるものとしてそれぞれに精通しておかなければならない。

版材

1）木

凸版画の代表的な版材である木は，古来よりさまざまな種類が用いられている。板目木版では，ホオ，ナシ，イチヂク，ブナ，サクラの木などが使用される。それぞれ木の堅さや材質が異なっており，版画の目的に合わせて版木が選択される。サクラなどは大変硬く繊細な表現に適しており，木口木版に用いられることが多い。それに対し，ホオやカツラなどは木材が均質で，柔らかく彫りやすい版木である。

1枚板以外に使用される版木として合板がある。シナベニヤとラワンベニヤが代表的であるが，ラワンベニヤは大変堅く彫りにくい。教育の場では，木目や木質が均一で収縮も少なく，彫りやすいシナ材のベニヤ合板を使用することが多い。大作には，ほとんど合板が用いられている。

2）金属

銅板は，凹版の代表的な版材として古くから用いられている。エッチングに代表される腐食や彫刻して凹版をつくるなど，製版に銅の材質は大変好都合である。しかし，腐食のプロセスで硝酸と反応して有害な気体を発生するだけでなく，さび（緑青）が生じるなど健康や安全に配慮した設備や扱いが必要となる。また，版画に使用される銅板の厚さは，0.3〜1.0mm程度であり，腐食や製版の程度によって使い分ける。

アルミ板・亜鉛板は，ドライポイントやメゾチントで使用されるほか，リトグラフで使用される。凹版の初心者には，銅板よりも扱いやすく，安価である。ただし，大変柔らかい材質のため印刷の枚数は，それほど多くはできない。平版においては，石版石に替わってアルミ板や亜鉛板を砂目状に目立てしたものが使用されている。

3）石

石版石は，リトグラフで使用する天然石の版材である。周知のように200年前，ゼーネフェルダーによってリトグラフが発明されたのは，この石灰成分を含む天然石材，いわゆる石版石によるところが大きい。ただし，天然石であるために産出や運搬にコストがかかるため大変高価である。最近では，アルミ板や亜鉛板などを目立てした金属板が主流を占めている。しかし，石版石は金属板に比べて解墨の濃淡や微妙な調子を出すのに適しており，インクも乗せやすいので深みのある風合いがでる。また，表面

版材・インク・プレス機

●各種版材（木，金属その他の版材）
　木版では，ホオやカツラ，シナベニヤ合板が彫りやすい。

●各種インク（油性・水性）
　油性，水性インクなどがあり，版の種類によって使い分けをする。

●版画プレス機
　特に凹版画の銅版画において，刷りに欠かすことのできないものがプレス機である。西洋版画の普及は，プレス機の発明と共にあったといってもよい。上下から圧をかけた間を天板上の版が移動し，紙にインクが付着する仕組みである。圧のかけ方によって，版の刷りが微妙に変化するなどプレス機の調整は，ある程度の経験を必要とする。

　また，凹版用以外の版画プレス機として，原理は同じであるが平版画，つまりリトグラフ用プレス機がある。これ以外にも，大作の木版画の刷りに適している木版用プレス機も開発されて使用されている。

を研磨して，繰り返し使える利点もある。

4）ゴム

木に変わる版材として，ビニルゴムや天然ゴムでできた版材がある。大変彫りやすく，水溶性，油性のインクにも適合し，はがきサイズの大きさで年賀状印刷に使用されることが多い。

5）その他の版材

日本の合羽板では，渋紙などの丈夫で耐水性に富む紙を型紙として使用する。また，シルクスクリーンでは，ニス原紙をカッティングして製版を行う。

彫る道具

1）ニードル

ドライポイントやエッチングなどの線描の道具として，ニードルがある。刃先が丸くなっているものや平らなもの，三角形や楕円のものなどがある。一般的に使用されるのが丸ニードルで，エッチングの描画や塩ビ板を彫るときに使用される。

2）ビュラン

彫刻刀の一種のエングレービングで使用する刃物の代表的なものに「ビュラン」がある。刃先もさまざまで三角のもの，楕円のもの，スクエアになったものがあり，刃先を固定して版面で押し出すようにして彫刻していく刃物である。銅板以外にも木口木版を彫るときに使用される。

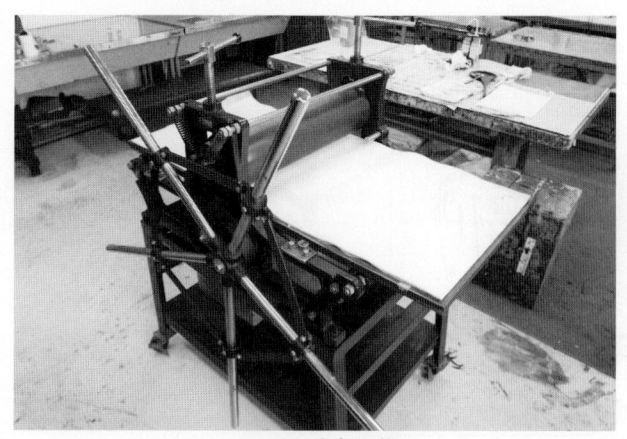

●各種の版画用紙

エッチングプレス機

■発展

●刷る道具

〈紙〉

版画に使用される用紙は，和紙や洋紙など版種や刷りによって使い分けをする。和紙は，コウゾやミツマタなどの長い繊維を手漉きしたものなので，繊維が絡まっており薄くて丈夫な紙である。鳥の子紙，雁皮紙などがあり版画に使用する場合は，ドーサ引きが済んでいるものを使用して絵具がにじまないようにする。

一方洋紙は，木材パルプを原料とした機械漉きの紙である。アルシュやBFK，ハーネミューレ，ブレダンなどがあり，ラグとパルプを主な原料としている。洋紙の場合は，製造過程で松ヤニなどの混入でにじみ止めしてあり，ドーサ引きの必要はない。

（版画用紙と版種の適合「新日本造形カタログ」より）

〈絵具やインク〉

絵具やインクは，大まかに3種類に大別できる。

一つ目は，水溶性の絵具やインクで水彩絵具，ガッシュやポスターカラーなどである。主に木版画などで用いられる。油性インクのように有機溶剤を使用しなくてもよいために安全である。

二つ目は，いわゆる水溶性でありながら耐水性になるアクリル絵具である。水の量によって，透明にも不透明にもなり，水彩絵具と油絵の絵具の両方の特性を備えている。

三つ目が油性の絵具であり，油絵具や銅版，リトグラフ，シルクスクリーンで使用するインクなどがこれに当てはまる。インクとしての固着力があり，銅版画などにおいては，専門家の場合ほとんどが油性のインクを使用する。インクの発色や深みは油性のほうが優れている。ただし，教育現場では油性のインクの場合，有機溶剤を使用することになるために，アクリル系の中性のインクや水性のインクが使われることが多くなった。

POINT

● 腐食や彫刻して凹版をつくるのに銅は好都合

● 西洋版画の普及はプレス機の発明とともにあった

● 版画インクにも水性・中性・油性がある

関連リンク

金属板　　→ p.163, 164

木　板　　→ p.155

インク　　→ p.40, 46, 50

（新関伸也）

③ 絵画・彫刻の基礎技法

○総論 ○主題 ○技法 ●知識 ○鑑賞

版画の種類
版形式と版種

版形式による分類

1）凸　版 (letterpress)
　版の凸面に絵具やインクをつけ，紙などにバレンやプレス機を使用して写す方法である。線や面の図柄として残したい部分以外を彫ったり，取り除いたりして製版を行う。代表的なものとして木版画があり，その他にイモ版，型押し，紙版画，ゴム版，石膏版，コラグラフ版画などいろいろな素材の版材や技法がある。通常，われわれが使用する印鑑もこの部類にはいる。

2）凹　版 (intaglio)
　版の凹面にインクを詰め，凹部以外の余分なインクを拭き取って，プレス機などで紙に写し取る方法である。金属の銅板や亜鉛版を使用することが多く凹面をつくるために彫る，引っ掻く，科学的な処理で腐食させるなどの方法で製版を行う。版種として，エングレービング，ドライポイント，エッチング，メゾチント，アクアチントなどがある。

3）平　版 (planography)
　版面に凹凸がなく，平面であるため平版という。版面にインクのつく部分とつかない部分を水と油の反発作用を応用して製版を行う。油性の部分に水を含ませながら，インクを付着させ，紙にプレス機を通して写し取る。油性の成分をもつ描画材料で描くことで，その筆跡がそのまま印刷される。石版画，リトグラフと呼ばれており，オフセット印刷に発展していく。

4）孔　版 (stencil)
　孔とは，穴の空いたという意味であり，孔版は型紙の穴を通して，インクを刷り出す方法である。製版は，インクを刷り出す部分と通らない部分をつくる。代表的なものがシルクスクリーンであり，孔をあける方法としてカッティング法や感光法などの技法がある。その他，型染めや謄写版なども原理は同じである。

版種による分類

① 木版画
② 銅版画
③ 石版画
④ 孔版画
⑤ 拓版画
⑥ その他の版画

技法による分類

① 直接法（エングレービング，ドライポイント，メゾチント）
② 間接法（エッチング，アクアチント）

版の違いによる作品例

●凸版「木版画」

ケーテ・コルヴィッツ『リープクネヒト追悼』(1920)
[35.2×50.0cm]

●凹版「エッチング」

パブロ・ピカソ『貧しき食事』(1904)
[46.3×37.7cm]

●平版「リトグラフ」

トゥールーズ・ロートレック『ムーラン・ルージュのイギリス人』(1892) [47.5×37.0cm]

●版画の種類

版形式	版種（一般的名称）		版材
凸版 版の凸部に絵具をつけそれを刷り取る。	木版画	板目	・シナベニヤ, ラワンベニヤ, 桜, カツラ, ホオ, ツゲ, ツバキ
		木口	
	紙版画	切り取り紙版	・画用紙, ケント紙, 他紙類
		台紙つき紙版	・ボール紙他, 布, 毛糸など
		板紙凸版	・ビニール加工紙
	型押し；stamping		・自然素材（木の葉, 野菜など） ・加工素材（糸, びん, 消しゴムなど）
	コラグラフ		自然素材, 加工素材
	リノカット		リノリウム版, ゴム版
	フロッタージュ		凸版で考えられるものすべて
凹版 版の凹部にインクを詰め, 不要部分をふき取り圧力をかけて刷り取る。	銅版画	ドライポイント	銅板, 塩化ビニル板, 亜鉛板 代用として
		エングレービング	銅板
		エッチング	銅板, 亜鉛板
		アクアチント	
		メゾチント	銅板（厚さ0.8mm以上）
	板紙凹版		ビニル加工紙
平版 平らな面にインクのついた面とつかない面をつくり, 刷り取る。	石版画（リトグラフ）		石版石, ジンク板, アルミ板, リトペーパー
	モノプリント		画用紙, ガラス他
	マーブリング		水面
	デカルコマニー		紙類
孔版 インクの通り抜ける穴をつくり上から刷り込む。	シルクスクリーン		テトロン, 絹, ナイロン
	ステンシル		型紙（渋紙）, 他紙類
	謄写版画		厚紙（謄写版用）
	マスキング（エアブラシ）		紙類, テープ類
	プリントゴッコ〈参考〉		市販製品

■発展

●版と絵具と紙の関係

版種（一般的名称）			
木版画		紙/インク/版	油性絵具
紙版画		紙/インク/版	水性絵具
型押し；stamping		版/インク/紙	上から押しつける
コラグラフ リノカット			※木版と同様
フロッタージュ		インク/紙/版	上からこする
銅版画	ドライポイント	紙/インク/版	線のまわりにめくれがある
	エングレービング	紙/インク/版	三角形の溝
	エッチング	紙/インク/版	溝はきれいでない
	アクアチント	紙/インク/版	
	メゾチント	紙/インク/版	ドライポイントと類似した形状
板紙凹版		紙/インク/版	
石版画（リトグラフ）		紙/インク/版	
モノプリント マーブリング デカルコマニー			※リトグラフと同様
シルクスクリーン		インク/版/紙	上から刷り込む
ステンシル 謄写版画			※シルクスクリーンと同様
マスキング（エアブラシ）		インク/版/紙	霧を吹きかける

版画の材料と技法

●孔版「シルクスクリーン」

アンリ・マチス『サーカス《ジャズ》より』(1947)
[42.5×32.8cm]

POINT

- ●凸版・凹版・孔版・平版の四つの版形式
- ●石版画・リトグラフはオフセット印刷に発展
- ●技法による分類, 直説法と間接法

関連リンク

凸版, 凹版 → p.64～73

孔版, 平版 → p.74～77

共同制作 → p.82

（新関伸也）

③ 絵画・彫刻の基礎技法

総論 主題 **技法** 知識 鑑賞

木版画ー伝統技法
最も歴史の古い版画技法

木版画（woodcut）
1）技法
　木の板に絵柄や文字を彫刻し製版したものを凸版として用いる版画技法の総称である。この木版画は、板目を彫り「板目木版」として製版する方法と、木口を彫刻して製版する「木口木版」とに大別される。一般的には木版画という場合「板目木版」を意味する。

　「板目木版」には桜、カツラ、ホオなどの広葉樹木種が使用され、堅さも組織も均一であるため版材として適している。最近では大きな作品制作の必要性や材料の入手のしやすさからシナやラワンベニヤの合板が使用される。

　「浮世絵」にみられる伝統的木版画技法も板目木版に属する。板目の場合、インキは水性・油性ともに適している。

　「木口木版」は、黄楊や椿のように年輪のしまった均質な密度をもつ堅い木を版木に使う。木を輪切りにし、その木口を銅彫版と同じ彫刻刀「ビュラン」で彫るもので、細緻な表現が可能である。木口木版は版木の材質が堅いので、板目木版より部数の多いエディションにも利用される。また、西洋木版ともいわれ、19世紀ヨーロッパで新聞や書物の挿絵に広く利用された。

2）歴史
　最も古くから行われてきた版画の技法である。敦煌（中国）で発見された仏教画は、その制作年代が860年頃と特定されており、最古の例とされている。木版で刷られた最古の印刷物は東大寺正倉院蔵の『百万塔陀羅尼』であり、これは8世紀中期のものである。ヨーロッパでは、これらよりもかなり後の13世紀頃から布地の型染めに木版が用いられはじめたとされる。

　日本では、平安時代「扇面法華経冊子」や「三十六人家集」の料紙装飾に木版を駆使した「きら刷り」が用いられている。また、鎌倉・室町時代には、木版手彩色の仏画も少なからず生み出されたほか、絵巻、草子、屏風などの絵柄や装飾などにも木版画が用いられている。江戸時代に入ると、浮世絵とともに木版画は急速な発達を遂げた。浮世絵版画の誕生は、版画史上のエポックを画すものであり、版元、絵師、彫師、刷師の分業形態を生んだ。

3）材料・用具
① 版　木
② 彫刻刀
③ バレン
④ 刷　毛
⑤ 絵　具

●単色木版画

山本鼎『漁夫』(1904)
[16.4×11.2cm]

●板目木版

デューラー『大磔刑』(1494-96頃)
[59.0×39.4cm]

●木口木版

小林敬生『漂泊 NO.4』(1981)
[36.0×33.0cm]

⑥ 用　紙（和紙・洋紙）

4）制作の進め方

①下絵→②版下絵→③転写→④彫り⇄⑤刷り

単色木版と多色木版

1）単色木版

　単色木版は，モノクロの墨版一色で刷る版画をいう。いわゆる白黒版画であり，版の彫り跡によって濃淡をつくり，表現する方法である。白と黒の色面は，明快で力強い表現になる。

　輪郭線を三角刀や切り出しで彫り，線画で表現する方法を「陰刻版画」といい，輪郭線を残すように彫り，普通の白黒で表現する方法を「陽刻版画」という。単色版画の白黒刷りの場合，黒の面積が3分の2ぐらいになると，白黒のバランスや明快さからみて効果的である。

2）多色木版

　多色木版は，日本の浮世絵版画に代表される色刷り版画である。色ごとに版をつくり刷り上げていく方法である。この多色木版は，主版法，分解法に大別される。

① 　主版法：主版の第1版を基本として，2版，3版と色版をつくっていく方法。輪郭線をもつ下絵が必要である。伝統的な浮世絵などはこの方法を用いている。

② 　分解法：主版をつくらず，あらかじめ色面を分解してつくる方法。版下の段階から色の計画や版を分解して彫り進め版をつくる。

●多色木版—錦絵

安藤広重『大はしあたけの夕立』
（1857）［大判］

江戸時代，菱川師宣によって多色刷りの木版画である「錦絵」が完成した。版元のもとで，絵師，彫師，刷師の分業によってつくられる。

■発展

●木版画で使用する主な用具

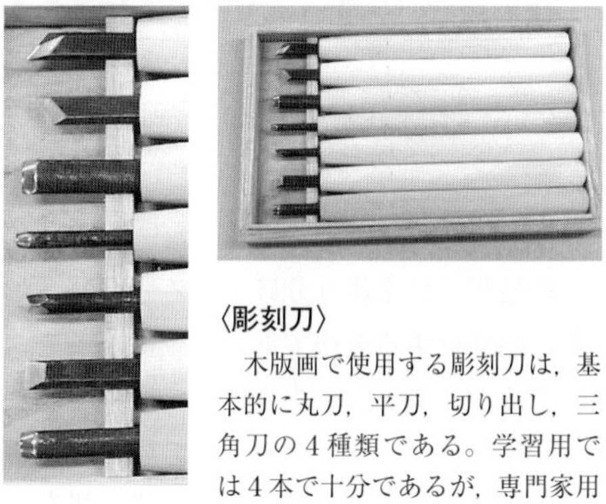

〈彫刻刀〉

　木版画で使用する彫刻刀は，基本的に丸刀，平刀，切り出し，三角刀の4種類である。学習用では4本で十分であるが，専門家用となるとさらに刃の長さや大きさが異なっているものがあり，7〜12本セットになっている。高価なものになると鋼を焼き入れしたものとなり，刃研ぎをすることで長く使用できる。

〈バレン〉

　伝統的木版画において刷りをする代表的な道具といえば「バレン」である。日本の浮世絵版画において，「バレン」と和紙の果たした役割は大きい。西洋のプレス機とはまた異なった効果をもたらす。

　「本バレン」は，宛て皮，芯材，竹皮でできており，芯材の点による圧力を動きによって面の圧力として変えていく仕組みである。

版画の材料と技法

POINT

● 木版画は板目木版と木口木版に大別される

● 浮世絵版画の誕生は版画史上のエポック

● 多色木版は，色彩豊かなカラー版画

関連リンク

バレン／プレス機　　→　p.60, 63, 68, 79

版型式　　　　　　　→　p.65

多色木版　　　　　　→　p.68

（新関伸也）

③ 絵画・彫刻の基礎技法

総論　主題　技法　知識　鑑賞

木版画―いろいろな技法

一版多色木版

　陰刻版に色を塗り分けて刷る版画で，1枚の版で多色刷りをする方法であり，紙は一般的に地色が黒い紙を使う。1枚の版木に色をつけて刷ることを何度も繰り返して作品をつくっていく方法である。

　色のつけ方や濃淡などで一枚ずつ異なった調子の作品ができあがる。ここで紙に刷ったときの版木を彫った部分，つまり絵具が付かない部分が紙の地色の黒になることを理解しておく必要がある。絵具の量を多くして版木に塗っていく。重色効果で深みのある作品をつくることができる。刷り重ねは前の刷りが完全に乾いてから行う。

彫り進み版画

　一つの版木で彫りと刷りを繰り返しながら多色刷りをする版画である。刷り上がりの作品は，多色となるために一見複雑な技法に思われがちだが，制作の手順を習得してしまえばそれほど難しい技法ではない。彫りとともに刷りが楽しめて，意外性のある作品ができあがる。なお，「彫り進み版画」の場合は，彫る前の図柄に戻れないので4～5枚刷っておくことが大切である。版を彫り進めるときは，刷ったインクをよく洗い，版面をよく乾かしてから行う。湿っていると大変彫り進めにくい。

　また，一版多色木版同様，重色効果があり，深みのある色合いが出る。色は明るい色から，暗い色の順に刷り上げる。

コラグラフ版画

　コラグラフとは，コラージュに由来する。版面の厚紙やベニヤ板に，いろいろな素材（粗布・ひも・紙・波ダンボール紙・アルミ箔・葉っぱ・砂など）を貼りつけたり，ボンドやジェッソ，モデリングペースト，ニスなどでさまざまな凹凸をつけたりして版をつくる。ただし，あまり厚いものを貼りつけると，プレス機を通したときに版が壊れやすく，刷りがうまくできないことがあるので注意する。刷りは，凹版，凸版，凹凸版の3種類で刷ることが可能であり，インクの付着と刷りによって，多様に変化する版画である。

1）材料・用具
① 厚紙，ベニヤ板など
② 接着剤（セメダイン・ボンド），ジェッソ
③ プレス機
④ 刷　毛
⑤ 絵　具
⑥ 用　紙

彫り進み版画の制作過程

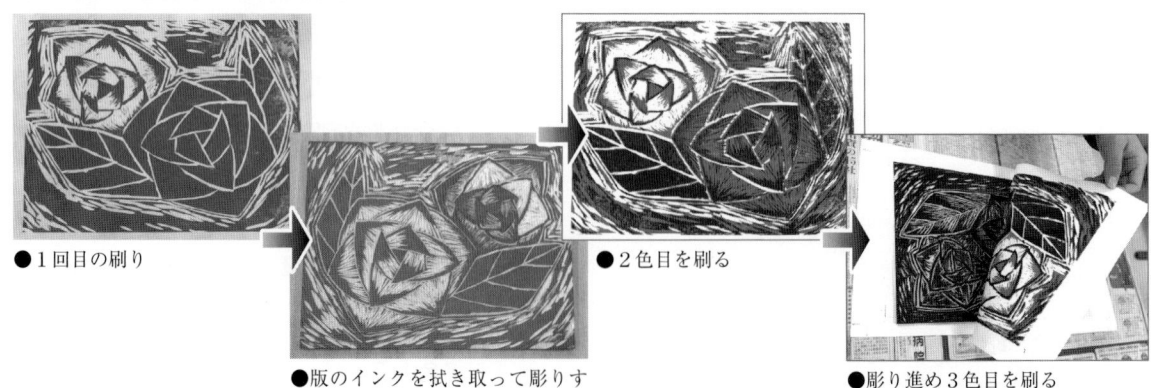

● 1回目の刷り → ●版のインクを拭き取って彫りすすめる → ● 2色目を刷る → ●彫り進め3色目を刷る

● 一版多色版画

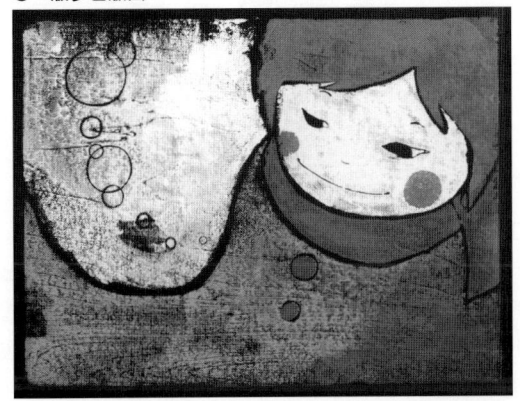

● 彫り進み版画

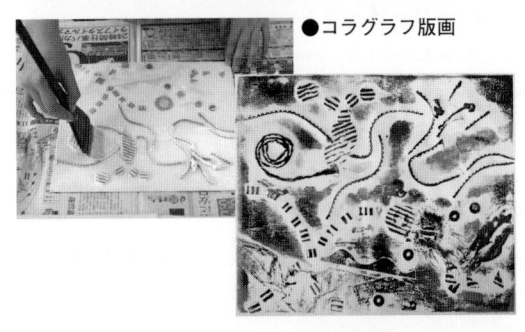

● コラグラフ版画

● 見　当

　木版画の多色刷りにおいて「見当」は，重要な働きをする。版と紙の位置を一定に保つために，なくてはならないものであり，「かぎ見当」「引きつけ見当」がある。刷るときには紙の角をかぎ見当に合わせ，紙の辺を引きつけ見当に合わせる。

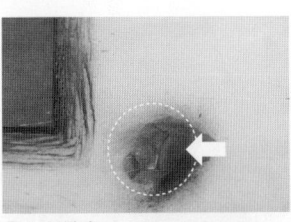

● かぎ見当

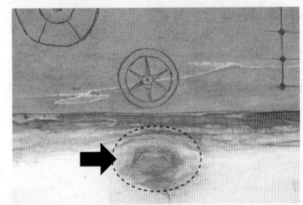

● 引きつけ見当

■ 発展
● 日本の現代木版画作家

吹田文明

　木版画に早くからプレス機を用いたほか，水彩絵具と油性絵具を刷り重ねるなど新しい画法を開拓した。

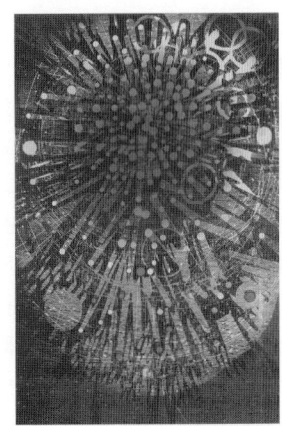

『新しい星』（1967）[91.2×60.6cm]

黒崎彰

　赤と黒を基調とする黒崎氏の木版画は，日本の木版画に新しい息吹を生み出すことに成功した。

『迷彩譜』（1978）[80.0×55.0cm]

版画の材料と技法

POINT

● 重色効果で深みのある一版多色版画

● 刷りが楽しい意外性のある彫り進み版画

● インクの付着と刷りにより多様に変化するコラグラフ版画

関連リンク

版画プレス機　　→ p.60, 63, 67, 79

コラージュ　　　→ p.50, 136

一版多色木版　　→ p.67

（新関伸也）

[3] 絵画・彫刻の基礎技法

銅版画―直接法
エングレービング，ドライポイント

総論 主題 技法 知識 鑑賞

銅版画

　銅版画の日本渡来は，16世紀末ごろイエズス会のキリスト教布教に伴い聖像銅版画の印刷が開始されたが，17世紀のキリスト教弾圧により途絶えてしまう。18世紀後半に司馬江漢がエッチングを再興し，亜欧堂田善，安田雷州らがこれを受け継いだ。明治維新後，イタリア人キヨソーネが再びエングレービングを教え，腐食法と共に地図や挿絵などに用いられた。

　銅板を原版とする版画を一般的に意味し，版のつくり方は凹版が普通である。凹版になるように図像を刻み，そこにインクを詰めて拭き，紙に印刷する方法は，金工品の技術と比例してヨーロッパを中心に発展する。

　製版法は大別して2種類あり，直接道具で版面を加工する方法（彫刻銅版画）と，硝酸などで腐食させて線描を刻む方法（腐食銅版画）がある。歴史的には，前者のほうが古い。

エングレービング（engraving）

　北ヨーロッパでは姓名の頭文字によってE・Sと呼ばれる銅版画家やションガウアーによって発達し，デューラーによって，絵画にも匹敵する芸術表現の方法に高められた。イタリアでは15世紀にフィレンツェを中心に急速な発達をみせ，マンテーニャやライモンディの高い芸術に引き継がれた。

1）技　法

　銅版画の技法としては，最も古く「ビュラン」という菱形の断面をもつ彫刻刀で銅板を直接に線刻する。線の両側にできる銅のまくれは，スクレーパーで除去する。得られる線は鋭く硬いものである。この線に，インクを詰め込み，余分なインクを拭き取って，プレス機を通して紙に印刷する。

2）材料・用具

① 　版材―銅板
② 　彫刻刀―ビュラン
③ 　スクレーパー，バーニッシャー
④ 　プレス機
⑤ 　インク，寒冷紗，ウェス，新聞紙など
⑥ 　用　紙

3）制作の進め方

①版材の準備→②下絵→③版下絵→④転写→⑤彫り→⑥刷り

エングレービング

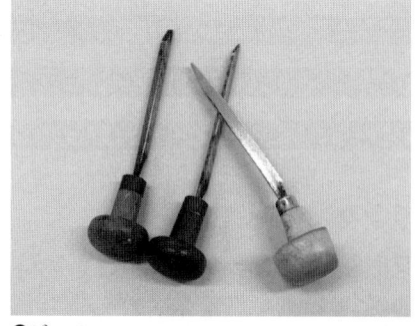

●ビュラン

銅板を直接彫る彫刻刀で，エングレービングで使用する。刃先の違いによって使い分ける。

『メランコリア』（1514）[24.3×18.7cm]

アルブレヒト・デューラー
（Albrecht Durer／1471-1528）

　北方ルネッサンスの巨匠。金銀工師を父に，ニュルンベルク（ドイツ）に生まれる。生涯を通じて，およそ100点の銅版画と300点の木版画を制作。版画を生業にした最初の画家といわれている。

　この作品は，天使が頬杖をついているがその顔つきは，あくまでも憂鬱である。魔法陣，幾何立体，秤，砂時計などの器物が細密に表現されている。頬杖のポーズは憂鬱気質をあらわし，天才の挫折とか，霊感を受けている場面であるとかさまざまな解釈がある。

ドライポイント (dry point)

この効果を最初に用いたのは，15世紀後半であり，アムステルダム版画素描館に作品の残る版画家である。17世紀オランダのレンブラントはとりわけこの効果を好み，しばしばエッチングと併用して豊かな表現を生み出した。

1）技法

凹版における直接法の一つであり，版面に傷や溝をつけて表現する手法である。鋭く先の尖った銅製のニードルや鋭利な刃物で，塩ビ板や金属板（銅板，亜鉛など）に直接刻みつけて製版する。「ドライ」とは腐食液を用いず，尖った先端をもつ道具「ポイント」で刻描するのでドライポイントという。ニードルなどで削られると，刻線の脇には押し退けられた版材がささくれのような"まくれ"（バー：burr）をつくる。刷ったときに，このburrに付着したインクが描線に微妙な"にじみ"をつくって描線に柔らかな表情が生まれる。削る際の力をコントロールすることによってにじみにも強弱が生まれ情感のある表現が可能である。だだ，burrはプレス機を通す際につぶれやすいため大量の刷りには適していない。

2）材料・用具

① 版材—銅板，亜鉛板，アルミ板，塩ビ板など
② ニードル
③ プレス機
④ インク，寒冷紗，ウェス，新聞紙
⑤ 用紙

3）制作の進め方

①下絵→②版下絵→③転写→④彫り→⑤刷り

■発展

●日本のエングレービング・ドライポイント作家

長谷川潔（1891-1980）

長谷川といえばメゾチント（マニエール・ノワール）作家として著名だが，銅板をビュランで直接彫り込むエングレービングの技法も身につけており，優れた作品を残した。

エングレービング
『半開の窓』（1956）[31.8×25.0cm]

池田満寿夫（1934-1997）

色彩銅版画に取り組み1957年に国際版画ビエンナーレ展に入選。画家・版画家のみならず小説家として直木賞を受賞。また陶芸・映画監督と多彩に活躍した芸術家であった。

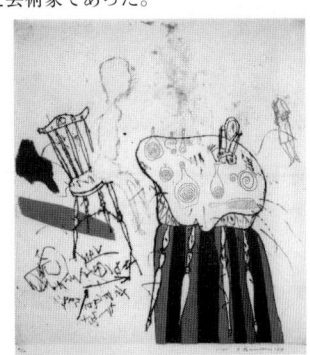

ドライポイント・エッチング
『化粧する女』（1964）[37.0×34.5cm]

ドライポイント

エドヴァルド・ムンク（Edvard Munch／1863-1944）

ノルウェー出身の画家で《叫び》の作者として名高い。生と死の問題や人間存在の根幹に存在する，孤独，嫉妬，不安などを見つめ，人物画に表現した。幼少の時に母が結核で死に，姉と弟も若くして死んでいる。身近な死やエドヴァルド自身も病弱な子どもであったことなどが，ムンクの芸術に影響している。ドライポイントの作品『病める子』もそれらの直接のモチーフになっている。

『病める子』（1894）[46.3×37.7cm]

POINT

● キリスト教布教に伴い聖像銅版画の印刷が開始
● 鋭い線描が特徴のエングレービング
● 情感のある柔らかな線描のドライポイント

関連リンク

版形式・版種 → p.64
スクレーパー・バーニシャー → p.73

（新関伸也）

銅版画―間接法 Ⅰ
エッチング

エッチング（英：etching／仏：eau-forte）

　凹版における間接法の一種。腐食法で鎧甲冑などの金属面に装飾を施す手法はヨーロッパでは中世から行われていたが、これを"版"として描画に使用する技法は、16世紀初頭のドイツで確立された。初期を代表する作家としては、A・デューラー（1471-1528）がよく知られている。本格的な銅板のエッチングは16世紀半ば頃からイタリアを中心に発達し、この表現効果を十分に発揮させて版画芸術を高めたのは、レンブラントであった。

1）技　法

　エッチング（etching）とは化学薬品などにより、金属などの材料を溶かし加工することである。一般には銅版画の代名詞のように用いられることもある。耐酸性の防蝕材（グラウンド）を塗布した金属版の表面にニードルなどで描画する。描画によって描線のグラウンドは掻き取られ金属面が露出する。この金属版を硝酸や塩化第二鉄などの酸性の腐食液に浸し、描線を腐食させて凹状とする。金属版面全体のグラウンドを除去した後、描線の凹部にインクを詰めプレスして刷る。

　エングレービングに比べ、線を意のままに描きやすく、微細な線や図柄の再現に適しており、凹版版画の主流を占める技法といえる。

　また、銅版は柔らかい金属のため製版しやすいが、印刷のプレス圧には弱く、多数の枚数が刷れないという欠点もある。現在、この欠点を補うため、スチールメッキを施して版面を硬化することが多い。

2）材料・用具

① エッチングプレート、ニードル、ルーレット
② バット、腐食液、筆、ニス、グラウンド液
③ インク、インク塗り板、インク塗りベラ、インク詰めローラー、鹿皮タンポ、ゴムべら
④ 寒冷紗、新聞紙、刷り紙、吸い取り紙
⑤ 版画プレス機、インク拭き取りウェス

3）制作の進め方

①下絵→②版の準備→③転写→④描画→⑤腐食→⑥刷り

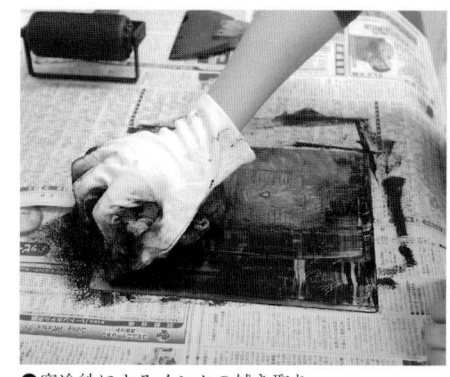

●寒冷紗によるインクの拭き取り

エッチング制作過程

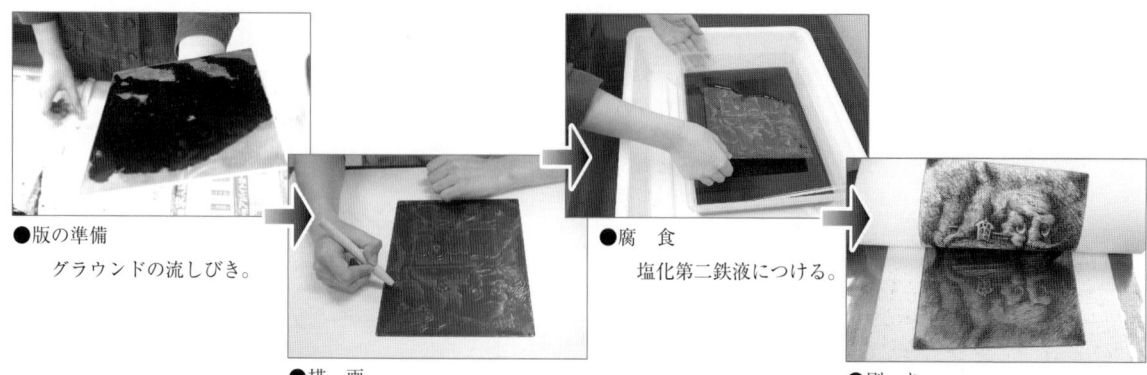

●版の準備
　グラウンドの流しびき。

●描　画
　ニードルで描く。

●腐　食
　塩化第二鉄液につける。

●刷　り
　エッチングプレス機で刷る。

●エッチング作品

レンブラント『三本の十字架』

駒井哲郎『帽子とビン』(1975) [21.6×21.0cm]

●ソフト・グラウンド・エッチング

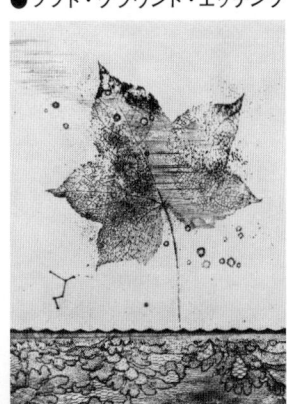

駒井哲郎『思いで』(1948)
[22.5×19.3cm]

●リフト・グラウンド・エッチング

パブロ・ピカソ《ビュフォン《博物誌》》
(1942)

■発展

●ソフト・グラウンド・エッチング
（softground etching／vernismous）

　通常のグラウンドより，粘度がありしかも軟らかいグラウンドを銅版上に塗布する。その上に紙を重ねて，その上から鉛筆やチョークで素描する。

　紙をはがしたとき，素描された分だけ軟らかいグラウンドが紙に付着し，銅の面が露出する。これを腐食して描線を製版する。

　描画材料や紙の凹凸などもグラウンドの除去に影響し，紙にチョークなどで描いた感じを出すことができる。

　創作版画に用いられた早い例としては，18世紀後半イギリスのゲーンズバラやターナーの作品がある。また，19世紀末ドイツやドイツ表現主義の画家たちは，この技法のもたらす粗さや即興性を好んだ。20世紀になると，軟らかいグラウンドの上に木の葉，粗目の板，布などを押しつけて製版し，さまざまな質感をもった版画がつくられている。

●リフト・グラウンド・エッチング（シュガー・アクアチント）（liftground etching）

　砂糖，アラビアゴム，アクアチントなどの水溶液で銅板上に描画し，その上から版面全体をグラウンドで覆う。その後，その版を腐食すると描画に用いた水溶液の成分がグラウンドを下から持ち上げることによって，そこに亀裂が生じる。いわば持ち上がった亀裂を腐蝕することになる。

　この方法はゲーンズバラの考案とされるが，彼は砂糖水を用いたためシュガー・アクアチントと呼ばれた。この技法を用いた作品としては，ピカソがアクアチント粒子を混ぜたアルコール液のリフト・グラウンドで制作した『ビュフォンによる「博物誌」』の連作が有名である。

版画の材料と技法

POINT

- ●微細な線を意のままに描きやすいエッチング
- ●柔らかい銅版は，印刷のプレス圧に弱い
- ●初期の代表的エッチング作家デューラー

関連リンク

版形式・版種　　→ p.64

版画プレス機　　→ p.60, 63, 67, 79

（新関伸也）

[3] 絵画・彫刻の基礎技法

総論 主題 技法 知識 鑑賞

銅版画―間接法 II
メゾチント, アクアチント

メゾチント (mezzotint)

17世紀にオランダ在住のドイツ士官ルートヴィヒ・フォン・ジーゲンによって発明される。彼から直伝を受けたプリンス・ルーパートがイギリスにもたらし，ここで急速に発達した。

エングレービングにかわって絵画複製の有力な方法となったが，写真術の普及とともにその役割を終えることになる。

19世紀前半には，ターナーがこの技法による『研鑽の書』の連作を刊行して人気を博している。メゾチントは20世紀になって創作版画の技法として再認識された。日本の長谷川潔(1891-1980)や浜口陽三(1909-2000)のカラーメゾチント作品は，その成果を遺憾なく発揮した作品として国際的に評価された。

1) 技法

別名をマニエル・ノワール(黒の技法)という版画技法で金属凹版の技法の一種である。まず，銅板をロッカー(ベルソー)という道具で細かなやすり状に目立てをする。この状態で黒インクを詰めて印刷するとベルベット状の真っ黒な状態になる。これをスクレーパーで削り取ったりバーニッシャーでつぶしたりすることによって，黒から白までの諸調をつくることができる。

つまり，目立てを完全に削り取った部分は白く，また何もしない部分は真っ黒に刷られる。中間トーンは目の削り方・つぶし方のぐあいで自由に調整することができる。通常エッチングで輪郭線を彫ったのちにこの明暗の製版処理をする。

2) 材料・用具
① 銅　板
② ロッカー，バーニッシャー，スクレーパー
③ プレス機
④ インク
⑤ 用　紙

3) 制作の進め方
①下絵→②製版(目立て)→③転写→④製版(削り, つぶし, みがき)→⑤刷り

アクアチント (aquatint／acquatinte)

この技法は，18世紀フランスのジャン・バティスト・ル・プランスによって発明された。この技法を用いてもっとも芸術的効果をあげた最初の版画家はスペインのゴヤであり，代表作に『ロス・カプリーチョス』がある。

アクアチントの「アクア」とは，イタリア語で「水」を意味しており，筆による淡彩画の表現に似ていることからこの名称が使われた。また，強いハイライトや階調が微妙に出せるほか，広い面の処理にも適し

アクアチント制作過程

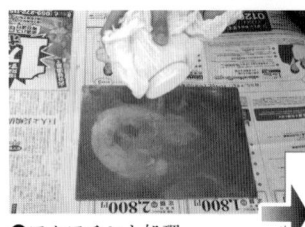

●アクアチント処理
　松脂の粉をふる。

●腐　食
　塩化第二鉄液につける。

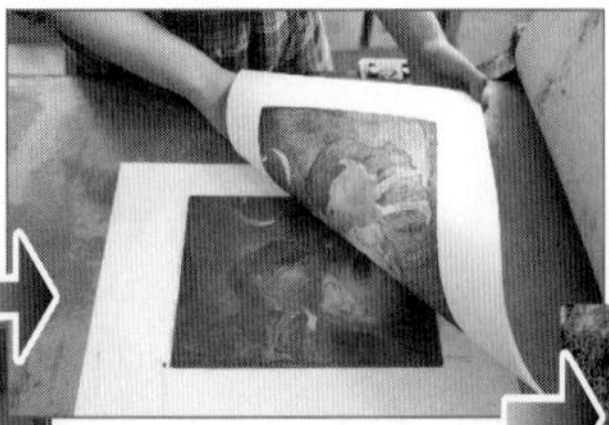

●試し刷り
　エッチングプレス機で刷る。

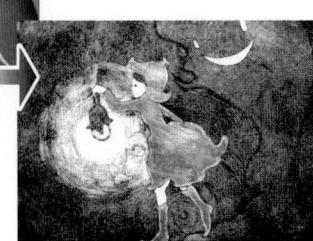

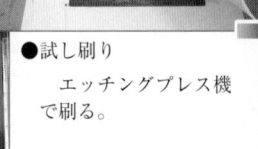

●刷り上がり

ており，画面構成に効果的に用いることができる。19世紀には，印象派のドガやピサロなどもこのアクアチントの技法を用いて，作品を発表している。

1）技　法

銅板の表面に松脂の粉末（アクアチント粒子）を均一に振りまき加熱して，版面に固着させる。その後，腐食させたくない部分，つまり刷り上がりで白くしたい部分をニスで覆って，腐食液に浸す。腐食の時間差によって，いくつかの段階の面的な明暗の諧調を得ることができる。また，アクアチントは単独に用いられることはほとんどなく，エッチングと併用されることが多い。アクアチントの版面をスクレーパーで削って明暗の諧調を出す技法は，アクアチント・メゾチントと呼ばれる。

●アクアチント

駒井哲郎『時間の迷路』（1952）［24.0×22.0cm］

●版画の道具

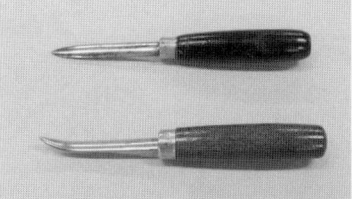

●バーニッシャー
（磨き上げるための道具）

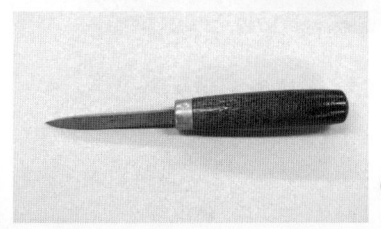

●スクレーパー
（削るための道具）

■発展

●日本のメゾチント作家

長谷川潔（1891-1980）

メゾチントを近代的な版画技法として復活させ，風景や小鳥，静物などをモチーフにして繊細でかつ格調高い作品を残した。渡仏後，終生日本へは戻らず作家活動を続けた。

『飼い馴らされた小鳥』（1962）［35.4×26.4cm］

浜口陽三（1909-2000）

カラーメゾチントの新しい技法を開拓し，高度な技術から生まれる繊細で静謐な作風は高く評価された。漆黒の背景に浮かび上がるフォルムと色彩は，浜口独特のものである。

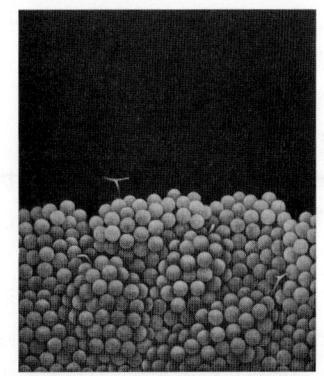

『暗い背景とぶどう』（1961）［35.0×30.0cm］

POINT

● スクレーパーとバーニッシャーで諧調をつくる

● エッチングと併用されることが多いアクアチント

● 日本のメゾチント作家，長谷川潔と浜口陽三

関連リンク

版形式・版種　　→ p.64

写真術　　　　　→ p.134

（新関伸也）

[3] 絵画・彫刻の基礎技法

孔版画
ステンシル・シルクスクリーン

総論 主題 技法 知識 鑑賞

ステンシル（stencil）

晩年マティスは，色紙とはさみを使った「切り絵」をたくさん制作しており，それらの中からステンシル版画に置き換えたのが『ジャズ』シリーズである。大胆な色とかたち，余白を生かした作品は，「切り絵」の特徴を最大限に生かしている。

また，リクテンスタインは，「あみ点の丸いドット」をステンシル技法によって積み重ね，あざやかで均一な色面をつくりあげている。孔をあけた紙（膠を塗布）を直接カンバスに貼りつけて絵具を刷り出し，後に紙をはがす技法で制作した。

日本では，「渋紙」を切り抜いた型紙の上から刷り込み刷毛を使って，絵具を刷り込む方法がある。古い「大津絵」などは，いわゆる孔版の合羽刷りによってつくられたものである。この技法は，型染めの技法としても用いられており，代表的なものとして沖縄の紅型がある。

1）技　法

金属や耐水素材をさまざまに切り抜いて紙や布の上に置き，顔料や染料を刷り込む技法で，孔版の代表的な版画技法である。薄い紙を膠を使って貼り合わせたものを型にすることもあり，羽を合わせたようなところから日本では合羽版とも呼んでいる。シンプルで明快な輪郭と均一な色面が得られるのが特長である。

また，日本で発明された謄写版も同じ原理であり，ロウ原紙にヤスリと鉄筆によって細かい穴を開けてローラーでインクを刷り出す方法は，リソグラフ印刷機となって発展している。

2）材料・用具

① アルミや木製枠
② スクリーン生地（絹・テトロン・ナイロン）
③ 原紙（ニス）
④ 張り器
⑤ カッターナイフ，アイロン，描画材など
⑥ ステンシル用インク，紙

シルクスクリーン／スクリーンプリント／セリグラフ
（silk-screen printing／screenprint／serigraph）

1）技　法

金属や木製の四角い枠に張った薄いメッシュ状の布を版（スクリーン）として用いる。かつては，この布に絹が用いられており，それが「シルクスクリーン」と呼ばれることとなった由来である。現在では，合成繊維（テトロンやナイロンなど）の使用が普及しており，ほとんど絹に代わって使用されている。したがって別名「スクリーンプリント」と呼ぶこともある。

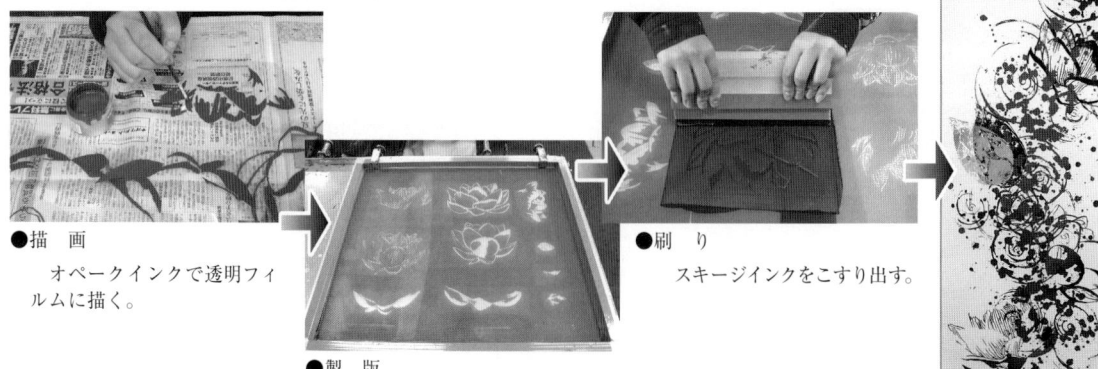

シルクスクリーンの制作過程〈描画によるブロッキング法〉

● 描　画
　オペークインクで透明フィルムに描く。

● 製　版
　アルミ枠にシルクを張りつける。

● 刷　り
　スキージインクをこすり出す。

● 完　成

原理は謄写版印刷やステンシルとまったく同じで孔版技法である。

スクリーンの図像以外の部分に目止めを施し，スクリーンを用紙に重ね合わせる。ゴムのへら（スキージ：suqueegee）を用いて用紙側にインクを押し出すと，目止めの施されていない部分のスクリーンを通して図像が用紙に転写される。

スクリーンに直接筆で目止め材を塗布する方法のほかに，感光剤を用いた写真製版による方法も広く行われている。写真の複製の場合のほか，均一な色面を望む場合などに用いられる方法である。

紙のほか布，木材，プラスチック，ビニールなどさまざまな素材，それらの曲面にも印刷することができ，工業的にも広く応用されている。

2）作　品

知的で難解な抽象表現を避け，人々にとって身近なものや人物をストレートに描き出したのが，リクテンスタインやウォーホルである。彼らはシルクスクリーン技法を用いて，複雑な対象物を平坦でシンプルな色面に置き換えた新たな表現を生み出した。

3）材料・用具

① アルミや木製枠
② スクリーン生地（絹・テトロン・ナイロン）
③ 原紙
④ 張り器
⑤ カッターナイフ，アイロン
⑥ スキージ
⑦ スクリーン用インク，紙
⑧ オペークインク
⑨ 筆，ペンなど

■発展

●シルクスクリーン作品

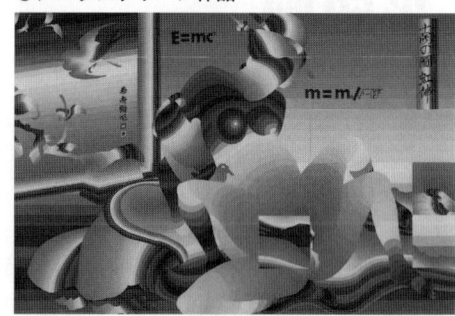

靉嘔『レインボー北斎 ポジションＡ』（1970）
[35.0×30.0cm]

靉嘔（1931-　）は，虹のスペクトル色彩を駆使したシルクスクリーンを手掛け，ヴェネチア・ビエンナーレ展では「虹の画家」として世界的な名声を得る。この作品は1970年第7回東京国際版画ビエンナーレ展で国立近代美術館賞を受賞する。これは北斎の春画をもとにして，54枚の紙に印刷されたものをパズルのように組み合わせている。

ロイ・リクテンスタイン『た, たぶん（少女の絵）』（1965）

ロイ・リクテンスタイン（1923-97）は，続き漫画の一コマを拡大して描いた油彩画を1960年代に発表し，ポップ・アートの代表的存在となる。アミ点製版法によるシルクスクリーンの平坦な色面に置き換えられて，フラットなマティエールはポップアートの「持ち味」となる。

野田哲也『日記　1968年8月22日』（1968）
[82.0×82.0cm]

野田哲也（1940-）は，写真製版による独自のシルクスクリーン印刷によって，1969年第6回東京国際版画ビエンナーレ展で国際大賞を受賞する。いわゆる《日記シリーズ》は，自らの家族をカメラで撮影したものをモチーフにして，和紙に印刷している。それらは個人的で日常的であるがゆえに，逆に強い存在感となってわれわれに訴えている。

POINT

● 単純明快な輪郭と均一な色面のステンシル

● 布や板，局面にも印刷可能なシルクスクリーン

● 謄写版・リソグラフ印刷機も同じ原理

関連リンク

版形式・版種　　→ p.64

染　色　　　　　→ p.170

（新関伸也）

3 絵画・彫刻の基礎技法

平版画
リトグラフ

総論 主題 技法 知識 鑑賞

リトグラフ／石版画 (lithograph)
1) 技　法
　リトグラフ（石版画・平版画）の最大の特徴は，版を彫刻することなく，描いたままに再現，印刷するところにある。その技法は，「水と油の反発作用」の原理を応用して製版，印刷を行う。まず，石版石やアルミ板の上に，油性の解墨やリトクレヨンで描き，乾燥させた後，版面全体を少量の硝酸を加えたアラビアゴムで覆う。このことで描いた部分は脂肪酸カリウムとなり親油性が高まるが，描かない部分は逆に親水性が高まる。さらに描画部分を製版インクに盛り替え「製版」は，完了する。本刷りでは，水を含ませたスポンジで版面を拭きながら，インクローラーで描画部分にインクを盛りつける。そして，この上に紙を載せ，リトグラフ用のプレス機でインクを刷り取る。
　この方法は1798年にドイツのA・ゼーネフェルダーによって，偶然に発見され，楽譜印刷のために改良が進められた。このリトグラフによって印刷技術は，飛躍的に発展したといえる。かつて版材は石灰質を含む石版石が用いられていたが，重いうえに入手が難しく，ジンク板やアルミ板が主流になっている。

2) 歴　史
　社会派の画家ドーミエは，『カリカチュール』など風刺雑誌を中心に痛烈な社会・政治批判を行ったが，これもリトグラフによるもので，その数は4,000点にも達する。
　19世紀後半，シャッセリオ，ブレダン，マネ，ドガ，ファンタン・ラトゥール，ルドン，トゥールーズ・ロートレック，ゴーギャンらがそれぞれ独特の表現で愛好家を魅了した。
　20世紀，リトグラフの分野で出色の活躍をした作家としては，ピカソ，ブラック，ミロ，クレー，カンディンスキー，シャガール，ダリなどがいる。

3) 材料・用具
① 版材—平版用アルミ板，亜鉛板，リトペーパー
② 描画材—リトクレヨン，ダーマトグラフ，解墨，リソッドマーカーなど（油脂性のもの）
③ 製版材—溶剤，チンクタール，平版用ラッカー，平版用革ローラー，製版墨，ラズン，タルク，エッチ液
④ 印刷用具—スポンジ，油性インク，ゴムローラー，洋紙
⑤ 平版プレス機

4) 制作の進め方
①描画→②製版→③刷り

リトグラフ制作過程

●描　画
　油性クレヨンでアルミ板に描く。

●製　版
　アラビアゴムをとり，製版インクをのせる。

●印　刷
　ローラーで色インクをのせる。

●完　成
　リトプレス機で刷る。

日本におけるリトグラフの変遷

日本へのリトグラフの伝来は江戸時代後期である。明治に入ると，大蔵省紙幣寮（現在の印刷局）の偽造紙幣鑑識のための石版技術の研究，軍部や文部省の教科書出版への利用などによって，リトグラフは日本に根を下ろしていった。

明暗や細密な描画表現に適していたため，明治10年代にはリトグラフは雑誌や書籍の挿絵，商業印刷物などに幅広く活用され，その一方で，明治20年代には「額絵」と称する一枚刷り石版画も全盛を迎えた。

その後，リトグラフはむしろ商業印刷物の分野での活用が目覚ましかったが，芸術的な石版画も制作された。その代表的作家としては，明治の石井柏亭，山本鼎，森田恒友ら『方寸』の同人，大正・昭和期では織田一磨，硲伊之助，また大正から昭和にかけて滞日していたロシア人のブブノワ夫人などが挙げられる。

第二次世界大戦後，世界的な版画ブームは日本にも訪れ，リトグラフによって制作をする版画家も少なくなかった。瑛九などは，その代表的な作家のひとりである。色彩版画としてはセリグラフィ（孔版の一種；シルクスクリーン）のほうが多用されているようである。またリトグラフとセリグラフィ，エッチング，メゾチント，木版を併用する作家も少なくない。

リトグラフによって魅力的な作品を生んだ今日の作家としては，加納光於，木村光佑，原健，荒川修作，司修，北川民次などがいる。

リトプレス機

リトグラフの場合には，製版の技術と刷りの技術が作品のできあがりに大きく影響してくる。気温や湿度などによって，製版が失敗することもあるので注意をする必要がある。

■発展

●リトグラフ作品

オノレ・ドーミエ『立法府の腹』(1834)
[28.0×43.3cm] 国立西洋美術館蔵

オノレ・ドーミエ (1808-1879) は，シャルル・フィリポンの風刺新聞「ラ・カリカチュール」や「ル・シャリヴァリ」において，国王ルイ・フィリップや政治家を風刺した石版画で一世を風靡した。生涯に4,000点近い版画を残した。

瑛九『旅人』(1957) [39.5×54.0cm]

瑛九 (1911-60) は，1950年代からエッチングや石版画の作品を発表するようになる。デモクラート美術協会を結成し，そこを中心に後進への指導や講習会などを積極的に行い，現代版画活動の契機となる。

POINT

- ●楽譜出版のための印刷法としてドイツで考案
- ●版材の上にクレヨンや油性の解墨で描画する
- ●脂質への感受性と非描画部の親水性を利用

関連リンク

版形式・版種	→ p.64
カリカチュール	→ p.58
版画プレス機	→ p.63, 67

（新関伸也）

3 絵画・彫刻の基礎技法

いろいろな版画

総論　主題　技法　**知識**　鑑賞

スチレン版画（凹版画）

　発泡スチロールからなるスチレン板を利用した版である。鉛筆やボールペンで描画したところが容易に凹面になり、ローラーでインクを付着させて刷り取る版画である。
　これも紙版画と同じように安価で製版が楽なために、教育用版画として利用されている。ただし、版面が弱いため多くの枚数を刷ることができない。

シート版画（フェルト版画）（一版多色版画）

　シート版画とは、NASAが開発した高い吸水性をもつ繊維を利用した新しい凸版画である。版種としては、一版多色版画の部類に入る。版面のシートをカッターナイフで切り抜き、凸版部分を透明シートに接着して、水性マーカーで着色してローラーやバレンで圧をかけ転写する技法である。一度水性マーカーでインクをつけると10枚ほど刷ることができ、手軽な印刷としてはがき大の年賀状などに利用されている。また、これと同じような技法による耐水性のフェルトを利用した版画もある。

モノプリント版画

　モノプリントとは、モダンテクニックの一つで1枚刷りの版画をいう。1枚1枚違った版画ということで、同じモノが複数印刷できる版画とは大きく違う。
　透明な樹脂板の上でインクを付着したローラーを転がし、その後でへらなどで自由に引っ掻いて図や模様を描く。刷り紙を重ね、バレンなどでこすると図が転写できる。

プリントゴッコ（孔版画）

　プリントゴッコは、年賀状の簡易印刷機として普及した孔版の一種である。いわゆる感熱法のスクリーンプリントである。描画部分がそのまま版になるために、多色刷りも容易であり、応用範囲も広い。はがきサイズからB5サイズまでの大きさに対応している。

紙版画（凸版画）

　紙版画は、台紙の上に紙を貼りつけて絵柄をつくる凹版画である。紙とはさみの扱いに慣れることを目的にして、低学年の児童の教材として普及している。「紙とのり」だけで版画がつくれるので技術的な抵抗感もなく、版画の楽しさを味わえる技法である。
　また、この紙版画は厳密には「台紙つき紙版画」と「切り取り紙版画」の二つの技法がある。

いろいろな版画の作品

●スチレン版画

●シート版画の版

●シート版画作品

●台紙つき紙版画

　この紙版画の技法は，幼児や児童にふさわしい技法の一つであり，比較的容易に版画を楽しむことができる。

① 画用紙で形をつくる

　厚口の画用紙を手でちぎったり，はさみで切ったりしてかたちをつくる。

② 台紙に紙を接着する

　のりや接着剤で台紙に紙を接着する。しっかり接着して乾燥させないとローラーを転がしたときにはがれてくる恐れがある。

③ 版にインクをつける

　中性インクをつけたローラーを版の上で転がす。インクのムラがでないように，均一にローラーで付着させる。

④ 版を刷る

　刷る紙を見当に合わせて載せ，紙を付着させてから，バレンで刷り，ムラがでないようにこする。

●切り取り紙版画

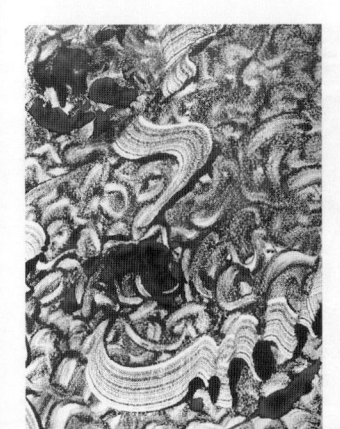

●モノプリント版画

●プリントゴッコによる版画作品
関原たいせい『ベネチアの運河』(4版6色刷)

■発展

●現代版画豆知識

〈オリジナル版画〉

　作家が自らの表現手段として，版画技法を選び，作家本人もしくは，作家の指示のもとに職人たちが制作したもので，原則として限定番号と作家のサインが記入されている。

〈限定数とサイン〉

　限定数とは，刷った枚数と個々の作品の固有の番号を記したもので，鉛筆で作品の下に明記されるのが普通である。例えば25/60と表記される場合，60枚刷ったうちの1枚で，25という固有のナンバーをもつという意味である。25番目に刷られたという意味ではない。番号によって作品の価値が変わるということもない。

　また，サインは作家自身が確認したという証拠であり，オリジナル版画を証明するものである。

〈A.P.／E.A.〉

　版画の場合，限定数のほかに，作品の約10％前後を作家のためのリザーブとすることがある。これを作家保存分（A.P.またはE.A.）といい，版元保存分（H.C.＝非売品）としてストックされることもある。まれに市場に出回ることもあるが，作品の価値は限定数入りのものと何ら変わりはない。

大西靖子の限定数とサイン

POINT

- ●鉛筆やボールペンで凹部をつくるスチレン版画
- ●吸水性の高い繊維で凸部をつくるシート版画
- ●紙を接着して版をつくる台紙のない切り取り紙版画

関連リンク

版形式・版種　　→ p.64

年賀状版画　　　→ p.61

モノプリント　　→ p.61

（新関伸也）

版画の材料と技法

3 絵画・彫刻の基礎技法

木版画の共同制作
共同で行う創造活動

総論 主題 技法 知識 鑑賞

「共同で行う創造活動」の意義

　一般に，美術表現は個人の行為のように考えられやすい。共同で行う造形的な創造活動（以下，「共同制作」と記す）とは，「一人ひとりが持ち味を生かして一つの課題や題材に取り組み，協力して創造することの喜びを味わわせる活動」をいう。かつてと比して現代の生活は，他者とのかかわりが希薄になっているといっても過言ではない。それゆえ，美術表現を通した創造活動の共同体験の意義は，以前にも増して大きくなっている。

前提としての「創造的な雰囲気」

　共同制作では個人の表現指導では不要であったいくつもの活動が求められる。また，円滑に行う前提として，その学習活動の指導者が「創造的な雰囲気」を日常的に形成し続けることが大切である。それ以前の表現や鑑賞の学習における個々の場面で，一人ひとりが各々の表現の良さを認められ，他者の表現意図を知り共感するなどの経験の積み重ねが創造的な雰囲気をつくり出す。その結果，表したい気持ちや表現意図など自分らしい考えを一人ひとりが発表でき，他者と協議や意見交流を行う能力や態度を培うことを可能にする。自他の良さを相互に認め合う人権尊重や国際理解の教育にもつながる活動といえる。

木版画の共同制作初動の要点

　共同制作にはモニュメントや行事に関連した絵やイラスト等の大作品なども想起できるが，ここでは郷土を主題にした木版画の初動における要点を記述する。学校教育の一環としての共同制作で最も留意が必要なのは，美術表現力の優劣を越えて，一人ひとりがより良い表現をめざして主体者として理解し合い納得して取り組み，表現の喜びを共有できるよう配慮し指導することである。

① 共通理解：なぜ制作するのか，何を表現したいのかを全員で話し合い，理解して取り組む。
② 大作と小品の相違：大作・小品それぞれの長所と短所を話し合って明確に理解する。
③ 誇りの形成：歴史・伝統・文化・風物等の調査で，郷土への豊かなイメージをつくりあげ，誇りを感じて表現に取り組めるようにする。
④ 主題の絞り込み：調査内容を基に話し合い，造形による表現性を加味して主題を絞り込む。
⑤ 現地取材とスケッチ：スケッチと並行して，その地域の特性などを地域の人々から直に話を聞く機会を設定し，イメージを深化させる。
⑥ 制作手順の想定：互選したリーダーを中心に，上記を総合的に話し合って制作手順を決定する。

版画作品　「大杉伝説」―我が郷土・上河内（1998）[540×180cm]／指導：若林直行（栃木県・上河内中学校）

木版画の共同制作過程における留意点

ここでは木版画の共同制作過程に求められる留意点のみを示す。技法の詳細は，関連頁を参照のこと。

① 多数のスケッチから小下絵：学級やグループの構成員多数のスケッチを単に組み合わせるだけでは，表面的に一人ひとりのスケッチが生きるように思われるが，全体の統一感が乏しくなる。また，各自に描かせた下絵の中から優れた作品に絞ると見栄えはよくなるが，選ばれなかった大多数の構成員は分担された部分の分業者と化してしまう。そのため，初動期に話し合って確認した「主題」に基づき，小下絵に表す。

② 中下絵の内容の充実：構成員各自のスケッチを生かして共通理解した「主題」がより強調されるように，話し合いを深めつつ中下絵を仕上げる。

③ 中下絵から大画面の本下絵：教室を暗くしてOHPで中下絵を投影し，大まかな形を本下絵に描く。黒でおさえる，白で描きおこす，中間トーンにするなど，どれがより効果的かなど白黒のバランスを考えさせる。黒い部分を墨汁で描き，白に戻したい部分はポスターカラーの白で描いて調整する。併せて，形の単純化，線と面の関係等についても考えさせる。また，人物の動きや形態が不明な場合は，相互にモデルとなって描かせる。歴史的な考証が必要な場合も再度，地域や歴史に詳しい人などに聞き取り調査を行う。この段階が版画作品を左右する。

こうした学習活動を通して相互理解を深め，多様な人間の集合体である学級，あるいは社会という認識に至り，自己の確認や変容にも反映される。

●主題や白黒のバランスなど話し合いながら彫り進める

■発展
●共同制作における造形活動の諸相

郷土の風景をスケッチする。

郷土の伝統行事をスケッチする。

主題を意識して彫り進める。

POINT

- 創造活動の共同体験の意義
- 「創造的な雰囲気」を日常的に形成する
- 多様な人間の集合体である学級

関連リンク

木 版	→ p.66, 68
山本鼎	→ p.60
共同制作	→ p.92, 97, 140, 160

（山口喜雄）

版画の材料と技法

コラム

1．展示，発表としてのスケッチブック

「スケッチブック」は今日，英国の中等教育（Senior School, Sixth Form）の「美術」において重要な役割を演じている。英国では1960年頃まで「drawing, painting, design, history of Art」を中心とする「O (Ordinary) Level」の美術教育を採用していたが，1986年以降からは，「G.C.S.E.（General Certificate of Secondary Education）」や「GCEA (Advanced) Level」という全国的な統一試験を受けることが義務づけられた。そこで教師は，静物や人体モデルのような主題を設定し，生徒がそれを一斉に「素描」する類の造形的主題を与えることや，制作の手法や技術を提示することよりも，主体的に生徒が学ぶ「場」をつくり出すことに重点を置き，「スケッチブック」を基盤に，アートの考え方や発展の方法を理解することが，授業の中で重視されるようになった。

「スケッチ(sketch〔英〕)」はもともとギリシャ語の「即興」を語源としており，「寸劇」や「あら筋を書く，略述する，草稿，原案」，「着想やイメージを記録する覚え書き」という意味が連なっている。「スケッチブック」は，自らの思いを「短時間に写生（素描）した帳面」，「即興的な計画，構想のもとに編纂した概略図」の意味合いであり，旅行中の風景やその印象を記録したものや，キャンバスなどで本制作をするうえで構図を決定する準備段階としての「下絵帳，小品集，短編集」を示す。しかしながら現代美術では今日，「習作の紙上スケッチ」と「キャンバス完成作」に価値の上下や区別を設けず，両者のすぐれた特質を見定める傾向が生じてきた。そのため「スケッチブック」は「作品」という意味合いも含まれるようになり，英国の美術教育で扱われる「スケッチブック」もまた，作品制作と密接につながっている。

今日，「スケッチブック」は，受動的な授業課題の「素描」を積み重ねた「デッサン帳」ではなく，個々の思い（想い）や考えを深く掘り下げる基盤，「創案」となっている。生徒は，個人の自発的なテーマ設定からはじまり，発想（イメージ）の構想段階から最終的な作品を制作し，自己評価に至るまで，自分の意見やコンセプトの詳細を「スケッチブック」に記録している。そのため，第三者が見ても，作者の遂行の推移を窺い知ることができる。

近代以降の美術は，個人的な自我を尊重し，個人の主張と「表現」や「技法」を不可分に結びつけてきた。「美術」は，個人の主張を成し遂げるための方法論であり，同じ技法を使うなら，そこには同じ主張，理論的な背景にも関心をもたなくてはならない

図1　イタリア旅行記
主に建築や彫刻などをリサーチし，写真や素描を通して，イタリアの町並み，トスカーナの風景，教会，美術館で見た彫刻や絵画などが記録されている。建築物などの立体に大変興味を持っているようだ。

図2　『内部 (inside)』を主題にした研究
内部とは心的なもの，物理的なものであり，最終的には室内の装飾などの部屋の内部に対する作品を制作している。調査した作品には，ボックスアートやインテリア，「頭の内部」のイメージなどが挙げられる。最後は，波の内部やインテリアに焦点を絞り，今までのリサーチを含めた自分なりの家の内部の構想が最終作品となっている。

column 展示と空間

であろう。「主題」と「個」とのかかわりや，日常と美術との結びつきを理解し，美術の制作と発表を一続きに捉えていくうえで，「スケッチブック」を基盤にした美術教育は，今後とも重要視されていく必要があろう。

2. 絵画を装う「額 (picture frame)」

絵画において「フレーム／frame」は，木枠の厚みを縁取り，四辺の枠（縁）や画面を保護し，壁に吊り下げ，作品を装飾する役割を果たしている。フレームは，骨のように構造的な基礎を意味すると同時に，衣服のように持ち主を着飾り，社会的なかかわりを示すものでもある。額縁をつけることで，汚れや湿気から作品を保護すると同時に，その装飾的な調和から，画面の構図は引き締まり，色が冴えわたる効果の「完璧な結婚」が生まれてくる。

しかしながら絵画作品の図版には，「額／picture frame」が掲載されていないことが多い。実際に美術館，ギャラリーを訪れないと「額」を見ることができないのが現況であろう。そこで，時代や地域によって，素材や装飾の方法，役割やスタイル（様式）が異なってきた「額」を学びとり，その多種多様な額を通して，絵画の歴史や表現の広がりを学んでいくことも重要となる。

○額の歴史

額縁の原型は，西洋のカトリック教会の祭壇画のまわりに飾りとしてつけられていた画枠だといわれる。その後ルネッサンスの頃には，祭壇や壁画から独立した画板（タブロー絵画）が制作され，壁に掛けられるようになった。一方，東方教会で発展した礼拝用画像のイコンや西洋中世のミニアチュール（仏，miniature）[注1]のように「持ち運びできる小さな絵画」も普及した。そして，サポート（支持体）と額縁が一体化したイーゼル画の出現とともに，額縁は，キャンバスやキャンバス台（木枠）とは別々につくられるようになる。しかし「額縁絵画」が隆盛したのはバロックからルイ王朝時代であり，各国の風俗慣習

図3 ティツィアーノ「青い袖の男」

によって異なった様式，スタイルの額縁がこの頃に多数生まれている。ゲッソ（石膏）を塗って彫刻し，その上に金箔を張った精巧な額縁から，黒檀製のシンプルなものなどがある。また，ガラスが発明され，諸侯が競って城内の大広間に大きな絵画を飾るようになると，額縁には，花や植物の模様，リボン等があしらわれ，豪華絢爛たるものも登場した。

近代以降は，画家自らが額縁をデザインし，額縁と一体化させた作品も多数生まれた。具体的には，ジャポニスム[注2]の影響下にあったドガ，印象主義の画家たち，アール・ヌーボーやラファエル前派などの額が特徴的である。さらに近年では，作品と額との区別が不明瞭な作品も多くなり，実験的な額装も見られる（図4・5）。

○「額」はなぜ必要か

現代では，薄い金属製のフレームを用いたり，透明なアクリル板で作品の周囲を覆ったり，額縁自体をつけないむき出しの作品も多く見られる。このような作品が展示されるのはなぜか。その背景には，現代の美術家が，「絵画」という存在に向けた眼差しが読み取れる。

そもそも「額」というものは一体いかなる意味をもつのか。「額」はこれまで作品と作品でないものとの境を隔てる重要な役割を果たしてきた。例えば絵画空間に描かれた「神の世界（あの世）」と鑑賞者の「現世（この世）」，虚像と実像との境界に額縁

コラム

図4
ダリ「雲で満たされた頭のカップル」

図5
マイク＆ダグ・スターン「PLANT DEAILS #3. 1988」

がある。それは西洋において絵画空間が、「鏡」「窓枠の風景」などと比喩されてきた背景とも重なる。「額」は、作品内部の虚像空間と現実世界、内部・外部を分ける「境界、視野、枠組み」を明確に示すものであった。その一方で、現代絵画が「額」を使用しないことは、絵画が「窓枠」の内部の虚像空間ではなく、「絵画」という一個の存在、「もの／object」となった経緯とも重ねられる。「額」はこのように、絵画そのものの存在意義ともかかわりながら成立するものである。

今日、美術教育で「額」のもつ重要な意味を学ぶこととは、出来上がった作品を保護することの意味だけではなく、日常生活と美術の接点を捉えたり、自身の作品を効果的に展示する方法を学ぶことであると同時に、作品制作の過程や「絵画作品」成立の意味自体を問い直すこととなろう。その結果、「額」を主題とすることで、美術のもつ幅広い（枠にとらわれない）視野を養う契機となる。

図6 『FRAME WORKS』
額装について書かれた本

3. インスタレーション・アート (installation art)

○インスタレーションとは何か

美術のさまざまな国際展では今日、インスタレーションという言葉をよく見聞きする。このインスタレーションとは、「設置（配置）」自体に美術制作の意味を込めた作品を示している。個々の絵画や彫刻を並列的に展示 (exhibition)、陳列 (display) するのではなく、「特定の場所」に鑑賞者の身体を取り囲むように、各々の「もの」の要素を集合体として制作した「空間」であり、設置自体を作品とした美術を示している[注3]。

「特定の場所（サイトスペシフィック）に設置された作品」をインスタレーション・アートと見なした場合、その歴史は、礼拝堂を覆うステンド・グラスやフレスコ、寺院の襖を飾る障壁画、竜安寺の石庭やストーン・ヘンジのような遺跡なども同じ範疇に括られるであろう。しかし一般にインスタレーション・アートを美術史では、ある傾向で区分した「現代美術」を総称することを慣例としている。

インスタレーション・アートは、とりわけ1970年代以降の美術作品に呼称されてきた。具体的には、作品の制作プロセスや展示空間のもつ意味が制作者のコンセプトと深いかかわりをもちながら展開される表現である。例えば、日常の生活用品や単純な幾何学形体（直方体や球など）に加工した「object（もの）」や「自然物（木、石、土、水、金属など）」を扱い、それらを焼く、割る（切る）、彫る、埋める（沈める）、腐食させるなどの加工をして配置したものが多く、形や色、大きさ、素材の関係で並べる、積み上げるなどの行為を提示する中で、展示空間自体を一つの作品として成立させている。

○インスタレーションの背景

美術は、その制作された時代や地域、場所の文化背景や社会的な制度、また制作者の宗教や思想などが複雑にからんでいる。

例えばインスタレーションと深いかかわりのある美術家には、当初、偶像崇拝を禁止する宗教の信者

column 展示と空間

が多いことが挙げられる。また，ジョン・デューイの「網膜に写る姿だけではなく，身体を通して実際に現実空間の中で大きさや広がり，重力，動きを感じ取り，それを表現の対象として受け取ること」の重要性や「開かれた作品」のもつ意味がインスタレーション・アートには具現化されている。

またインスタレーションは，戦後，世界各地で美術館，ギャラリーが建設された問題とも関連している。近代以降のギャラリーは「ホワイト・キューブ（白い壁に囲まれた四角い閉じた部屋）」による均質な展示空間であることが多い。それは美術作品がこれまで特定の場とかかわらない「窓枠の風景」による視覚像を美の理想としてきた背景にもよるであろう。しかし，その「制度的な空間」が純粋美術を確立させた反面，「美術」を外の世界，日常生活と隔離する要因ともなった。そこでインスタレーション・アートの制作者は，既成の「制度的な部屋」だけではなく，廃虚や街路，森や海岸（図8）などの空間にも作品を設置することによって，作品の制作プロセスや展示する「空間」との深いかかわりを提起してきた。

インスタレーションは，人々が個々の身体をもち，各々の地域，場に住むことで生み出されてきた「文化」を，あらためて捉え直す重要な役割も担っている。

図8 ロバート・スミッソン「螺旋形の突堤」（1970）

ドナルト・ジャッド「三次元が現実の空間である。それはイリュージョニズム，錯覚的表現や文字通りの空間，つまり，しるしや色彩の内や外にある空間をめぐる問題を免れている
――それは，ヨーロッパ美術のもっとも目立ち，もっとも異を唱えるべき遺物のひとつを排除するのだ。絵画のさまざまな限界はすでに存在しない。作品は，考えうるかぎり力強くなりうるのだ。実際の空間は，その本質からして，平面上の絵具よりも力強く，さらに特殊なのである」[1]

注1） 一般には西洋中世の写本の挿絵，ことに着色，極彩色の挿絵や装飾図を指す。原義は西洋中世の写本の各章冒頭を飾るのに用いられた装飾頭文字のことで，最初は鉛丹（ミニウム／minium；羅）を用いられていたので，この名称が生まれた。西洋では16世紀以降，「小型の」（mignon（仏，英））という語と混合した。小型の「油彩画」には額縁の意味が重要になる。なお，ミニアチュールが写本装飾の意に用いられたのは中世以降で，中世ではイリュミネーションを意味する語で呼ばれていた。

注2） 日本では「額縁」に相当するのが「表装」である。仏画，茶掛け等，各々の場合で大きく異なり，約束事がある。布地の扱い方，風帯，一文字，色の取り合わせ等にも気を配られている。このような日本の軸装や障壁画の「枠」，扇や団扇などの形状が西洋絵画の「額」に対する考え方に影響を与えた。

注3） このジャンルの制作者には，ヨゼフ・ボイス，ドナルド・ジャッド，クリスチャン・ボルタンスキー，ハンス・ハーケ，クリスト，川俣正などが挙げられる。

●引用文献
1) Donald Judd, 'Specific Objects', Contemporary Sculpture, New York, The Art Digest (Art Yearbook 8), 1965, p.79

●参考文献
・Paul Mitchell & Lynn Roberts "FRAME WORKS" Merrell Holberton, London, 1996
・ニコラス・ペニー著，古賀敬子訳『額縁と名画』八坂書房，2003
・谷川渥監修，小澤基弘，渡邊晃一編著『絵画の教科書』日本文教出版，2001

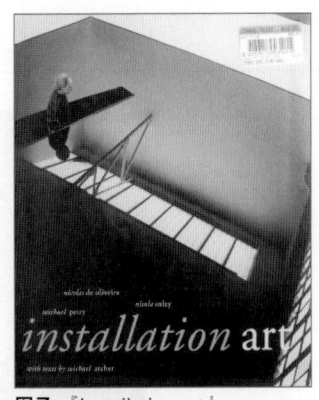

図7 『installation art』
アメリカでインスタレーションの教科書として用いられていた本

（渡邊晃一）

3 絵画・彫刻の基礎技法

総論 主題 技法 知識 鑑賞

具象彫刻

　彫刻は，実材を用いて表現するために，具体的な形をもつ人体や動物，植物，静物などの表現が主流である。これらを一般に「具象彫刻」という。具象彫刻は，形の探究を通して自らの感情を移入しやすい題材である。例えば，「友達」の肖像を制作したとき，作品は友達の姿であると同時に，作者の友達へのまなざしの表現でもある。友達の姿を追究すればするほど，作者らしさが生まれてくる理由はここにある。

人間の形

　具象表現に最も適したテーマはなんといっても「人間の表現」であろう。同じ人物像でも制作する形や部位によって大きく目的が異なる。
① 頭　像……頭部全体のもつ特徴から，モデルの人格を表現することを目的とする。彫刻特有の「奥行き」の表現に適している。「顔のかたまり」「頭のかたまり」「首のかたまり」がちょうど耳のところでぶつかるように，三つのかたまりのバランスを考えさせながらスケッチをていねいに指導する。友だちの頭像，自刻像，その他家族などの肖像表現が考えられる。
② 顔（半面）の表現……人間の顔の組み立てを理解したり，表情や感情などの心象的な表現をしたりするのに適している。レリーフのような平面表現にならないように，台から立ち上がっている側面を意識させることが重要である。
③ 胸　像……胸部を加えることにより多様な人物表現が可能となる。頭部と胸部のバランスや，自然に見える位置関係を考えさせる。頭部は前後に，胸部は左右に張り出した形であることを理解させながら進める。
④ 全身像……頭像が量塊の表現を中心に展開するのに対し，全身像は量塊を取り囲む「空間」の表現に適している。全身のバランスを考慮したり，各部の位置関係により動きを表現する。注意すべきは，塑造の場合，針金等の芯棒が重要な役割を果たす点である。
　「立像」「部活動をする友だち」「座像」「楽器を演奏する」など，が考えられる。
⑤ 手……学習する内容は全身像に近い。表現する内容が指の動きやリズムなどに限られており，手のポーズによって感情や意志，抽象的な概念の表現が可能である。
⑥ その他……足，胴体などの表現が考えられる。また，人間の形の一部と抽象的な形態を自由に組み合わせることにより，より心象性の強い表現も可能となる。

●頭部側面のスケッチ
　頭像は彫刻の基本であり，側面のスケッチは特に重要である。

●石膏直づけによる立像
　人物の「説明」ではなく，人の「気配」を感じさせることが大切である。

他の具象彫刻の表現

① 動物……動物のもっている骨格なども教えながら，形のしくみを意識させる。安易に擬人化させたりせず，資料を与えることで動物の特徴を表現させる。猫や犬，馬や牛，ウサギ，ライオン，象，恐竜などが考えられる。

② 鳥類，魚類……流線的な全身像に加え，翼を広げ飛翔する姿や，水の中を泳ぐヒレの形を追究させたりする。二本足で立つニワトリの表現なども面白い。形を単純化させ，抽象的な形の面白さに気づかせることもできる。

③ 虫，花……写実性の追究や空間や量塊の表現を実現させることは難しい。形の単純化やパノラマ的な表現に適しているといえよう。

④ 樹木……線材や面材を用いて，抽象化することが可能である。空間構成を目的とした題材を組み立て，共同制作させることもできる。形のもつ規則性や全体と部分の関係などを考えさせる。

⑤ 風景表現……一般的に「量」に対して「空間」の比率がきわめて大きくなるために，純粋に風景のみを表現させることは彫刻には向かない。人物の状況程度の表現にすべきであろう。周りもまた彫刻そのものと考えることが重要である。

⑥ 静物の表現……モデルが動かないので，対象の造形的な性質をじっくりと追究したり，写実的な再現性を高めるときに有効である。靴や鞄などの身の回りのもの，リンゴや栗などの植物，岩石，などが考えられる。

■発展

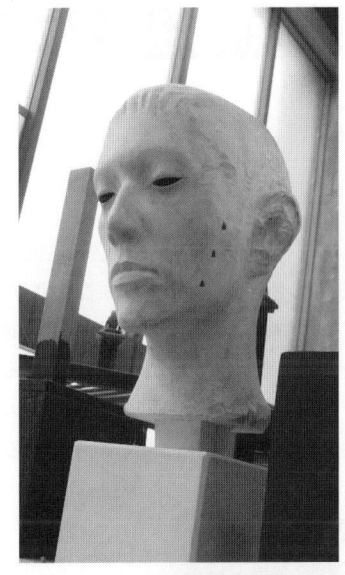

●木彫による頭像

細部に木の性質がよく現れている。作者の人間観を感じることのできる作品である。

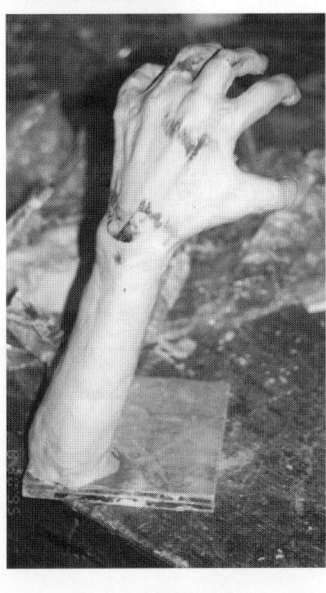

●塑造による手

人体の一部であるが，多くのことを語らせることができるのが「手」の面白さである。

彫刻の主題

●塑造による動物

擬人化せず，形のしくみをとらえながら制作すれば，動物の新しい発見があるはずである。

POINT

● 人間の形のなりたち

● 自然物から学ぶ表現の特色

● 心象性の強い表現も可能

関連リンク

平面／立体	→ p.12
具象表現	→ p.34, 38
心象表現	→ p.38

（三浦浩喜）

3 絵画・彫刻の基礎技法

抽象彫刻，想像による主題

総論 **主題** 技法 知識 鑑賞

　彫刻表現は「禁欲的」な表現といわれ，一般に粘土や木などの単一の素材によって形態を追究する領域である。安易に色彩や材料の多様性を追究すると，彫刻特有の性質が失われてしまう。想像的な表現を行う場合，より自由度のある材料を用いるべきであるが，その際も「立体としての形と質」の追究からねらいが逸れないように注意すべきである。

想像による表現

　想像による彫刻表現では次のようなものが考えられる。
① 物語の一場面……雰囲気を重視した幻想的なものよりも，登場人物や動物に焦点を絞るべきであろう。
② 空想上の動植物……テレビやゲームの中に「例」が無限に存在する。想像することの楽しさのみならず，「生き物」としての特徴や性質を考えさせ，それを造形的に表現させることが重要である。
③ 学校生活や地域生活……モニュメント（記念像）の学習として有効であろう。説明的にならず，彫刻表現としての性質を十分配慮すべきである。
④ これらの形の再構成……岩石と顔を融合させる，手足を引き延ばす，後述の抽象形態と組み合わせるなど，形を再構成することにより，より心象性の強い表現も可能となる。
　いずれも，「手」ひとつできわめて多様な感情や意志を表現することが可能であることを押さえ，彫刻としての性質が拡散しないように配慮する。

抽象による表現

　抽象表現の「抽象」には三つの意味がある。
① 具象物からの抽象という意味であり，ヘンリー・ムーアの彫刻に代表されるような，具象物の成り立ちを抽象的な量塊や空間を用いて表現することである。
　例）針金のみで人体や動物を表現する
　　　石膏などを用いて，自然物の形を型取りする
　　　自然物の形を単純化して塊を彫り進める
② 自然界には存在しない線や面，量塊などの幾何学的形態である造形的な概念，すなわち「形そのもの」を表現することである。
　例）幾何学的な紙のユニットを組み合わせる
　　　モビール・オブジェ・陶板によるレリーフ
　　　偶然発生した形の利用
③ 「具象」に対する「抽象」であり，感情や思想，概念，シンボルなどの目に見えないものを表現する場合で，この意味で用いられることが多い。

●想像による人物表現
　窓枠を加えることで，物語性が強くなる。

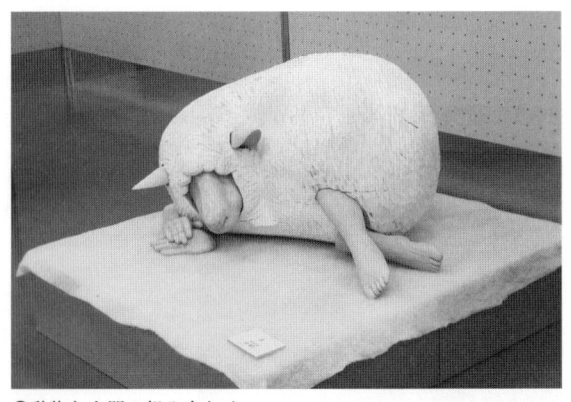

●動物と人間の組み合わせ
　木彫による作品。不思議な雰囲気のある作品である。

例）抽象的なテーマ（感情，意志，概念）を設定し，イメージできる形を彫ってゆく

表面の質感（テスクチャ）を工夫し，複雑なイメージを表現する

廃材を用いた抽象彫刻

具象的なものを用いて抽象的な概念を表象する（リプレゼント）こともあり得るが，より自由度が高く形の抽象性を意識化させるために「抽象彫刻」を設定する場合が多い。

抽象彫刻の造形要素

① 形　態……単独／複数，立体的／平面的，単純／複雑，直線的／曲線的，線的／面的／量的，まとまりのある／拡散した，動物的／植物的，……

② 質　感……つるつる／ざらざら，鈍重／鋭敏，有機的／無機的，透明／不透明，軽い／重い，光沢／マット，新しい／古い，金属的，土塊，毛，羽毛，うろこ，腐食した，……

③ 色　彩……明るい／暗い，鮮やかな／鈍い，単色／混色／重色，変化／単一，生命感／物質的，……

④ 材　質……指の跡，粘土の質，木目，金属的光沢，ニス，石膏，……

抽象的なテーマを表現させる場合，形態に結びつける足がかりを与えることと，試行錯誤の中でイメージを明確にし，作品としての統一感を明確にすることが必要である。また，抽象彫刻の場合，独りよがりに陥ることなく，お互いに作品の中に込めた「思い」を読み取り，作品のもつ「意味」を広げる「鑑賞活動」も重要である。

■発展

●さまざまな材料を用いたパノラマ作品

軽量粘土などを用いることによって，かなり自由な表現が可能となっている。多くの材料・要素を用いることで，彫刻的な性質が弱くなっている。

●陶板を自由に構成した作品

着色した陶板によるレリーフ。イタリアの中学生作品。

●心象的な彫刻作品

主として金属を用いており，自由な構成によって，心の中を表現しようとしている。

●樹木を抽象化した作品

単純な段ボールを接合して制作している構成的な作品。

POINT

- 各種材料の特性と主題
- 「抽象」の三つの意味
- 試行錯誤を通してイメージを明確化

関連リンク

抽象表現　　　→ p.27, 38

想像表現　　　→ p.36

彫刻の造形要素　→ p.29

（三浦浩喜）

3 絵画・彫刻の基礎技法

彫刻表現の広がり

総論 **主題** 技法 知識 鑑賞

　表現技術を実際の生活の中に生かすことは，制作意欲や動機づけを確実なものにすると同時に，身につけた技術を確かなものにする。「つくりっぱなし」にならないように，生活や他の活動と関連づける方法を考えてみよう。

空間を装飾する
① モニュメント（記念碑）をつくる……卒業記念に共同でレリーフを制作したり，共同制作の像を設置する。
② 学校行事と関連づける……文化祭などで一堂に会するステージを装飾する。体育祭で風にはためく応援旗をつくる。また，光や音楽，他の映像と調和させ演出する。
③ 遊具をつくる……セメントや木材を用いて，遊具を設置する。
④ 張子をつくる……竹材で芯を組み，その上に和紙を張ってゆく。

イベントをつくる
① ポリ袋を使って……大きな造形物は説得力をもち，完成させたときの喜びも大きい。手軽なポリ袋を用いて巨大な立体物をつくることができる。巨大静物，建物や街づくり，宇宙船づくりなどが考えられる。形を保つためには，扇風機などで送風し続けることが必要。また，カラーポリ袋を使って，着ぐるみをつくり，ファッションショーを開催することもできる。
② 段ボールを使って……段ボールのシートを用いて，建築などの構造物を築きあげることができる。ドームや塔，住屋をつくると面白い。接合にはプラスチックのボルト・ナットを用いるとその都度，組み立てたり分解したりすることができる。
③ 空き箱を使って……建物をデザインし，それらを並べて町並みをつくってみよう。すべての縮尺を統一し，窓には蛍光色紙を用いると，ブラックライトを当てて夜景を楽しむことができる。道や橋，街路樹などを加えると本格的なまちづくりに発展する。

多様なメディアに発展させる
① 3Dソフトを用いて……今日，ほとんどの映画や映像作品の特殊効果には3Dアニメーションなどが使われている。コンピュータのモニタの中に擬似的に立体物をつくり，動かすことができる。その際，彫刻で学習する「面」（ポリゴン）の構成がきわめて重要となる。

●ポリ袋によるイベント
　ふくらませたバルーンの中に入って遊ぶこともできる。

●街づくりのワークショップ
　紙で造った建物にブラックライトを当てると，美しい「夜景」が登場する。

② ペーパークラフト……最近では，前述した3Dのデータをペーパークラフト用の展開図を書き出すソフトも登場している。技法や材料を工夫することによって，手軽に立体表現を楽しむことができる。

③ 立体イラストレーションとして……絵画は心象的なものの表現であるのに対し，イラストレーションは特定のメッセージを伝える役割をもっている点が異なる。立体表現の場合も，心象性よりもむしろ伝達するメッセージが明らかな立体イラストレーションへ発展させることは楽しいものである。最近人気を集めている「フィギュア」も，立体イラストレーションの一つとして考えることができる。

●段ボールシートを用いたドームづくり

抽象彫刻の幾何学的な考え方を用いて，建築のような構造物をつくることもできる。

●3Dによる表現

今日の3D表現には，彫刻における面（ポリゴン）の考え方が用いられている。

■発展

●彫刻表現と学び

立体表現は，常に多様な視点の中で進行する。この多視点性は，人間の知的な発達にきわめて重要な役割を果たし，知的トレーニングにも応用されている。ここでは，彫刻表現を軸にした学びのプログラムをみていきたい。

① ブラインドスカラプチャー……目隠しをして目の前の粘土を目的に即して加工する。触覚を意識化するためのきわめて有効な方策である。また，2人の人物が目隠しして向き合い，いっさい言葉を交わすことなく，お互いの手の感触のみによって粘土作品を共同制作するプログラムもある。

② 粘土によるクロッキー……友達にポーズをとってもらい，これを粘土で短時間に写し取る。日本における近年の彫刻教育では一般的な題材であるが，これを通して人体のしくみを意識させたり，人体の動きを追究させたりする題材としても有効である。

③ 「群衆」の表現……イタリアのレッジョ・エミリア市の幼児教育の中に，子どもたちが手分けして頭部や胴，手足の部品をつくり，それに老若男女，さまざまな社会に生きる人々を表現する実践が紹介されている。

④ 粘土のデモ……L・ロン・ハバートが考案した学習法。学習者が粘土を使って学習しようとしている対象をつくり具体化する。また，それを他者に示して伝達する。

⑤ さまざまな模型づくり……板材による恐竜の骨格模型パズル，粘土による立体地図づくり，幾何学形態を用いた分子模型づくりなど。

⑥ 型取り……石膏や粘土，ゼラチンなどを使って，実物の手や顔の形を型取りすることができる。もののもつ形を意識するうえで有効な方法である。

⑦ 幾何学形態の学習……展開図を考え，立体に組み上げることは幾何形態の抽象的な性質を，具体的な体験に変換する契機となる。複雑な複数の形態を組み合わせて一つの立方体をつくり上げるなど，工夫を加えることによって，抽象彫刻として展開させることもできる。

POINT

- ●つくるイベントへの発展
- ●彫刻と人間・文化の発達
- ●ホリゾンの構成は3DCGに重要

関連リンク

3D　　　　　→ p.138

ポリゴン　　→ p.139

造形遊び　　→ p.8, 14, 18, 93

（三浦浩喜）

[3] 絵画・彫刻の基礎技法

彫刻の材料と用具

総論 主題 技法 知識 鑑賞

彫刻の四分類

彫刻は立体による心象表現であるが，材料とその加工方法という視点からは，次の①〜④のように措定，分類される。
① 彫造：carving
材料を彫ったり削ったりして形をつくり出す方法
② 塑造：modeling
可塑性のある材料（可塑材）で形をつくる方法
③ 鋳造：casting
型に流し込むなどして材料に形を与える方法
④ 集合彫刻：assembling
材料を切断したり接合したりして形をつくる方法

彫刻の技法と材料の関係

彫造には木材や石材が用いられることが多いが，彫ったり，削ったりできるものであれば，何でも用いることができる。

塑造は，多くの場合，針金，棕櫚縄（しゅろなわ），麻紐などによって芯棒をつくり，これに可塑材をつけたり削ったりしながら形をつくっていく。材料として最もポピュラーなのは粘土である。粘土は芯材を除いて焼成し，テラコッタにすることによって硬度と耐久性を増すことができる。塑造には，他にも，油土，蜜蠟，石膏，漆喰，紙粘土などさまざまな材料が用いられる。また小中学校の授業では，芯材を用いてもひび割れせず乾燥後に彫ったり削ったりできるものや，乾燥すると軽く丈夫になり貼ったり吊り下げたりできるものなど，成分調整された便利な加工粘土が使われることが多い。

これらのうち，粘土や油土，蜜蠟などは成形には便利であるが破損しやすいため，石膏で型取りして，その型に粘土を張り込んでテラコッタにしたり，プラスチックや石膏，漆，セメント，金属などを流し込んだりして別の材料に置き換えるキャスティングという作業を行う。この中で特に金属へのキャスティングを鋳造と呼ぶ。

集合彫刻は，金属，アクリル，紙類，木材など多様な材料に，折る，切る，曲げる，組む，結束する，接合するなどの加工を施して，立体表現として成立させていくが，材料，方法については，他の材料との相性を考慮し，制作意図に応じてさまざまに工夫されている。

また，材料とその加工法による分類①〜④は，それぞれに独立して用いられるばかりでなく，必要に応じて複合的に用いることで，より効果的な表現を生み出すことができる。

次頁の図は，彫刻の技法と材料の関係を一覧にしたものである。

彫造の用具

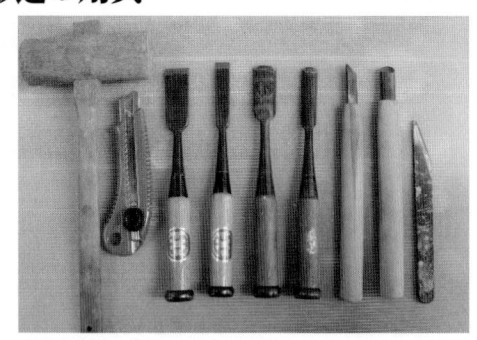

●木を彫る，削る…のみ，小刀
他に，のこぎり，ドリル，場合によっては材料を押さえる木彫台や万力が必要な場合もある。

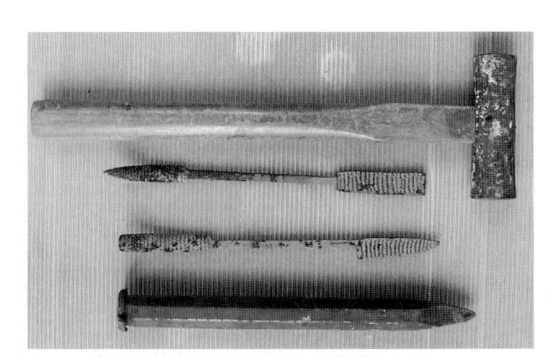

●石を彫る，削る…のみ，ヤスリ，金槌
堅い石の場合は専用の槌が必要。また，大きな石材にはビシャン，コヤスケなど特殊な用具も必要になる。

彫刻の素材・工程一覧

```
木材
石材         → Carving →    木彫
その他                       石彫 など

粘土
油土         → Modeling → 塑像原型 → テラコッタ
蜜蝋                    ↓
など                    凹型
                        ↓
                      Casting →  石膏像
                        ↓         セメント像
                      鋳型         乾漆像
                                   FRP像
                                   金属像
                                   ブロンズ像

                      粘土芯に
                      漆, 和紙    →  張り子像
                      などを貼り,    脱乾漆像
                      粘土芯を除去

紙粘土
石膏
合成粘土      → Modeling → 直づけ →  石膏像
その他の可塑剤                        セメント像
                                     乾漆像

石膏                    砂型, 粘     石膏像
セメント     → Casting → 土型, 型 →  セメント像
FRP                    枠などに     FRP像
など                    直接流し    金属像
                        込み        など

金属                                集合彫刻
紙                                  線材
木材         → Assembling →        面材によるコンポジション
その他身辺材                         折り紙
など                                ペーパースカルプチャー
                                    など
```

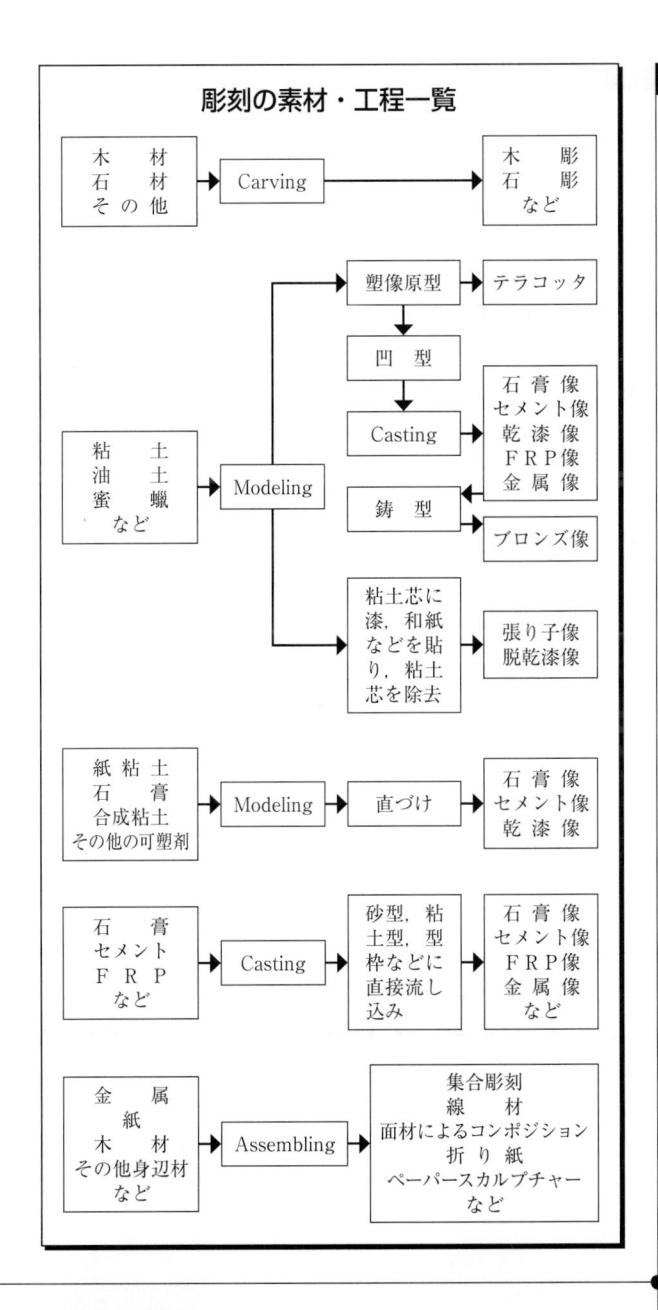

■発展

●技法や材料を融合させた表現

　表現の実際においては，キャスティングした石膏像やセメント像などを彫ったり削ったりすることのほか，彫造による木材と塑造による樹脂などを部材として組み合わせて作品化したり，身辺材などによる集合彫刻をキャスティングしたりするなど，①〜④の技法や材料を制作意図に応じて融合的に用いる表現も数多く行われている。

　基本的な技法と材料の関係を知り，制作意図に合わせて使い分けたり，組み合わせたりできるようになれば，彫刻表現をしたり，彫刻を鑑賞したりする楽しさが増し，発想や構想の一層の広がりが期待できる。

> 彫刻表現は、もともと建築や都市空間との関係の中で発展してきた。現代において、造形表現空間が一層多様化する中、彫刻も従来の空間に加え、街のディスプレイや映像表現などに用いられる場面が増えている。基本的な技法をもとに、豊かに発想し、多様な彫刻表現を生み出すことで、彫刻は、これからの社会にも一層開かれたものになると考えられる。

●彫造と塑造の技法を用いた部分を集めた中学生による作品「ロックンローラー」

塑造の用具

　塑造は，基本的に手だけでつくることができるが，彫塑ヘラや彫塑台を使うことで，より効果的な表現を行うことができる。

　ヘラは既製のもののほか，自分が使いやすいものを木や竹などでつくることもできる。

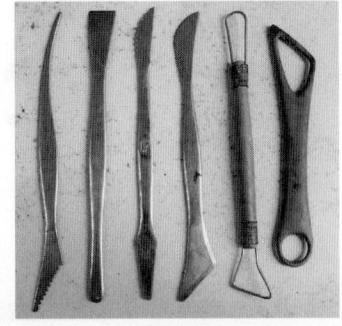

POINT

- ●別の材料に置き換えるキャスティング
- ●金属へのキャスティングを鋳造と呼ぶ
- ●自分が使いやすいように木や竹でヘラをつくる

関連リンク

彫刻の分類　　　→ p.13

テラコッタ　　　→ p.102

（松原雅俊）

[3] 絵画・彫刻の基礎技法

総論 主題 技法 知識 鑑賞

粘土クロッキー

粘土による「クロッキー」

クロッキー（仏：croquis）は，多くの場合，描画材と紙を用いて絵画的な手法で行われるが，これを粘土などの可塑材を用いて彫刻的手法で行う場合が粘土クロッキーである。

粘土クロッキーでは，対象から感じ取ったことを指先や掌で確かめながら材料に働きかけ，立体として表していくため，絵画的クロッキーよりも，さらに触覚的な対象把握が伴うことになる。その表現過程では，多角的な視点から対象の構造を考えたり，見えていない部分を予測したりする知的な営みと，粘土の材質感を味わいながら塑造するという感覚的な営みとが，短時間のうちに相即的に進行することから，目と手と脳が，滞りなく連動することがおのずと必要になる。

ディテールを捨象し，触覚的な観察や想像をもとに，短時間で表現することを通して，対象の量感や動勢のエッセンスを材料に置き換えていく粘土クロッキーは，視覚優位の時代にあって現代人が失いつつある直感力，想像力を確かめ，鍛えていくうえで効果的な方法であるといえる。また，短時間で扱うことができることから，学校教育における学習材としても位置づけやすい。

粘土クロッキーの二つの技法

1）手びねりによる表現

粘土クロッキーでは，粘土，紙粘土や石粉粘土などの加工粘土類，ワックスや蜜蝋などの固まりから形をひねり出す方法が一般的である。芯材がないので作品のスケールに制限が生じるが，複雑な準備や工程を必要としないため，幼児，高齢者，視覚障害者などさまざまな立場の人にとって手軽に取り組める造形活動であるといえる。材料の質に応じて，そのまま焼成してテラコッタにしたり，キャスティングしたりすることで，その即興的な造形のよさを作品として固定することもできる。

2）芯材を用いた表現

芯材を用いると，手びねりにおける造形上の制約を解決することができる。針金や棕櫚縄，麻紐などを使って，モチーフに応じた芯材をつくり，ポーズに応じて，曲げたり，ひねったりしながら対象の構造や動きを確かめ，モデリングしていくことで，表現の幅を広げていくことができる。芯材が入っているので，彫塑用粘土で行った場合には焼成や鋳造を行うためにキャスティングが必要になるが，成分調整され，芯材を使ってもひび割れしない加工粘土類を用いれば，そのまま長期の保存も可能である。

●手びねりの人物クロッキー
「寝ころんで本を読む」
粘土の塊から，形をひねり出して動勢や全体の雰囲気を表した。

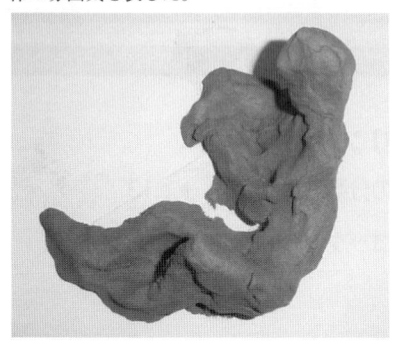

●芯材を用いた人物クロッキー
「サッカーボールを踏む人」
芯材の段階で対象の特徴をつかみ，一気に粘土をつけていく。

エスキースとしての粘土クロッキー

　クロッキーの魅力は，観察したり，想像したりした対象の形態や動勢などを短い時間で把握し，その良さや美しさを概括できる点にある。

　観察の対象としては，よく人物が取り上げられるが，動物や鳥類，場合によっては昆虫や魚介類などさまざまな対象の生命感や動きの面白さをつなぎ止め，確かめ，さらに別の表現へと結びつけていく手立てとして有効である。日本画家の山口華楊（1899-1984）は，黒豹を主題に作品（タブロー）を描く際，その形態や動きの特徴を確かめるために動物園で実物を観察して塑像を試作したが，粘土クロッキーはそうした作品構想段階の思考や判断を支える働きを担うこともできる。

　また，粘土クロッキーは，対象の観察を行わず，頭に浮かんだイメージを即興的につくり出してみるのにも効果的である。絵画的手法による二次元上の構想ではなく，三次元空間における材料とのやりとりを通じた多角的な構想の過程であり，材料の特徴により偶発的に生じるテクスチャーや形態の歪みなどによる意識と現実のずれなどが，インスピレーションのきっかけとなることもある。

　材料の扱いや，芯材のつくり方を工夫しながら，いろいろな動きを抽出したり，自らのイマジネーションを具現したりする手がかりとして，いろいろな対象にチャレンジすることは有益であろう。

動きを捉えた粘土クロッキーをもとに場面を構成した作品

■発展

●粘土クロッキーをもとにした目的的表現

共同制作への発展

　学校で児童生徒が試みた人物や動物の粘土クロッキーを集合させてみると，もともとは個別の表現であっても，それぞれの組み合わせを考え，相談しながら展示することで，全体として新たな表現空間を創出することもできる。さらに，クロッキーをする前に，教室の風景や，スポーツ競技の一瞬，動物園や水族館など場面のテーマを決め，グループで部分を分担して計画的に取り組むこともできる。こうした共同的な表現活動の場合には，友人同士で必要なポーズをとりあったり，動物などを取材したりする目的的な造形活動となるため，より主体的な取り組みも期待できる。

塑像に機能をもたせて楽しむ

　手びねりによる粘土クロッキーの小品は，焼成したり鋳造したりしてテラコッタ像やブロンズ像などにすると強度や重量に安定感が生じる。こうした小品は，便利なステーショナリーや，生活に潤いを与えるアクセサリーとしての新たな意味を与えることができる。例えばペーパーウエイトやメモクリップ，アミュレット（お守り）やマスコットなどとして使用することを念頭に置いて，対象を選んだり，ポーズを工夫したりすることで，できあがった塑像に機能をもたせる目的的な粘土クロッキーを行うことも考えられる。

ペンギンの粘土クロッキーに着彩して構成した中学生作品

POINT

- ●触覚的な対象把握が伴う
- ●目と手と脳が，滞りなく連動する
- ●幼児，高齢者，視覚障害者など手軽に取り組める

関連リンク

クロッキー	→ p.42
エスキース	→ p.42, 114
共同制作	→ p.82, 92, 140, 160

（松原雅俊）

彫刻の材料と技法

3 絵画・彫刻の基礎技法

直づけ

総論 主題 技法 知識 鑑賞

「直(じか)づけ」とは

　土粘土による作品を保存するためには，焼成してテラコッタにするか，型取りしてキャスティングする以外にない。キャスティングは工程が複雑で，雌型の段階で破損したり，材料の充填や硬化，離型に失敗したりすると，原形を台なしにしてしまう。こうしたリスクを回避し，保存に適した材料で芯材に直接モデリングしたりカービングを施したりしながら制作意図に応じた形態を得る方法を「直づけ」という。試行錯誤の結果がそのまま作品になるので，小中学校での授業では最も多く取り入れられている彫刻の技法である。

　材料としては，芯材を使用できる紙粘土や石粉粘土などの加工粘土，石膏やセメントなど，硬化後の収縮が少なく，ひび割れしにくいものを用いる。直づけでは，芯材を駆使した複雑な形態にチャレンジしたり，表面のテクスチャーをそのまま生かしたりすることができる。

　また，粘土などの可塑材では成形が困難な幾何学的な表現や，きめ細かな曲面表現などを，あえて石膏直づけによってつくり，これを削ったり磨き込んだりして得られる形態からシリコン型や石膏型をおこして，樹脂や金属へとキャスティングする場合もある。

芯材について

　芯材はモデリングしていくときの支えになるので，相応の強度が必要である。幼児や小学校低学年などでは，空き瓶や空き箱に，可塑材の脱落を防ぐ棕櫚縄や麻紐などを巻いたものを用いると簡単に直づけを行うことができる。小学校高学年以上で複雑な形態をつくる場合には，針金や木材などを組み合わせ，これに棕櫚縄や麻紐などを巻いて芯材をつくるのが一般的である。その場合，対象の形態に応じて木材や紙，発泡スチロールなどをあらかじめくくりつけて，フォルムをある程度整えておくと量の表現がしやすい。そのためには，芯材の段階で，形態の特徴や動勢をしっかり把握しておくことが大切である。また，大きな作品の場合は，鉄心や金網を駆使して強度がしっかりした芯組みをすることが必要である。

基本的な直づけ
1) 紙と接着剤による直づけ

　湿らせた新聞紙などを芯材に括りつけてフォルムを整え，それに，水で溶いた接着剤（大和のり・木工用ボンド・CMCなど水溶性のもの）に浸した紙（新聞紙など）を貼り込んでいくと，簡単な直づけ表現ができる。複雑な表現には向かないが軽さを生かし

芯材のつくり方と作品例（石膏直づけ…芯材のつくり方と作品例）

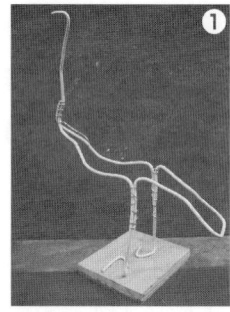

●骨組みを組む
防錆のため，ビニールコーティングのものを用いるか，鉄部は塗装するとよい。

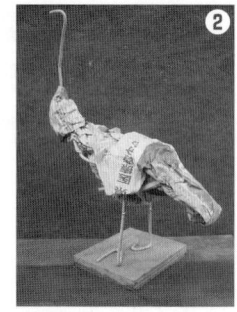

●新聞紙を巻く
新聞紙や発泡スチロールなどで，直づけ前のおよその量を表現する。

●ステンレス網を巻く
新聞紙の上から錆びにくいステンレスの網と麻紐を巻きつけ形を整える。

た，楽しい表現ができる。

2）加工粘土などによる直づけ

芯材に，紙粘土，石粉粘土などをモデリングしていく最も簡便な直づけの方法である。ビニールなどで密封して硬化を遅らせれば，時間をあけて制作することもできる。また，硬化した材料を彫刻刀やヤスリなどで削ったり彫ったりすることもできる。目的に応じて着彩や塗装を施したり，箔などを貼り込んだりして仕上げることもできるので，学習材として汎用性に富んだ方法である。

3）石膏による直づけ

石膏の特徴を知り，手順を踏んで行う。粘土のような可塑性はないので，針金などの組み方や，脱落防止の養生などを十分工夫し，芯材の段階で最終的な形態をある程度イメージできるようにしておく。ボウルなどに水を注ぎ，水と同量の石膏をダマにならないように入れて撹拌する。はじめはかなり水っぽい感じがするが硬化が進むとクリーム状になり，15〜20分程度で硬化しはじめるので，扱いやすい状態を見計らって芯材につけていく。モデリングには石膏ベラやモルタル用のコテなどを用いるが，細部にはパレットナイフやペインティングナイフなどを使うと表現しやすい。必要に応じて不要な部分を削り取ったり，形を整えたりするために，切り出しやヤスリ，ケレン棒などを準備しておくとよい。また表現意図に応じて，石膏の硬化を促進するには食塩，抑制するには膠（にかわ）を，石膏を撹拌するときに少量混ぜるとよい。

■発展

●乾漆・漆喰・セメントの技法

天平時代から平安時代の仏像彫刻に見られる脱乾漆像にも，直づけの技法が用いられている。粘土の塑像を芯にして，これに漆と砥（とい）の粉を練り合わせたもので麻布を張り重ねながらモデリングし，漆の硬化を待って中の塑像を解体して抜き取り，木芯などで内部を補強する方法で，興福寺の阿修羅像や唐招提寺の鑑真和上像などはつくられている。乾漆の技法としては，他に木彫像に脱乾漆と同様の処理を施す木芯乾漆もある。いずれも専門の知識や技術が必要な伝統的な技法であるが，発展的な直づけとして実践してみたい。

乾漆のほかにも，漆喰やセメントなどを直づけに用いることもできる。漆喰は，木材やスチレンボードなどによる構成や石膏像などを芯にコテやヘラでていねいに塗り込めることで，しっとりと落ち着いた効果が得られる。セメントは木材などの他，鉄芯や金網で芯材を構成し，硬化を待って研磨することできめの細かい表面の効果を得ることもできる。いずれも石膏に比べて硬化に時間がかかるが，もともと建築材であるので，他の材料に比べて，硬化後は水や紫外線にも強く，屋外に展示する作品としても有効である。乾漆同様，専門の知識や技術が必要であるが，卒業制作や，学校建築の一部としての制作，地域の公園などに設置するパブリックな彫刻などにも向いているので，発展的な内容として取り組んでみたい。

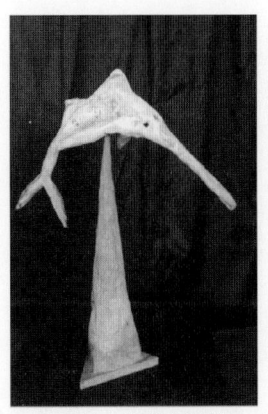

「カジキ」（中学生作品）
紙とのりによる直づけ

興福寺「阿修羅像」（国宝）
脱乾漆の代表作

POINT

- 収縮が少なく，ひび割れしにくいものを用いる
- 芯材の段階で形体の動勢をしっかり把握
- 学習材として汎用性に富んだ方法

関連リンク

接着剤	→ p.167
石　膏	→ p.102
脱乾漆像	→ p.172, 201

（松原雅俊）

[3] 絵画・彫刻の基礎技法

総論 主題 技法 知識 鑑賞

モデリング
塑造

芯棒を使ってつくる

　彫刻の二大技法の一つがモデリングである。

　立体の作品に初めて取り組む場合，素材は粘土からはじめると制作しやすい。しかし粘土は可塑性が高く用いやすい反面，変形しやすいため不安定な形態や細長い部分をもった形態をつくろうとする場合，芯棒を使ってつくることが一般的である。芯棒は扱いが容易な細木を使い，台にしっかりと固定する。鉄芯や太い針金でも代用できる。細木の上には粘土のずり落ち防止のため，水分で腐りにくい棕櫚縄(しゅろなわ)を巻きつけておく。台や細木同士の継ぎ目からぐらつかず，想定される形態にちょうど収まる芯棒ができたら，粘土による造形に取りかかる。

　粘土の軟らかさはヒトの耳たぶくらいがちょうど良いだろう。これより軟らかいと指にまとわりつき，これより硬いと伸びが悪くひび割れが生じやすい。水分を加減して均一な軟らかさになるようよく練っておく。粘土は適当な大きさにちぎり芯棒にしっかりと食いつかせる。

　続いて対象となるモチーフやデッサンを参考に土台となる量を積み重ねていく。このとき形態の基礎となる特徴的な塊を常に前後左右上下から観察によって確認しながら，また頭の中で前後左右上下の形態を想定し把握しながら進めていく。初心者は対象となるモチーフの表面的な形に目がいきがちだが，基礎となる土台の特徴的な塊をしっかりとつかみ，量としてつくっておかないと彫刻の魅力は作品から出てこない。

　土台の塊を量といい，その量をおおまかにいくつかの方向に分解したものを面という。この面の組立て方は彫刻の善し悪しを決めるといわれるほど重要であり，しっかりと吟味することが肝要である。また量や面が傾いたり，延びていこうとする方向を動きや動勢といい，これらの彫刻の要素をまとめた構築性が大切である。よい構築性を得ると作品は存在感が増してみえてくるため時間をかけて取り組む。

　土台の塊が魅力的に見えてきたら表面的な凹凸にも慎重に取り組む。その表面的な凹凸にも面があり，量があり，律動があり，釣り合いがあり，比例があり，調和がある。

　作品を仕上げようとする意識は作品に密度を与えるうえで大切な要因だが，過剰に意識しすぎるといつの間にか生き生きとしたものがなくなってしまう。むしろ粘土でつくったことの意味を伝える素材感や作者の瑞々しい感動を伝える痕跡を残したほうが作品として魅力が出るようだ。粘土をつける，取るといった作業中に生き生きとした指や粘土ベラの痕跡も残るのである。

● 芯棒をつくる ①
● 土台となる量をつくる ②
● 彫刻の要素を確認する ③
● 生き生きと仕上げる ④

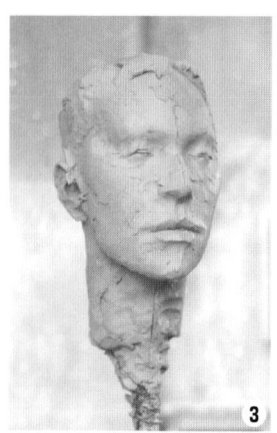

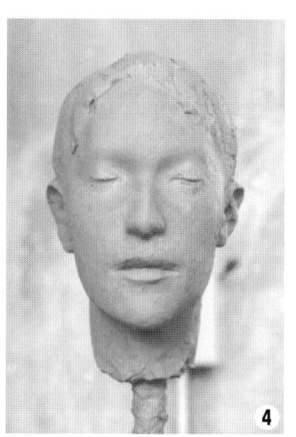

手びねりでつくる

　彫刻の基礎的な要点を伝える意味で先に芯棒を使ってつくる技法を記したが，むしろ子どもも大人も粘土に親しむには，手びねり（芯棒を用いずに粘土の塊からひねり出してつくるという意味）によってつくるほうが手軽である。小学校の教育現場ではこちらが主に取り組まれている。

　ただし，気をつけたいのは芯棒を使ってつくる場合に比べて造形可能な形態が限られることである。粘土の軟らかさの点から不安定な形態や細長い部分をもった形態には不向きで，安定した形態をつくるのに向いている。粘土でつくる喜びを伝えたいという指導者の意図に反して，子どもたちがつくりたい形がつくれないことで落胆しないよう，題材の提示には十分留意しなければならない。

　工程はそのまま固めて塑造作品にする場合と，乾燥させてから焼成しテラコッタ作品とする場合とで異なる。焼成する場合には粘土中に空気を入れないでつくる必要があり，また焼成時の亀裂防止のため形態が変形しない程度に内側を空洞にする必要が出てくる。いずれも①粘土の塊からひねり出してつくる手法，②少しずつ積み上げたり削ったりする手法，③大小別な塊同士を接合させてつくる手法，を適宜使い分けながら形づくる。

　粘土の軟らかさは芯棒を使ってつくると基本は同じだが，接合させてつくる場合には接着剤の代わりに「どべ」（粘土を水でゆるく溶いたもの）も用いる。

● 積み上げてつくる　　● どべで接合する

■発展

● 動物を観察する

● 小さな塊を追究する 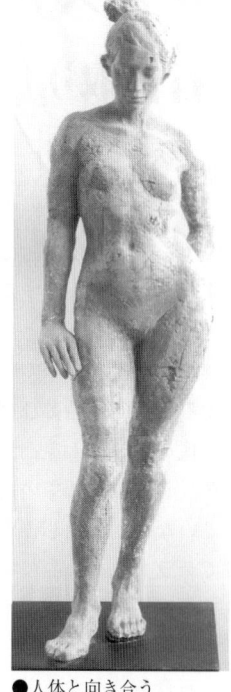　　● 人体と向き合う

● 粘土を教材化する

　教育現場ではさまざまな理由から粘土の題材は敬遠され気味だが，先入観にとらわれず粘土の量をどの程度にするかというところから検討すると，それに従い教えたい内容も変化し充実する。例えば，のびのびと粘土に親しませることを主たる目的とするならば…，集中力を身につけさせたいならば…，といった具合だ。

　美を思索することの喜びを伝える先端にいる者として，まずあれこれと自在に塑造による造形教材を検討してほしい。

彫刻の材料と技法

POINT

● 写生から造形要素の解析・統合へ

● よりよい表現のための用具・題材・技法の選択

● 素材感や感動を伝えるための粘土づけ

関連リンク

手びねり　　→ p.96

量・面　　　→ p.29, 90

動　勢　　　→ p.29

（新井　浩）

3 絵画・彫刻の基礎技法

総論　主題　技法　知識　鑑賞

キャスティング
石膏取り

型取りをする

粘土でつくられた作品をそのまま固めて塑造作品にする場合と焼成してテラコッタ作品にする場合を除き、作品を保存する場合には石膏取りをすることで石膏像にすることが一般的である。

芯棒を使ってつくった作品をそのまま塑造作品にするには、作品にひび割れを生じさせないよう奈良時代の日本では粘土に切り藁やおがくずを混ぜてクッションにしていたが、現在ではあまり用いられていない。また芯棒を使ってつくった作品を焼成してテラコッタ作品にするには、芯棒を取り除き、中を空洞にする工程が不可欠で、一度石膏取りする必要がある。

石膏取りをする前に、石膏粉、石膏ベラ、ボウル、切り金、スタッフ、針金、カリ石けん、切り出しナイフ、かき出しベラ、割り出しノミ、木槌、筆、布、新聞紙などの材料・用具を用意する。

石膏取りの工程は以下のとおり。

① まず、粘土でつくられた作品の周辺を新聞紙等で覆う。むき出しになっている芯棒や台には水で湿らせた新聞紙を巻きつけると良い。

② 作品に粘土のかき出しや芯棒を取り除くためのかき出し口をマークし、切り金を取り外しできる「抜け勾配」に差し込む。

③ ボウルに適量の水を張り、石膏粉を静かに沈殿させ、水と石膏粉が水面で一致し同量になったところで泡立たないように石膏ベラで撹拌する。石膏粉が少ないとうまく固まらないので、すみやかに石膏粉を必要なだけ加える。

④ 作品に石膏液をまんべんなく振りかける。石膏は15〜20分で硬化するが、それ以前に徐々に硬くなってくるため手早い作業が必要となる。途中で水を加えるのは禁物で、石膏が硬化しなくなってしまう。

⑤ 補強のために石膏液を石膏ベラで盛り上げていく。このとき水と石膏粉の割合は、石膏粉を多めにし盛り上げやすい硬さにする場合と、振りかけたときと同じ分量で石膏液をつくり硬化がはじまるまで少し待ってから盛り上げる場合がある。大型の作品の場合はさらに補強するため、スタッフや針金を補強材として用いる。

⑥ 切り金の頭を切り出しナイフ等で出し、ペンチ等で引っぱって取り除く。かき出し口が石膏のふたになっているのでそれを外し、中の粘土をかき出しベラでかき出し、芯棒を取り除く。

⑦ 空洞になった石膏型を、かき出し口のふたと合わせて雌型と一般的に呼ぶが、この雌型の内側をていねいに水で洗浄しておく。

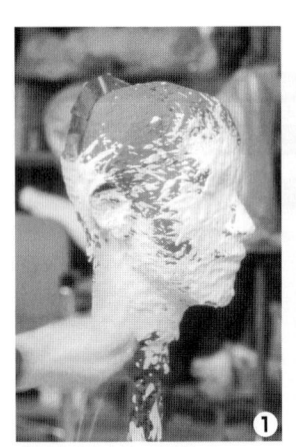

● 石膏液を振りかける ①
● 石膏を盛り上げる ②
● 粘土をかき出す ③
● 雌型の完成 ④

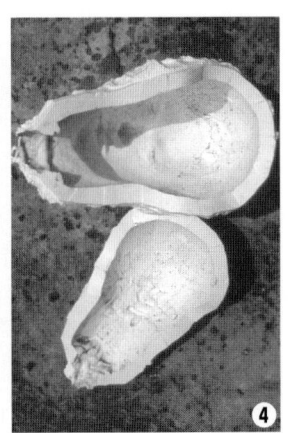

⑧　離型剤としてカリ石けんを溶いた液体を十分に雌型に流し込んでかける。

⑨　最初につくった石膏液と同じ濃度のものを再びつくり，雌型の空洞になった内側に流し込む。このとき雌型は石膏内に十分に水分が行きわたり，石膏表面には離型剤がまんべんなくかかって，表面に水分が浮いていない状態になっていることが肝要である（そうでないと流し込んだ石膏液の水分が雌型に奪われ失敗してしまう）。さらにスタッフや針金で補強する。こうして空洞内につくられた型を雄型と呼ぶ。

⑩　中の雄型を傷めないように慎重に割り出しノミと木槌を使って雌型を割る。割り出しノミの刃先は鈍くなっており，雌型を切るというより叩いてひび割れをつくると考えたほうが良いだろう。

⑪　硬い石膏同士のため雄型に傷や欠けができやすい。傷や欠けは石膏を用いて修正する。石膏液をつくり筆や石膏ベラで修正するが，傷や欠けを直すのが目的であり，あくまでも作品の質感に合わせて行う。油彩画用のペインティングナイフを用いることもある。

以上，石膏取りの工程を記したが，石膏像は形を残すための手段であり，中間素材と考えるべきであろう。雌型から割り出されたばかりの雄型は確かに透きとおるように清らかで美しいものだが，彫刻作品として残す場合には素材感の迫力に欠ける。この後さらに別素材にしていくことも考えておきたい。

教育現場では学ばせたい内容に合わせて粘土による造形，石膏取りの工程，別素材での作品化のどこに重点を置くかを検討するのもよいだろう。

⑤ ●雄型をつくる　　⑥ ●修正し完成させる

■発展

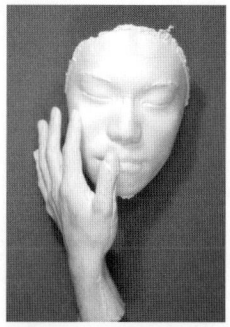

●ヒト型や果実を型取る 　●テラコッタ作品をつくる

●鋳造作品をつくる

●型による表現を楽しむ

石膏取りは型を使った技法の一つだが，表現より形を残すための作業という意味合いが強い。近年は型を使った表現も増えてきている。

型を使った技法としてはほかにいくつかある。代表的なものを以下に記すので工夫して教材化してほしい。

①　人体の部分や果実などを型取りし，石膏に置き換える型取り技法
②　雌型に粘土を型込めし，取り出して焼成するテラコッタの型込め技法
③　蠟で成形し，周囲を石膏で固め焼成し脱蠟したのち，溶かした金属を流し込む蠟型技法

POINT

- 先の見通しを立てた段取り設定
- 石膏の化学的性質をよく把握する
- 素材変化を楽しむ

関連リンク

のみ，へら　　→ p.94

石　膏　　　→ p.102

テラコッタ　　→ p.94

（新井　浩）

カービング I
木 彫

一木でつくる

　彫刻の二大技法のもう一つがカービングである。ここでは木彫の最も基本的な技法である丸彫りの一木造りの方法について記す。

　一木造りで気をつけることは一度彫りすぎた箇所は容易に修正できず，素木仕上げの場合には表現効果を損ねるため，計画的に彫り進める必要があることである。原型を粘土などでつくり拡大転写する星取り技法もあるが，木彫段階で表現的な内容をあまり伴わない。むしろデッサンを頼りに直彫りで進めるほうが多くの表現内容を盛り込め，作品として魅力が出る。多少部分的に彫りすぎても他の部分との関連の中で造形的に解決することもでき，思いがけない効果を得ることがある。

　木彫の用具は高価であるが，はじめは幅の異なる平ノミ（2〜3本），木槌，ノコギリ，彫刻刀，墨，筆があれば制作できる。さらに種類の異なったノミ（丸ノミ，浅丸ノミ等），木ヤスリ，サフォーム，万力などを徐々にそろえれば表現の幅が広がるだろう。

　最初にデッサンを描き，対象がもっているおおまかな面の組み立てや内側の塊の感じをデッサンし，各方向から見た形態的特徴を残しておく。

　素材となる木は丸太のままより，立方体や直方体にしたほうが取り組みやすく，さらに木芯を用材の内側から外し芯去りしたほうが割れにくい。

　用材に墨と筆でモチーフの形態と正中線を描く。各方向を描いておくと大きさや位置や用材のどこを彫り，どこを残すか感じがつかめる。

　一方向から描いたデッサンを頼りにデッサンの線よりほんの少し外側を，ノコギリなどで切り落とす。このとき他方向のデッサンや正中線も大きく切り落とされるが，不整形な面にそのつど描き足す。さらに別方向から見たデッサンを頼りに大きく切り落とす。この過程を木取りという。

　デッサンでは現れない斜めの面やくびれた部分をノコギリやノミで落とす。描かれた線は次々に切り落とされるが，そのつど描くことが肝要である。

　さらにノミを用いて造形的な面を出していく。木彫ではこの造形的な面の組立が大切であるためじっくりと取り組む。この段階を中彫りという。

　ノミや彫刻刀を用いて表面の細やかな凹凸を仕上げていく。作品表面を磨き上げると木彫素材が生きた流麗な作品になるが，むしろ，ノミ痕やヤスリ痕を残すなど表現内容に合わせた工夫で表現効果を出していく。

　木と対話しながら制作を進めれば表現内容はより深まり，味わいを増していくだろう。

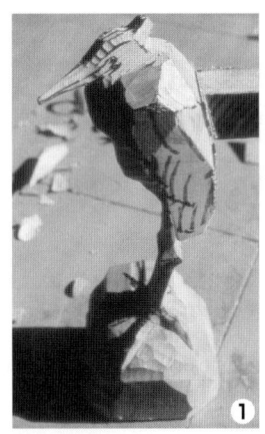

❶ ●木取りする
❷ ●仕上げる

峯田敏郎「記念撮影―北のはじまり―」正面

浮き彫りでつくる

　丸彫りの表現を限られた平面的凹凸に圧縮し，そこに独特な面や凹凸の魅力を表現したものを浮き彫り（レリーフ）と呼ぶ。凹凸の薄いものを薄肉彫，凹凸の厚いものを高肉彫と区別する。さまざまな素材で浮き彫りは造形されるが，ここでは木を素材にした浮き彫りでその方法を示す。

　モチーフは，単体でも，群像でも，絵画的な風景や静物でも，特に対象を選ばない。薄肉彫，高肉彫，周りを残す表現，周りを取り除いてモチーフだけで表す表現など最終的な表現効果を考えてモチーフを選択する。

　板にデッサンを施し，周りを残す表現を選ぶ場合にはバックにあたる部分から彫りはじめ，塊になる部分を彫り残す。

　そして残された塊の部分を彫っていくが，このとき出っ張った峯になる部分から奥に向かう面をしっかりと表現する。対象の個性をよく現すには，形を全体でとらえ，大きな面のうねりや反りなどの大きな動きをまず表現する。最後に細かな凹凸を表現していきながら，大きな面のうねりなどの表現効果を確認し仕上げていく。仕上げは表面的な効果だけではなく位置関係も表現することに留意する。

　浮き彫りは絵画的な線彫りとは異なる。あくまでも面や量の表現として凹凸の前後関係や奥行きをつくり出している面の傾きを大切にする。

同後ろ正面（紅松，レリーフ，利尻空港蔵）

■ 発展

● さまざまな木彫表現

●異種材の接合

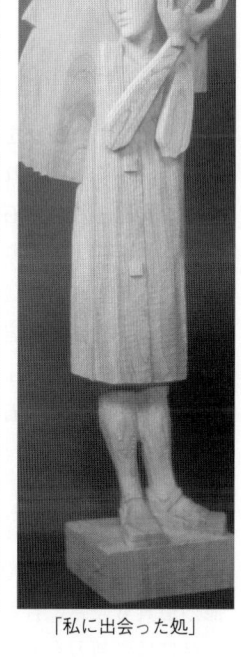

●他素材との組合せ　　「私に出会った処」

● 寄木でつくる

　木を複数材用いてつくる技法を寄木造りという。寄木でつくったものは，かつては彩色を施された作が多かったが，近年は接合面の位置や接合方法を工夫し，表現効果として生かした作例も多くなった。教育現場では流木や端材を使った魅力的な題材もあり，彫刻的な表現を含んでいる場合は広い意味での寄木造りといえる。

● 透かし彫りでつくる

　透かし彫りは表から裏まで彫り貫いて表す表現のことで，形を残して表す方法と形を彫って周りを残す方法とに区別される。

彫刻の材料と技法

POINT

● 直彫りの表現内容の深さを味わう

● 造形的な面の組み立てを追究する

● ノミ痕やヤスリ痕で表現効果を演出する

関連リンク

ノミ痕　　　　→ p.28

レリーフ　　　→ p.91, 116

木　彫　　　　→ p.99, 201

（新井　浩）

3 絵画・彫刻の基礎技法

総論　主題　**技法**　知識　鑑賞

カービング II
石　彫

石材を彫る

　カービングの技法を使ってつくる素材のうち，木と同様に多く用いられる素材が石である。

　彫刻素材としての石材は硬い材質から軟らかな材質までさまざまであり，それによって使われる道具も変化する。硬材の代表は花崗岩，中硬材は安山岩や大理石，軟材は砂岩や石灰岩，教材用にはさらに軟らかな白彫石，滑石，発泡石等がある。

　通常使われるのは石頭（せっとう）と呼ばれるハンマー，石材用ノミ，ビシャン，コヤスケ，刃トンボ，ケレンハンマー，タガネなどで，硬い石材には重い石頭と太く刃先のやや鈍角なノミを用い，軟らかい石材には軽い石頭と細く刃先のやや鋭角なノミを用いる。その他の道具も硬さに合わせて適宜用いる。教材用の軟石材には彫刻刀も使え，ノミの代用として貫通ドライバーが用いられることもある。

　石材は適当に直方体，立方体になっているほうが使いやすい。また石材には木の年輪に似た石理があるので，細く突き出た箇所が簡単に欠けないように石材の方向を考えることも大切である。

　モチーフとなる対象をデッサンして形態を把握する。そのデッサンを参考にして石材の各面に墨でデッサンや正中線などを入れる。特に高いポイントをしっかり把握することが大切である。

　不必要な部分をコヤスケやノミを使い石頭で叩き大きく落としていく。石彫の場合は木彫と異なり，石理や落とす部分の大小などの要因で狙い通りに落ちない場合もあるが，徐々に理解できるであろう。

　各面の一番高くなるポイントを決め，ノミで必要なポイントまで彫り進める。次いで二番目に高いポイントを求め，各面の高いポイント同士を刃トンボやケレンハンマーでつないでいく。このように稜線を決めながら彫り進めていくのが原則である。その後に低い谷にあたるポイントを探すため，稜線から谷へ彫り進める。

　高いポイントから探し出していくのは彫り出す形態の手がかりを得るためで，こうしないと石材の存在感に押され，いつまでたっても石材表面をなで回すような制作に終わってしまうからである。

　彫り出すべき形態をあらかた出し終わったら細かな表面の凹凸を慎重に彫り進める。この段階でビシャンやさまざまなヤスリ等で平滑な面を求める作業も表現の必要によっては行う。ノミ痕の割れ肌の部分を効果的に生かす工夫も表現内容によっては試してみよることである。

　石に宿る悠久の時間を味わうことで制作はより楽しくなっていく。

石彫工具の使い方と作品

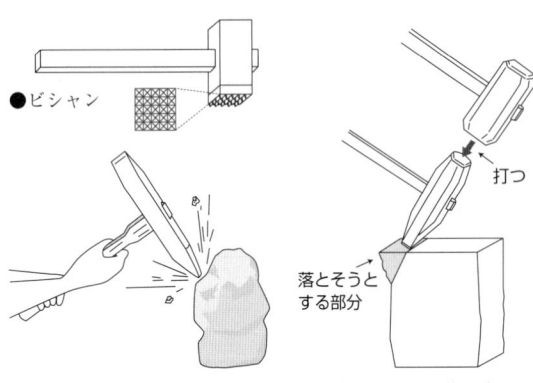

● ビシャン

● ケレンハンマーの使い方

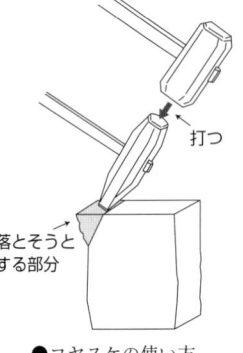

打つ

落とそうとする部分

● コヤスケの使い方

● 割れ肌を生かす表現
菊地伸治「地平線の番人」

石膏を彫る，つなぐ

　教育現場で適当な石材が手に入りにくい場合や，軟らかで手軽に彫れる素材がほしいときには石膏を利用して彫ることもできる。段ボールなどで箱をつくりその中に石膏の溶液を流し込んで固めると石膏ブロックができるので，これを石材の代わりに彫るのである。大きめの石膏ブロックがほしい場合には段ボールを二重，三重にし，つなぎ目をしっかりとガムテープで補強する。石膏液にポスターカラーを混ぜカラフルな石膏ブロックにするなど工夫すれば楽しみも増すだろう。

　石膏を彫るには木彫道具と軟石材用石彫道具の両方を使えるが，手入れを怠ると石膏粉のこびりついた箇所からサビが出てしまうので注意が必要である。

　制作手順は石彫制作よりも木彫制作的な手順になる。石膏は石材に比べ素材の存在感が少なく，抵抗感も大きくないため木彫のように全体から進めていく手順のほうが進めやすいからである。

　石膏ブロックは水分を多く含むため，出るほこりも少なく扱いやすい材料といえる。しかし磨く際には網ヤスリのポリネット等を除きそれ以外のヤスリは目詰まりを起こすので気をつける必要がある。

　また細長く飛び出した部分などが表現上必要な場合，その部分を別につくり，本体にほぞ*を切って差し込み，接着剤代わりに石膏液で固定する。

　教育現場では石膏の付着や余分な石膏の処理などで遠慮されがちだが，型取りも直づけも彫成も接合もできる石膏は題材の提示の仕方によっては成型の自在な，可能性のある教材だといえよう。

＊ほぞ／柄……接合するためにつくる突起

●彫刻シンポジウム　　●親子彫刻教室

■発展

●野外彫刻の広がり

柴山京子「Eternal Cradle ―再生―」

●彫刻と親しむ

　日本では彫刻素材として木が多く選ばれてきたが，国外では石の彫刻も多く表現されている。近年，日本でも野外彫刻が活発に展開し，石彫作家が増加している。

　耐久性の強い石彫作品は野外に置くことができ，彫刻の醍醐味を味わえる。また晴れた日は野外で制作することもでき気持ちのよいものである。

　石材を彫刻する催しや彫刻シンポジウムと称される企画は一般公開が多く，また子ども彫刻教室なども彫刻に親しむ良い機会である。

彫刻の材料と技法

POINT

- 山から谷へ彫り進める
- 多様な材質を生かす工夫をする
- 石に宿る悠久の時間を味わう

関連リンク

野外彫刻	→ p.86
石彫道具	→ p.86
石膏ブロック	→ p.99, 102

（新井　浩）

コラム

1．"塗接同源"（とせつどうげん）

　これは本書のために創った造語である。"塗接同源"つまり塗装と接着はその出発点においてほぼ同時であったとの意である。

　何事も細分化することを近代化現象，つまり進歩と考える向きが多いが，その根底まで辿り着くと"同源"が多い。

　"同源"を知ることの隠喩話として，1982（昭和57）年から2004（平成16）年3月まで21年半にわたって，テレビ東京系で放送された健康情報番組（M社提供）の「医食同源」は，身体と健康の基本であることを証左している。また長寿番組だった理由には，医学・栄養学などの最新情報を図表や写真などを用いて正確に，しかもわかりやすく伝えた方法論と，人間の身体を考える場合の原則への回帰と焦点化が的を射たからであろう。「医食同源」はヒット番組であったが，そのパロディーとしていま世間に浸透しつつあるのが「美食同源」。因みに4000年の歴史を誇る中国に伝わる「薬食同源」に眼を移せば，薬は健康を保つうえで毎日の食べものと同じく大切であり，おいしく食べることは薬を飲むのと同様に，心身を健やかにしてくれるということであろう。これは不老長寿の道を深く突きつめたところに生まれた言葉と思える。

2．漆は"塗装と接着"の合体から生まれた

　漆工芸は縄文時代前期になって出現し，そして完成した造形品といわれている。漆をつくるには樹液の採取・樹液の精製，塗装用漆の調合，そして器物への塗装という連鎖した工程がある。とりわけ後者では雑物の排除，水分や湿気の管理，顔料との混合割合，塗装技法が必要となる。そして漆を塗り重ねる器物には土器をはじめとして木製容器・櫛・弓・土製腕輪・編み籠などさまざまな材質・形態がある。

　以上，漆製作者と漆塗装者，それに木地・器物製作者は別人と考えられるから，漆工芸は分業体制によって"塗接同源"が支えられていたことになる。

3．"接着"のこと

　古来から物と物を接着させることは幅広く行われてきたが，諸外国の石器時代の遺跡からアスファルトで接着された石鏃つまり，石のやじりが出土したとの記録も見られる。日本でも縄文時代にアスファルトが石鏃の接着や土器の修理に用いられたようであり，アスファルトを使った接着の歴史は古い。アスファルトを日本語では「瀝青（れきせい）」という。また旧約聖書を繙（ひもと）いてみると，あのバベルの塔も煉瓦をアスファルトで接着しながら建設されたと記されており，さらにノアの方舟も水が浸漬せぬようアスファルトで重ね塗りされていたというから，接着剤そして塗装の歴史は，アスファルトに始まったといってもよいようだ。アスファルトとは何か。原油に含まれている成分のうち，軽質留分（ガソリン，軽油など），重質留分（重油，潤滑油など）を分留した後，最後まで気化せずに残った固体または半固体のものを指す。現在でも道路の舗装や防水剤などに使われている。また天然に産出するアスファルトは，地中の原油から揮発留分が蒸発し，アスファルト分のみが残ったもの。"塗接同源"だが，翻って古代バビロニアの神像の眼がアスファルトによって象嵌（ぞうがん）されたというアーカイブから想定すれば，いささか接着が先行したのかも知れない。

（出典：フリー百科事典『ウィキペディア（Wikipedia）』ほか）

4．材料と材料の架け橋：「接着材」

　寄木細工を15世紀のイタリアでは「インタルシア」と呼び，材料と材料の架け橋として「接着材」を使用した。これの拡がりはベネチアでのカッソーネ（櫃（ひつ））の装飾，フィレンツェで流行した衣装戸棚や壁板などの装飾，フランスでもシャルル8世がイタリアの寄木細工師を招いて，このインタルシアをフランスに普及させたが，フランス語の「マルケトリ」という言葉は寄木細工の意である。

　日本でも江戸時代から箱根で作られた寄木細工は「箱根細工」と呼ばれ，別名を「湯本細工」ともい

column 塗装と接着

う。いわば接着と装飾の"協働（コラボレーション）"であり，表面を透明な塗料で仕上げるという職人達の美意識も感じる。製品としては手頃な宝石箱，オルゴール箱へとデザイン対象が拡がるが，接着の組成も最初の動物性の"膠（にかわ）"から樹脂塗料へと進展している。

5．縁の下の力持ち"チャン"

広辞苑によると「チャンとは瀝青（れきせい）タールを蒸溜して得る残滓，または油田地帯などに天然に流出固化する黒色ないし濃褐色の粘質，または固体の有機物質にして道路舗装や塗料などに用いる（chian turpentineの略）」とあり，また昭和のはじめ頃まで，「松脂」もチャンと呼ばれていたことがある。因みに国産の松脂（ロジン）を和チャン，輸入松脂を洋チャンと呼んで区別していた。「道路舗装」という塗装。縁の下の力持ちが"チャン"。

6．"チャン"がここにも使われていた

彫金の技法には欠かせないのが「やに台」である。「やに台」はロジンによって金属板を固定させる道具であり，鏨（たがね）を使って金属板にレリーフを打ち出す際，作品の規模によって「やに：松脂："チャン"」を軟硬に調整する。

また，ウイスキーやブランデーの高級イメージを顕すデザインとして，容器の肩部にメダル状の装飾に使われているのも"チャン"。当初は手紙の封印に使用されていた「蠟（ろう）」が使われていたが，次第に製品に高級イメージをつけるために使われるようになり，現在はデザイン化された樹脂や金属のメダル状の"チャン"が装飾として使われている。

http://www.osugi.co.jp/urushi.htm

■補遺Ⅰ

天然アスファルトは正確には土瀝青（どれきせい）あるいは地瀝青（ちれきせい）という。また，油田地帯では地表に天然アスファルトを浸出しているところも珍しくなく，天然アスファルトの湖もあるとか。アスファルトは各種の炭化水素を主成分とする固体～半固体の物質。天然アスファルトはビチューメンと呼ばれ，紀元前から建物の防水・防腐・接着用などに使われ，その歴史は古く日本でも天然アスファルトを接着剤とした縄文土器の出土品がある。

■補遺Ⅱ

世界に先駆けてアスファルトによる道路舗装を実施したのがパリ（1835年）。このときの舗装にはスイスで発見されたロックアスファルトが使われたといわれる。ロックアスファルトとは石灰岩や砂岩にしみこんだ原油が揮発性成分を失い，内部にアスファルト分を残した岩石のこと。石油が地下で生成されるのには熱・圧力・地形・地質などの諸条件と長期の熟成期間が必要。また未熟成の石油を含む岩石をオイルシェールと呼び，世界各地に未開発のまま大量に残存している。

（宮脇　理）

4 デザイン・工芸の基礎技法

総論　**主題**　技法　知識　鑑賞

形態と機能
合理性・効率性と装飾性・象徴性

機能主義

　デザインがもつ特徴的な表現性として「機能性＝function」が挙げられる。この「働き・作用」を意味する言葉がデザインにおいて注目されるようになったのは，生物学者ラマルクの「形態は機能に従う＝form follows function」という命題が，建築家サリバンや彫刻家グリーノウらによって造形の世界に導入されてからである。1919年に創設され，芸術と技術の統合を柱に建築を最終目標とした教育機関バウハウスにおいても，工業化社会の進展と呼応するかたちで機能主義の傾向を強く打ち出していた。
　20世紀初頭から萌芽をみるモダンデザインの展開においては，この機能主義が最大の命題であったといえる。そこでは，形態の美しさは機能の純粋さに起因するものであり，美しさよりまず機能を追究すべきとし，装飾性を削り，効率の良さ・合目的性の追究がテーマとなった。

モダンデザインとポストモダンデザイン

　装飾性を排除したシンプルで機能的な形態がモダニズムの象徴となり，特に建築デザインの分野においては，規格化された純粋に機能的なビル群が都市を形成していった。一方で，そうした画一性や無個性さに対する反省も生まれた。イタリアを中心として，機能性とは無関係で大胆な形態や色彩を扱った，装飾性や遊戯性を含んだ象徴性に富んだ家具や建築のデザインが隆盛を極めたのは1980年代である。そこでは，より自由で多様性のあるモノが日常生活を楽しく活性化することができるといった，デザインの価値あるもう一つの表現性を再認識することになり，ポストモダンデザインとして一躍時代を席巻するに至った。しかし，効率性とは反対の方向性をもつこのデザインは，コストがかかるなど経済的な安定性を欠くことやブームに対する反動などもあり，景気の沈滞とともに沈静化していくことになった。

形態と機能と材料

　今日においては，仮に形態は機能に従うとしても，機能という抽象的な要素は形態によってしか実現されえないという認識が一般的になっている。また形態は物質的な材料によって実現されるため，形態・機能・材料はそれぞれがデザインには不可欠の要素といえる。特に機能という抽象的な要素と材料という具体物を媒介するのが形態であり，形態の表現こそがデザインの柱とも考えられる。

新たなデザイン領域における形態と機能

　コンピュータを中心として情報を扱う機器の登場

モダンデザインとポストモダンデザイン

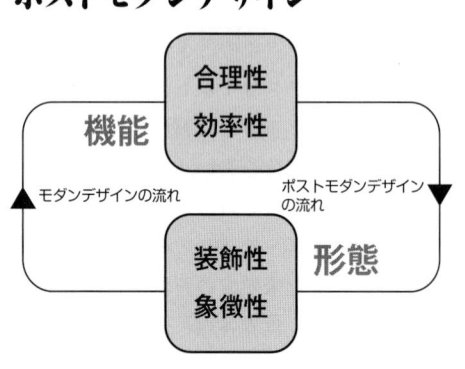

● モダンデザインとポストモダンデザイン

プラスチックの一体成形による人体にフィットする椅子（デンマーク）

木工ろくろ技術によるペッパーミル（デンマーク）

● 合理的で効率の良い形態，技術，材料によるモダンデザイン製品

は，これまでのデザインの手法に大きな変革をもたらすものであった。というのも情報機器の特性として機能は特定されず，機能が形態を決定する要素にはならないという事態が発生した。さらに機能性という点ではソフトウェアにかかる比重が圧倒的であった。そのためこうした機器のデザインにあっては，情報のアクセシビリティ（利用しやすさ）をデザインするといった「情報デザイン」という新しいジャンルを生み出すことになった。

　また，地球規模での環境保護への意識の高まりから，生態学の方法論も組み込んだ「エコロジカルデザイン」といった新たなジャンルも脚光を浴び始めている。そこでは人工物（デザイン製品など）のつくり方と同時に廃棄の仕方，再生（リサイクル）の仕方などに焦点が向けられ，特に再生しやすい形態や材料の適切な選択が求められている。

デザインの指針

　形態と機能と材料はそのどれかが優先されるようなものではなく，デザインすべき対象にどのような目標をもつかによって，どの面に比重をかけるべきかを考えることこそが重要である。例えば，リラックスできる「心理的効果」を期待した形態，手に負荷をかけないような「行動的効果」を実現する機能，自然の土に還る「物理的な効果」を発揮する材料，といった具合に心理的，行動的，物理的側面をデザインの目標に応じて取捨選択したり，優先順位を変更したりしながら，より適切なデザインへと結びつけていく必要がある。

■発展

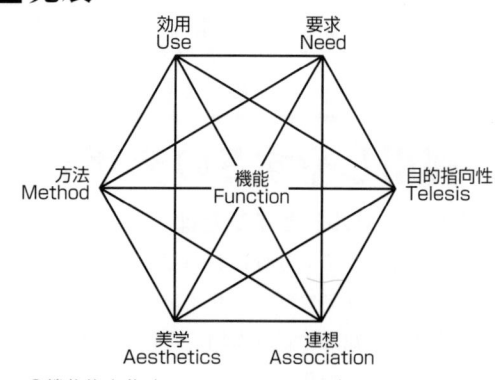

●機能複合体（Victor Papanek, 1971）
　形態と機能を分けて考えるのではなく，機能はさまざまな要素の複合体であるという考え方もある。

●伝統的な形態の中に電子技術を組み込み，独自な形態と機能の調和を実現した電子楽器。「サイレントなバイオリンである」ことを見事に象徴化している。

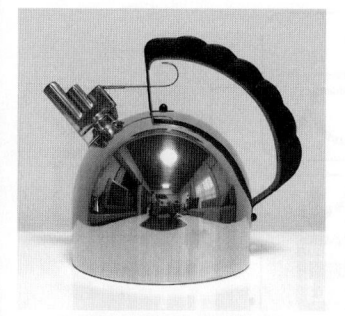

ニワトリを模し和音も奏でる
笛吹きケトル（イタリア）

●装飾性・象徴性・遊戯性あふれるポストモダンデザイン製品

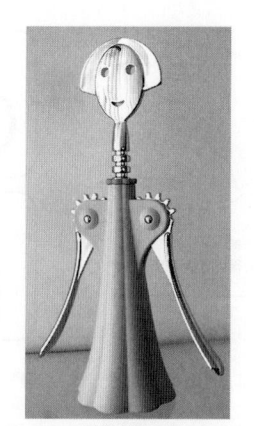

女性を模した
ワインオープナー（イタリア）

POINT

● 形態と機能および技術と材料の適合

● 合理性・効率性および装飾性・象徴性の追究

● 心理的，行動的，物理的側面の調和

関連リンク

機能性　　　　　　→ p.12, 30, 178, 202

アクセシビリティ　→ p.30, 112, 194

エコロジカルデザイン → p.31

（伊藤文彦）

4 デザイン・工芸の基礎技法

ユニバーサルデザインと
アクセシビリティ
利用しやすさのデザイン

総論 **主題** 技法 知識 鑑賞

ユニバーサルデザインとは

かつてデザイン分野において，障害者の便宜を図るためにバリアフリーデザインが提唱された。しかしそれらの知識や経験が増えるにつれて，多くの利便性が図られたデザインは，より多くの人々にとっても便利なデザインになり得ることが明らかになってきた。こうした認識が高まってくる中でユニバーサルデザイン（UD）の概念が生み出され，ロナルド・L・メイスは，1980年代，七つのUDの原則を提唱した。

① 誰にでも公平に使用できること
② 使ううえで自由度が高いこと
③ 使い方が簡単ですぐ理解できること
④ 必要な情報がすぐ理解できること
⑤ うっかりミスや危険につながらないこと
⑥ 無理な姿勢を取ることなく，少ない力で楽に使用できること
⑦ アクセスしやすいスペースと大きさを確保すること

アクセシビリティとは

UDが一般化されてくるにつれ，デザインの重要な軸として浮上してきたのが，アクセシビリティ（accessibility）である。これは「利用しやすさ」と訳され，この利用しやすさには四つの特徴があるとされる。

1）認知しやすさ

認知能力の差に関係なく万人が「気づく」「把握することができる」ことをいう*。

標示物などにおいては，文字や絵記号，触知可能な記号などを多角的に利用することで，視覚・聴覚・触覚などによる認知を容易にさせる。歩行者用信号機などは，認知しやすさがそのまま安全性と連動するため，色彩，絵記号，音などによる表示デザインがなされている。

2）操作しやすさ

身体能力の差に関係なく万人が「操作できる」「使える」ことをいう*。

さまざまな物理的操作において肉体的な負担を軽減することで使いやすくしたり，行動しやすくしたりする。日用品の中でもトルクを高めるための口径の大きな蓋や，押さえる，回す，引くなどの操作が容易にできる各種ボタンやハンドル類などは，その形状の認知のしやすさも併せて操作のしやすさが高められている。

3）わかりやすさ

経験や読み書き能力の差に関係なく「理解できる」ことをいう*。

不必要な複雑さを避けたり，入力と出力の関係を

■専用席マーク 1976

■優先席ピクトグラム　JR東日本　1997

●抽象的なマークから対象者を具体的に表示したピクトグラムは，利用者の「認知しやすさ」「わかりやすさ」を飛躍的に向上させた。

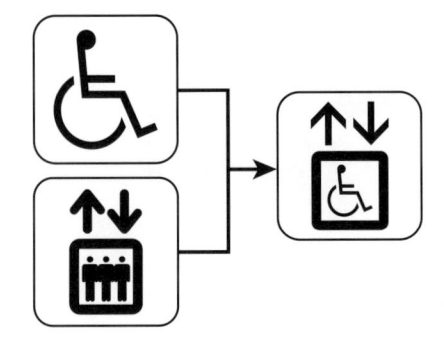

●ピクトグラムは，組み合わせることによってバリエーションを生み出し，より複雑な情報をわかりやすく伝えることができる。

明確にしたり，情報の表示に階層性（重要度・難易度）や段階的表示を用いたりして，矛盾や誤解の生じない理解しやすさを設計する。また，識字能力の差への配慮も重要であり，各国語への対応やピクトグラム利用もわかりやすさを支援する。

4）寛大さ

「失敗やエラーの発生とその影響を最小限に止める」ことをいう*。

エラーが発生しないように「確認」や「警告」を徹底することが基本である。さらにエラーが発生した後も「取り消し」を可能にする機能を持たせることで，過度に失敗を恐れることのない利用しやすさをデザインする。

（※参考：Design Rule Index, p.14-15, BNN, 2004）

総合的な教育へとつながるUD

ユニバーサルデザインは，元々デザインの主題であったものが，今日的観点からクローズアップされたものである。こうした概念がより一般化することにより，デザインの社会的機能への認識が高まると同時に，総合的な教育の主題へとよりその意義は深まっていく。

●国際規格のベルギーアローと非常口のサイン

すべての記号の中で最もアクセシビリティが高いとされるのが矢印である。矢印は他の記号や絵記号と併用もされ，さまざまな場面で利用しやすさを支援する基本的な記号といえる。

●この幼児用食器の取っ手は，両手で持つことや積み重ねることができるだけでなく，食卓に押さえつけて保持することもできるといった母子の「操作しやすさ」をデザインしている。

■発展

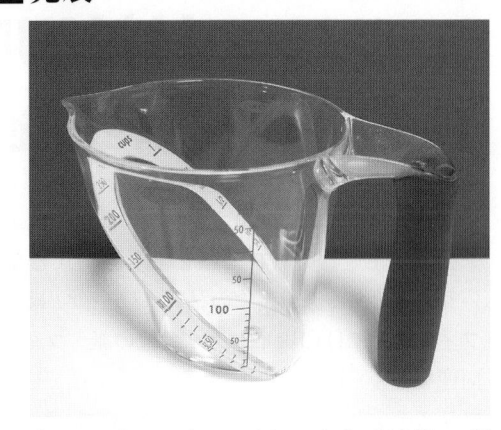

●このメジャーつきカップは，これまで腰を折って側面からメジャーを読んでいた身体的な負担と判読性の悪さを解消したもので，液体を注いだ状態で真上から量を測定することができる。

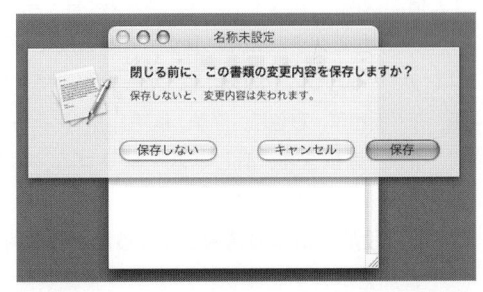

●コンピュータの操作中に現れる「確認」のためのメッセージである。コンピュータ作業において取り返しのつかない重要な操作に対し，イエス，ノー，取り消し（キャンセル）の確認を求める「寛大さ」によってアクセシビリティを高めている。

POINT

- ●バリアフリーからユニバーサルデザインへ
- ●アクセシビリティとは利用しやすさ
- ●総合的な教育へと展開するUD

関連リンク

バリアフリー	→p.180
わかりやすさ	→p.30, 123
ユニバーサルデザイン	→p.31

（伊藤文彦）

4 デザイン・工芸の基礎技法

総論　主題　技法　**知識**　鑑賞

デザインの材料と用具
構想・設計・意図と伝達と材料・用具

　デザインの作業で使用する材料の特徴は，デザインによる生産物の材料とは必ずしも一致しないということである。生産物の材料（メディア）は，グラフィック系では印刷インク・各種の紙・フィルム・画像などの平面を主とし，プロダクト系では金属・プラスチック・ガラス・セラミック・繊維・塗料など，環境系では前記に加えてコンクリート・木材・石・さらに植栽など多岐にわたる。それを念頭にいかに的確な材料・用具で，①構想し，②設計し，③意図を伝達していくかを常に考慮する必要がある。

1）構想段階―エスキースのための材料・用具
　スケッチブック，鉛筆（Hから4B程度），色鉛筆，コンテ，パステル，水彩絵具，マーカー，マーカー用紙，筆（面相筆，彩色筆，平筆，刷毛），パレット，溶き皿，筆洗，筆拭き布，消しゴム・練りゴム，粘土・油粘土・紙粘土，はさみなど。

2）設計段階―制作の情報を伝えるための材料・用具
　①に加えポスターカラー，アクリル絵具，カラーインク，ケント紙，イラストレーションボード，コンパス，デバイダー，T定規，三角定規，直定規（溝つき），勾配定規，円弧定規，雲形定規，自在定規，テンプレート（円，楕円など），烏口，製図用シャープペンシル，製図用ペン，溝引きガラス棒，字消し板，カッターナイフ，金属定規，カッターマット，マスキングテープ，水張り用具（パネル，刷毛，水張りテープ），接着剤（ペーパーセメント，スプレー糊，スティック糊など），カラーチップ・カラーチャートなど。イラストレーションでは，上記のほか絵画の材料や用具も目的に応じて使用する。

3）プレゼンテーション―設計の意図・イメージを伝えるための材料・用具
　①②の材料に加えて，特に立体デザインにおいては模型あるいは試作品の表現材料として，スチレンボード，スチレンペーパー，ポリスチレンフォーム，段ボール紙，インダストリアル・クレイ，石膏，木材・竹ほか各種植物素材，合板・MDFなどの木質系ボード類，プラスチック板・棒・可塑材（アクリル樹脂，ABS樹脂，ポリエステル樹脂，シリコン樹脂，FRPほか），金属板・棒・針金（鉄，銅，真鍮（しんちゅう），アルミ），ロウ・パラフィン，ガラス，モデリング・ペースト，各種メディウム，ジェッソ，水性塗料・油性塗料，各種接着剤，釘・ねじ類などを使用する。その場合，必要に応じた用具（のこぎり，かんな，のみ，ドリル，やすり，サンドペーパー，プラスチックカッター，ピンセットなど）を用いる。
　②および③がデザインの授業課題の成果品となることが多い。そのほか，作品運搬・保管用のケースを用意したい。

水張りの手順

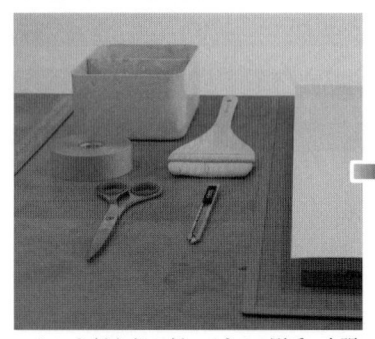

ケント紙などの紙，パネル，刷毛，水張りテープ，筆洗，カッター，金属定規，カッターマット，はさみなどを用意する。

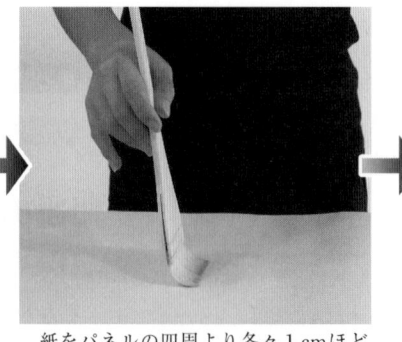

紙をパネルの四周より各々1cmほど大きく切り，裏面に刷毛で十分水を塗る。パネルをのせて裏返し，縁を折る。

水をつけた水張りテープをパネルの周囲に貼る。角はしわができやすいのでよく密着する。水平に置いて陰干しする。

● 図を描くための用具

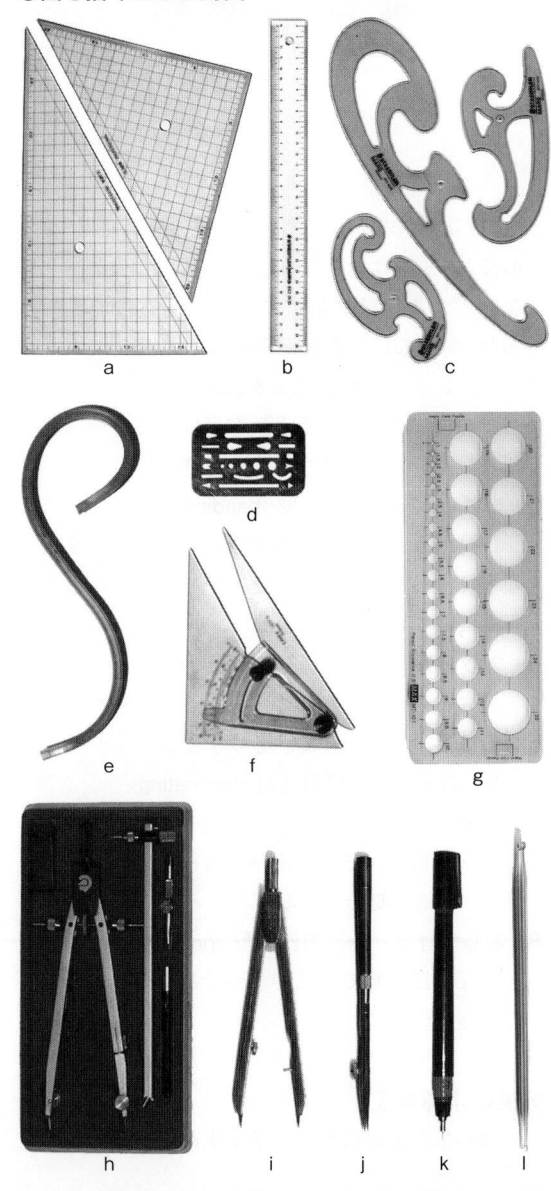

a. 三角定規（30cm，セクションつき）
b. 直定規（30cm，溝つき，プラスチック製）
c. 雲形定規（大・中・小）
d. 字消し板
e. 自在定規
f. 勾配定規
g. テンプレート（小円）
h. コンパス（延長棒，烏口つき）
i. ディバイダー
j. 烏口
k. 製図用ペン（ロットリング）
l. 溝引きガラス棒

ほかにT定規，製図板，製図用シャープペンシル，消しゴムなど

発展

●用具としてのコンピュータ

デザインの現場においては特に②③の段階で，コンピュータを用いることがほとんどとなっており，学校でも多く取り入れられてきている。その場合は課題に応じて，フォトショップ（Adobe Photoshop）に代表されるビットマップ系グラフィック，イラストレーター（Adobe Illustrator）に代表されるベクトル系グラフィック，3DCG（3次元グラフィック），動画制作，映像編集，DTP（Desk Top Publishing，レイアウト），CAD（Computer Aided Design，コンピュータ支援設計）などのソフトウェアを備えておく。また文字を扱うデザインを行う場合，表示用の各種基本フォントデータが必要である。

使用するコンピュータ本体はグラフィックを扱う場合，Macintosh機でもWindows機でもマシンに対する負担が大きいので，できる限り十分な演算速度とメモリ，ハードディスク容量を備えたマシンとしたい。

画面表示用のモニタ（ディスプレイ）は，CRT方式が色の再現性に優れているといわれているが，液晶方式も次第に高性能化してきて使用されることが多くなっている。

画像データ入力用にデジタルカメラ，デジタルビデオカメラ，スキャナを，出力用にカラープリンタを，データ保存用にCD-R，DVD-R，MOなどを用意する。

また，マウスに加えてペンタブレットなどの入力機器を用いることで，①の段階からコンピュータを使用することも今後増えてくるであろう。

POINT

● 構想，設計，伝達の段階で異なる材料・用具

● 多岐にわたる材料・用具の的確な利用

● 利用が拡大する用具としてのコンピュータ

関連リンク

エスキース　　　→ p.96

アクリル絵具　　→ p.47, 50, 81

コンピュータ　　→ p.119, 125, 128, 136, 138

（梶原良成）

4 デザイン・工芸の基礎技法

紙という素材
手の技法，量産の技法

総論 主題 技法 知識 鑑賞

紙の魅力

紙はその技法の多様性や応用の幅広さにおいて，すべての素材の基礎といっても過言ではない。

かつてフレーベルの恩物に紙素材が用いられた理由には，創造衝動をもつためには複雑なものや完成されたものではなく，単一なものの中に多様性，基本的なものの中に論理的・数理的契機を含んでいたからである。均一で純粋な性質を起点として，切り・折り・つなぐなどによってかたちを構築し，空間構造を生み，光と陰の交錯が審美的なレベルにまで引き上げていくことができるのがこの素材の最大の魅力である。

紙の技法は，「手」と素材とのダイレクトな関係が基礎にあり，段階的に道具や機械を組み込んだ展開へと発展させることができる。

紙の技法：手から機器・機械への流れ

1）ちぎる → 切断(cutting)
　手で小片に切り離す→器具により単一または重層させて直線・曲線に切断する。

2）やぶる → 切除 → 穴あけ(cutouts)
　素材の内部に「抜き取り」空間をもたせる→器具による曲線の切除と量産加工。

3）おる → 折加工(folding)
「折り紙」のように半立体，立体を生み出す(表面にキズをつけて折る：scoringも含まれる)→多量生産のため機械プレスによる「scoring加工」もあり，鮮明な線・陰影が得られる。

4）つなぐ → 接合(join & glue)
　接着剤により多彩な表現が可能→接着剤・組む・器具接合などで正確な量産が可能。

5）まげる → 曲性変形(bending)
　円柱のように手で大きなクセをつける→霧吹きなどで湿性を与えて曲げる。厚紙の場合はお湯に軽く浸してから曲げる。

6）まるめる → 巻状変形(curling)
　紙の繊維にクセをつけカールさせる→ヘラ等で擦ることで，紙の組成を変形させる。

7）かさねる → 積層変形(laminating)
　一般的にはコラージュ(collage)ともいわれ，厚みのある積層状態にする→接着剤を用いて板状に重ね，厚紙に変形させる。

8）おしつける → 可塑変形(press)
　水などに浸して型に押しつける→溶剤等で処理した後，型押しプレスする。

機械による加工

一般の生産現場における多量生産にかかわる加工

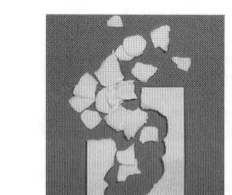

1．ちぎる 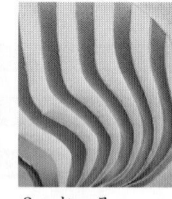　3．おる 　5．まげる 　7．かさねる
2．やぶる 　4．つなぐ 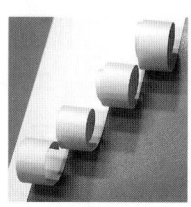　6．まるめる 　8．おしつける 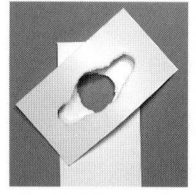

●三角錐の造形（花火のイメージ）

としては，さらに発展した次のような加工がある。
- **多量切断**…プレス機を用いた機械切断
- **打ち抜き**…切りとりの量産加工
- **多量接合**…接合の精度を高め規格化に対応
- **厚紙成形**…プレスと接着剤による積層板材生産

■発展

●紙技法の分類図

すべての技法の起点ともなる「手」が中心におかれ，最も原初的な8種類の技法が展開される。それぞれの技法は，簡単な道具類を伴う加工へと発展し，より大がかりな機械生産へと連続的に展開する様子が放射状に分類される。紙の技法は，産業ベースでは機械による生産体制が確立されてはいるものの，造形分野においては依然として「手」に近い技法が有効である。両者の共存と併用こそが今日の造形基礎技法となる。

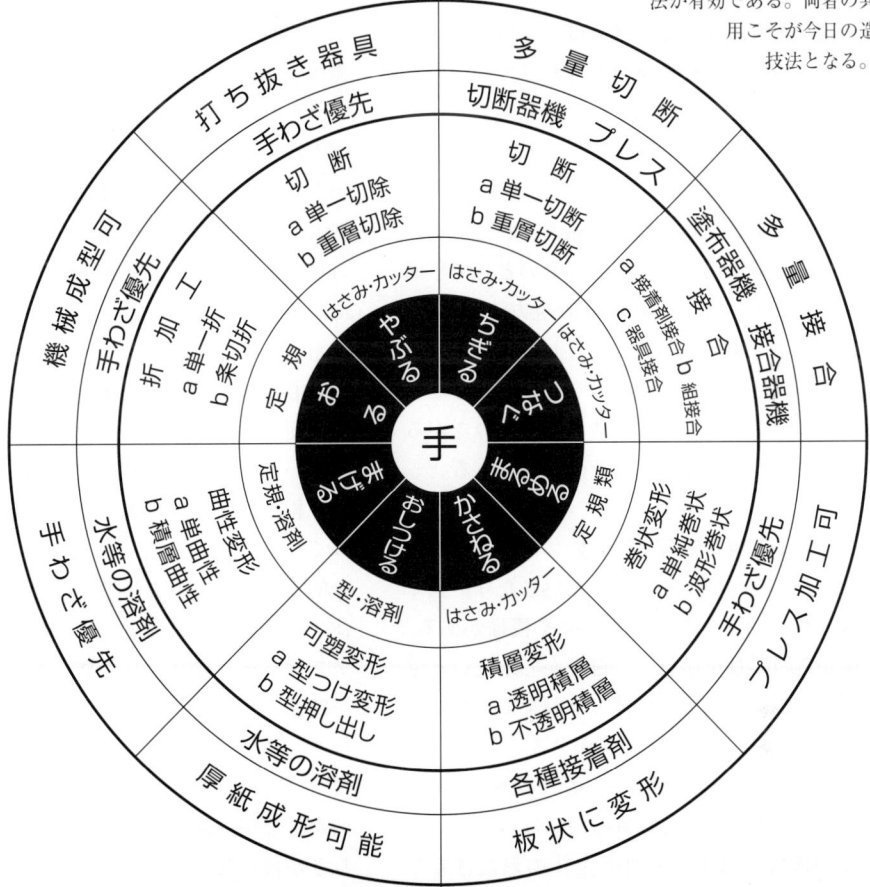

●おる＋つなぐ＋まげる の立体造形（波のイメージ）

POINT

- ●すべての素材の基礎技法を含む紙
- ●創造衝動をもたらす素材特性
- ●「手」から機械へ，再び共存へ

関連リンク

半立体　　→ p.91

紙　　　　→ p.10

可塑性　　→ p.166

（宮脇　理・伊藤文彦）

4 デザイン・工芸の基礎技法

平面構成
発想とパターンによる美の構成

総論 主題 技法 知識 鑑賞

平面構成の意義
　人は生まれながらにして，美の秩序をつくり出すことへの欲求をもっている。例えば，幼い子どもでさえも，いくつかの色や形を組み合わせて一つのものにしようと試みるとき，色や形の調和の美しさを求めながら構成していくであろう。それは人としての自然な行為といえる。
　造形要素の基本となる色や形を組み合わせ，美の世界を構築する造形活動の代表的なものとして平面構成がある。ともすると訓練的な表現方法として，あるいはデザイン領域の基礎造形として捉えられがちだが，本来は色彩感覚や構成力を身につけさせる中で美的感覚を養い，あらゆる造形活動につながる基礎的な造形能力を培うことにその意義がある。

モチーフから発想する平面構成
　自然物や人工物の中には美しいと感じたり，強く印象に残る色や形，またその組合せや模様がある。生活の中からの観察を通して，自分が心地良いと感じる色や形の要素などを見つけ，それをモチーフにして描く平面構成は最も取りかかりやすい。例えば，身近な自然物をモチーフとした平面構成では，野菜や果物の形をもとにしたものが挙げられる。
　この平面構成ではモチーフの全体の形だけでなく，断面図から発想し，その形を単純化しながら直線や曲線を使い，形の大小や配置，組合せ，配色に工夫を凝らしながら画面全体に統一感を出すように構成していく。中学校美術科において比較的多く見受けられる題材でもあるが，ここでは生徒に抽象的な表現に対して抵抗感を抱かせないようにすることが大切である。それには観察を重視し，素材のもつ造形的な美しさに気づかせながら，具象的なものから抽象的なものへとイメージを広げさせていく手だてが必要となろう。

抽象的な形や色による平面構成
　画面全体のバランスや動き，変化や統一などを考えていくことが平面構成では求められる。例えば，点，線，面といった基本的な造形要素から発想し，つくり出していく抽象的・幾何学的な構成では，部分的な形や色を工夫し考えるだけではなく，画面全体の効果を工夫し考えることが必要となる。アイデアスケッチを繰り返したり，さらに色彩の基礎学習を踏まえ，シンメトリー（対称），リピテーション（くり返し），ムーブメント（動き），グラデーション（諧調），リズム（律動）といった美をつくり出す要素を活かしながら構成していくことで，より効果的な美しさが得られよう。

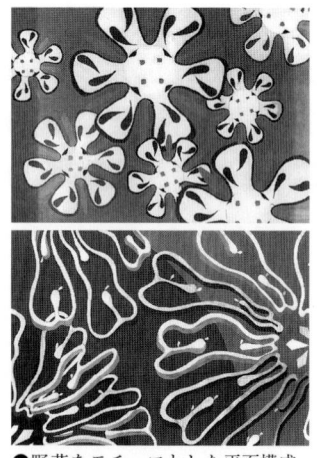

●野菜をモチーフとした平面構成

●抽象的な形や色による平面構成

●リピテーション

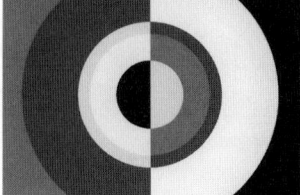

●シンメトリー

パソコンを活用した平面構成

　平面構成とは，個と全体の調和の表現における美しさについての探究と捉えることができる。その探求においては，自分なりの美的感覚を存分に発揮し，それを高めていくことが大切である。そのことを踏まえながら，ここでは日常頻繁に使われるWordソフト，その図形描画ツールを活用した平面構成の題材を取り上げる。色彩と形態の構成美を追究した活動を促したいが，一方でパソコンによる造形表現の基礎能力を養うこともねらいとしたい。

　この題材においてパソコンを活用することのメリットは，短時間で精密な表現ができることと，手描きと違って形の大小や配置，組合せが自由にでき，特に彩色作業においては配色の選択も瞬時にいく通りも試すことができる点にある。図形描画ツールには，そのことを満たす十分な機能が備わっている。

　制作手順としては，大きく分けて三つのステップを踏むことになる。まずいくつかの基本となる図形を描き，それを繰り返し並べたり，またグループ化ツールで図形同士を組み合わせて基本となる形をつくる。次に色を選択したり，「塗りつぶし効果」のグラデーションやパターンを用いたりし，さまざまな色や模様をつくり出していく。最後に個々の図形を組み合わせたり，位置を変えたり，パターンを繰り返したりしながら全体を構成していく。このときに，再度全体のバランスを考えながら，個々に色や大きさなどを変えていくこともできる。

　こうした身近なソフトのツールを存分に活用することで，試行錯誤を通して，自己の表現を主体的に追究できる姿勢を育むことができよう。

■発展

　一つのモチーフを決め，そのものがもつ特徴がよく表れるような視覚的な要素を探しだし，数多くのパターンを描いていく。次に，当初のモチーフを美しく表現できるような素材（パターンの絵）を選び，それら数種類を使って大きさや配置，組合せを考えながら構成していく。これは動植物などの具象的なものから発想し，その形や色，生態的特徴までイメージを広げながら構成していく平面構成である。

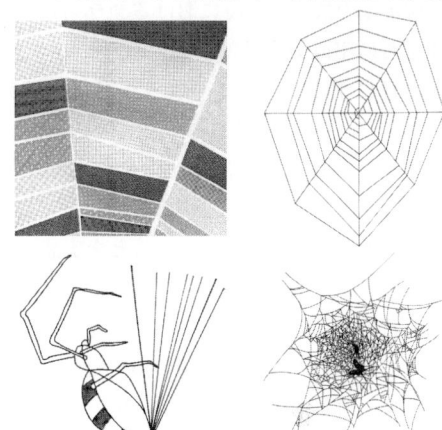

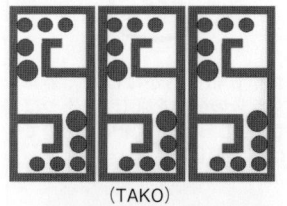

(TAKO) 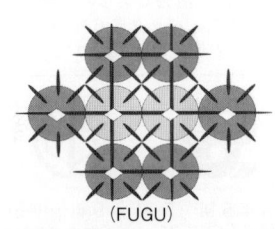　(FUGU) 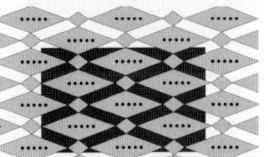　(IWASHI) 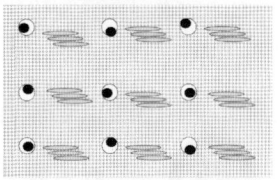　(TAKABE)

●Wordの図形描画ツールを用いた平面構成
（海の生き物から形・色を発想し，パターンを繰り返して制作）

POINT

- 色彩感覚や構成力を磨く
- 色と形が調和した美しさの探究
- パソコンの利点を使う平面構成

関連リンク

色　彩　　　→ p.150〜153

発　想　　　→ p.120, 133

（芳賀正之）

4 デザイン・工芸の基礎技法

マーク
願いや考えを形にする

総論 主題 **技法** 知識 鑑賞

「クラスのマーク」発想の座標と展開

新年度のスタート時におけるクラスに対する学習者たちの率直で意欲的な願いを「マーク」に表し，常に目にすることによりクラス目標を想起させ続け，その風化を防ぐ効果のある題材である。また，生徒自身の感情・願い・意思などと深くかかわったマークづくりの展開は，クラスの集合体としての学校教育に造形表現の寄与が大きいことを実感させる。

まず，「クラスへの願い」を言葉で書く。次に，「クラス目標」，クラスの現在の雰囲気，どのような雰囲気にしたいか，担任教師の担当教科・人柄・イニシャル，何年何組かなど，アイデアスケッチを深めて描く。さらに連想ゲームのように，「明るいクラス」との願いならば，その「明るい」をどのような形にするか→「太陽」とイメージしたら→どのような形の太陽にするか……というように描く。変形させ，捨象し，抽象形にしても，その文字としての根本的な骨格からはずれないことが重要である。

表1，もしくは図1・2の作品を見て，自分のアイデアスケッチが，モチーフによる分類ではどの方法に近いか，また造形方法による分類ではどの発想に近いか，あるいは自分の描いたアイデアスケッチをどのようにまとめたらよいかを考えて，アイデア形成の方向を整理する。

表1　クラスのマークを例にした，マーク表現の座標（マークは生徒作品）

モチーフによる分類	発想方法による分類	形成処理による発想 ものの見方・とらえ方から	規則配列による発想 左右対称 / 放射対象	自由な発想 非対象・その他
具体的なもの	自然物によるもの			
	人工物によるもの	2年2組…何事も手をとり合ってがんばろうという願いを手をとり合う二人を上から見た形で表現。	左：2年7組，右：1年4組…どちらも，人の形で団結を表している。	2年1組…Vを若葉で形づくり，1番の意味を手の形で表した。
	自然物と人工物の組合せ			
文字・数字と具象形によるもの	文字・数字と人工物・自然物	「一中祭」のマーク。勝利（V）をめざし正々堂々と競い合えるよう努力し，友情を深める気持ちを込めた。		2年4組…明るいクラスにしたくて，笑顔の太陽にし，周りを4で囲って4組を表した。
	文字・数字の具象化	3年6組…担任の先生の名字の「寺」を，馬とびをして遊ぶ姿に表し，活発で楽しいクラスになるよう願いを込めた。バックに6組の「6」を白ぬきにして他との違いを印象づけた。		
文字・数字によるもの		1年7組…クラス担任の「岡田」先生の名字により，田の字上に生徒の姿がある。	3年5組…5組の「5」を左右対称に結び，団結とがんばりを表した。　1年9組…中央が1年を左右は9組の協力を表し，間は手を合わせて人が笑っている形にし，楽しいクラスにとの願いで。	2年6組…鳥がはばたく姿にクラスの発展を託し，2をつばさに，しっぽから頭で6を当てはめて表した。
文字・数字と抽象図形によるもの		2年8組…外の形は担任の頭文字Y。中央は校名のイニシャルYで，その代表になれるようにとの希望。		
抽象図形によるもの		2年5組…矢印が集まり五角形になり，団結を大切にするクラスになるように。		2年3組…まとまりがあってエネルギッシュなクラスになるように願ってデザインした。

マーク学習の目標と評価の観点

造形学習の目標を達成できたかどうかを問い直す行為が（教育）評価であることは，周知の通りである。

例えば，「願いや目標を造形性豊かな形に表す」という目標で学習を展開したあとの評価は，「願いや目標を造形性豊かな形に表したか」となる。以下に，いくつかの評価の観点を例示する。

① 願いや目標を造形性豊かな形に表したか。
② 他のマークと区別しやすい独自な形か。
③ 配色の面積の比や，曲と直の線が美しいか。
④ 簡潔で覚えやすい印象的な形か。
⑤ 拡大，縮小や白黒のときの反転がしやすい形か。
⑥ 配色が適切か（白黒の場合も念頭におく）。
⑦ 色紙の切り方や，はり方が美しいか。
⑧ 制作のねらいをとらえ，工夫して表したか。

上記⑦に色紙とあるのは，学習時間の短縮のために，アクリル絵具やポスターカラー等で塗るという行為をせずに，色紙をカッター等で切って貼る方法を用いて効果的に表すねらいがある。

図1　8組のマーク（8と輪＝団結）
図2　2組のマーク（双葉と飛躍） 

■発展

学習者の社会性が高い場合には，校内の委員会や部活動のマーク，さらにNPO（非営利組織：Non-Profit Organization）のマークへと発展的な学習に取り組ませたい。

図3は横浜市の「はま」をカタカナのハとマで上下に組み合わせて形づくられた市章である。その市章を基に図4は，親子の絆と行政への願いをデザインしたNPO「横浜公立保育園父母の会連絡会」のマークである。

図3 　　　　　図4

また，学習者が社会的なことに関心が低い場合には，自分自身に関心を向けさせ，イニシャルデザインを行う。自分の「性格」や「特徴」，どのような人間になりたいか，大文字だけでなく，小文字も使ったらどのような形にまとめられるか，直線や曲線の美しさを生かしてまとめられないか，類似した形態や具体的な形態を連想する。「マーク表現の座標」を参考に，図1・2の背景に示したように正方形・円・菱形を配して発想すると，美しく整った形をデザインしやすい。

図5　AYのイニシャル 　　図6　AKのイニシャル

デザインの材料と技法

●マークの発祥と古今の多様な活用方法

もともと自分の所有や専用の「しるし」であるマークは，自分を表し，他人やその所有物から，自分やその所有物を区別するところから発祥したといわれている。古くから家畜への烙印や耳印，陶器製造・石匠・製紙業などの製造元を表すマーク，芸術家の落款，家や家系を示す紋章や旗印に使われ，現代では会社や商品の宣伝用のトレードマーク，品質保証などの公共的なマークとして多用されている。

図3　クラスのマークのアイデアスケッチ

POINT

- ●イメージの連想によるアイデアの煮詰め
- ●クラスのマークやイニシャルマークなどの身近なテーマから
- ●マークの発祥は，所有や専用のしるし

関連リンク

デフォルメ　　　　→ p.26, 42, 133

アイデアスケッチ　→ p.114, 140

文字のデザイン　　→ p.132

（山口喜雄）

4 デザイン・工芸の基礎技法

ポスター
伝え方のデザイン

総論 主題 **技法** 知識 鑑賞

ポスターの機能

ポスターは視覚伝達デザインの中でも，その表現の美しさ，視覚的な訴求効果の大きさにおいて，私たちの生活には欠くことのできない情報伝達媒体となってから久しい。19世紀フランスの石版印刷の発達によるものといわれるが，今日では，コンピュータを利用したデジタル表現・印刷技術の浸透に伴い，ますますその表現の幅を広げている。

より高度な映像や音声を伴う各種映像メディアが普及する一方で，依然としてこのシンプルなポスターという媒体が恒常的に利用されている。その理由には，たった一枚の紙であるがゆえに掲示も容易であり，ある程度の掲出期間内に，知らせる内容が自然に記憶に残るといった，簡易でありながら情報伝達効果がきわめて高いことが挙げられよう。

したがって，限られた表現スペースの中で「だれに・なにを・いかに」伝えるかの工夫をすることが，ポスターデザインの基本であり，送り手の意図・内容が受け手にどう伝わるかの評価も重要となる。

ポスターの種類と特徴

1）告知・広報のためのポスター

展覧会や各種イベント等の開催情報などが主たる情報内容となり，特に期間や場所，料金などの正確な明記が求められる。

2）啓蒙・啓発のためのポスター

環境や人権保護，犯罪防止などといった啓蒙活動が主たる情報内容となり，キャッチコピーには「勧誘・奨励」から「注意・禁止」まで適切な表現の取捨選択が求められる。

3）宣伝のためのポスター

商品などの広告，観光客誘致などの宣伝が主たる情報内容となる。最もイメージアップ戦略を求められている分野であり，時代感覚，消費者ニーズ等の調査分析に基づいた表現が求められる。

以上の3種類は基本的なカテゴリーであり，実際にはこれらが複合的に扱われるケースも多い。

ポスター制作のポイントとプロセス

1）問題状況の認識とテーマの決定

実務においては，テーマは予め決定されている場合がほとんどである。教育の場において，テーマの掘り起こしから入る場合は，グループでブレインストーミングなどを行い，身近な生活の中などからテーマを設定する。

2）テーマに沿ったモチーフとキャッチコピーの検討

ポスター制作の最も中心となるプロセスで，柔軟に多角的に可能性を探索していく必要がある。

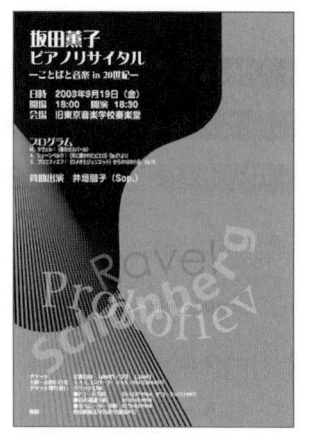

●告知・広報のためのポスター 　　●啓蒙・啓発のためのポスター 　　●宣伝のためのポスター

テーマの決定
↓
モチーフとキャッチコピーの決定
↓
文字・配色・レイアウト等の決定
↓
制作と伝達

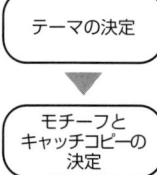

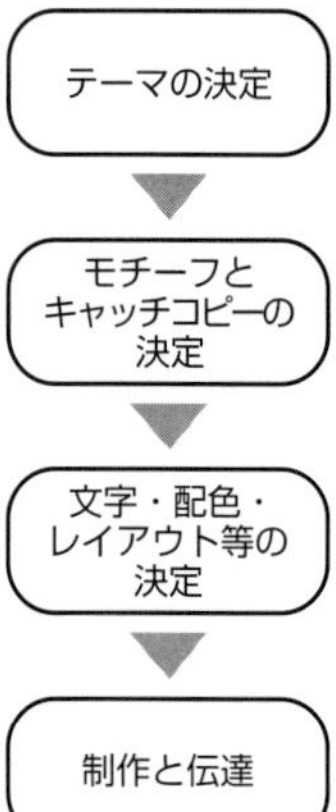

商業広告においてはアイドマの法則（Ａ＝注意；attention，Ｉ＝興味；interest，Ｄ＝欲求；desire，Ｍ＝記憶；memory，Ａ＝行動；action）というものがある。ポスターに注意させ，内容に興味を抱かせ，欲する気持ちを抱かせ，記憶させ，購買行動に至らせるといった条件を満たすことが，制作の目安とされる。これは消費者の心理過程を例にしているが，他の目的のポスターにも類似したかたちで適用される条件といえよう。

3）文字，配色，レイアウト等の検討

　構想に基づき，より訴求効果の高い表現を吟味する。図柄や文字といった構成要素の組合せ方によって，何種類ものバリエーションを出すことができる。最終段階ではアイドマの法則と対照させたり，目的に照らし，より独自で美しい表現になっているものを選択する。

ポスター表現の「わかりやすさ」と「意外性」

　ポスター表現は，常識にそって誰もが「わかりやすい」表現スタイルをとるものと，常識を覆し，思ってもみなかった「意外性」のある表現で訴求力を高めるといった，二つの方向性を意識する必要がある。両者の効果にはそれぞれ目的に応じて一長一短があり，素直な訴えかけには前者が，他との差異化を図り，インパクトのある効果を期待するなら後者の方法が適している。

　こうした二つの方向性というものは，ポスターに限らずすべてのデザインに当てはまる軸であり，目的や場に応じた適切な判断が求められる。

●モチーフ・キャッチコピー等の大きさや書体を変更したり，全体のレイアウトや配色を変えながら数種類のバリエーションを作成し，最適案を検討・決定する。

■発展

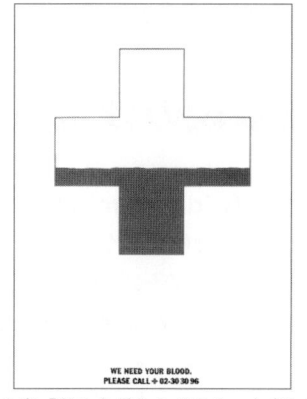

●国際赤十字「献血を訴えるポスター」（ドイツ）
　赤十字のマークから赤色の血液が不足している状態を表現している。言葉の説明がなくても伝えたい内容が理解される。

●ユニークな広告表現
　さまざまな特産品に関して「もし静岡県がなかったら，No.1でした。」と２位の県名を羅列した新聞広告。
　思いがけない表現方法で，注意を喚起すると同時に，地元の特性への理解や他の地方との関係にも目を向かせることが可能となる。独創的な着眼点で表現され，さまざまな波及的な効果が期待されるユニークな広告表現である。

POINT

- ●「だれに・なにを・いかに」伝えるか
- ●受け手の心理過程を考えた表現
- ●「わかりやすさ」と「意外性」のバランス

関連リンク

石版印刷　　　→ p.78

メディア　　　→ p.134, 138

情報伝達　　　→ p.26, 146

（伊藤文彦）

4 デザイン・工芸の基礎技法

ダイアグラム
図的表現の分類と用途

総論　主題　技法　**知識**　鑑賞

ダイアグラム (diagram) とは

言語だけでは理解しにくい情報を視覚的にわかりやすく表現するデザイン手法のことである。さまざまな事象の種類，数量，時間，空間などの相互関係を単純化した記号，点，線，図形や，整理された色彩と文字情報を複合させて明快な図式化により表現する。

表組 (table)，図表 (graph)，関係図 (chart)，図譜 (score)，地図 (map)，図解 (illustration) などあらゆる図的表現が含まれる。列車の運行表 (いわゆる列車ダイヤ) もこの一例であるが，視覚化することによりはじめて完全な運行管理が可能になったことはダイアグラムの効果を象徴的に示している。現代においては確かな視覚伝達の方法として，社会のあらゆる分野，学術領域で不可欠な表現手法となっている。

きわめて目的がはっきりしている実用的な視覚表現なので，授業課題にも導入しやすいだろう。学校生活の行事にかかわる題材など生徒にとって身近なテーマ設定が考えられる。またデザイン・プロセスにおいて，自分の考えをまとめたり，他人に伝えるための表現の手法はほとんどダイアグラムに含まれており，学校のデザイン課題でも活用したい。

制作にあたっては，目的に適った視覚的効果が生み出されるような美しい形態や色彩による図的表現であることが求められる。

●ダイアグラムの分類―大きく六つに分類される

1) **表　組 (table)**
縦軸・横軸の二つの軸に沿って項目別にデータを比較できるようまとめたもの。
〈例〉料金表，時間割表，スポーツ対戦表

2) **図　表 (graph)**
あるテーマについて数量の大小や割合の相互関係を比較できるよう表すもの。
〈例〉各種統計図表，財務図表

3) **関係図 (chart)**
流れ・プロセス・順番を示して，ある物事の論理的な関係を表すもの。
〈例〉歴史年表，工程表，組織図，カラーチャート

4) **図　譜 (score)**
音楽の譜面のように時間の経過による情報の変化を表すもの。
〈例〉コレオグラフィー (舞踊譜)，スポーツのスコア

5) **地　図 (map)**
場所や時間軸における位置関係を簡潔にわかりやすく表すもの。
〈例〉地理地図，都市絵地図，案内図

6) **図　解 (illustration)**
ものや情報を視覚的にわかりやすく表すもの。
〈例〉製品の取扱説明図，人体解剖図，完成予想図

ダイアグラムの分類模式図

	A	B
Ⅰ	100	150
Ⅱ	200	260
Ⅲ	300	390
Ⅳ	400	520
Ⅴ	500	650

●表組 (table)　　●図表 (graph) 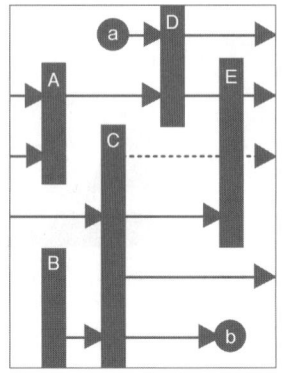　　●関係図 (chart) 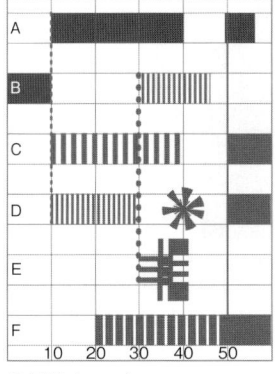　　●図譜 (score)

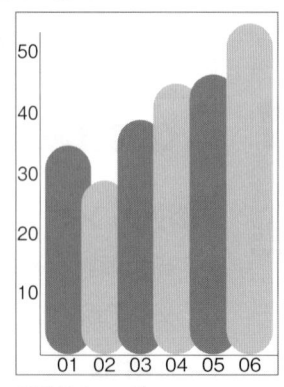

ダイアグラム・デザインの進め方

一般のグラフィック・デザインの進め方と変わるわけではないが，ダイアグラムのデザインでは特に手を動かす以前に対象となった題材をよく分析したり検討したりする必要がある。

① テーマの設定：学校生活の行事や住んでいる街など身近なところ，また興味をもった自然科学・社会科学の事象から設定する。

② 対象のデータの整理：対象のデータの種類を分析し，その性格からどのようなダイアグラム表現が適しているか検討する。

③ 効果的な表現方法の検討：②の結果から，どのような考え方で計画していくと目的にかなった美しくわかりやすい視覚的効果が生まれるかさまざまな角度で検討する。

④ 具体的な構成，形態・色彩の計画：③で検討した方針に従って，具体的な構成，形態・色彩をつめていく。

⑤ 作品仕上げ：薄めにしっかりと鉛筆で下図を描く。ダイアグラムの性格上，幾何形態を用いることが多く，その場合，製図器・烏口で正確にきっちりとポスターカラーで形をとってから彩色する。

コンピュータによるダイアグラム・デザイン

ダイアグラムは文字情報と画像を同時に扱うことからコンピュータによる制作となじみがよい。ワープロソフトを使った簡易なものから，グラフィック・ソフトや動画ソフトとプレゼンテーション・ソフトを組み合わせて，複合的な視覚伝達のデザインとして発展させることもできる。

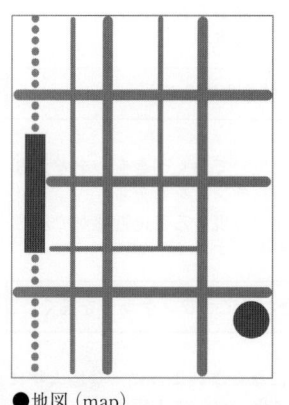

●地図（map）

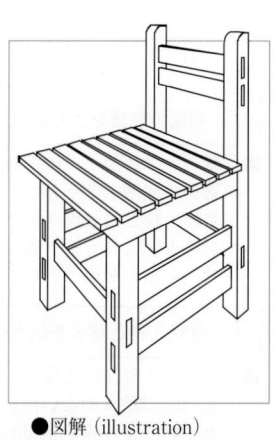

●図解（illustration）

■発展

●ダイアグラムと図法

ダイアグラムの中で立体的な表現，例えば都市を鳥瞰的に表現する絵地図，製品の組み立て方や構造を説明するテクニカル・イラストレーション，プロダクトや建築物の完成予想図（レンダリング）などを描こうとするときは，正確な図法表現を修得しておく必要がある。

以下，よく用いられる図法を挙げておく。

- 鳥瞰図：ミリタリ図法，二点透視図法，三点透視図法
- テクニカル・イラストレーション：アイソメトリック図法，二点透視図法など
- 完成予想図（レンダリング）：一点透視図法，二点透視図法，アクソノメトリック図法など

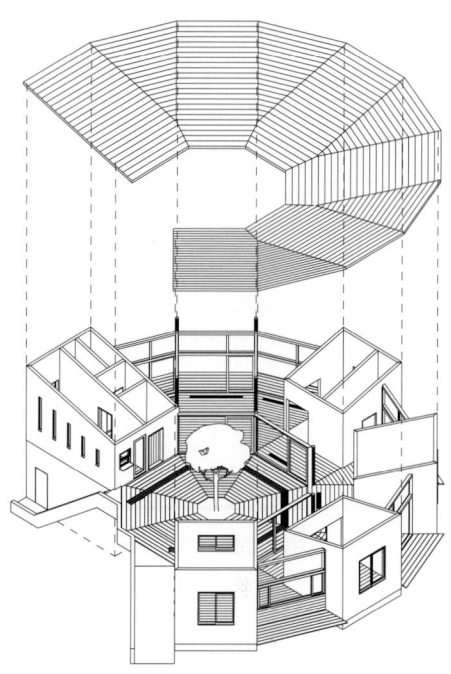

●図解（illustration）：建築物の空間構成説明図
（アイソメトリック図法）

POINT

- 目的にあったわかりやすい表現の工夫
- 文字情報と画像を扱う複合的な視覚伝達
- 立体的な図法表現の修得

関連リンク

視覚伝達　　　→ p.122

図解・図法　　→ p.35, 126

（梶原良成）

4 デザイン・工芸の基礎技法

総論 主題 技法 知識 鑑賞

イラストレーション
視覚言語としての豊かな表現性

イラストレーションとは

　イラストレーションは一般的に小説や物語の挿絵や，説明文をわかりやすくするための図解といった文章内容を視覚的に補う目的をもつものである。絵画との大きな違いは印刷というメディアを通すことを前提としていることで，現在では製版・印刷技術の進歩によって多様な表現が可能になっている。

　イラストレーションをその目的によって分類すると以下のようになる。

① 雑誌や新聞の広告，カタログ，看板，ディスプレーなどの商品のよさを伝えるものなど。

② 地図，案内図，解剖図，建築パースなどのものの構造を分かりやすく説明するものなど。

③ 雑誌，書籍，新聞等の文章の挿絵・表紙，絵本，漫画，劇画などの絵的なものなど。

④ CDジャケット，ポスター，パッケージ，カレンダーなどの商品のアイキャッチのためのものなど。

　イラストレーションは，以上のように社会においてさまざまな分野で使われ，その存在感は非常に大きなものとなっている。

イラストレーションを使った授業

　情報化社会の中でのイラストレーションの果たす役割は大きいものであり，子どもたちの生活の中にも自然に入ってきている。特に漫画の表現は物語を視覚言語としての豊かな表現を通して伝え，世界的にも認められるものとなっている。

　授業においては，イラストレーションの内容を的確に視覚的に伝える機能や目的を理解させたうえで，個性的で独創的な表現ができるように計画的に制作を進められるようにしたい。

　そこで，小学校においては，季節の遊びや自然をカレンダーにしたり，独創的な商品のパッケージを考えたりするなど，文字と組み合わせた表現を行わせるのがよいだろう。さらに高学年では，材料を工夫してペーパーレリーフ的な表現やコラージュ的な表現に挑戦させ，イラストレーションの多様性に触れることができるようにしてもよい。また中学校では，イラストレーションの多様な表現の特徴を理解させたうえで自分に合う表現を選択し，CDのジャケットやポスターなどを表現させていく方法も考えられる。いずれにしても，子どもの興味・関心だけに頼ることなく，教育的な効果を十分に考え，多様な活動ができるように配慮することが必要となるだろう。

物語の挿絵・制作順序の例

① 物語をよく読んでどの場面を描くか決めてイメージをつくる。

■場面の選び方
- 物語の展開上重要な場面
- 登場人物の気持ちが最もよくわかる場面
- 一番好きな場面
- 最も面白い場面
- 物語全体を象徴的に表す場面
- 読んでいて具体的なイメージが湧いてきた場面

② 登場人物の気持ちを創造して表情や身振りを考えてラフスケッチをする。

■ラフスケッチの進め方
- 感情に合わせて表情や，身振りを工夫
- 効果的に表せる構図を工夫
- 時代や国に合う服装の資料を探して参考にする
- 目や指先などをていねいに表現する

③ 場面の前後をよく読んで背景を考える。

■背景のラフスケッチの進め方
- 物語の展開上どうしても表現しておくべきものを考える
- 登場人物との画面全体でのバランスを考える
- 登場人物よりも細い輪郭線で表現すると遠近感がでる
- 時代や国の関係の資料を参考にする

④ 登場人物と背景を組み合わせてラフスケッチを描く。

■変化のある構図の表現の仕方
- 説明的で動きのない構図にならないように，登場人物に近づいて遠近感を意図的にオーバーに表現する

● 作品例

● サインペン，カラーマーカー，パステル

● サインペン，スクリーントーン，色鉛筆

太さの異なるサインペンを数本用意しておくと遠近感や質感を表現するときに便利である。

・ラフスケッチをもとにして，自分のイメージをよりよいものに具体化していく
・色やスクリーントーンの使用の目星をつける

⑤ 紙（ケント紙など）に下描きをする。

・鉛筆の線は消すので薄く描く

⑥ 先の細いサインペンで線を描く。⇒ 消しゴムをかける。

・呼吸を調えて，スムーズな美しい線を描けるように工夫する

⑦ ベタ（すき間のない面）を塗り，スクリーントーンをていねいに貼る。

・ベタは墨を筆や面相筆で塗る。スクリーントーンはデザインカッターでていねいに切る

■発展

●他の教科・領域等への発展

イラストレーションは図工・美術の授業だけでなく，社会の資料，国語の新聞，宿泊学習のしおりなど多様な場面で利用される。そのような場面ですぐに描くことができるようにしておくことは，将来の生活にも活用できる点が多い。

鎌倉遠足のしおり

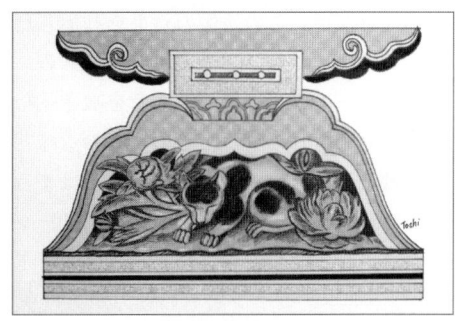

日光遠足のしおり

●イラストレーションの用具と画材

イラストレーションの用具や画材は，その表現と同様に幅広いものであり，固定観念に縛られずに，さまざまなものを試してみることも必要である。大切なことは自分の思い浮かべたイメージを表現するのに最も適したものを選択することであり，子どもの作品も多様性が生まれるような授業の展開を考えたい。

● デザインの材料と技法

POINT

● 関連資料を集め，イメージの明確化

● イメージに合う構図・用具・画材の選択

● 線の美しさに留意したていねいな仕上げ

関連リンク

想像による表現　　→ p.36, 90

平面構成　　　　　→ p.118

漫画表現　　　　　→ p.58

（細内俊久）

4 デザイン・工芸の基礎技法

総論 主題 技法 知識 鑑賞

アニメーション
アート・アニメーションの魅力

アニメーションの魅力

動かないはずのものを動かして見せる。これがアニメーションである。

アニメーションの原理は基本的にパラパラ漫画の仕組みと同じである。パラパラ漫画では微妙に変化した絵を連続して表示させることで絵が動いているように見せるが、一枚一枚の絵がつながって見えるのは、目の前のものが消えてもわずかな間、網膜に像が残るためである。これを残像現象といい、アニメーションは、この残像の効果を利用した視覚的トリックによって成り立つ表現媒体である。

アニメーションには元来「命を吹き込む」という意味が込められている。その言葉の意味どおり、画面に映し出された絵やキャラクターはまるで生きているかのように動き出す。自分のイメージしたものを描き、またはつくり、動かすことができることにこそ、アニメーション特有の魅力があろう。

アート・アニメーション

プロダクション制作とは異なり、個人の手作業を積み重ねることによって完成したアニメーションがある。これらは、独自の芸術性を重視したアニメーションであり、一般にアート・アニメーションと称される。大衆を意識した娯楽的なテレビ・アニメーションや、監督を中心とした多くのスタッフにより製作される長編のアニメーション映画とは異なり、作家の芸術的な表現に重点が置かれていることが特徴である。

メタモルフォーゼ（独：metamorphose）

アニメーションでは、その絵の動かし方（描き方）にも二通りある。例えば、鳥が羽を羽ばたかせて飛んでいる場合、これは運動・動作系の動かし方であり、動きを分割させて描くことによって生まれるアニメーションの基本的な動かし方である。対して、鳥の形が崩れながら徐々に別の形へと変わっていくような変化・変身系の動かし方がある。意外な変化は見る者を惹きつける魅力をもつが、このように次々と形が変わっていくことをメタモルフォーゼという。これは静止画が連続して生まれるアニメーションの最も特徴的な表現技法である。

コマとフレーム

従来のアニメーションでは、1秒間に8枚ないし12枚の静止画が使われていた。この枚数の決め方は1秒間に24コマ（24枚の静止画）を映し出す映画フィルムに関係している。現在ではパソコン制作が主流であるため、枚数の決め方はフレームに即して考えていく必要がある。パソコンでは1秒間に30フレー

128

「霧につつまれたハリネズミ」
（ユーリー・ノルシュテイン）
●ロシアの映像作家、ユーリー・ノルシュテインは著名なアート・アニメーション作家であり、日本においても多くのアニメーション作家に大きな影響を与えている。

ヤマムラアニメーション「頭山」（山村浩二）
●2004年のアヌシー国際アニメーション・フェスティバル（フランス開催）の短編部門のグランプリに輝いた「頭山」は、日本の代表的なアート・アニメーション作品といえる。

アニメーション制作中のパソコン画面
（Adobe Premiere Pro）
●ビデオの映像は1秒間に30コマの静止画を表示している。アニメーションを制作する場合、30フレーム／1秒を理解しておく必要がある。

ム（30コマ＝30枚の静止画）を映し出すのが基準で，1秒間に10枚の静止画を映し出すためには3フレーム設定にする必要がある。

アニメーションづくり

アニメーションづくりといっても専用の制作ソフトを用いたアニメーション制作，コマ撮りによる立体アニメーション制作など，その種類や制作方法はさまざまである。ここでは取りかかりやすさの点から，手描きによるアニメーション制作について述べる。

アニメーションづくりは作品内容，特にキャラクターとストーリー展開を考えることからはじまる。それに基づいて絵コンテを描き，動画づくりへと移るのが自然な流れである。しかし，手描きによるアニメーションの動画制作の場合，直接，紙に絵を描くことからはじめてもよい。動画を描くときは紙がずれないように気をつけながら，パラパラ漫画を描く方法で一つひとつの静止画像をイメージし描いていく。

動画が完成したらスキャナーでパソコンに取り込み，静止画ファイルにする。その静止画ファイルをビデオ編集用ソフトを使って読み込み，タイムライン上に順番通りに並べ，クリップ（静止画ファイル）の長さ（再生時間の長さ）を微調整していく。ただ，アニメーションはかなりの枚数の動画を扱うので，あらかじめ静止画ファイルを再生する時間（フレーム）を設定してから取り込むと効率的である。

モニター上で絵の動きを確認し，タイミングに合わせて効果音や音楽を入れるとアニメーションに臨場感が生まれる。最後にムービーファイルとして保存すれば，アニメーションの完成である。

■発展

「時間層Ⅱ」（メディア・アーティスト：岩井俊雄）

● ゾートロープというプリミティブな映像装置を生かし，デジタル的な表現を融合させるといった，斬新なアニメーションが生まれている。

クレイアニメーション「ニャッキ！」（伊藤有壱）

● クレイアニメーションは粘土の素材を生かした独特の効果をもつ立体アニメーションである。クレイアニメーションでは，人々の心を和ませる，親しみやすさが生まれる。

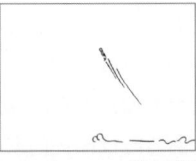

● 手描きによる平面アニメーション。黒の描画の線を強調し，メタモルフォーゼの手法を取り入れている。

● クレイアニメーションでは，コマ撮りによる映像（静止画）をつなげて編集し，制作する。

POINT

● 基本原理は静止画の連続映写

● 運動・動作系の動きとメタモルフォーゼ

● 動きのタイミングに合った効果音

関連リンク

C G　　　　　　　→ p.136, 138
デジタルビデオ　　→ p.142, 144
キャラクター　　　→ p.58, 133
クレイアニメーション → p.96

（芳賀正之）

コラム

1．animationと"anime：アニメ"

アニメーション：animationは汎用語であるが，"Japanimation"と"anime"は日本製アニメーションの呼称である。関連キーワードには，アニメーション，Japanimation，日本製アニメーション，anime，アニメ，アニメ版，manga，TVアニメ，セルアニメ，OVA，アニメ化，深夜アニメ，アニメ映画，ロボットアニメ，パラパラアニメ，作画アニメ，演出アニメ，アニメ監督，美少女アニメ（萌えアニメ），アニメ製作会社（アニメプロダクション，アニメ会社），アニメーター，キャラクターデザイナー，メカデザイナー等がある。

（出典：フリー百科事典『ウィキペディア（Wikipedia）』）

2．"anime"の古典『桃太郎の海鷲』（1942）

『桃太郎の海鷲』にタイムスリップする。本篇は対米英戦争を意図し，映画メディアとして登場したプロパガンダ映像である。海軍省報道部企画。脚本：栗原有茂，演出＆撮影：瀬尾光世，音楽：伊藤昇，上映時間37分。公開は1943年3月25日。

《ももたろうのうみわし》は日本初の国産長編アニメであり，テロップには海軍省が製作協力とあるが，実際には「軍事機密」を理由にほとんど協力は得られなかったとある。

（出典：フリー百科事典『ウィキペディア（Wikipedia）』）

3．"animation"はデフォルメ（歪形）を意識する

『桃太郎の海鷲』は"善と悪"を対極として描かれた。筆者の記憶からタイムスリップさせた本篇は，ハワイの先住民族から土地を取り上げるシーンが記憶に強くあり，海図の上にコインを転がせ，止まった場所が"ハワイ"という合法略奪を正当化した一瞬は，60余年後の現在でも思い出す。これは普通の映画映像に比べてはるかに強い印象づけの方法である。以上はアニメーション一般の特性であり，特別な"anime"と"animation"との差異ではない。本篇の姉妹編に『桃太郎　海の神兵』（松竹動画研究所／1944）74分がある。公開は1945年4月12日。

4．口承"桃太郎"を超える"anime"

昔話の桃太郎は日本の五大お伽話の筆頭として，世代を越えて語り継がれ，日本中で親しまれてきたが，その理由には「勧善懲悪」を子どもにわかりやすく教えるストーリーの優位性にある。また"桃太郎"という口承資料の分布は全国的なものといわれるが，その若干を挙げれば「神性をもった小さい子として桃太郎を捉える中立性」，「鬼退治ではなく家来をつれて嫁探しにいく」，また「怠惰な"寝太郎"タイプの桃太郎の登場」，「鬼退治も犬，猿，雉ではなくて蜂，蟹，臼，栗，牛の糞などの助力」による，まるで「猿蟹合戦」の仇討ちのような話もあるとか。

5．善と悪にフォーカスした"桃太郎"は"anime"向き？

桃太郎話は室町時代（1333-1573）末期，桃信仰（桃は若返りの効能をもつという民間伝承）と，島渡り伝説という別々の説話または伝説が合体して誕生したといわれるが，宗教にせよ，比喩，暗喩の訓育にしても対極的な結論に焦点化しやすい内容である。

1887（明治20）年の検定初等教科書『尋常小学読本』に"桃太郎"は初登場，また1900（明治33）年には「桃から生まれた　ももたろう　気はやさしくて　力もち」と……，学校教育は国家にとって期待される桃太郎像を音楽教育の面からも試みたが，以後，時には糖衣的表現，ある時は国民国家の尖兵として表現された。『桃太郎の海鷲』が後者に着地したのはいうまでもない。しかし隠喩の幅は広く，"十八代目中村勘三郎襲名"直前の中村勘九郎が演じた（2004年12月）『今昔桃太郎』（渡辺えり子作）では，鬼退治をしてから数十年後の桃太郎の堕落ぶりを風刺し，喝采を浴びた。

column アニメ

6. "自分探しの旅"に出た 庵野秀明（1960- ）の世界

『帰ってきたウルトラマン』(1983)の総監督＆出演の庵野秀明は，その後＊『新世紀エヴァンゲリオン劇場版シト新生』(1997) Anime 総監修／原作／脚色／作画監督，＊『新世紀エヴァンゲリオン劇場版 Air／まごころを，君に』(1997) Anime 監督／総監督／演出／総監修／企画／脚本／作画監督，＊『新世紀エヴァンゲリオン劇場版 DEATH(TRUE) 2／Air／まごころを，君に』(1998) Anime 監督／総監督／演出／総監修／原作／脚本／作画監督，そして，＊『式日-SHIKI-JITSU-』(2000) 監督／脚本，＊『CUTIE HONEY キューティーハニー』(2003) 監督／脚本の一連の企画と作品を（庵野秀明は）表しているが，ここには対極の論理を彼岸とした "anime" の出現がみられる。

粗筋は西暦2015年，人類を襲う謎の兵器「使徒」に対抗するため特務機関ネルフが汎用人型決戦兵器エヴァンゲリオンを完成させ，14歳の少年少女達をエヴァに投入する。1995年10月よりTV放映され，大きな反響を呼んだアニメシリーズの劇場版。この一連の新世紀エヴァンゲリオンは，宮崎駿作品のような「政治的配慮」や，プロパガンダが介入することのない個人的な思いに焦点化する。だからこそ個人の絶対的価値への憧れに満ちた世代の共感を得たのであろうか。

7. 果たして "自分探しの旅" はできるのか

国家の目標を明確に打ち出せないのが日本の現在であり，1997年の夏に公開された『新世紀エヴァンゲリオン劇場版 シト新生』のすべてが個人の問題に還元される映像であることは，(日本の)デモクラシー時代を象徴する新しいモラル映像である。

果たして "庵野anime" は，どれだけ『桃太郎の海鷲』の明快さ，対極主義を超えることができたのか？ という疑問を残すことになるが，これはanimeに限らずanimation一般への問いである。

http://www.tanken.com/momotaro.html

8. 残る「気概：テューモス」と「使命：ミッション」への視座

市場経済の枠組みの中に組み込まれた個人が，たった一人のモラルだけを拠り所として戦い続けろと言う（庵野のanimeは言っている）のか？ と問うところに，若年層の琴線を震わす訴求力を感じるが，フェリックス・ガタリ（Felix Guattari, 1930-1992），ジル・ドゥルーズ（Gilles Deleuze, 1925-1995）が予見した究極の資本の論理を超えようとすることに（本篇の意図が）失敗した場合，それでも戦えと（庵野は言っているのか？），プロパガンダではない結論をどう出すかが "庵野anime" への問いであり，同時に日本製animation：animeへの重なる "問い" でもある。永井豪の同名コミック：『CUTIE HONEY キューティーハニー』(2003)へ旋回するだけでは "問い" は解決しない。

（宮脇 理）

4 デザイン・工芸の基礎技法

文字とデザイン
形と意味のデザイン

総論　主題　技法　知識　鑑賞

文字の魅力
　ひらがな，カタカナ，漢字，アルファベット，数字など私たちが日常的に使用している文字は，コミュニケーションデザインにおいては，絵やイラストと相補的な関係をなす表現媒体である。デザインと文字のかかわりは，「文字のデザイン」と「文字によるデザイン」に大別される。
　前者は，レタリングやタイプフェースデザインと呼ばれるもので，文字の基本形からさまざまなバリエーションを生み出していくものであり，書体の創作やロゴタイプのデザインなどにも展開される。後者は，文字の形や意味をベースにイラストレーション化するような創作分野である。文字のシステムとしての有効性というよりも，文字の形を別のものに見立てる発想や，文字の意味を視覚的に理解できるイラストなどへの展開が可能となる。

文字のデザイン
　日本語書体の基本と呼べるのが，明朝体とゴシック体である。前者は，「うろこ」や「はね」などのエレメントから成り，読みやすく，長い本文に向いている。後者は，縦線と横線とがほぼ同幅でつくられており，力強く，見出しなどの表現に向いている。ワープロ技術の浸透から，これらの書体を正確にトレースする技術の必要性は少なくなってきている。ただし，オリジナル書体をデザインするためには，統一感を出すためのエレメントやルールといった書体のシステムの理解が必要である。それらを応用することで，エレガントな書体やユーモラスな書体のデザインが可能となる。

文字によるデザイン
　一つずつの文字の形は，特徴的で固有の形態をしている。こうした文字の形態的な特徴は，それを発想のヒントにしたりしながら，さまざまなデザインに展開できる「原型」とみなすことができる。
1）文字でイラストレーションをつくる
　漢字などは一文字でも意味をもつため，その意味を表現したイラスト文字をつくることができる。この場合，自由な形で描くことも，写真などを組み合わせて制作することもできる。文字の構造やエレメントに着目しながら柔軟に発想していくことで，文字の意味を覚えるための絵本やユーモラスなポスターの要素として展開することができる。
2）文字でキャラクターをつくる
　通常のキャラクターデザインの多くは，動物などを擬人化してデザインされることが多い。同様に，文字の形を擬人化するなどしてキャラクターを構想

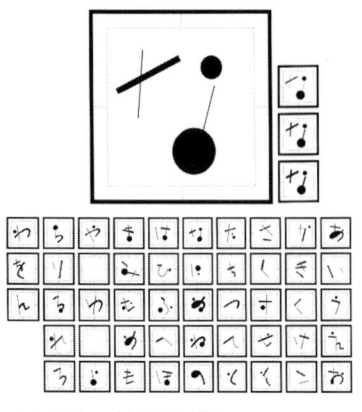

●ひらがな書体のデザイン

●ロゴタイプのデザイン

●意味を視覚化したイラスト文字

する方法もある。漢字をベースとした場合は,「へん」,「つくり」,「かんむり」などを工夫したり,類似や対立した意味の文字からグループ化されたキャラクターデザインへと結びつけることもできる。

3）文字でオブジェや製品をデザインする

　家具や小物などは,すでにありとあらゆるデザインのものが私たちの身の回りに存在しており,独自な形態や機能を生み出すことは容易ではない。そうした中で,文字のようにバラエティに富んだ形を変換しながら形を生み出していく作業は,固定化しがちなアイデア展開のプロセスに,遊びのような感覚を取り入れ,自由でのびのびとした発想トレーニングが可能となる。

　最初は平面的な文字の形に奥行き感をつける単純な操作で立体化を試みる。次第に部分的に幾何学形態に置き直してみたり,プロポーションの変形やデフォルメ,特徴的なエレメントを繰り返し使用したりすることによってさまざまな形を生み出す。さらにこうしたプロセスから偶然できあがった構成物を,「〜として見立てる」ことで,デザイン案を生み出すことができる。

　文字とは本来情報を伝達する手段として発明されたものであるが,その造形性という点においても私たちに多くのインスピレーションを与えてくれる。文字のデザインは,効率の良い伝達性からユーモアや感動を与えてくれるイメージ性まで幅広くデザインとかかわっているのである。

■ **発展**

● 文字だけの童話絵本
　『浦島太郎』
　『大きなかぶ』

● 文字の形をベースにした製品デザイン
　『れ・ま・を』によるハンガー
　『を』のアームチェア,『風』のパイプチェア

● 文字の形と意味を使ったキャラクターデザイン

POINT

- 文字の価値は伝達性と造形性
- 書体のデザインはシステムの理解から
- 文字の形と意味を利用したデザイン

関連リンク

見立て　　　　　　→ p.16, 23, 24

キャラクターデザイン → p.58

イラスト文字　　　　→ p.120, 122

（伊藤文彦）

4 デザイン・工芸の基礎技法

写　真
現実と写真―虚々実々の関係性

総論　主題　技法　知識　鑑賞

メディア教育としての写真

　写真は19世紀前半に発明され，その技術は，あるがままの世界を視覚的に定着することである。現代では，MRIやレントゲン写真，電子顕微鏡やサーモグラフィーといった電子的なデータをも視覚的に表現しており，これらを含めると肉眼では見えないものも見えるようにしている。技術の発展は，人と世界のあり方を変容させつつある。

　ドキュメントとしての写真をはじめ，風景写真，肖像写真，記念写真，造形的な写真，ファッション写真，そして芸術的な写真と，まだまだ概念的な多様な切り口をみせてくれるメディアである。制作するとき，どの意味のカテゴリーでの写真を扱うかを決めて撮影することが好ましい。

　写真には記録性という強い力がある。しかし，いろいろ見ていくうちに，事実としての現実と虚構としてのイメージがさまざまなかたちで表面化，潜在化していることに気づくだろう。

　「何が事実で，なにが嘘（つくりごと）か……」

　それについて「感じ，考え，制作」することが，メディア・リテラシーについて学習することになる。

セルフ・ポートレイトから　―現実の自分とつくられた自分

　身分証明の写真を撮る撮影装置でセルフ・ポートレイトを撮ればどうだろう。こうしたからといって，必ずしも普通の自分の容姿が写っているとは限らない。実際に，この方法で400パターンの自分を撮影している澤田知子（2004年度木村伊兵衛写真賞受賞）の作品「ID 400」を見てみよう。彼女は，撮影する前に即興で思い浮かぶ姿に変装し，その行為を繰り返しながらコインを投入している。自らをデザインし，証明写真のブースで作品制作をしているのである。

　「ステージド・フォト」，「コンストラクティブ・フォト」という手法で，現実にはないつくられた自分を写真上でつくることができる。カメラのファインダーを覗きながら写すべき内容を現実に作り込んで撮影するという単純な方法である。この方法は，コンピュータグラフィックスの画面ですべてを制作するバーチャルな写真よりも，現実味のある存在感がでる。なぜなら，現実そのものだからだ。何よりも大きな違いは，澤田知子の400通りの自分の姿は，すべて自分である証明に使える。

「現実を写真に撮る」―二つのケースから

　現実をそのままに撮影するとは，どういうことか？　アンリ・カルティエ・ブレッソンは，決定的瞬間として，直感的にある瞬間をドラマチックにとらえて表現している。確かに現実を切り取っている

●マリリン・モンローの写真（映画「ナイアガラ」（米・1953）の広告写真）。写真に描かれている枠は，アンディー・ウォーホルが自作の作品プランのために描いたもの

●ウォーホルの写真製版による作品「青緑色のマリリン，1962」

●左図のマリリンの写真をもとに「ステージド・フォト」の手法でつくった森村泰昌による「セルフ・ポートレイト・女優（モンローとしての私）」（1996）

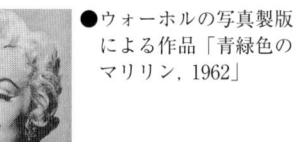

これらのケースは，事物となったマリリンの1枚の写真をめぐり，インターヴェーション（介入），マニピレーション（操作加工）されて制作された例である。

澤田知子「ID400」（1998）のディテール

が，事実としての物語まで，その写真に写っているとは限らない。

　もう一つの例として，フォト・ジャーナリストのユージン・スミスの写真を見てみよう。現実のニュースを紹介する写真でありながら，時には，撮影時に現実を構成し直したり，現像のプロセスで合成したりもする。現実をそのままに覗き見的にカメラで切り取ったと，信じている人を裏切ることになるが，語り手として責任をもって，現実の意味を写真で表現している。

　メディア・リテラシーの点からは，どんな写真でも，撮影から現像までの写真技術のそのすべてにおいて，現実のままではない意図的な表現の介入できる可能性があることを忘れてはならない。言葉で語られるニュースと同様に，ただ現実を写すだけではない，発言力のある最高のビジュアル的な写真で表現している。ユージン・スミスは「現実を整理し直して本当の姿を見せること」と言っている。

左図のウェールズの写真取材では，モダンと伝統が共存する様子を描いているが，ユージン・スミスは，家畜の群れと車の運転手を雇って，狭い道で撮影している。

この表現スタイルを踏襲しながら，アメリカの写真誌「ライフ」に，ニュース性のある四つのフォト・エッセーを発表している。

『ユージン・スミス写真集』(1934-1975)／岩波書店(1999)発行に詳しく書かれている。現実を表現することについてのメディア・リテラシーの資料となるので参照されるとよい。

ユージン・スミスによる「社会主義に対する保守党の答え」
（トラックの行く手を阻む牛の群れ／1950）

■発展

●カメラオブスキュラと針穴写真機

カメラの原型ともいわれるのが，カメラオブスキュラ（暗い部屋という意味）である。古くは天体観測に用いられ，写生する道具としても使われた。当初は，暗箱に針の穴があけられただけのものだったが，後にレンズが用いられカメラの原型となる。現代では，針穴写真機を用いた「写すこと」についてのワークショップがよく開催される。

大型カメラオブスキュラの図版（1646）
アタナシウス・キルヒャー

●カメラを用いない写真

まったくカメラを用いない写真もある。実物の影，何かに写り込んだ虚像も写真と同様の性質をもったものである。物に投射してできた光と影を印画紙に感光させるフォトグラム（レイヨグラフ），切り抜いた紙や透過する素材にドローイングし，同様に重ねて感光するフォトデッサンなどがある。暗室での露光，現像，停止，定着などのプロセスで制作する。

フォトグラムの作例

マン・レイ「レイヨグラフ」(1927)
(MAN RAY, Rayograph, 1927)
ⓒMan Ray Trust / ADAGP, Paris & SPDA Tokyo, 2006

●デジタル写真

現代の写真は，インターヴェーション（介入），マニピレーション（操作，加工）されていく傾向にある。デジタルカメラは，より操作，加工しやすい。プロ用のデジタルカメラでは，撮影画像は生データで保存するモードがあるが，家庭用デジタルカメラでは，シャープに鮮やかにという画像加工処理がされて保存されている。デジタルカメラの画像は，見たままではなく，好みの方向に簡単に画像修正される傾向にある。その点が，生の記録ではない，従来の写真と大きく違うところである。感覚的には，レンズ望遠鏡で直に覗いた生の天体をみることと，自分でハッブル望遠鏡を操ったとしても，直ではないモニタ上にある天体をライブでみることとの違いと似ている。結果として，知らず知らずのうちにどこかで身体性が失われている。

POINT

- メディア教育としての写真
- 現実の意味を写真で表現
- 操作，加工がしやすいデジタル写真

関連リンク

事実と虚構　　　→ p.3, 26

記録性　　　　　→ p.34

デジタル写真　　→ p.136, 142

（椎原　保）

[4] デザイン・工芸の基礎技法

総論　主題　技法　知識　鑑賞

2 DCG表現
CGの魅力と可能性

2DCGとは

　今日では，印刷媒体のほとんどにコンピュータが利用されている。ポスターやチラシ，雑誌類にみられる文字，図形，イラスト，写真などの作成，処理，編集のようなものを一般に2DCG（二次元コンピュータグラフィックス）と呼んでいる。これらは厳密にいえば，コンピュータプログラムのみによって生成される映像とコンピュータをどこかの段階で利用した表現に大別されるが，現実には後者のケースが圧倒的に多い。こうした技術をデザイン活動で利用していくためには，それらの特性を理解したうえで，適切かつ効果的な利用をめざす必要がある。

ペイントとドロー

　デジタル写真やスキャナで読み込んだ手描きの絵は，ピクセルという細かいドットの集合体として表現される。このドット数が多いほど高解像度であるといい，高精細な表現が可能となる。したがって，できる限り高解像度のデータを取り込むことが望ましいが，比例してデータ容量も巨大化してしまうため，出力するサイズに応じた解像度の設定が求められる。一般に，こうしたデータをビットマップデータと呼び，ペイント系のアプリケーションで使用される。

　これに対し，ツールを使って描いた幾何学図形などは，座標の中のどの点がどの点と結ばれるのかといった位置情報の集まりとして表現されるため，拡大縮小，変形などの操作によっても図形の精度は常に一定している。データ容量も小さく，機械図面のような複雑で厳密なものから，平滑な色面表現などに利用される。こうしたデータはベクターデータと呼ばれ，ドロー系のアプリケーションで使用される。

　こうした二つのデータ特性を組み合わせることで，写真画像をモチーフとし，文字や図形が組み合わせられたポスターや雑誌等の制作が可能となる。

表現の幅を広げるコンピュータの特性

1）レイヤーの概念

　レイヤーの利用は，1枚目に背景，2枚目にイラスト，3枚目に文字というように透明なフィルムを重ねた感覚でデザインを進めることができる。複雑なデータを分類することで操作を容易にしたり，前後関係を工夫したグラフィックス表現などが可能となる。

2）複製と合成

　文字や図形などをコピーして複製を貼り込む技術は，ワープロやCGの基本でありながら，最も作業効率を高める技術の一つである。データの再利用と

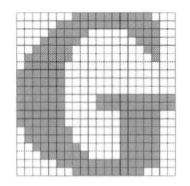

●ビットマップ表現

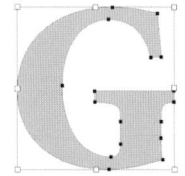

●ベクター表現

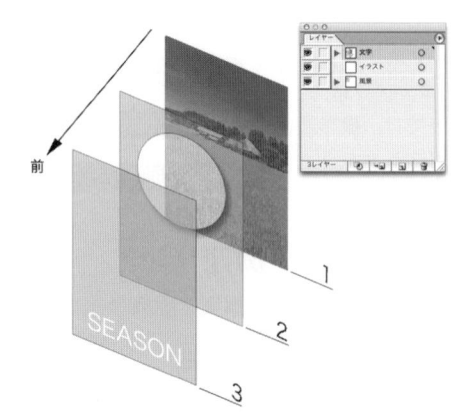

●レイヤーの概念

●ドロー系イラストレーション

いう観点から制作時間の短縮と同時に，手技を超えて表現の幅を広げる一助ともなる。

また，いくつかの異なった画像を合成する技術は，かつてのモンタージュやコラージュの技法より，簡易でありながら精度の高い表現が可能となり，飛躍的に利用が増加している技術の一つである。

2DCGの位置づけ

新たに情報を創作することだけでなく，既存の情報をさまざまな角度から多角的に取り扱う表現に最も適したものがCGである。その意味では，「編集」デザインの能力に比重がかかってきており，雑誌制作やプレゼンテーションなどにはすでに2DCGの柔軟な利用が普及している。CGは，熟練を要した手描きの技術の多くの部分を解放した。同時に，配色，レイアウト感覚，テーマの設定，表現形式のオリジナリティなど，より人間側の感覚や思考に委ねられる部分がクローズアップされることになった。そうした観点からCGの位置づけをしておく必要があろう。

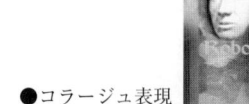

●コラージュ表現

●ペイント系イラストレーション

■発展

●ミロの造形作品要素を数字に見立て，複製し合成したカレンダーのアイデア

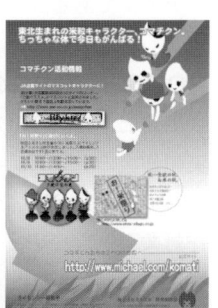

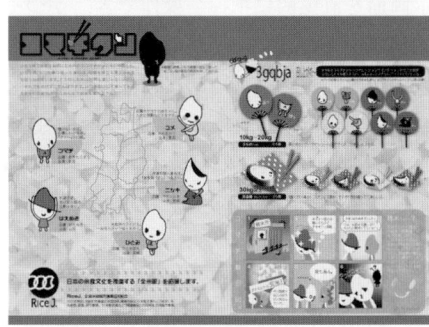

●イベントとそれにかかわるデザイングッズを企画しパンフレットを編集する

POINT

- 効率を高め表現の幅を広げるCG
- CGの利点を理解した表現の観点
- 情報の「創作」と「編集」する力の重要性

関連リンク

2DCG　　　　　→ p.138

ビットマップ　　→ p.115

コラージュ　　　→ p.37, 50, 68, 126

（伊藤文彦）

[4] デザイン・工芸の基礎技法

総論 主題 技法 **知識** 鑑賞

3DCG表現
三次元空間の構想

視覚文化と3DCG（三次元グラフィックス）

　ゲーム・映画・テレビ番組等に見るように，今日の視覚文化における3DCGの役割は大きい。3DCGの制作は，視覚文化に対する批判的リテラシー獲得に有効であるとともに，まさに仮想のデザインを可視化することであり，自己実現性の極めて高い表現メディアである。

2DCGと3DCGの相違

　表現としての2DCGと3DCGの重要な相違は，現実の作業のシミュレーションであるか否かにある。
　2DCGも3DCGもともに，仮想の三次元座標を操作対象とし，そのインターフェイスに2Dのモニタを用いる。2DCGは，現実の平面造形と同様に，表示画面を直感的に把握・操作でき，かつその主要な表現ツールのほとんどが現実の表現材をメタファとしていることにより，特に習熟を必要としない。それとは対照的に，3Dオブジェクトを2Dモニタを通して把握し操作するには，透視図表示・多面同時表示・視点移動動画表示等から，概念として三次元空間を構想する必要がある。これは，現実の立体を直感的に把握し操作することとは質的に異なる。
　この3DCGの難しさを事前に了解し，習熟への準備がなければ，手も足も出ないことになる。

モデリングとレンダリング

　3DCGにおけるモデリングとは，具体的なオブジェクトの構成や形成だけでなく，材質や環境の設定，さらには，アニメーション制作における動作や視点移動の定義などを指すことが多い。人の手による操作や設定の全てがモデリングにあたる。それに対して，一般にコンピュータによる一連の描画処理をレンダリングという。作業の必要と仕上がりの精度との関係から，ワイヤーフレームやレイトレーシング等のレンダリング・オプションが選択される。

形状のモデリング

　単純なオブジェクトの成形法に，幾何学形体の組合せがある。これは，仮想の積み木のような操作だが，座標概念が把握されないと難しい。
　自由な二次元曲線を断面として線上に押し出したり，軸上に旋回させる成形法は，むしろ一般的で，概念的には単純である。
　三次元曲面の自由なコントロールは，有機的な形体のモデリングには不可欠である。自由曲面を成形するには，ベジェ等の曲線コントロールが効率的である。ベジェ曲線のコントロール自体は困難ではないが，三次元的にベジェをコントロールするには習熟による三次元的な概念把握が必要になる。

●3DCGによるアニメーション映画
　視点移動に伴うシャンデリアの様子が話題となった。2D画像としてセルごとに変化を描くことも不可能ではないが，現実的ではない。

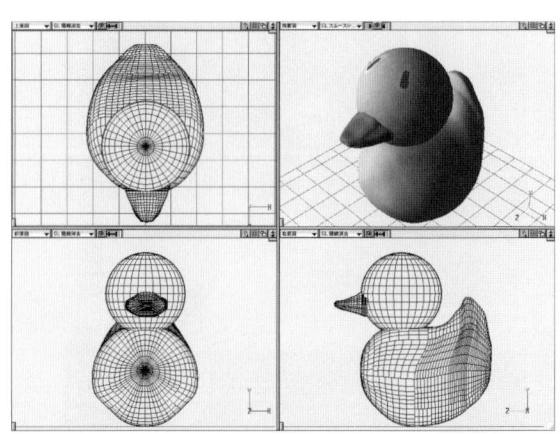

●四面表示による立体把握

材質と環境効果

オブジェクトの材質および背景としての空間設定などは，3DCGに特有のデザイン要素である。材質感を反映したさまざまな光の透過，屈折，散乱なども再現できる。

樫の質感と漆喰壁の背景　　金属光沢に宇宙空間

アニメーションの定義

手描きないしは2DCGにより視覚的にリアルなアニメーションを作成することは，原理的には可能だが現実的ではない。3DCGを用いる場合，基本的なモデリング情報が共有されるため，動画に必要な膨大な数の静止画が半ば自動計算によりレンダリングされる。アニメーションの定義には，1コマ1コマを設定する方法から，人工知能を用いて自動計算するものまでがある。作業やシステムのバランスから一般的によく用いられるのは，特徴的なフレームのみをモデリングし他のフレームをコンピュータにより中割補完する方法である。

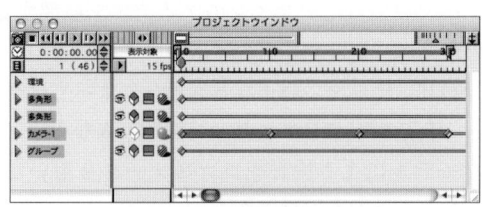

アニメーションを設定するパレット

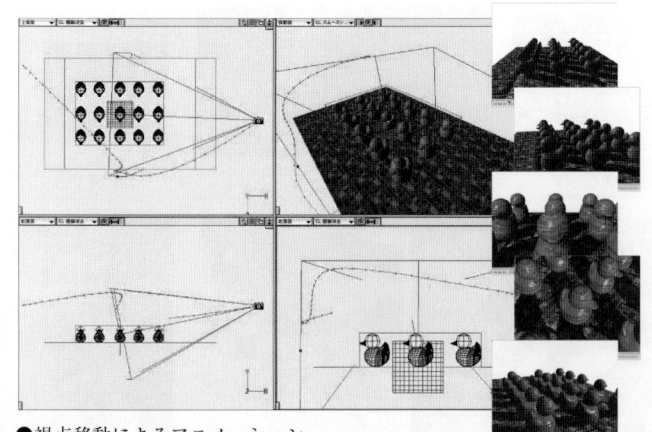

●視点移動によるアニメーション

■発展

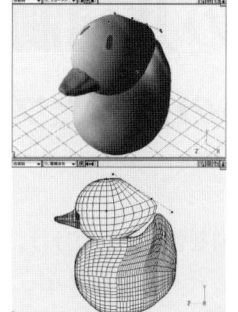

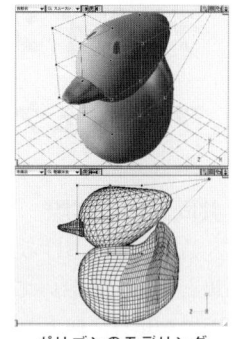

ベジェオブジェクトのモデリング　　ポリゴンのモデリング

●ベジェとポリゴン

自由曲面の形成にはベジェ等のスプラインコントロールが使われるが，保存されるモデルデータはポリゴンで記述されることが多い。変形をアニメーション表現する際に，このことを意識する必要がある。

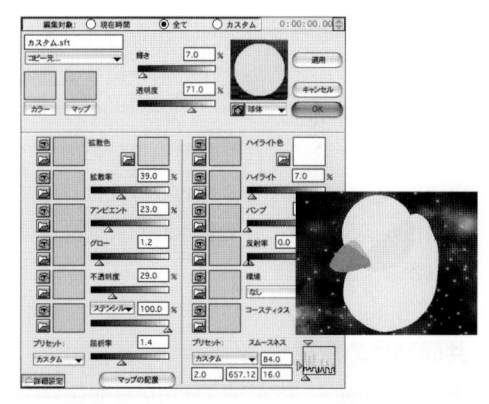

●材質感の形成

材質感や環境効果には，細かな設定が可能になる。特にレイトレーシング等のように現実の光線の経路をシミュレートするようなレンダリング方法を採る場合，光の屈折や拡散，数次にわたる反射なども詳細に設定でき，視覚的には極めてリアルな仮想現実がデザインできる。

POINT

● 仮想のデザインを可視化する3DCG

● 自己実現にきわめて適した表現メディア

● モデリングの操作性と合理性

関連リンク

アニメーション　　→ p.58, 128

材質感　　→ p.29

ポリゴン　　→ p.93

（上山　浩）

4 デザイン・工芸の基礎技法

デザインの共同制作
プロジェクトの意義とプロセス

総論 主題 **技法** 知識 鑑賞

共同制作の実際

造形活動における共同制作の位置づけは，教育の場と実社会においては，その実態が異なっている。前者の場合，個人の表現へのまなざしが強く，評価の観点も難しい共同制作に躊躇する場合が多い。実際のところ，制作に要する時間や場が限られた中で，大掛かりな共同制作を実現することには多くの困難がある。

一方後者の場合，特にデザインの活動などに目を向けると，小さなロゴマークから巨大な建造物に至るまで，ほとんどの場合が役割分担による共同作業に該当し，組織化された分業が一般的になっている。これは，決められた時間や予算の中で，最も効率よく最大の効果を得るための方法は，さまざまな専門性が適材適所に分業化された共同作業に他ならないからである。

共同制作の意義

① 密度が高く，大規模な制作が可能なこと。
② 共同する場での自己を生かす力を育成できる。

①については，個人制作した作品を寄せ集めた「集合制作」や全体を細かいパーツに分割した「部品組立て制作」のような形態も実践されているが，②の能力を養うには，テーマ設定もチームで行い，各個人の役割を明確化し，他者の意見を尊重しながら全員が目標に向けた活動をする「プロジェクト型制作」が望ましい。そのため1グループ5名前後を基本とし，ケースに応じた適正規模を考えたい。

プロジェクトとしての共同制作のプロセス

1) プロジェクトの目的と役割分担の確認

プロジェクトの目的を明確化し，メンバー個々のおおよその役割分担を決定する。
・リーダーの決定（プロジェクト全体の舵取り役）
・作業の質的分担（デザイン担当，制作担当など）
・作業の量的分担（背景とパーツ，成形と着彩など）

2) テーマの検討

条件に沿ったテーマやコンセプトの設定。主にブレインストーミングにより，メンバー全体の意見を拾い上げ，分類や集約作業により，メンバー全体が合意できるテーマやコンセプトを絞り込む。

3) アイデア展開

テーマに沿ったデザインのアイデアを展開する。この段階は，テーマ検討の段階へのフィードバックも行われ，テーマの修正なども場合によっては行われる。会話やアイデアスケッチ作業のみならず，簡単なモデルによる検討やコンピュータを用いたシミュレーションも有効である。

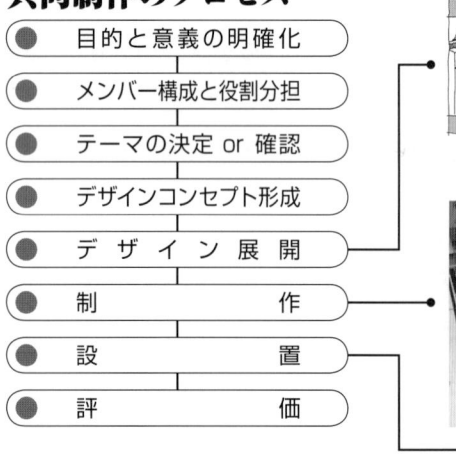

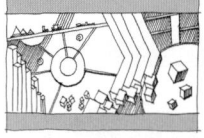

共同制作のプロセス

- 目的と意義の明確化
- メンバー構成と役割分担
- テーマの決定 or 確認
- デザインコンセプト形成
- デザイン展開
- 制作
- 設置
- 評価

手描きスケッチ ⇒ CGスケッチ・シミュレーション ⇒ 縮尺モデル

4）制作と設置

制作にあたっては，制作品の展示保管状況を見据えた材料と技術の選択が必要となる。ディスプレイや壁面レリーフなどでは，設置場所の状況や求められる耐久性も異なる。イベント関連のデザインやディスプレイデザインなどは，永続的なものではなく，廃棄や更新も必要となる。そのため，ベニヤや発泡スチロールなど，加工が容易で比較的規模の大きなものを制作するのに適した材料の選択が求められる。

5）評　価

プロジェクト型の共同制作では，作業の質的・量的な差にかかわらず，メンバー全員の作品であるという認識が必要である。教育の場においては，チーム内での自分や他人の役割ごとの成果を再確認する。作品自体の評価については，鑑賞できる展示が可能となった場合などは，鑑賞者の評価を汲み取る調査なども有効である。

●コンセプトパネル

■発展

プロジェクト型の共同制作の場合，最終的な作品だけでなくデザインコンセプトをまとめた「コンセプトパネル」やデザインプロセス全体を記録した「プロセスパネルや報告書」なども重要な成果となる。前者は，作品とともに掲示することにより，鑑賞者の理解をサポートすることができる。後者は，プロジェクトメンバー以外の人たちとも知識や技能を共有でき，次のプロジェクトのためのノウハウの蓄積となる。

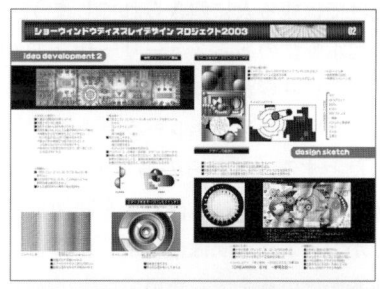

●デザインプロセスパネル

●設置が完了した作品（2400×4800mm）

POINT

- プロジェクト型が個人を生かす
- 密度と規模を高める共同制作
- 作業の質的分担と量的分担

関連リンク

デザインコンセプト　⟶　p.30, 148

ブレインストーミング　⟶　p.122

シミュレーション　　⟶　p.138

（伊藤文彦）

デザインの材料と技法

4 デザイン・工芸の基礎技法

総論 主題 技法 知識 鑑賞

デジタルビデオ編集 Ⅰ
映像編集とデジタルビデオ編集

映像編集とは
　当然のことながら撮ったままの映像を長時間，流すだけでは観る人に飽きられてしまう。しかしながら，起承転結のあるストーリー仕立ての映像，しかも画面の移り変わりにリズムや変化があり，さらに効果，文字，音楽，ナレーションなどの演出が加えられたとする。これらの編集テクニックを駆使し，映像を際立たせれば，観る人を映像世界に引き込むことができよう。映像編集がいかに重要なプロセスであるかはいうまでもない。

映像の編集法
　そもそも映像編集とは集めたものの中からよりよい素材を選び出し，加工して一つの作品をつくり上げることである。映画評論家・映像作家の西村雄一郎は，映像編集の目的とその方法について，次の四つを挙げている（「一人でもできる映画の撮り方」）。
① 余分なカットを切る編集法
② イメージを強調する編集法
③ テンポとリズムをつくる編集法
④ ストーリーをつくる編集法
　映画，テレビ番組，コマーシャルなど，映像編集はあらゆる映像づくりにおいて必要不可欠な作業である。例えば映画の分野では，撮影したフィルムの中から不要なコマをカットし，必要なコマをつなぎ合わせて編集することをカッティングという。この編集作業は物語を違和感なく展開させるうえで必要なものだけでなく，観客を登場人物に感情移入させるうえでも重要な役割を果たしている。一方，テレビの番組制作においても，撮影したテープの中から必要な場面を選び出し，視聴者に印象づけるような場面をつなぎ合わせ，効果や文字，ナレーションを加えながらまとまりのある一つの映像をつくり上げていくという編集作業が行われる。多くの視聴者を得ることができるかどうか，それは編集された内容によって大きく左右されよう。

デジタルビデオ編集のメリット
　映像ジャンルを問わず，作り手と受け手が共有できる感動の橋渡しを担うもの，まさにそれが映像編集である。これまで，こうした映像編集は高価なビデオ編集用の機材を必要とし，それを使用してもかなり時間のかかる作業であった。しかしながら，現在ではデジタル化によって映像や音などの素材をデータとして扱えることができ，パソコンのハードディスクに保存してあるものの中から必要な映像を呼び出し編集することで，作業時間を大幅に短縮することができるようになった。また，パソコンが一

142

映画「月世界旅行」(1902)
（ジョルジョ・メリエス監督）

●14分のサイレント映画。ストーリーにそって場面が次々と展開するが，これは映像編集によるものであり，当時の映画としては画期的なことであった。

映画「キッド」(1921)
（チャールズ・チャップリン監督）

●映画制作では，カットしたコマの長さや組合せによって映像がもつ意味や観る側の受止め方が変わってくる。

映画広告「E.T.」(1982)
（スティーブン・スピルバーグ監督）

●映画のチラシやポスターにも，印象的なシーンをもとにし，画面構成された編集がみられる。

般に出回るまでのビデオ編集といえば，ビデオデッキを二台接続して編集する方法が主流であった。この方法においては映像と映像を順につないで編集していかなければならないので，厳密なプロットが必要とされたのである。しかし，パソコンによるデジタル式の編集では映像を素材として扱うことが可能なために，映像や音などの素材を選択しながら，これらを自由に組み合わせて映像を編集できる。この方法をノンリニア編集といい，これはパソコンを使ったデジタルビデオ編集の大きなメリットである。

映像編集に必要なソフト

　WindowsOS，MacOSにはそれぞれ標準で映像編集のためのソフトが搭載されている。このソフトでも十分な機能を備えているが，より凝った映像を手掛けたいのであれば，使用するソフトとしてUleadの「VIEDEO STUDIO」や，プロの映像作家にも定評のあるAdobeの「Premiere」などが挙げられよう。

著作権等の問題

　映像制作において，常に意識しておかなければならないことは著作権の問題である。例えば，編集した映像に合った音楽を使う場合，それが著作権のある既成の音楽であるならば，私的使用目的のための範囲でしか使うことができない。公の場での発表を望むならば，使用目的をはっきりさせ，それなりの手続を踏まえ許可を得ておく必要がある。著作権者の許諾が得られるかは，その状況にもよるが，映像制作においてトラブルが発生しないように十分に心がけておかなければならない。

■発展

CM「日清カップヌードル　マンモス篇」(1992)
日清食品，博報堂，東北新社

●日常の中で最も目にするCMには，印象づけるためのさまざまな映像編集のテクニックが生かされている。

デジタルビデオ編集によるパソコン画面
（Adobe Premiere Pro）

POINT

- 映像世界に引き込むための編集法
- 鑑賞する側に立った映像編集が重要
- 映像の自由な組合せと加工が可能

関連リンク

ＣＧ	→ p.136, 138
デジタルメディア	→ p.146, 148
アニメーション	→ p.128

（芳賀正之）

[4] デザイン・工芸の基礎技法

デジタルビデオ編集 Ⅱ
デジタルビデオ制作と編集方法

総論 主題 **技法** 知識 鑑賞

デジタルビデオ制作の基本

　映像編集のめざすところは観る人を映像世界に引き込むことにある。それゆえに目の前に鑑賞者がいることを想定し，その人の感じ方や受取り方を考えながら映像をつくることが第一の基本である。

　パソコンの進展や精密な映像機器の発展に伴い，今や個人でのビデオづくりが容易なものとなったが，それは作業の効率化が図られたというだけのことである。編集方法そのものは従来の映画フィルムやアナログ式のビデオにみられた方法と基本的に変わりはない。そのことを踏まえ，ここではビデオ編集用ソフトを活用したデジタルビデオ制作の流れとその内容について述べる。

映像編集の流れ

1）映像素材

　デジタルビデオ制作における映像編集では，映像素材によって，初期段階の作業が異なる。例えば，ポイントとなる場面の絵コンテにそって撮影した映像素材を使うのであれば，その中からより良い場面を選び出しながら編集していくことになる。しかし，ストーリー展開がそれほど明確でなく，とりあえず撮影した映像の中から使える映像素材を選び出していくことになると，初期段階でポイントとなる場面を選び出していくことが重要な作業となる。

2）キャプチャー

　パソコンでの映像編集の作業は，撮影した映像素材を取り込むことからはじまる。デジタルビデオカメラで撮影した映像をパソコンのハードディスクに取り込む操作をキャプチャーといい，これはDVケーブルで接続したDVカメラないしDVビデオデッキをパソコンからリモート操作して行う。デジタルビデオカメラのDVテープからパソコンに映像情報を取り込んでしまえば，後はビデオ編集用ソフトを用い，必要な映像を選び出し，つないで編集していくだけである。

3）クリップ編集

　パソコンによる映像編集では再生する順番を決めながら，タイムライン上でクリップ（映像素材）をつなげる編集が基本的な作業となる。パソコン画面の作業は，このクリップを移動したり，切り取ったり，貼りつけたりと，まるでワープロソフトを使うような感覚でクリップ編集ができる。

4）トランジションとビデオフィルター

　カットが集まり，一つの映像（場面）から次の映像（場面）へ移行するときに，その両者の映像が重なっている時間がある。両者の映像を合成しながら場面転換を図る場合に用いられるのがトランジション

144

- ●企画・構想
  ↓
- ●ビデオ撮影
  ↓
- ●映像のキャプチャー
  ↓
- ●映像を順に並べる
  ↓
- ●映像のカットとトリミング
  ↓
- ●効果・タイトル・音入れ
  ↓
- ●書き出し・保存

●映像編集の基本的な流れ

① オープニング画面

② 主役登場の画面

③ 文字と効果で強調

④ アニメーションの挿入

⑤ 場面転換の画面

⑥ テロップの挿入

(効果)である。トランジションは映像編集で重要な素材となり，オーバーラップ系，ドア系，ページターン系などさまざまなパターンがある。また，場面全体にビデオフィルターをかけることもできる。ただ，こうした特殊な映像効果は多用しすぎると逆効果になる場合があるので，使い方に気をつけなければならない。

5）タイトルとテロップの挿入・編集

作品タイトルやテロップなど，文字を加えるタイトル編集は映像編集において欠かせない作業である。映像に適した書体や色を選択し，画面の配置やタイミングを考えて入れる必要がある。必要に応じて，文字を効果的に動かしたりもする。

6）音楽とナレーションの挿入

映像編集において，音の挿入も重要な作業の一つである。例えば，効果音や音楽を加えることで場面に臨場感を生み出したり，より際立たせたりすることができる。また，映像だけでは伝わりにくい場面でも，そこにナレーションを加えることで映像の内容を補うことができる。こうした映像に適した音楽やナレーションを加えることで，観る人を映像世界に一層誘うことができよう。

7）保存と再生

映像編集が終わった映像作品は，通常，ムービーファイルやDVテープに書き出したりする。またはDVD作成のオーサリングソフトを使い，DVDメディア（MPEG2ファイルに変換）にすることもできる。このメディアならば，DVD再生ソフトを使ってパソコン画面や，あるいはDVD機器を通してテレビで再生をすることができる。

マルチワイプ（トランジション）　平面スピン（トランジション）

ゴースト（ビデオフィルター）　レンズケアー（ビデオフィルター）

■発展

●ミュージック・ビデオ

ミュージック・ビデオは，宣伝効果を目的としてつくられたロック・アーティストのプロモーション用フィルムに端を発し，1980年代以降はテレビで再生できる家庭用ビデオデッキの普及に伴い，パッケージ商品として制作された。今日では，Web上で流れることも珍しくないが，ビデオ編集用のソフトを活用すれば，コマ撮りの映像（静止画）をつなげるための手立てとして，アニメーション制作にも活用でき，音楽を加えて独創的なミュージック・ビデオをつくることができる。

ミュージック・ビデオ

デザインの材料と技法

POINT

- 映像素材をつなげる編集作業が基本
- 映像効果の使いすぎは逆効果
- 映像に適した音の入れ方が重要

関連リンク

C G　　　　　　→ p.136, 138

デジタルメディア　→ p.146, 148

アニメーション　　→ p.128

（芳賀正之）

4 デザイン・工芸の基礎技法

統合的な情報伝達 Ⅰ
プレゼンテーション・デジタルメディア

総論　主題　技法　**知識**　鑑賞

コンピュータによるデジタル情報の統合

マルチメディアという語が聞かれなくなったのは，今日のコンピュータが，文字，画像，音声，映像等の情報を統合的に処理し，マルチメディアとしての機能を前提としたことによる。マルチメディアは，システムとしては死語化したが，デジタル情報を扱う姿勢に，その性格を見ることができる。

DTPとDTPR

DTPR（デスク・トップ・プレゼンテーション）という語はDTP（デスク・トップ・パブリッシング）から派生した。だが，両者は似て非なるものである。

DTPは，従前の印刷物のデザインをコンピュータ画面上で行うもので，これにより，必要な専門知識や専用機器が簡素化され，印刷物のデザインは柔軟性を得た。だが，DTPは，印刷物の出力を前提とする以上，従前の作業を効率化したに過ぎない。

一方，DTPRは，OHPシートや35mmフィルムによるスライドとは，根本的に性格が違う。これにより，文字，図表，写真像に加えて動画や音声を一画面上でコントロールしたプレゼンテーションが可能となった。この機能を活かせば，従来のスライドをコンピュータデータに置き換えたものと比較して，格段の説得力を得ることができる。

プレゼンテーションデザイン

コンピュータのマルチメディア機能を活かした多様な情報の統合により，提示情報の流れはスムーズになり，かつ視聴者とのインタラクションも確保される。したがって，時間経過に伴う意識的なコントロールがプレゼンテーションデザインのキーとなる。

1枚のスライドの中に映像（音声や動画）へのアクセスポインタを配置する手法はよく用いられる。映像は，文字や画像と違い，その提示には確実に一定の時間経過を要する。提示映像の切り取りや編集は，伝達内容・目的に添うことは当然ではあるが，さらに，スライド進行全体の中での時間経過を考慮に入れる必要がある。

文字・画像の表示・非表示，あるいはスライド進行など，かつて明瞭に区切られていた変化に，移動，回転，オーバーラップなどアニメーション効果を設定することができる。これもまた，伝達内容や目的に対応した強調や視線の誘導などの効果ばかりではなく，時間経過を考慮したデザインの対象になる。その観点から，内容項目の変化によりスライド進行を意識させないデザインも有効である。

プレゼンテーションデザインは，画面という二次元にさらに時間軸を加えた，ある種の三次元デザインだと理解されるべきである。

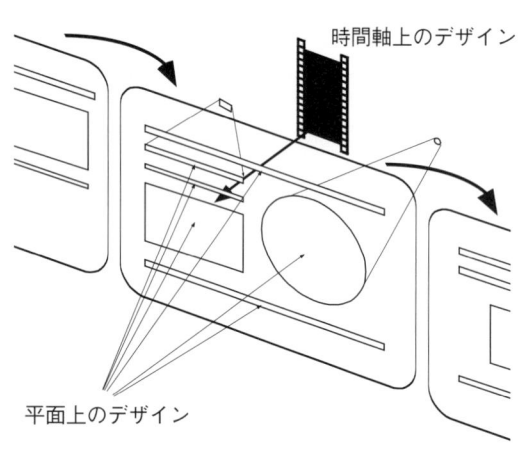

●プレゼンテーションデザインの要素

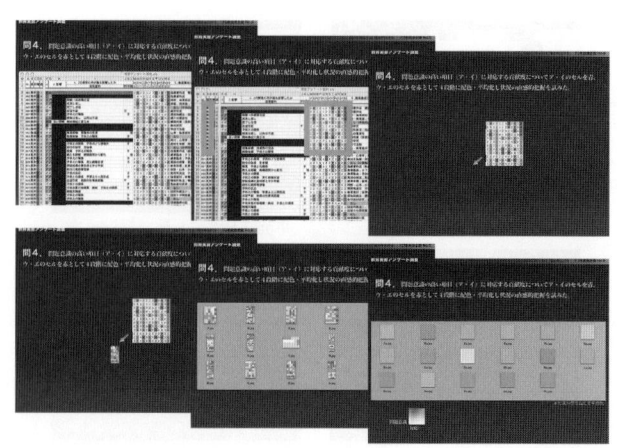

平面上のデザイン　時間軸上のデザイン

●画面の変化を活かしたプレゼンテーション

デジタルメディアオーサリング（編集・統合）

　デジタル情報の統合的なアーカイブ化ないしは配信のメディアとして，CDやDVDなどが使われる。これらのメディアのオーサリングがデザインとして意識される。

　現実には，先のプレゼンテーションファイルがそのままコンテンツ（内容）とされることが多い。このように，デジタルメディアの特徴を生かしたオーサリングは必ずしも明瞭に意識されているわけではない。だが，デジタルメディアのオーサリングには，プレゼンテーションに対するのとは異なる考え方が必要とされる。すなわち，プレゼンテーションデザインが時間の流れを重視するのに対し，デジタルメディアオーサリングの場合，ユーザが思いのままに情報へランダムアクセスすることを想定したリンクを重視するデザインが要求される。

　例えば，従前の印刷物と同等のコンテンツをPDF化する場合であっても，ページリンク情報の設定とそれに対応したインデックスページのデザインが重要になる。また，映像の編集に際しても，チャプターマーカの設定とそれに対応したインデックスとのリンク情報が適切にデザインされなければデジタルメディアの意味が半減する。さらには，メディアとしては性格が異なるがコンテンツとして関連のある情報同士のリンクやインデックス上の配置などもオーサリングの対象になる。

　デジタルメディアがユーザにとってどのような位置づけになるか，たとえば使用頻度などには，コンテンツの重要性に並び，オーサリングデザインの完成度が，これに強く影響する。

●コンテンツの関連を配慮したポインタの配置

■発展

●コンテンツとレーベル
　インターフェースとしてのレーベルとインデックスがコンテンツにどうかかわるか，コンテンツ同士をどう配列するかなども重要なデザイン対象である。

●ハイブリッドメディア
　CDやDVDは，コンテンツにアクセスする機器として，コンピュータのみならず，一般的AV機器も利用可能とすることができる。DVDプレイヤーなどの一般のAVは，コンピュータに比べインターフェースに置いて操作性の柔軟さを欠くが，手軽であり普及度も高い。同じメディア中の同じコンテンツに，別個の機器にてアクセスすることを前提とした，インターフェースのデザインが必要となる。

●インターネットとのリンク
　今日のコンピュータは，インターネットへの接続が一般化している。すでに各種アーカイブやライブラリはインターネットを通じてのアクセスが一般化している。
　デジタルメディアの多くも，当該メディア内のコンテンツにとどまらず，インターネットを通じてアップデートが可能な情報へのアクセスを前提にデザインされている。インターネットの利用にはいまだセキュリティの問題が付随するので完全なシームレス化は問題があるが，デジタルメディアのオーサリングにおいて，インターネットを利用したインタラクティブな要素は，今後のキーとなる。
　また，デジタルメディア内のコンテンツにのみアクセスすることを前提としたインデックスにおいてさえ，その記述にHTMLを用いることは極めて一般化している。このように，デジタルメディアのオーサリングデザインとWebデザインと切り離して考えることの方がむしろ難しいとも言える。

POINT

●情報処理の姿勢としてのマルチメディア

●プレゼンテーションデザインは時間軸のデザイン

●オーサリングはリンクとインデックスによる

関連リンク

マルチメディア　　　→ p.3, 30

プレゼンテーション　→ p.84, 140, 186

映像編集　　　　　　→ p.136, 142, 144

（上山　浩）

4 デザイン・工芸の基礎技法

統合的な情報伝達 II
Webデザイン・デスクトップコミュニケーション

総論　主題　技法　**知識**　鑑賞

インターネットとグラフィックス

今日のコンピュータ普及の契機には，インターネット利用環境の整備に加え，高性能化によるマルチメディア機能の実現が挙げられる。特に，Webページの閲覧がインターネット利用の代名詞でもあるように，情報の柔軟な伝達とグラフィカルな要素とのインタラクションは，極めて重要なデザイン対象である。

Webデザイン

今日のブログの普及にみるまでもなく，個人がWeb上に公開する情報量は膨大である。一方で，従来の新聞・雑誌・テレビ番組と同様にマスメディアとしてもWebページは利用される。このようにWebページは，発信者にとってはプライベートでもありパブリックでもあり，かつ受信者にとってはオンデマンドでもある。そして，発信者と受信者との境界は存在しない。従前のメディアにはないこの性質は，インターネットを介したリンク構造により生じる。

今日のWebページには，各種スクリプトやスタイルシート等が使われ，繊細なグラフィックデザインを見ることができる。だがそれらのデザインは，情報誌やポスター等の平面的なグラフィックデザインとは根本的に異なる要素すなわちリンク構造を含んでいる。

Webデザインの特色は，文字・画像・リンクの三要素の関係を構想するところにある。情報間のリンク構造自体をデザインすることに加え，微妙なグラフィックスにより，ポインタとインデックスとして，情報間の心理的な連鎖をコントロールするデザインも可能である。

インタラクションとデザイン

Webページを作成し公開するに至っても，その時点までにすでにWebデザインが完成したわけではない。当然だが，時間の経過に伴い，掲載情報やリンク構造のアップデートが要求される。それが途切れれば，閲覧者を失い，デザインは意味を失うだろう。さらには，それらの更新に伴い，グラフィカルなデザインのアップデートも要求されるだろう。

このように，Webデザインは一過性のものではあり得ない。それは，単にマーケティングの対象としてではないユーザとのインタラクションの比重が大きいことを示している。すなわち，ユーザとのインタラクションにより，Webページを育てていくというデザインコンセプトが重視されるのである。いわば，インタラクションによって形成される，さらには，インタラクションのデザインという性格を有する。これが，生きたWebデザインである。

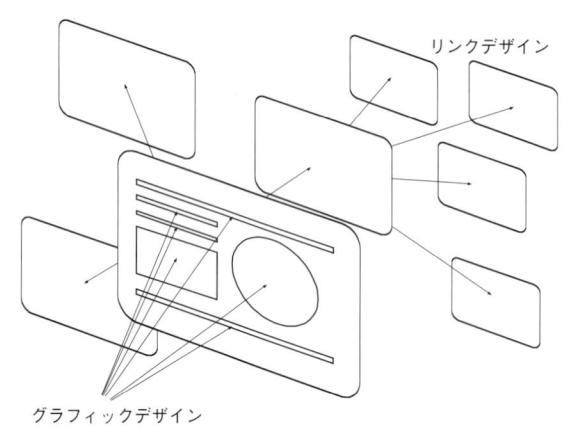

●Webデザインの要素

●教育用Webコンペ
エントリーしたページはその後のインタラクションによりアップデートされ続ける

デスクトップコミュニケーション

　デスクトップコミュニケーションシステムとは，一般に，テレビ電話システムを用いたテレビ会議などを指す。だが同様に，コンピュータ画面を通じたコミュニケーションであるチャットや電子掲示板（BBS），さらにはメーリングリスト（ML）なども，総じてそう呼ばれる。

　Webを介したインタラクティブなコミュニケーションには，各種MLやBBSの機能が使われる。この機能を実現する参加型サイトの管理・運用も，デザインの対象と考えることができる。例えば，BBSの開設，運営，管理は，先に示したWebデザインの一形態でもある。これは，ユーザ間のリンクを維持する装置であり，常に情報の流れに配慮した微妙なデザインの調整を必要とする。Webサーバに限らず，メーリングリストの管理などにもデザインの感覚は生きてくる。これらは，いわばコミュニケーションを図る場のデザインである。

　デザインとは，常にコミュニケーションを視野にいれたものだが，直接的にコミュニケーションを扱うデザインがこれである。従来，コミュニケーションを直接デザインの対象とする実際の手段は皆無であった。コンピュータの普及により，インターネットを通じたインタラクティブなコミュニケーションが占める割合が大きくなった今日，これらは，デスクトップコミュニケーションとしてデザインの対象になった。

　いずれの形態が対象であっても，人と人とのコミュニケーションに誠実に向かうことがデザインの基本といえるだろう。

■発展

●統合的なコミュニケーションシステム

　メーリングリストや電子掲示板，さらにはファイルサーバ等を，同一のプラットフォームにて，しかも簡便に扱うCMS（コンテンツ・マネジメント・システム）が普及しはじめている。moodleはその好例。

●ユーザビリティの拡張

　Webページのデザインに際し，対応環境の汎用性の拡張，ファイルサイズを軽くする工夫などは，ユーザ層を広げるうえで必要な要素である。さらには，視覚障害者を対象にしたページ内容読み上げ機能などに対応するために，画像などの配置の際に，その画像についての描写記述を添付するなどの工夫も有効である。

●セキュリティのデザイン

　各種サーバを運営するうえで，ファイヤーウォールを有効に機能させるなど，情報伝達経路のデザインを中心としたセキュリティ管理が求められる。

　BBSの運営において，CGIを用いる場合，しばしばセキュリティが破られる場合がある。その場合は，サーバを閉鎖し，再開を急がず，新しい安全なCGIが用意されるまで待つ必要がある。また，悪意のある発言内容によって，掲示板としての機能を失いかねないこともある。静かに拒絶するなどの対応が必要である。

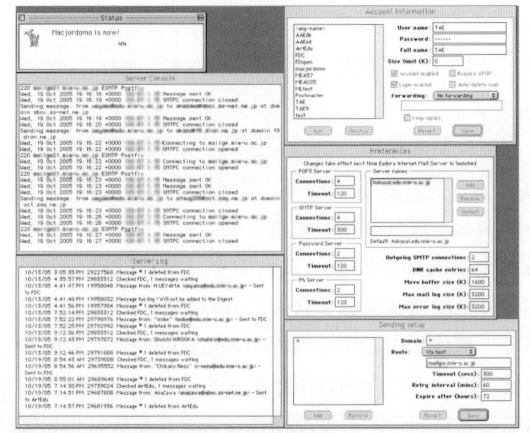

●メールサーバおよびMLの管理画面

POINT

- ●Webデザインの基本はリンク構造
- ●コミュニケーションを図る場のデザイン
- ●デザインの基本はコミュニケーション

関連リンク

Ｗｅｂ　　　　　　→ p.31, 147

インタラクション　→ p.112, 113

ユーザビリティ　　→ p.112

（上山　浩）

コラム

1．視覚と色彩

　色または色彩は，光のエネルギーが知覚化して目に見えるようになった性質または働きである。したがって，色は光の性質（光源からの光も物体それぞれの色も光の性質として眼に入る）と知覚化による多様な色彩現象という二つの様相として外表される。さらに美術表現された色には，視覚現象つまり刺激と享受としての意味が生まれる。視覚は五感覚の一つだが，人間の受け取る外部情報の80から90パーセントは視覚によって得られるといわれるほど卓越している。外界情報の窓である眼の感度は個人ごとの個体差があるが，視知覚（見える状態）的にはほぼ共通する結果が得られる。しかし，個体差による差異が大きい人もいる（日本人男性の約5パーセント，女子はずっと少ない）から，色のユニバーサルデザインでは，高齢者を含めてだれにも認められる使用色への配慮が必要となる。

　色彩の基本は，光と物体（微小な場合は物質）のかかわりから生じる物理的性質である。色は，青空（散乱），シャボン玉（干渉），宝石（結晶性や元素），花の色（色素），焼き物（化学変化）など異なる原因によって生じ，各物質の質感を通じて知覚化される。また，レーザーの色は，光を人間の赤血球に当てられるほど凝集してつくられる特殊な性質で，強く鋭く反射する。蛍光色は紫外線を受けて暗闇の中にも表れる色だから，色自身に発光感と浮遊感があって，固有の表現力をもつ。携帯電話などにも使われる液晶画面は，偏光板による光の発色を利用するもので，これも色彩材料となる可能性をもっている。

　人間の視覚は色づいた光を直接受容するが，一般の物体や絵具は不透明色の状態に知覚化された表面色である。表面色は，明度，色相，彩度の「色の三属性」としてとらえられる。色には，その外に光沢が色以外の性質として加わって見えている場合が多い。金色は黄色に，銀色は灰色に，金属光沢が加わった色である。光沢は心理的に質感の一つとして働くから，その色の状態は染色料が布地を得てはじめて色となることに似ていよう。

2．色の三属性と色立体
（基本となる色彩用語の説明）

　色の三属性を三次元性とみることで，色の世界は三次元的に表すことができる。それを「色空間（色全部の秩序ある集合）」「色立体（色空間を形で表したもの）」と呼ぶ。色立体が球体なら，それの赤道部には色相（赤，黄，緑，青，紫などに区別される性質。もっとも飽和した純色を考える）が虹の色の順序に配置されて，色相環をつくる。球内部の中心軸には上方から下方に，灰色群が明るい順に配置される。無彩色とは色相性をもたない色のことで，軸の一番上に白，一番下に黒を置くと色の明るさの基準尺度となる「明度段階」がつくられる。

　灰色・白・黒を無彩色といい，色相性をもつすべての色を有彩色という。彩はイロドルという意味により，赤や青などの色相区別をまとめて指している。色相の中で一番明るい純色は黄色，一番暗い純色は紫色だから，黄色は明度の高い色，紫色は低い明度の色である。赤色は明度段階の中間位置の色で，青緑色も同じ明度である。明度が同じで正反対の色相というその性質関係により，この2色による純色配色は最高に強い感じを与えるものとなり，また相互に絵の下塗りとしての関係を有効に表す色である。

　純色は明るいとも感じられる。その点で明度と通じ合う性質となるから，絵で色の力関係をバランスよく表現する場合の困難点となる。色の明るさに注目するとらえがヴァルール（フランス語valeur。色価と訳されるが，明度と共通する意味も含まれる）である。

　彩度は明度軸の一つの灰色がそれと同じ明度の純色に混ざった性質である。中心軸に近いほど灰色みが増し，離れるほど純色に近づく色になる。その各色を段階順に配置したものを「彩度段階」と呼ぶ。彩度段階は灰色を含んだ有彩色の秩序ある集合体で，球体の中心から外周の各点に向かって放射状に延びて，その先端は灰色を含まない純色が配置されることになる。彩度段階には含まれる灰色の影響

column 色彩

で，やわらかい感じがある。

色相環（color circle）は色球体の赤道部分を上から眺めたものである。色相環には，循環する性質と向かい合う色同士は正反対の性質，つまり「補色」となる特徴がある。補色とは，2色が混合すると無彩色になる有彩色のペアのことで，光では無数にある。色相環は色の心理的な働きや配色を考える場合にたいへん有用であり，色相環の色数が偶数であるとよい理由がその点にある（図1参照）。

3．色彩現象（色彩対比現象と同化現象）

知覚された複数の色の間では，常に見え方のうえでの変化が起きる。「色彩対比現象」はその一つである。対比現象では色の違いが強められる。それと反対に，色の間の違いが消されて，同じ色らしく見える現象もある。それを「同化現象」という。対比と同化は表裏の関係の知覚現象とみてよい。色の知覚は本来変化しやすいが，色が形のもつ情報的安定性を与えられると変化しやすさは抑制される。すなわち，形は変化しにくい基本性質といえ，描写がまず形から始められる理由もその性質にあるだろう。色が変化する性質を基本的にもつのは，知覚作用自体が変化する性質であることを反映するからだ。例えば図2で，4個の同心円があって，その真ん中に黒い四角形が見えるだろう。実際には中央の四角形は存在していない。このように，実態と見え方が異なることを「錯視」という。錯視は見誤りではない。正しい見え方だが，いつも実態とは異なる感じで見えている。

色彩対比も同化も錯視による現象であり，それぞれの起こり方はたいへん強いものから微弱なものまでさまざまである。実際に色彩を使った経験からすれば，色の性質差が大きいほど強い対比を起こすと考えたくなろう。しかし，色が強くない，彩度や明度が低い色でも，色相の選択によって強い対比を示す場合がある。そこが知覚の面白さである。

また，本来は補色対比として著しく目立つはずの緑の葉と赤い花という組合せがあっても（よく知ら

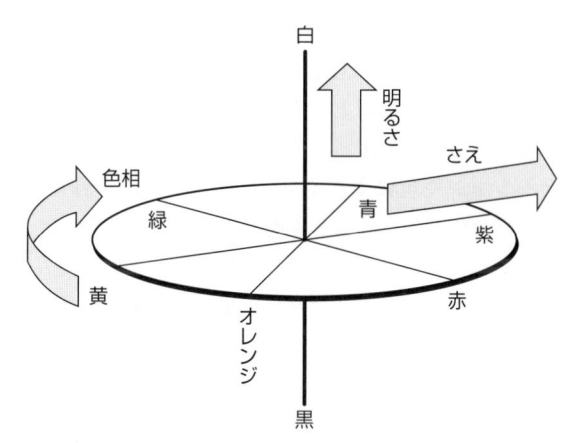

図1 色立体の構成原理
明るさは明度，さえは彩度と同じ。

図2 ケルマン＝ルーキッズの図（1987）

れる「万緑叢中紅一点」。ほかに「千紫万紅」という言葉があって花の色の多様さを指している），自然の植物の色はイラック感じを与えない。それは自然の色には人間の眼に暗さのように感じ取られる微妙な「深さ」の性質が備わっているからである。人工物の色と自然の色になぜそのような違いが出るのかという問題は，人間が快適に生活できる環境の課題として今後の色彩研究の重要なテーマとなることの一つである。

4．色彩の情報的機能

色はそれぞれの色として違うと見えるから区別できる。それが色の情報性である。色の情報性は対象とする場と目的によっていくつかが考えられるが，

コラム

次のような三つの作用として分けるとわかりやすいだろう。すなわち，①光と人間という関係における生理的作用，②視認上の違いと感情，情動への働きかけである心理作用，③社会生活に必要なコミュニケーションや色によるインフォメーションの作用，の３区分である。それを説明しよう。

① 色にある光の性質は，それ自体として直接人間に働きかける。それは対象を認知する働きとは別な作用であり，意識されなくても人間にはっきりと作用している。

紫外線が皮膚をやいて肌に日焼けを起こすことはよく知られていよう。また，赤外線が人体を温めることもわかっている。色を現す光はそれら両作用線の間にあるのだから，当然作用があるわけであるが，この気づかれない間に生じている光の色別の働きかけが生理的作用であって，重要である。表１にその主な働きかけを示そう。

② 見える色が眼に区別されるように，認知される色別の感情や気持ちへの異なる働きかけがある。それを心理的作用という。それには大きく二つの区別がある。一つは色により見え方に違いを生じる作用であり，もう一つは感情への働きかけである。

色の見え方での作用の代表は，「色の進出・後退」であろう。その作用の要因は色相である。すなわち，暖色系の赤色，オレンジ色，黄色は進出する色であり，寒色系の青色，青紫色は後退する色である。赤色と青色のその関係は，画面での遠近感の表現に（赤は茶色系としても）密接に関係してきた。この性質は色の目立ちとも関連する。第二は「色の膨脹・収縮作用」で，その作用の要因は明度である。その事実をゲーテ（文豪で『色彩論』の著作がある。1749-1832）は白と黒の比較図によって示した。第三の作用は「輪郭による効果」である。同一の黒が，明確な輪郭で表されるとより黒いと見える（図３参照）。日本画での伝統的な大和絵の表現が墨線によっていたことは，油絵具と違って岩絵具は面的な塗布には適しても微妙なぼかしに適さなかったという，材料上の制約を解決していたと同時にその方法が視覚的受容にとっても有効だったことを示していよう。

感情への働きかけでは，よく知られるように赤色が興奮させる色であり，青色が沈静させる色である。黄色は神経のいらだちをなだめる色であることは，ゴッホがこの色をよく使ったことと関係があるのかもしれない。緑色が休息感を与える色であることも知られる通りである。しかし壁面に緑系の色を使うと，冷たい感じが優先するから注意したい。

色のもつ「感情効果」は主には色相に起因する作用であるが，場合によっては明度も強くかかわるだろう。表２に色相についての感情効果ほかを簡略にまとめて示した。

③ 社会でのコミュニケーションとしての色の働きはシンボル的な作用も表す。標識としてわが国では源平時代からの旗印があったが，平家の赤色に対して源氏の白色という選択はきわめて識別度の高い

表１　太陽光による人体への作用

項目	紫外線	可視域（光）	赤外線
皮膚	ビタミンD合成 保護的日焼け（健康） 発癌（過度の日焼けの危険性） 老化促進	薬物による光感作（皮膚炎など） 日光ジンマシン（強い場合発熱など行動不能）	暖める やけど
眼	白内障 硬化症（遠近調節ができない） 網膜損傷（ひどいと失明）	視覚作用 紫外線とともに水晶体への色素沈着の加速	やけど 赤外線白内障
脳	日周調整（生体リズム） ホルモン調節	日周調整（生体リズム） ホルモン調節	
治療	単純性ヘルペス	光ダイナミック治療	外傷治療

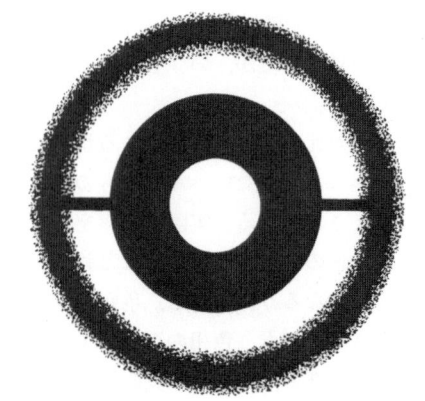

図３　輪郭による色の見え方の違い
全体に同じ色だが，中央の方が濃く，黒く見えるだろう。

column 色彩

表2　色の感情効果と象徴および連想作用

色	感情効果（プラス面）	象徴作用（プラス面）	連想作用（プラス面）	連想作用（マイナス面）
赤	興奮・支配・動的	火・生命・強さ	愛情・熱心・暑さ	攻撃・怒り・流血
黄	刺激・元気・溌剌	啓発・陽光・活動	光明・発展・希望	自己中心・怒号
緑	生命力・リラックス・退行感	環境・自然・平和	鎮静・リフレッシュ・平安感	平凡・退屈・逃避
青	安静・冷静・後退	高貴・誠実・永遠	安楽・静観・冷たい	落ち込み・メランコリー・冷淡
紫	神秘・正義・緩和	優雅・威厳・自己犠牲	閉鎖的・抑制的	孤独・尊大・悲嘆

区分標識となったであろう。その視認区分性は国際柔道大会での白対青の柔道着に再び登場した。その組合せはまた紅白幕，浅葱幕（淡い青色の無地の幕で切腹など凶事に使われることが多かった）として残り続けた。なかでも白色は特別な働きをもつと目されていた。「いろ」といえば平安時代では紫色を指し，江戸時代では白を指した。江戸時代の白は死除けとして使われた。それが野辺送りで衣服につける白（いろ）であるが，「色直し」にも同様な意味が含まれていたと考えられよう。赤色にも同様な区分機能が与えられていたことは，能の衣装における「色有り」が若い女性用衣装を指すことに表れているだろう。わが国ではかつて紫，白，赤が特別標識色だったのであるが，現在では紫の位置を青色が占め，その事例は企業訴求色（CIカラー。CIはコーポレート・アイデンティティ）や広告の色に表れている。交通信号の赤・黄・青（今はダイオードの発色により青緑色が正しい）が国際指定色であることはよく知られているが，関連する安全色という国際的規約の色指定がある。色の視認性（はっきり見えやすさ）や誘目性（目につきやすさ）によって，赤が防火，禁止，危険を，黄が注意，緑が安全，避難，衛生，青が用心（日本ではその意味の使用はない）と指示に従え，赤紫が放射能を意味している。

それらとはまったく別の個人の嗜好を対象とする流行色があり，インター・カラーという国際組織が2年前に次期流行色を各国の提案に基づいて討議，決定している。

5．色を言葉や記号で伝える（色の表し方）

色は他の人や離れた場所にいる人に考えている色を伝えたり，生産品などを所定の一つの色に仕上げる場合に，ある方法で表す必要が出てくる。色のコミュニケーションである。

一番誤りのない方法は，必要な色を塗ったサンプルを直接見せる方法である。しかし，多くの場合は間接の方法で伝えなければならないだろう。その場合一番採られてきた方法は言葉（色名）で伝える方法だ。漠然と概括的にしかいうことができないが，よくわかって実用的である。色名には基本色名と呼ばれる赤，青など色彩だけに使われる専用語と，いろいろな物や現象の名，地名・人名などを転用する慣用色名とがある。実際の色名では慣用色名が圧倒的に多い。灰色やピンクなど聞き慣れている色名はだいたい慣用色名である。各時代に使われてきた文化的な色名を「伝統色名」といい，それに対して産業界で使う色名はJIS（日本工業規格）として定められ，マンセル色体系に準拠している。

科学的なやり方で色を伝える方法はもっとも正確である。それは色を機械（分光測色器などいろいろ種類がある）で測定し，得た数値で示す方法である。その数値を国際的に定めた手続きで示すことを「色の表示」という。JISの色名は数値で示すことができるし，またマンセル記号（マンセル色体系における色の示し方）で表すこともできる。

（小町谷朝生）

4 デザイン・工芸の基礎技法

工芸の材料と用具
素材としての「木」

総論　主題　技法　知識　鑑賞

工芸における素材と道具

　造形活動のプロセスにおいて材料（素材）は，長い間，表現のための「媒体」として位置づけられてきた。このプロセスでは"思い"や"イメージ"を具体化する手段として材料が取り扱われることになる。1960年代後半頃からこのプロセスによらない表現が登場してきた。素材の特性に注目し，素材そのものに「語らせる」表現である。今日では，"現代美術"と呼ばれる美術表現の中でよくみられる素材の位置づけである。しかし，工芸においてはこうした素材観がむしろ"本流"である。

　素材の特性を生かすことが工芸表現の出発点である。よく知られているように宮大工や木工作家など木に携わる造形家の多くが，木の造形では木の特性を生かすことが何より大切であると語っている。金工や陶芸，染色など他の工芸においても素材の特性を生かすことが前提となっている。鉄を扱う造形では鉄の堅さを生かし，銅を扱う造形では軟らかさを生かすことがそれぞれの造形行為の軸になる。また，土や釉薬の成分の違いによって焼成温度や焼成後の色味等が違ってくることは周知の通りである。

　素材の特性を生かすためには，それに相応しい道具の使用が不可欠となる。道具の"正しい"使い方があってはじめて素材の安全な加工が可能になる。道具とは身体の働きの一部が外に取り出された（外化された）ものである。道具はそれを扱う身体と一体となってその有効性を発揮する。例えば，手で扱う道具は手と一体となることによってその力を発揮する。つまり，身体とのかかわり方において"正しく"使うことが要求されるのである。道具とそれを支える（操作する）身体との一体化によって作業が進められる。あらゆる感覚を使いながら道具を使う。切削の進行具合や素材の変化を五感（共通感覚）で感じ取り，そのことによって材料加工の状態を知る。こうしたことが複合的あるいは相補的に行われることによって工芸における表現行為が展開されるのである。

　素材と加工プロセスがある意味"不可分"であることが工芸表現の特質であり，他の表現と異なるところでもある。

「こだくみ」としての木工

　木工は，一般的に「モッコウ」と読まれるが，「こだくみ」とも読む。これは，木を用いて行う「たくみ（工＝匠）」，つまりは「工夫する行為」の総称であり，決して技巧的な製作を目的とするものではなく，木を用いたあらゆる造形に関する行為を包括する言葉として捉えたい。1本の楊枝から，舟や建築までその範疇に含まれると考えるが，ものの大小に

154

● 春日権現験記絵巻
　春日大社の建造にかかわる絵図と推察される。長い歳月を経ても滅びない「建築物」をつくり上げるために，木の性質を熟知したうえでの造形の「知恵」が充満した絵図であると推量評価できる。その証左の一つとして，工匠が古材を再使用するために槍鉋（やりがんな）（室町時代以前のかんな）や，手斧（ちょうな）をかけて仕上げているのが観られるが，そこから連動して木組みの技術・技能への連鎖，新築時後の修理も予想され，鎌倉時代後期（1309年：延慶2年）のメンテナンスやリフォームも想像できよう。

提供／中央公論新社

＊国立国会図書館のデジタルアーカイブの検索タイトル（読み）では，「シュンジツゴンゲンケンキエマキ」として記され，その表記作成者は奈良女子大学附属図書館とある。藤原氏の氏神として，興福寺と一体となって政治・文化両面での大きな影響力をもった春日大社の効験を集成した絵巻物（全20巻）である。

かかわらず、「刃物」を介して「木」と向き合う行為であることに何ら変わりはない。本書では、素材としての「樹木と木材」および「刃物」を中心とした道具と技法について、最も基本的な「わける（きる）」「つなぐ」の行為に分類して紹介する。

樹木と木材

植物学の分類によれば、樹木は約20万〜25万種の広葉樹と、約570〜700種の針葉樹に大別される。樹木の名称については、学名や和名による呼称のほかに、原産地や流通業界における通名（俗称・総称）が使われており、植物学上の名称分類に一致しないもの（ラワン、ベイマツなど）も多く存在している。

各樹木は樹体構造の違いから、硬さや粘り、色合いや木理の具合など、固有の性質を有している。また、同じ樹種であっても、産地や生育の違いから1本ずつに個性があり、目的や条件にあわせて「適材を適所に」使う見極めが重要なポイントになる。

木材を入手する場合、安定した品質（含水率・木理）と品揃（樹種・サイズ）の観点から、美術用品カタログやDIY向け量販店等が利用しやすい。ただし、タモ、ナラ、ブナ、ケヤキなど希少な国産材や、針葉樹でも200mmを超える幅広の一枚板の取扱は稀であり、必要に応じて材木商などからの購入となる。

教材化において大切なことは、「樹であった時の木」と「材となってからの木」の両方を知る機会をもつことである。そのためには、単に木を与えるのではなく、段階的に複数の樹種（合板等を含む）との出会いの場を設け、素材の個性を感じ取る経験を通して、「適材適所」を考える力へと発展させたい。

■発展

●「木」の詩（うた）が聴こえる

ドイツの造形教育家エルンスト・レットガー（Ernst Röttger, 1899-1968）の主著『木による造形―造形的手段による遊び―』（宮脇・武藤共訳、造形社、1973）に、「序文」を寄せたハインリヒ・ラウターバッハが、レットガーの著作を評した一節に「……木ほど（感覚の批判）をこっぴどく教えてくれる材料はない。なぜなら誤った取り扱いをすると、木はたちどころに復讐する」と。これほどレットガーの「自然材」と「道具」との深い思索を謳った箇所はないだろう。ちなみにレッドガーは、初期バウハウスの基礎課程を受け持った教育者ヨハネス・イッテン（Johannes Itten, 1888-1967）の後継者の一人。

●加工材の開発は「手と道具」の関係を急変させる

① 集成材

自然材の入手困難、合成樹脂接着剤の開発、自由なデザイン、そして省資源、防火、断熱、保湿、強度、吸音効果などの要請は、ひき板（製材された板）、小角材などを乾燥させ、節や割れなどを除き、繊維方向、長さ、幅および厚さ方向を考慮した集成材の発想を生む。手鉋より研磨機が効果を発揮する。

② パーティクルボード（Particle board）

木材の削片を結合剤で熱圧成形した「板」。乾式繊維板、削片板、チップボードとも呼ばれ、割れ・反りが少ない。ドイツ語で均質な木材を意味した商品名にホモゲンホルツ（homogenholz）がある。重比重、吸水性、脆さの欠点も目立つ。長所、短所を併せ持つ材料。

③ 合板（プライウッド；Plywood）

原木を大根のカツラムキのようにして薄く剥いた薄板（ベニヤ；Veneer）を乾燥させ、奇数枚を繊維方向に直交させ、重ねて接着剤で貼り合わせた木質材料。伸び縮みが少なく、大きな面積が得られる。鋸類が主役。

●集成材：縦方向はフィンガージョイントで耐力を高めている。左からスギ、ラジアターパイン、タモ。

●パーティクルボード原材料：使用済みコンクリート型枠などを粉砕して削片がつくられる。

（撮影：佐々木光）

●合板：上からラワン（7層）、ランバーコア（芯材：ファルカタ集成材［マメ科植物］）、針葉樹（5層）。

●OSB（Oriented Strand Board）：パーティクルボードの一種で繊維の長い削片を用いた配向性ボード。

板目板：等高線状の筍模様の木目が表れる。変形が大きい。

柾目板：平行に並ぶ縦縞模様の木目が表れる。変形が小さい。

丸太の乾燥が進むと樹心から放射状に亀裂が入る。

●板材の「表と裏」

樹皮に近い側が木表、樹心に近い側が木裏。スギなどのやわらかい材は、凸に反った木裏側に逆目が立つことがあるため、通常は肌が触れる側に木表を使う。

●木材の性質と「木取り」

丸太から木取りした板材や角材は、含水率の低下により左図のような変形（反り・歪み）が生じる。また、繊維と平行（下図A）に木取りした材は構造的に強靭であるが、繊維と直交する方向（下図B）に木取りした材は、樹種によっては簡単に折れてしまう。

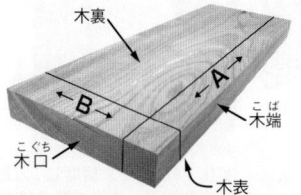

木工における道具と行為

宮大工は，その仕事において使用する道具の数が，200とも300ともいわれている。その道具を「行為」とのかかわりに注目してみた場合，削る道具，わける（きる）道具，測る道具，打つ道具に分類することができる。また，制作の工程から行為を捉えるならば，樹から木さらに材へと"わける"行為と，できあがった複数の材どうしを"つなぐ"行為に大別することができる。

「削る」

木を削る道具である鉋，鑿，小刀等は，つくろうとするかたちの違い，仕上げの程度の違い，さらに木の硬さの違いなどによって，さまざまな形状の道具がつくられている。

削る道具を「刃物」としてみた場合，その刃先は「片刃」に仕立てられたものが多く，木に対して同じ働きをもつものである。これらの刃先は鋼鉄の部分と，鋼を支える地金と呼ばれる軟鉄の部分が，鍛造（鍛接）と呼ばれる製法で接合されてできている。

刃物は"切れ味"が大切であり，絶えず最良の状態に研いで使用することが不可欠である。よく切れる刃物は，削り肌の仕上がりや作業効率を上げるだけでなく，無理な力を出さずにすみ不用意なケガの防止にもつながる。

「わける（きる）」

一般にものをきる場合"切る"の字を当てる。しかし，「木をきる」の"きる"に漢字の"切る"は必ずしも適当とはいえない。斧で樹を"きる"のであれば"伐る"が相応しく，鋸で木を"きる"場合は，その行為を"挽く"という。実際に木を"挽きわける"と大量に挽き屑（大鋸屑）が生じることからも，切断後に屑が生じない，ハサミやカッターで紙を"切りわける"行為とは明らかに異なる。また，"挽く"とは「無理をしてひっぱる」という語義をもち，鋸を引く際の抵抗は大きく，自身の手足やクランプを用いて材をしっかりと固定する必要がある。

鋸は用途によってさまざまな形状のものがあるが，歯の種類は三つに大別できる。木材の繊維に沿って鑿状の刃先で繊維を掻き削る「縦挽き歯」，繊維に直交して小刀状の刃先で繊維を断ち削る「横挽き歯」，その両方の歯を組み合わせ繊維の方向に関係なく切削できる「ばら目歯」がある。この違いを正しく使い分けることにより，効率よく"きりわける"ことができる。また，増加する加工材（繊維方向が混在した材）への対応から，横挽き歯の並びに縦挽き歯を最適な比率で配した鋸歯もある。

ヒノキやスギを縦方向にわける場合，縦に繊維が通っている樹体の構造を生かせば，鋸で"挽く"ことよりも鉞や鉈で"割る"ことの方がはるかに効果的である。竹はこの性質がさらに顕著であるため，薄く割きわける（剥ぐ）ことで「へら」や，さらに細い「ひご」の材がつくられる。

「つなぐ」

わける，削るという行為で加工された部品はつなぐ行為で組み立てられる。つまり，"わける"行為

●各種打刃物と「研ぎ」

研ぎの経験を通して，刃の仕組みや形状の工夫について理解を深めたい。

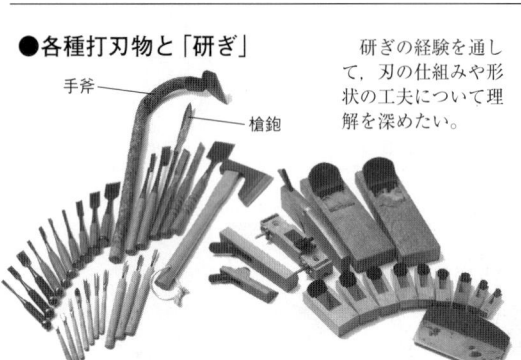

＊時代とともに道具は進化し種類を増してきたが，その形状や製法は伝統的な鍛冶技術を踏襲してつくられている。図は伝統的工芸品（打刃物）の指定を受ける長岡市与板地域の大工道具。一般には使われることの少ない槍鉋（鉇）や手斧（釿）の需要にも応え，宮大工が受け継ぐ技術を支えている。

●小刀の研ぎ方

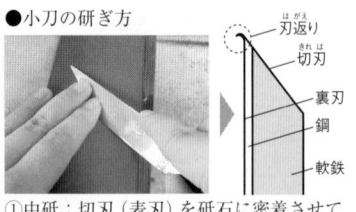

①中砥：切刃（表刃）を砥石に密着させて「刃返り」が生じるまで研磨する。

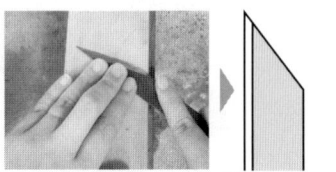

②仕上砥：裏刃を研磨し「刃返り」をとる。再び切刃→裏刃の順で研ぎ上げる。

●鋸歯の先端（概念図）

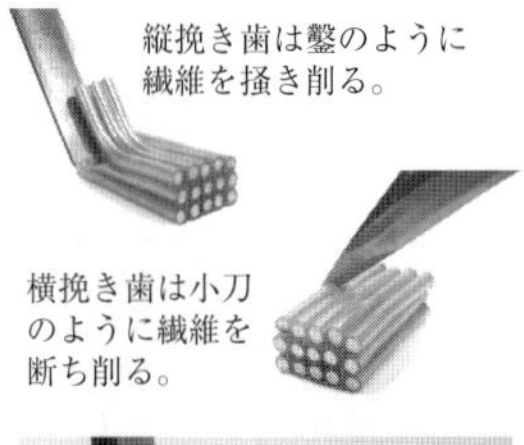

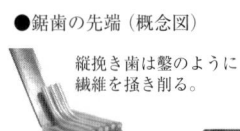

縦挽き歯は鑿のように繊維を掻き削る。

横挽き歯は小刀のように繊維を断ち削る。

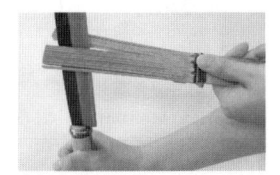

●鉈割り：持ち方の工夫により丸竹から細い材へ割り分ける。

を経てつくられた材を"つなぐ"ことによって「木」が再構成されるのである。つなぐ方法はいく通りもあるが，代表的ものについて簡単に解説する。

●組　む
部材を直角やT字形などにつなぐ方法として見ためにも美しく，強度的にも優れた「組み接ぎ」の方法が古くから用いられている。木の特質を生かして強度を高めるためや意匠的な効果をねらいとした複雑な接ぎ方が数多く開発されてきた。簡単な「柄組み（ほぞぐみ）」でも強度的には優れている。

●留める
「組み接ぎ」は優れた方法だが，加工が難しくある程度熟練した技術が必要となる。組まないで留める場合は，釘やコースレッド（木ねじ）の使用が一般的である。あるいは，「太柄（だぼ）」や「ビスケット」などの"つなぎ材"を使う方法も良く用いられる。太柄は溝が切られた短い丸棒を用いて部材を留める方法で，太柄が接着剤の水分を含んで膨張することによって強力に接着する。

●貼る（接着）
釘で留めるときはもちろんのこと，組み接ぎや太柄接ぎの場合も接着剤の併用は不可欠である。接着剤には多様なものがあり，それぞれの特徴（硬化原理等）を理解して使用することが大切である。木工の場合は，溶剤の水が分離することで硬化する酢酸ビニル樹脂接着剤が多く使用される。他に化学反応で硬化する二液式のエポキシ樹脂接着剤や瞬間接着剤も目的に合わせて使用される。確実な接着のためには，硬化完了までクランプ，はた金，ひも，仮止め釘などを用いて圧縮しておく必要がある。

■発展

●エコロジー素材として進化する竹の可能性

竹は木か草か。竹は成長の速さや，地下茎で繁茂する「草本（そうほん）」の性質をもつ一方で，生育の過程で固い幹を形成する「木本（もくほん）」の性質も併せもっている。そのため，植物学的分類においては，「タケ科」としてイネ科から独立させる説と，イネ科の一群として「タケ亜科」に分類する説がある。

学問上の分類はさておき，ものづくりにおける竹の活用は，木に勝るとも劣らない。内節をそのまま利用した器や，細く割った「ひご」あるいは薄く剥いだ「へら」を用いる組み編みの籠をはじめ，木では成し得ない，竹の組成・構造を生かした造形技法がある。

近年，これらの伝統的な技法に加え，集成材としての新しい竹材利用が注目を集めている。竹を細い短冊状に裂き，油抜きの後に乾燥させ，貼り合わせて板状にする技術が開発されたことにより，建材をはじめ家具・インテリアの分野で実用化されている。木の集成材に比べ，はるかに硬質で加工の困難さはあるが，その仕上がりは他の素材には代えがたい造形素材としての魅力を有している。そして何より，潤沢な国内資源を有効に利用できることと，木には成しえない「草本」としての成長の速さを生かせることは，再生可能資源としての高い資質であり，今後の更なる品質向上と普及に期待したい。

●竹集成材による作例

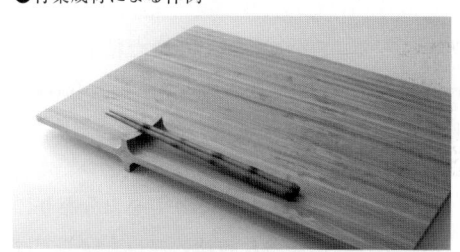

清水陽祐「＋(PLUS)／箸置一体トレイ」
（株式会社テオリ『竹集成材プロジェクト』より）

●組み接ぎの例

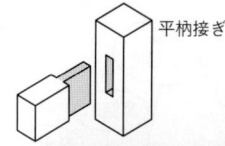

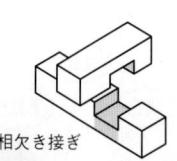

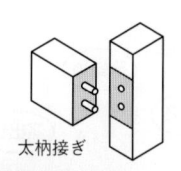

平柄接ぎ　　相欠き接ぎ　　太柄接ぎ

●成形合板：薄板を型押ししながら接着・圧縮してつくる。一般に雌雄の型を要するが，片側だけでも圧縮の工夫により制作可能。
＊写真は4mmラワン合板を釘とひもを用いて8回の圧縮を繰り返して制作。

POINT

- 工芸では，素材そのものに「語らせる」表現が本流
- 素材と加工プロセスが不可分であることが工芸の特質
- 制作の行為からは"わける"と"つなぐ"に大別できる

関連リンク

鋸，鑿　　　　　　→ p.104
木材・合板・集成材 → p.20, 64, 66
接　着　　　　　　→ p.108, 167

（西村俊夫・齋藤　学）

4 デザイン・工芸の基礎技法

陶　芸
素材・プロセス・技術

総論　主題　技法　知識　鑑賞

陶芸は試行錯誤から生まれる

陶芸で使用する粘土は，①可塑性（粘性）がある，②耐火性がある，③乾燥時の収縮が小さいという三つの要件を満たすことが望ましい。仮に可塑性が乏しければ木節粘土などの粘性が強い原料を，耐火性に関しては同様に耐火度が高い木節粘土やシャモット（一度高温で焼成し粉砕した砂状のもの）などを混入する。また，収縮が大きい場合は，シャモットのような収縮しない原料を混入すればよい。

一度硬くなった（乾燥した）粘土は次のように再生して使用できる。まず，乾燥した粘土の塊をピンポン玉くらいに金槌で砕いて十分な水に浸し，翌日に水を捨てドロドロの粘土を布で包み板の上に乗せてちょうどよい位まで硬くしてから練って使用する。いろいろな種類の乾燥した粘土があるならば，赤土と白土（鉄分の有無）におおまかに二分するのがよいだろう。もちろんすべて一緒にしてもかまわない。ところで，自分で採取してきた粘土を使用すると愛着が生まれ，つくる意気込みも変わるものである。

粘土による成形は最も身近に感じる工程である。既成の成形方法を教えずにお皿をつくらせたことがある。子どもたちにつくり方を自分なりに工夫させるため，このような技法の修得も陶芸では意義あるものと考えられる。

粘土は20〜25％の水分を含んでおり，粘土の粒子と水が混ざり合って可塑性を生みだしている。その水分が蒸発するのが乾燥であり，水分の体積分が収縮（約7％）するので，作品全体が均一（同時）に乾燥（収縮）しないと形の歪みや割れの原因につながる。また，作品の芯まで乾燥させないと素焼の時点で芯の水分が作品の中で気化膨張（爆発）するために割れを生じさせることになる。したがって乾燥は徐々に注意深く行う必要がある。また，ぶ厚い作品（厚さ3cm以上）には，乾燥する前に用心深くドリルなどで穴を開けると割れを防ぐことができる。

変幻こそ陶芸の世界

素焼は釉薬（水溶液）の中に作品を浸す施釉の工程で崩れないように強度をもたせ，また，釉薬の吸水性を高めるために行うものである。焼成は粘土の化学変化を促すことであるためにゆっくり温度を上昇させ，また，ゆっくりと冷まさなければならない。素焼では特に100〜400℃では作品の水分を完全に抜くためにゆっくりと温度を上昇させ，作品の大きさや厚さにもよるが，8時間位で600〜1,000℃（日本では800℃が一般的）まで上げる。その後，常温近くまで自然冷却させる。急に冷ますと化学変化が追いつかずに割れてしまう（冷め割れする）ので注意す

158

陶芸のプロセス

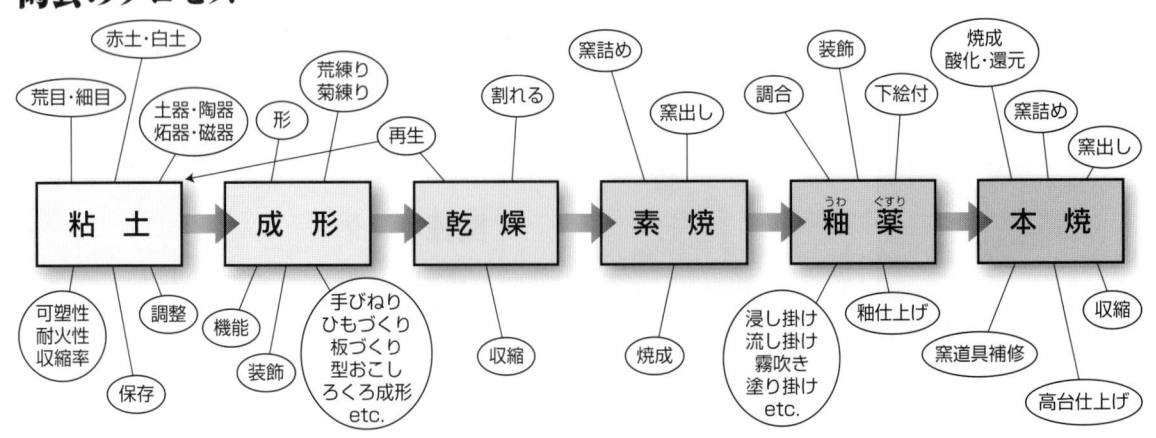

粘土 → 成形 → 乾燥 → 素焼 → 釉薬（うわぐすり）→ 本焼

- 粘土: 赤土・白土／荒目・細目／土器・陶器・炻器・磁器／可塑性・耐火性・収縮率／調整／保存
- 成形: 荒練り・菊練り／形／機能／手びねり・ひもづくり・板づくり・型おこし・ろくろ成形 etc.／装飾
- 乾燥: 再生／割れる／収縮
- 素焼: 窯詰め／窯出し／焼成
- 釉薬: 装飾／調合／下絵付／浸し掛け・流し掛け・霧吹き・塗り掛け etc.／釉仕上げ
- 本焼: 焼成 酸化・還元／窯詰め／窯出し／収縮／窯道具補修／高台仕上げ

る。急熱急冷を防ぐためにも窯詰めは無理のない程度で作品を重ねながら密に詰めた方がよい。

釉薬は簡単にいうと主原料である長石に石灰や珪石などを混ぜて熔融温度や釉調を調整し，鉄や銅などの酸化金属で着色したものである。自分で天然の原料を調合しテストピースをつくりながら釉薬を開発し，高温の密室（窯）の中で焼成すると，自分の予想を裏切ったり予想を超えたりする。この自分の力が及ばないが自分が行っている不思議な化学の世界が陶芸における釉薬の大きな魅力である。

本焼の焼成温度は，楽焼だと800〜1,000℃，ヨーロッパのスリップウェアの鉛釉やマジョリカの錫釉の焼き物は約1,060℃で，粘土や釉薬の特質，そして窯の性能によってさまざまである。日本の場合は陶器と磁器が多く1,230〜1,300℃で焼かれるのが一般的である。よく希望の釉色がでないとか釉薬が流れて棚板に熔着したという話を聞くが，個々の釉薬はその厚さ・焼成雰囲気（酸化・還元）・焼成温度・焼成カーブなどの条件をもっている。それらを理解せずに複数の釉薬を一つの窯で焼くことには無理があることを知っておいた方がよい。また，棚板に熔着した釉薬はタガネやディスクグラインダーを使って飛ばすようにして剥がすが，慣れが必要なので，流れそうな釉薬を使う場合は流れてもよいように作品の下に板状の粘土（ハマ）を敷いておくとよいだろう。また，本焼は素焼と違って一つひとつに釉薬がかかっているために底の釉薬を剥がして重ねずに並べて窯に詰める。なお，本焼では粘土が熔融することで約7％の収縮がある。したがって成形時から焼き上がりまでに約14％縮むことになる。

八木一夫「ザムザ氏の散歩」(1954)

■発展

●陶芸の素材・プロセス・技術とは

陶芸というと，一般的に皿や花瓶などの用途がある作品をつくることと考えられている。そのような生活の中で使われるという価値は，陶芸（教育）の重要な要素である。また，それとは別の価値として，作品をつくる過程における試行錯誤（失敗や発見）も重要な要素である。この試行錯誤は陶芸における学びといえるし，この試行錯誤の連続こそが陶芸の醍醐味であろう。

粘土素材は，①変幻自在に形を変える（可塑性），②時間とともに硬くなっていく（乾燥・収縮），③今ある形を壊して新しい粘土に生まれ変わる（再生），④焼くことにより硬さが増すなどの特徴がある。陶芸は粘土をつくる段階から焼き上がる段階までのそれぞれの工程に，素材や技術と人とが相互に作用する関係がある。言い換えれば，粘土から焼き上がるまでの縦に貫く幹（プロセス）があって，それぞれの工程に技術を絡ませながら枝葉があるといえる。そして，個々の陶芸環境によって，枝葉を取捨選択しながら幹を上っていき作品となるのである。

プロセスや技術は個々の陶芸環境によってその都度アレンジや発見・発明されるものであり，既成のものとして固定されたものではない。例えば，素焼や本焼の焼成時間や焼成温度についても，粘土・窯・釉薬などの諸条件によって左右されるのが現実である。しかし，工程での出来事に対応する際に基準のようなものが必要になる。そこで，一般的なプロセスや技術がある。しかしながら，このようなマニュアルに縛られすぎずに常に柔軟に出来事に対応することが肝要である。つまり，技術はその時の必要に迫られて取捨選択されるもので，オリジナルの技術を生み出すくらいの方が，陶芸をリアリティを感じながら楽しむ（学ぶ）ことができる。

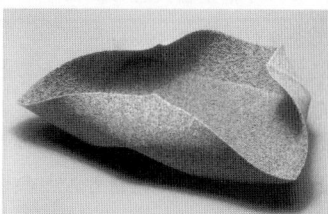

長江重和「釉彩薄層のかたち」(2002)

POINT

- 硬くなった粘土は再生して使用
- 複数の釉薬をひとつの窯で焼くのは無理
- 成形時から焼き上がりまでに約14％縮む

関連リンク

粘　土　　→ p.96, 160

焼　成　　→ p.94, 102

陶　板　　→ p.91

（高石次郎）

4 デザイン・工芸の基礎技法

陶芸教育のあり方
〈こと〉的陶芸プログラム

総論 **主題** 技法 知識 鑑賞

粘土と人とのかかわり

　陶芸教育の意義は，陶芸プロセスの各工程において素材や技術と人との間に起こる試行錯誤，そして素材が目前でリアルに変化する感動体験にある。しかし，このことは認識されていないことが多い。さて，学校教育現場の現状を見ると時間や設備などの面から，粘土から焼き上がりまでのすべての陶芸プロセスを実体験するのは難しい。このことを踏まえて，陶芸がもつ特質が学校教育に役立つあり方を模索しながら，大学の授業で，「〈こと〉的陶芸プログラム」と名づけた展開を行うようになった。

　陶芸の素材としては一番に粘土，次に釉薬を思い浮かべるが，実際には陶芸のプロセスの中で多くの素材に出会う。それは，時として技術としての道具や窯などの設備機器までも自分でつくったりすることで素材となり，また時には考える素材となる。さて，この「〈こと〉的陶芸プログラム」では授業の流れによって焼成へ発展することもあるが，主に粘土素材に絞って粘土と人との間に生じる試行錯誤を楽しみ学ぶものである。したがって，釉薬などの他の素材における試行錯誤は省略することになるが，限られた時間の中で大急ぎで全工程を消化することに追われるよりも，粘土（成形）の工程をじっくりと行うことは陶芸における素材と人とのかかわりを学ぶことになると考えている。

　そもそも，「陶芸における個性を大切にした表現とは何だろう？」という疑問から，「〈こと〉的陶芸プログラム」は始まった。Ⓐ陶芸というと皿や花瓶を，そして成形時には薄さ・重さ・均整の取れた形などで陶芸と人のかかわりを語ることが多い。しかし，Ⓑその裏には「ちぎる」「つける」などの粘土へのアクション・粘土の触覚や視覚による感覚の揺れ等を伴った粘土と人の間のコミュニケーションが行われており，このようなことが陶芸における個性や表現につながると考えられる。そこで，Ⓐの陶芸と人とのかかわりを〈もの〉的陶芸と，Ⓑのかかわりを〈こと〉的陶芸としたのである。ここで気をつけたいのは，あくまでも〈もの〉的陶芸と〈こと〉的陶芸とは渾然一体となって陶芸を成しているということである。ただし，〈こと〉的陶芸はごく自然に〈もの〉的陶芸の裏側で身体的に行われているために認識されにくい。したがって，認識されにくいものだということを知っておくことが重要であろう。

〈こと〉的陶芸プログラム

　次に示す五つのプログラムのうち，②，③，⑤では，言葉になっているものはつくらないという約束が課してある。なぜならば，言葉になっているものは粘土の特質ではなく，その言葉の意味による展開になってしまうからである。さらに，この約束に

160

〈こと〉的陶芸プログラム

図1

図2-1

図2-2

図3

図4

よって，言葉や素材について考えるきっかけとなるだろう。

① 粘土の再生……従来の陶芸教育では成形しやすい柔らかさに調整した粘土との触れ合いからはじまっていた。しかし，乾燥した粘土を砕き水に浸し粘土として甦ること，そしてその粘土を皆で足で踏み手で練りながら成形に使える粘土をつくることは，まず，素材への接触の第一歩といえる（図1）。粘土再生の活動で受講生の心が解きほぐされ素材への愛着を持ちはじめるのが感じられる。

② 粘土の机上遊び……作業台一面に粘土を貼りつけて1枚の粘土の板にして作業台の存在を覆ってしまう（図2-1）。次に「天井に向かって伸ばそう！」の発言の後に受講生各々が個人やグループになって勝手に競争意識をもったりして粘土を高く積み上げる（図2-2）。ここでは上手，下手の評価は存在せず個々人がのびのびと粘土で表現する姿が見られる。

③ クレイマッチ……2人が粘土塊を挟んで対峙し，それぞれ自分の側の粘土塊に手を加える。約10分経ったら粘土塊を180度回転させる。相手が行為した粘土に取ったり加えたりしながら新たに手を加える。この繰り返しを約30分間行う。そこには1人ではとてもできない造形が誕生する（図3）。この活動によって，自己と他者，コミュニケーションのあり方，そして作品とは何かという話題につながっていく。

④ アクションの羅列……人のアクション（行為），例えば「食べる」「走る」「投げる」などを順番に一つずつ発言させ，黒板に板書していく（図4）。ここでは，発言内容が他の人の影響を受けることやわれわれの生活の中にたくさんのアクションがあることを認識する。

⑤ 粘土表情サンプル探しとその立ち上げ……ひとつまみの粘土にさまざまなアクションを加え，自分にしっくりくる（好きな）粘土の表情を探す。例えば，「ねじる」「叩きつける」「ちぎる」からの形である（図5-1）。次に自分が気に入った表情サンプルを大きくしたり増殖させていく（図5-2）。また，この活動をグループで行うサンプルランドづくりは，個々人が探した表情サンプルを一つの粘土の山に適当につけ，それに触発されながらサンプルが増殖したり新しい形が現れたりする活動である（図5-3）。このことによって，素材と人との間にはあるアクションが介在すること，そして立ち上げることによりそこに新たな意味が立ち上がってくることが認識される。

■発展

「〈こと〉的陶芸プログラム」の進行中に，受講生の発言をきっかけにして陶芸の工程の一つである焼成に発展することがある。その場合の焼成は次のように展開していく。

①ピザを焼けないかな？→②料理法と窯の構造を調べよう！→③器が必要だ！→④ピザ用の窯をつくろう！→⑤器とピザをつくる→⑥皆で食べる

ピザは粘土の代わりに小麦粉，下絵付の代わりに野菜やベーコン，釉薬の代わりにチーズというふうに陶芸に酷似しており，ピザづくりであっても陶芸と近似した醍醐味は味わえる。また，ピザ用の窯をつくる際の焼成や窯の構造を考えることは，近代化した今日においてとても貴重な経験といえる。陶芸の器をつくる動機づけとしても，単に器をつくろうと課題を投げかけるのでなく，食する際の必要から器をつくるほうがリアルであるのは明らかである。また，ピザの他に，焼き魚，パン，燻製，うどん等へ発展したこともある。

このような授業展開をするとおのずと見えてくるのは，総合的な学習とオーバーラップすることではないだろうか。窯づくりで試行錯誤するうちに火を起こそうということに展開したことがあるが，これはもう陶芸という範疇を超えて，人間生活としての学びといえるだろう。

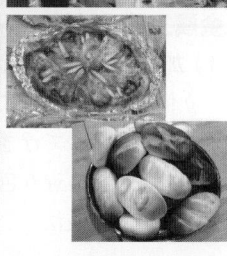

図5-1

図5-2 　図5-3

POINT

● 陶芸のプロセスの中で多くの素材に出会う

● 粘土と人とのコミュニケーションが行われる

● 言葉になっているものはつくらない

関連リンク

共同制作　　　→ p.82, 97, 140

粘　土　　　　→ p.96, 159

総合的な学習　→ p.179, 182

（高石次郎）

4 デザイン・工芸の基礎技法

金　属
さまざまな特性と用途・技法

総論　主題　技法　知識　鑑賞

金属工芸（金工）の視点

　金属とのつき合いは有史以前より始まる。強度に優れ，適当な硬さと展性，延性に富み美しい光沢をもつ金属は今日までのわれわれの文化生活を支えている。日本における金属工芸の歴史は古く，紀元前3世紀頃の弥生時代に始まり，古墳時代や飛鳥時代の法隆寺や奈良時代の正倉院に伝来する金工品の水準は目を見張るものがある。これ以降，それぞれの時代に大きく発展し各地で工夫を重ね，現在まで連綿とつながっている。例えば，のぞみ500系までの新幹線車両先頭部の流線型は，一つひとつ金鎚で打ち出された手仕事でつくり出されてきた。日本の宇宙開発のH2Aロケットの先端部も手づくりのへら絞り（スピニング）加工がなされている。このように金工の手仕事による技法は最先端の分野にも確実に息づいている。金工を教材化し実践することは身近な生活文化をも伝え育むことなのである。

金属工芸の技法
1）加飾する──彫金
　立体や平面の金属に鏨（たがね）などを用いて，模様を彫ったり，打ち出して浮き彫りにしたり，透かし彫りをしたり，母材と違う色の金属を象嵌（ぞうがん）したりして，表面を加飾する技法。

「錺（かざり）」や「ジュエリー」も含まれる。
2）鍛える──鍛金（たんきん）／鍛造
　金属を木槌や金鎚で打ち伸ばしたり縮めたりしながら，本来は壺や皿，花瓶などの器物を形成してきた技法。軽くて丈夫な金属器を制作できる。刃物などを加熱し鍛造する「鍛冶（かじ）」も含む。
　「ニューヨークの自由の女神像」は世界最大の鍛金像。エッフェルによる鉄骨構造の上に銅板を打ち出して表面を覆ったもの。
3）鋳込む──鋳金（ちゅうきん）／鋳造
　金属を加熱熔解して流体化した湯（ゆ）とし，一方石膏や粘土，鋳物砂などで型をつくり，その型の空洞に流し込み形成する技法。
　「奈良東大寺の大仏座像」は最大の鋳金仏。

金属工芸に用いられる金属
　金・銀・銅・錫（すず）・鉄を五金といい，この他に亜鉛，鉛，水銀，アンチモンなどの金属が古来より用いられてきた。今日では，貴金属としてプラチナ（Pt）などの白金属や身近な生活の中の金属として，アルミニウムやステンレススチール（鉄・ニッケル・クロムの合金が一般的）が多く用いられている。また，酸化被膜の厚みの違いにより虹色に発色し金属アレルギーも起こさないチタンや，携帯電話・ノートパソコン

銅板を木型に打ち込んで自由の女神のパーツを制作するフランスの職人

ニューヨークの「自由の女神」

の外殻等に使用されはじめた難燃性のマグネシウム合金なども軽く強度的に優れ，今後の工芸素材としての可能性が期待される。

○銀〈Ag〉

白銀色の美しい金属。純金属のままだと軟らかいため，銅などを5％加えて少し硬くした合金が装身具などに使用される。銅などを7.5％を加えてさらに硬くした合金をスターリングシルバーといい，装身具，銀貨，銀食器などに使用される。

○銅〈Cu〉

「あかがね」ともいわれ，赤みを帯びた金属色。粘り気のある，比較的軟らかい金属で加工しやすく，高級感があり，工芸素材として最も一般的。熱伝導率も高いことから，高級厨房用品などにも用いられる。

○真鍮（しんちゅう）＝黄銅（brass）〈Cu + Zn〉

銅と亜鉛の合金で，黄金色が美しい。銅より硬く，ヤスリのかかりは良い。耐腐食性に優れたため，かつては船の丸窓枠や電車のつりて金具などに用いられていた。ブラスバンドは真鍮製の管楽器楽団のこと。銅6：亜鉛4割の64黄銅と銅7：亜鉛3割の73黄銅が多く用いられる。鍛金には，銅成分の多い73黄銅の方が加工に適している。

○青銅＝ブロンズ（bronze）〈Cu + Sn + Pb〉

銅と錫を主体とした合金。やや茶色味を帯びた黄金色。硬く，主に鋳金に用いられる。銅と錫の比率により，鐘の音色や色も変化する。銅鐸，銅鏡，金銅仏，梵鐘（ぼんしょう），銅像などはこの合金を用いる。

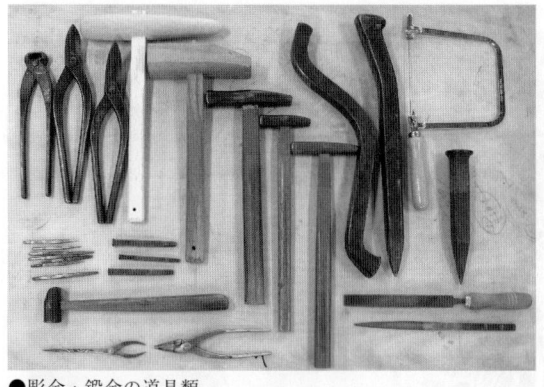

別名：唐金（からかね），砲金

● 彫金・鍛金の道具類

金切り鋏，木槌類，彫金・鍛金用金鎚各種，当て金，糸鋸弓，彫金用鏨，ケガキ針，ヤットコ，金工ヤスリなど。

■発展
●技法・表現・道具

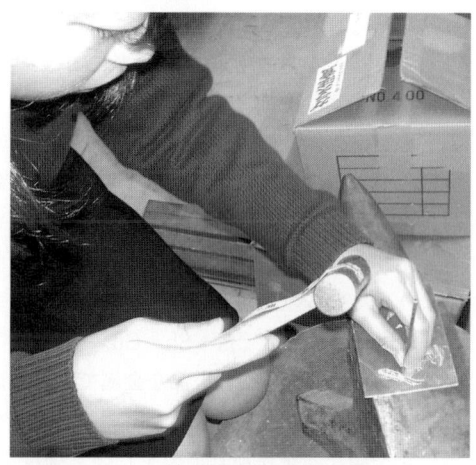

鏨で模様を刻む生徒

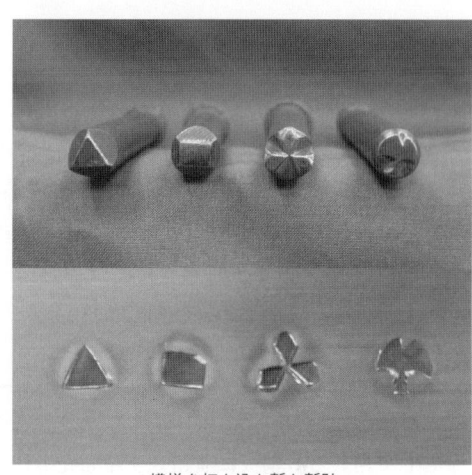

模様を打ち込む鏨と鏨跡

表面を荒らした金鎚や鏨で金属を打つとさまざまな表情が生まれる。

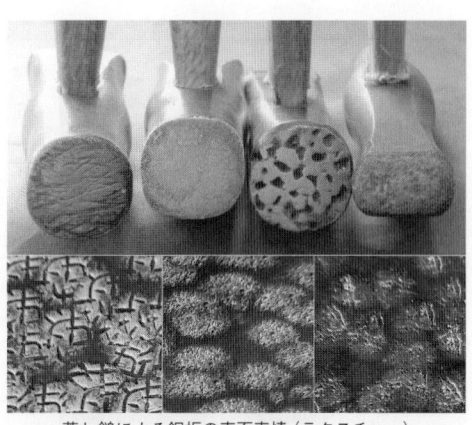

荒し鎚による銅板の表面表情（テクスチャー）

荒し作業後，酢酸銅主体の水溶液を繰り返し拭き塗りしながら，天日で化学反応させるとしだいに深みのある緑色の緑青に変化し鎚目が際立つ。

○鉄〈Fe〉
　鉄は一般的に炭素と合金化している。炭素の含有量がごく少ない鉄を軟鉄といい軟らかく粘り強く主に鍛金に用いられる。炭素量が0.2〜1.5％程度のものを鋼(はがね)といい，焼き入れを行うことにより粘りを残しつつ硬化し，刃物にもなる。炭素量が約3％前後含有するものは鋳鉄と呼ばれ，鋳金に用いられる。粘りが少なく，鋳込みやすいが，一般に軟鉄や鋼より硬くもろい。

○錫合金＝ピュータ〈Sn＋Sb＋Cu〉
　錫は白銀色の軟らかく上品な金属である。純金属のままであるとあまりに軟らかいので，少量のアンチモンや銅などを添加して，少し硬く強度を加え，高級食器や壺などの器物を制作する。鋳金や鍛金に用いる。

○アルミニウム〈Al〉
　白銀色で軟らかく軽い金属である。アルミ缶やアルミ鍋，アルミ箔など生活に身近に活用されている。鋳金や鍛金にも適している。酸化被膜であるアルマイト層は多孔質で，その孔に染料を封入することによりさまざまな美しい発色を得ることができる。軽快な感じを求める時によい素材。

○亜鉛＝ジンク（ZINC）〈Zn〉
　灰銀色の比較的軟らかい金属。平版印刷（リトグラフなど）の原盤として用いられるほか，合金の割金として用いる。鋼板に亜鉛メッキしたものをトタンといい鋼板の錆防止に使われる。酸化亜鉛の粉末はベビーパウダーや油絵具のジンクホワイトとして用いられる。

加工硬化と焼鈍

　一般的に金属を加工変形すると，金属の結晶間に滑りがおき，歪みが起こり，金属自体は硬くなる。これを「加工硬化」という。このまま変形を続けると，最後には，結晶同士が離れ，千切れたり，ヒビが入ったりして破断してしまう。そのようになる前に再度加工できる軟らかい状態に戻すために，「焼鈍(やきなまし／しょうどん)」を行う。「焼鈍」の作業を行うと金属の結晶間の歪みが取れて，再結晶化が起こる。「焼鈍」の温度は一般的な純金属の場合，融点の約半分の温度といわれている。

- 「銅」の場合，焼鈍温度は600℃前後で，その時の色は暗赤色が目安となる。
- 「アルミニウム」は熔けやすいので，焼鈍は，表面に石鹸を擦りつけ，石鹸が炭化して黒変した時点（300℃前後）が目安となる。
- 「錫」は常温で再結晶化が起こるので焼鈍がいらない。

金属工芸の教育現場での有用性

　われわれは毎日の生活の中で金属文化を享受している。しかし工芸素材として教育現場での活用は進んでいない。金属は抵抗感のある素材である。この素材と対峙し，自分の思った形にしようと，手の延長である道具を駆使して制作していく。性質による制約から思うようにいかない場合もあるだろうが，それを乗り越え完成したときの喜びは計りしれない。

　金工の制作は，生徒（児童）自身が，以下のように一貫したプロセスすべてにかかわることができる点

真鍮（黄銅）による透し彫り装飾の制作（彫金）
切り抜く模様の中にボール盤で穴を開け，糸鋸刃をくぐらせ，模様を切り抜く。
道具：糸鋸弓・擦り板など

真鍮透かし彫り

カセットバーナーによるアルミ皿の焼き鈍し作業
（子どものためのワークショップ〈金工〉／岡山県立美術館）

も重要である。

　素材から→構想→制作→完成→生活での使用

　また，せっかく完成した生徒作品も落として粉々になることもなく，めったなことでは壊れない。修復も容易である。これから取り上げる真鍮，アルミ，錫合金の彫金・鍛金や錫の鋳金などは大げさな設備を必要としない。まずは授業での第一歩をお願いしたい。

教育現場での教材化例

① 錫による鋳金ペーパーウエイトの制作（鋳金）

　粘土原型をシリコーンゴムで型取りし，シリコーンゴム型にそのまま鋳込む。錫は融点が230℃と低いためステンレスの鍋で簡単に熔け，シリコーンゴム型でも耐えられる。

シリコーンゴム鋳型と錫製の作品

② アルミ板の網目打ち込み象嵌の皿制作（彫金・鍛金）

　焼鈍軟化させたアルミ板に，ハサミで真鍮と銅の目の細かい網を模様に切り，金鎚で上から打ち込んで食い込ませ，模様とする。

道具：頭の丸い小型の金鎚，金床，はさみ，ガスコンロ，カセットバーナーなど

アルミ皿網目打ち込み象嵌完成
（子どものためのワークショップ〈金工〉／岡山県立美術館）

■発展

●教材化の取り組み

錫合金（ピュータ）による器制作（鍛金・彫金）

　金鎚と簡単な当て金，砂袋などを用いてピュータ板を叩き，徐々に器状にしていく。錫の含有が多いピュータは常温で再結晶化するため，完成まで加工し続けられる。焼鈍や酸化被膜除去のための酸洗い等の作業工程がいらない。

道具：金鎚，当て金，砂袋，金切り鋏など

ピュータによる鍛金器制作風景
（現職教員のための公開講座／東京学芸大学　金工研究室）

ピュータによる鍛金器作品
（公開講座受講者作品）

POINT

- 金属とのつき合いは有史以前より始まる
- 新幹線頭部は金槌で打ち出された手仕事
- 自由の女神像は世界最大の鍛金像

関連リンク

彫　金　　　　→ p.70

（尾澤　勇）

[4] デザイン・工芸の基礎技法

プラスチック
可塑性を生かした造形活動

総論 主題 技法 知識 鑑賞

人工素材の可能性

　プラスチックという言葉は，元来，「造形的な」とか「可塑性のある」といった意味をもつ。そこから1920年ころに人工的につくり出された可塑性のある物質に対してこの名称が徐々に使われていった。

　現代人の生活環境には，鉄鋼，軽金属，セメント，木材などと並び，なくてはならない素材であるといえよう。しかし，石油からつくり出されるプラスチックは，限りある地下資源としての問題とダイオキシンの発生など廃棄処理での多くの問題を抱えていることも事実であり，指導者が，授業で扱う場合もこの点を考慮に入れる必要があろう。

制作素材としてのプラスチック

　工業製品として生み出されるプラスチック製品は，可塑性が大きく，成形性，可紡性など加工性に富み，酸化しにくく，生活環境の中で非常に安定した素材として，加工性の優位がいわれている。しかし，子どもたちが図工や美術の授業において制作材料としてプラスチックを手にするときには，すでに板や線材など材料として製品化されていて，レジン状樹脂など以外はプラスチックの語源がもつ可塑性という概念は当てはまらないことが多い。そのため制作で使う際には，素材としての特性を利用することが大切になる。

生かしたいプラスチックの特性

　一般的にプラスチックと呼ばれる素材には多くの種類があり，それぞれに素材としての機能を有する。以下に制作で使用する場合の機能を挙げた。

① 透過性…透明なもの，着彩されたもの，不透明でも素材の厚みにより透過性をもつ。

② 集光性…アクリル素材等の断面に見られるように，光が素材内を反射して通過し，断面部分の光を集中させるように感じさせる性質。

③ 弾　性…板材，線材などの硬質プラスチックの場合，さまざまな形状でその弾力性を生かすことができる。

④ 加熱形成…加熱することにより，曲げや変形など再形成することができる。安全な作業に十分な配慮が必要である。

⑤ 充塡形成…レジンや，シリコーンゴムなど主剤と硬化剤を混合することにより，液状や，ゲル状の素材からオリジナルの型によって形成することができる。

⑥ 柔軟性…軟質ビニルなど，柔らかな素材はフィルム状のものや布状の素材として生かすことができる。

●ポリウレタンを用いた「お面」制作

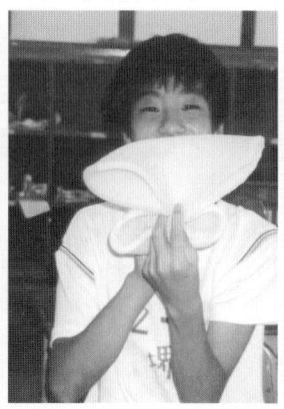

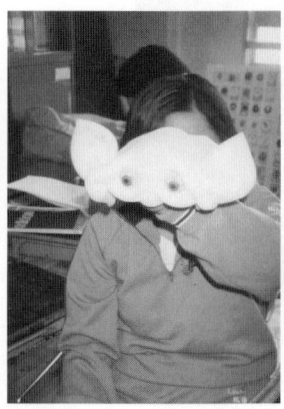

⑦ 可紡性…柔軟な糸や紐，パイプ状の素材など線材として活用する場面は多い。
⑧ その他…発泡スチロールやポリウレタン樹脂など空気を包含したものやスポンジ状のものなど断熱性に優れ，軽量な素材もある。またゲル状の樹脂やスプレー式の発泡ポリウレタンなどその種類は非常に多い。

以上のような特性を個別に，あるいは複合的に応用し，制作の材料として使用したい。

プラスチックといってもその原材料により特質はさまざまである。本来工業製品として需要を満たす性質をもたせつくり出されているために，それぞれが自然素材とは違い顕著な特質や機能をもつように化学的に合成されている。しかし，工芸制作の材料として考えた場合，プラスチック素材を単独で使用する場合など，素材自体がもつ味わいや心に訴える豊かさという点では自然物には及ばない。そのため，授業では構成美，構造的な工夫や美しさ，機能を特化させた制作など授業における学習目標を明確にもつことが大切である。

下の**写真**は精密機械を梱包する際に使用する，ポリウレタン製のスポンジ素材で「お面」を制作している風景である。合成ゴム系の接着剤で比較的容易に接着が可能であり，思い思いの形をつくり出すことができる。イメージのテーマを決め，接着部分や折り曲げを工夫しながら制作する。形成後，表面にゴムの皮膜を塗り，お面の皮膚をつくり命を吹きこむ。手で表情をつけながらモペット人形のように遊べる楽しい題材である。

■発展

●作品例

プラスチックの特性を生かした作品を挙げた。ランプシェードのデザインである。光と影を演出し，その場の雰囲気をつくり上げることをテーマにした題材である。

図6の作品は耐熱性に優れた照明用のフィルムを使い光に色を与え，その場を演出している。図7は薄い和紙をエマルジョン系の樹脂で固めた作品である。

図6　　　　図7

●接着剤

プラスチックを材料として制作活動を行う場合，問題となることに接着がある。接着剤にはさまざまな種類があるが，接着剤が接着の媒体となるものと樹脂を溶かしながら接着するものがあり，接着硬化時間や強度，接着した面の仕上がりの美しさなど確かめながら選択したい。またPET樹脂など接着が困難な素材も多い。

用途別分類	成分別分類	接着する素材	特徴
木工用	酢酸ビニルエマルジョン系	木，紙，布	水性のため水で薄めることができ，乾くと透明になる。しかしプラスチックの接着にはむかない。
一般工作用	セルロース系	木，紙，陶磁器，プラスチック	乾きが速く透明。小さい面の接着にむいている。
ゴム・皮・布用	合成ゴム系	ゴム，皮，厚手の布，硬質プラスチック，木，金属	張り合わせると同時に強力に接着する。皮膜が柔らかいが，独特の色が残る。
ビニル用	塩化ビニル系	ビニル同士，ビニルと木，金属	ビニルはこれ以外の接着剤は使用できない。透明で，柔軟性もある。
金属・ガラス用	エポキシ系（2液タイプ）	金属，ガラス，陶磁器，石材，硬質プラスチック	接着力が強い。固まっても収縮せず，充填用としても使える。
瞬間接着剤 一般用	シアノアクリレート系	金属，ガラス，ゴム，硬質プラスチック	数秒で接着する。接着弾性はあまりなく，プラスチック素材の表面が白濁する。
瞬間接着剤 木工用		木，布，皮，紙，プラスチック，ゴム	木，皮などの吸水性のある材質に使えるが，特徴は上記に似ている。

POINT

- 人工的につくり出された可塑性のある物質
- 薄い和紙をエマルジョン系の樹脂で固めた作品
- PET樹脂など接着が困難な素材も多い

関連リンク

接　着　　→ p.108, 156

可塑性　　→ p.116

（川合克彦）

4 デザイン・工芸の基礎技法

七　宝
銀線を使った表現

総論　主題　技法　知識　鑑賞

七宝とは

　七宝という言葉は，仏教の教典の記述に由来し，金・銀・瑠璃・珊瑚・玻璃・硨磲・瑪瑙などの七種の宝の意味が転じ，金属の上にさまざまな色ガラスの釉をのせ焼成した色とりどりの輝きを，七宝をちりばめたように美しいと称したことからはじまったという。

　七宝の技術は古く，紀元前14世紀にも遡るといわれており，エジプトのツタンカーメン王の黄金のマスクには青い縞状の七宝が施されている。日本では，奈良県明日香村の7世紀の遺跡から発見された亀甲形金具が最古のものである。江戸時代になると襖の引手や釘隠などの飾り金具に，七宝の技術が利用されるようになった。

　金属の加工技法は鍛造・鋳造・彫金等さまざまあるが，七宝は金属の表面に各種の釉薬でさらに色鮮やかに表情豊かに表現できる。ここでは，銅板を使用し，透明・不透明の釉薬だけではなく，銀箔・銀線を使用し，より文様をくっきりと浮かびださせた七宝表現を紹介したい。

材料と用具

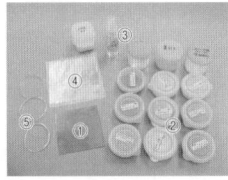

〈材料〉①銅板（または丹銅板），②釉薬各色（透明・不透明），③CMC糊，④銀箔，⑤純銀線（平線・丸線・角線）

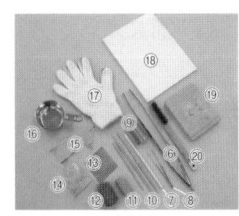

〈用具〉⑥トング，⑦釉薬用篩い，⑧ピンセット，⑨面相筆，⑩ホセ（竹をヘラ状に削り，釉薬をのせるとき使用する），⑪砥石，⑫スチールウール，⑬ステンレス網，⑭雲母板，⑮クラ，⑯計量カップ，⑰軍手，⑱耐火ボード，⑲施釉台（板に釘を打ちつけたもの），⑳真鍮ブラシ，電気炉（写真にはないが，小作品ならば小型炉でも十分焼成可能）

七宝材料

七宝用具

七宝のプロセス

①　銅板を糸鋸などでさまざまな形態に切断し，木槌でたたくなど任意の形に加工しておく（図1）。

②　脱　脂…ここではスチールウールに中性洗剤をつけて銅板の表面・裏面を擦り洗っておく（図2）。

③　CMC糊づくり…粉末状で販売されている。ぬるま湯に溶かし，釉薬に混ぜて使用する。表用として0.1%，裏引き用として0.5%の濃度の糊液をつくっておく。

④　水篩（釉薬の水洗い）…購入した釉薬は不純物や細かい粒子を取り除いておかなければならない。お米をとぐように，釉薬を容器に移し，水を足し軽

図1　素地加工
図2　水篩（水洗い） 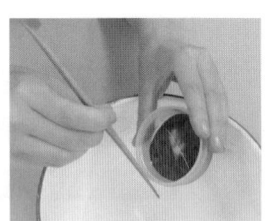
図5　表下地 
図6　銀箔加工 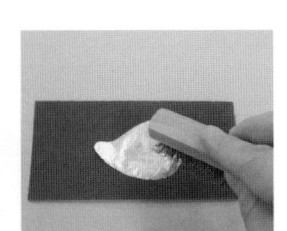
図3　脱脂 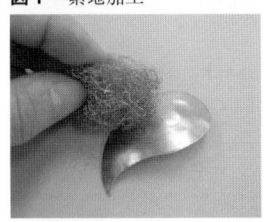
図4　裏引き 
図7　焼成 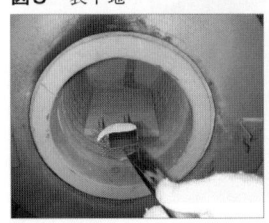
図8　銀線置き

く撹拌し上水を捨てる。濁りが少なくなるまで，この作業を数度くりかえし，水をきって釉薬が浸る程度の量のCMC糊液を混入しておく（図3）。

⑤ 裏引き…釉薬の収縮による反りを防ぐために，CMC糊液の入った裏引き用釉薬をホセや筆にて約1mm厚に均一にのせ，乾燥させておく（図4）。

⑥ 表下地…銀箔を貼る下地として，半透明白の釉を約1mm厚に均一にのせ，乾燥させておく（図5）。

⑦ 焼　成…クラの上に⑥をのせ，ステンレス網にのせ，800℃程度に達した炉に入れ約2分焼成する（図6）。平坦な形状のものは雲母板の上にのせ焼成するとよい。耐火煉瓦の上で室温に下がるまで除冷する。

⑧ 銀箔貼り…銀箔は気泡がこもるのを防ぐため，サンドペーパーの上にのせ真鍮ブラシを押しあて小さな穴をあけて，銅板より4〜5mmほど大きく切っておく。⑦が室温まで下がったら，CMC糊液を薄く塗り銀箔を貼る。はみ出した部分は裏に曲げて密着させておく（図6）。

⑨ 焼　成…乾燥後，800℃程度で約2分焼成する。

⑩ 銀線置き…室温まで下がったら，銀線をさまざまな形状に加工し，CMC糊液を少量つけて置く（図8）。

⑪ 焼　成…篩で透明白釉を軽く振りかけ（図9），800℃程度で約1分焼成する。

⑫ 施　釉…透明・不透明の釉薬各色をのせていく（図10）。

⑬ 焼　成…850℃程度で約3分焼成する。

⑭ 釉薬のはみ出し部分を，水をつけながら砥石で削り，裏面にピンやバックルなど金具を接着して仕上げる（図11）。

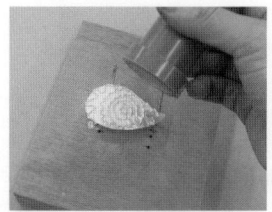

図9 透明白篩い
図10 釉薬のせ
図11 完成

■発展

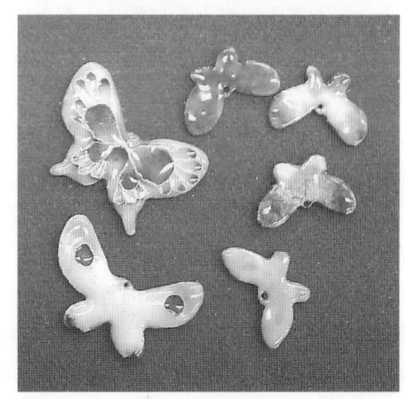

銅板を糸鋸などで任意の形体に切ったり，木槌で叩いたりすることによりオリジナリティのある表現の工夫をしてみよう。銀線はちぎったり模様に切り取り貼って焼成してもよい。銀線，平線・丸線・角線など，切ったりねじったり叩いたりして線の表情の工夫をしてみよう。

POINT

- 仏教の経典の記述に由来する七種の宝
- 購入した釉薬は不純物や細かい粒子を取り除く
- 平坦な形状のものは雲母板にのせて焼成

関連リンク

金　属　　　→ p.162
焼　成　　　→ p.94, 102, 158

（松島さくら子）

[4] デザイン・工芸の基礎技法

総論 主題 **技法** 知識 鑑賞

染　色
染める―染まる不思議

「染める」とは

　「布を染める」「糸を染める」といういい方を私たちはする。同じ着色でも「色を塗る」というのとでは随分と印象が異なる。考えてみると対象が布や糸でなくても、私たちは「染める（染まる）」という言葉を使う。「空が茜色に染まる」「頬を染める」など…。布や糸を「染める」ことと、これらの共通点はどこにあるのだろうか。それは、何らかの色に「染まって」も、対象の質や手触りは変わらないということだろう。真っ赤に染まった布でも、それ自体は柔らかい布の手触りのままだし、頬はやわらかい頬のままだ。このように考えると、染めることとは、染める対象の質（触感）を変えることなく、その色だけを変えることと、とりあえずはいえる。

　説明的にいうと、絵具を含む塗料一般と染料との着色の原理の違いは、細かい色の粒子を、膠や樹脂などのメディウムで対象に固着（接着）することと、対象を構成する分子（布の場合は繊維を組織する長鎖状高分子）レベルに色素が定着することの違いになる。簡単にいえば、染料とは布や糸の中（表面ではなく）まで染み込んで、染める前とは違う色にするものであり、したがって「染める」とは、対象の質感を損なうことなく、色を染み込ませて定着させることをいう。

布を染める

１）無地に染める

　以下に、布の染め方についてごく簡単に述べていく。まずは布を均一に染めていく方法だが、大まかに分けると、染料液に布を浸ける方法と、布に染料をつけていく方法の二つがある。前者には、室温の染液に布を浸す方法と、染液に布を入れて火にかけて煮ていく方法がある。後者の代表的な方法は「引き染め」といわれるもので、張り木と伸子、あるいは木枠などで布を強く張り、そこに専用の刷毛で染料を引いていく方法だ。糊や蠟などを用いた絵画的表現には後者が適する場合が多いのだが、専用の道具や作業場の広さが必要となる。どちらの場合も染色前や後の布の処理や水洗などのため、比較的広い水場が必要である。

　用いる染料によって、定着のための助剤や定着方法が大きく異なるため、一般的にはこうだという原則はないので、染料ごとの染色方法や定着原理をよく理解することがうまく染めることにつながる。

２）かたちを染める

　さて、染色の楽しさ、醍醐味は、何といっても柔らかい布にさまざまなかたちが染められること、絵具で描くのとは違う、染めの工程が生み出すその表情の豊かさだろう。

草木染めのプロセス

●細かくちぎった葉を煮る

●布でこし、染液をとる

→

●染液に布を入れる

→

●煮込む

→

先に，染めるとは色を染み込ませることだと述べたが，一般に染料（染液）は色素を含んだ水であり，布は水分を吸い込む性質がある。そのため，絵具で描くように布に染液を直接つけていったのでは，色はどんどん滲んでしまい，意図した形を染め出すことはできない。そこで発達したのが，布に染まらない部分をつくる（防染）技術であり，染色において「いかにかたちを染めるか」は「いかに染まらない部分をつくるか」ということでもある。この防染を確実に施すことで，それ以外の部分に十分に染料を染み込ませることが可能になり，染めならではの表現が実現される。

防染の方法は原理的に大きく二つに分けることが可能である。一つは，布に圧力をかけて染液が染み込まないようにする方法，もう一つは染液が染み込まないようなもの（防染剤）を布につける方法である。前者には，糸や紐などで布をきつく締め上げる絞りや，板で挟む板締などがあり，後者には，防染剤に糊を使った型染や友禅染，蠟を防染剤としたろうけつ染などがある。

この他，染液に糊分を加えて滲みを抑えることで可能となるシルクスクリーンやステンシル，あるいは特殊な染料（インク）やメディウムを用いたマーブリングなど，多様な染めの方法がある。

先に述べたように染料ごとの染色方法や定着原理をよく理解し，そのうえで，さまざまな防染方法を工夫し組み合わせることにより，伝統的な表現から，これまでにないユニークな表現までが可能となるだろう。

■ 発展

●布以外への発展

染色は普通布を素材とするが，染料が染み込むものであれば，布以外でも染めることができる。和紙などは，木綿や麻を染められる染料であればほぼ同様の工程で染めることができる。

染色の技法は，衣服等の実用品として使用に耐えることが前提となって発展してきたという面が大きいが，そこで実現される独自の表情に造形的に着目することで，造形作品としての新たな展開も期待できる。

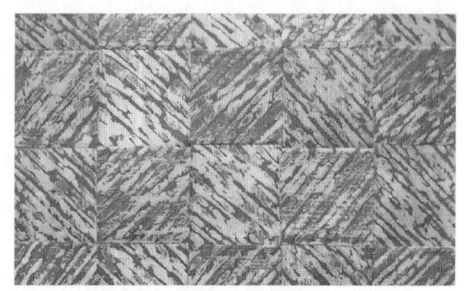

和紙による作品

●手近な材料・用具で楽しむ

専門的な用具を揃えなくても，比較的手近な材料・用具で楽しむことができる染めに，身近な植物を用いた草木染がある。小学校などで実践されるケースもあり，染色のベーシックとして知っておくと良いものでもある。

下段に簡単な工程を記したので，ぜひ試してみてほしい。

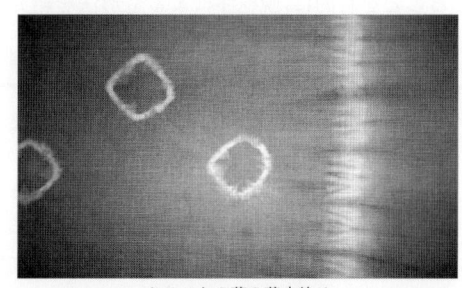

クスノキの葉の草木染め

●媒染液に浸し，水洗　●天日で干す

POINT

- ●対象の質感を損なうことなく色を染み込ませる
- ●染料ごとの染色方法や定着原理をよく理解する
- ●いかに染まらない部分をつくるかの技術

関連リンク

シルクスクリーン　→ p.63, 74
ステンシル　　　　→ p.74

（佐藤賢司）

④ デザイン・工芸の基礎技法

総論 主題 **技法** 知識 鑑賞

漆　芸
乾漆面を身近に親しもう

漆（英：japan）とは

　漆はウルシノキの樹液で主に塗料として利用されている。ウルシノキは日本・中国・朝鮮半島・ベトナム・タイ・ミャンマーに分布している。日本では，主に岩手県，栃木県，新潟県などで植林されている。漆の主成分はウルシオールで，酵素のはたらきにより，空気中の酸素と化学重合し硬化する。酸にもアルカリにも強く堅牢で，なんといってもその吸い込まれるような艶には多くの人々が魅了されてきた。

　しかし，造形材料としての漆の活用や認知度はまだ低い。型に麻布を糊漆にして張り込み型から外す方法を脱乾漆といい，木材にてある程度成形し漆下地で盛りあげ造形する方法を木心乾漆という。さまざまな造形が可能である。天平時代に乾漆のお面や仏像が盛んにつくられるなど歴史も深い。ここでは，日本の伝統を理解し，漆による表現の可能性を探ることを目的に，脱乾漆による造形法を紹介する。

（注：漆液は，皮膚に触れるとかぶれの現象を起こすことがある。顔など外に出るところは，クリームなどでガードし，長袖の作業着を着用し，漆に直接触れないよう，手袋をして作業することをすすめる。かぶれは個人差があり，漆のついたところだけ痒くなる場合もあれば，体全体に広がる場合もある。通常漆の使用を止めれば治まるが，各自漆かぶれの可能性があることを理解したうえで行うこと）

材料と用具

①生漆，②麻布，③砥の粉，④地の粉，⑤上新粉，⑥灯油またはテレピン，⑦サラダ油，⑧ゴム手袋，⑨ガラス板，⑩ヘラ，⑪筆，⑫サンドペーパー，⑬ハサミ・カッター，⑭サランラップ，⑮ウェスやティッシュペーパー

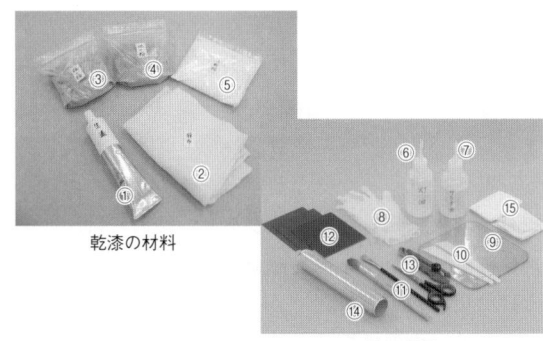

乾漆の材料

漆の用具

乾漆のプロセス

① 原型づくり…さまざまな素材が原型に利用されているが，ここでは水粘土を使用して，お面の形をつくる（図1）。

② 固　め…生漆を灯油で希釈し，筆にて流れないように薄く塗布する（図2）。使用後，筆はサラダ油を含ませヘラでしごいて洗う。ヘラやガラス板は灯油にて拭き掃除しておく。筆を使用する前には，含まれる油分を灯油で洗っておく。

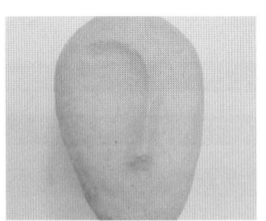

図1　水粘土による原型
図3　プラスチックケースを利用した乾燥室 
図5　麻布貼り 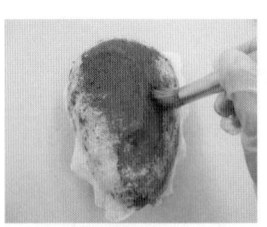
図7　目すり 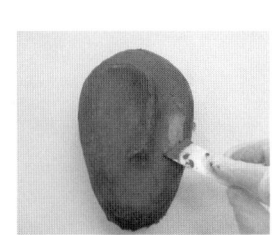
図2　生漆による固め 
図4　糊漆の調合 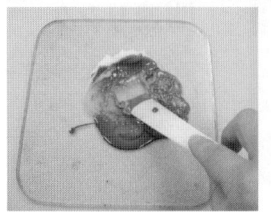
図6　目すり下地の調合 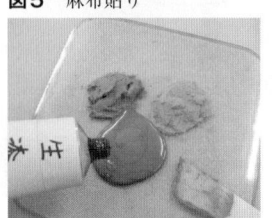
図8　錆漆塗布

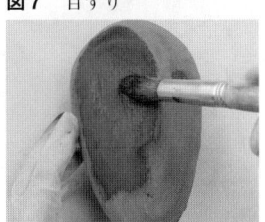

③ 乾　燥…木箱などの内側に水をまき，湿度を高く保った室にて乾燥させる。プラスチックケースや段ボール箱の中に水を含ませた布や新聞紙を敷くなど工夫しよう（図3）。

④ 糊漆の準備…上新粉と水を1対4の割合で混ぜ，撹拌しながら30分程弱火にかけて糊をつくる。常温まで冷まし，糊＋生漆（質量5：3程度）をガラス板に出し，ヘラにて混ぜる（図4）。

⑤ 糊漆にて1枚目の麻布（#40～80程度）を張り込む。原型から浮かないよう，切り込みを入れるなどして密着させ，さらに糊漆を染み込ませておく。室に入れず約1日乾燥させる（図5）。

⑥ #240程度の紙ヤスリをかけ表面を整えておく。

⑦ 目すり…〈砥の粉＋水〉＋生漆＋地の粉（質量3：2：2程度）をヘラにてよく混ぜておく（図6）。

⑧ ヘラにて布の目の中に押し込むように，目すり下地を塗布する。約1日室にて乾燥させる（図7）。

⑨ 紙ヤスリにて表面を整え，糊漆にて2枚目の麻布を張り，乾いたら⑥，⑦同様目すりを行う。麻布は3枚～5枚貼ると丈夫である。

⑩ 乾燥後，紙ヤスリをかけ表面を整える。

⑪ 錆漆つけ…〈砥の粉＋水〉＋生漆（質量5：3程度）をヘラで混ぜて，ヘラや筆で塗布する。このとき錆漆を盛り上げにてテクスチャーをつけてもよい。室にて乾燥させる（図8）。

⑫ 脱　型…中の粘土をかき取り出し，濡れ布巾にてよく拭き取っておく（図9）。

⑬ 内・外とも固め漆をしみ込ませ，余分な漆をウエスにて拭き取り室にて乾燥させる（図10）。

⑭ 紐や金具などをつけて完成（図11）。

図9　脱型（粘土をかきとる）

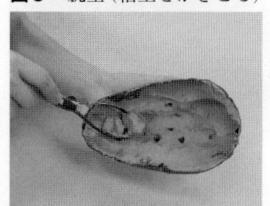

図10　生漆による固め

図11　完成

■発展

漆は，木・紙・布・竹・皮・金属・陶などさまざまな胎に塗ることができる。さらに，金属粉・金属箔・貝・卵殻などを用い加飾することができる。以下の作品は，漆に顔料を混ぜた色漆にて彩色したり，漆で文様を描き乾かぬうちに金属粉を蒔いたり，貝を貼り込んだりして加飾したもの（図12～14）。

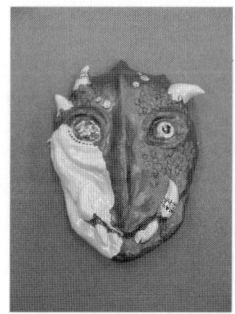

図12　色漆や螺鈿を施した作品

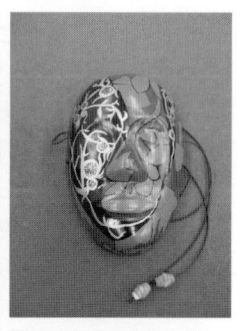

図13　色漆や金粉を施した作品

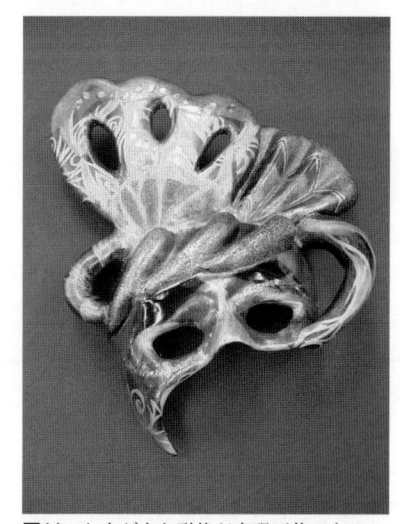

図14　さまざまな形状が実現可能である

工芸の材料と技法

POINT

● 吸い込まれるような艶が多くの人々を魅了

● 皮膚に触れるとかぶれの現象を起こすことも

● 湿度を高く保った部屋にて乾燥させる

関連リンク

乾　漆　　　　→ p.99

（松島さくら子）

[5] 芸術作品の鑑賞

美術館を愉しむ
作品の「世界」と出会う特別な時間

美術館で「世界」と出会う

　美術館には日々多くの人が訪れて作品を鑑賞する。一点一点に立ち止まり，ゆっくりと時間をかけて作品を見る人，時間がないのか走るようにして作品の前を通り過ぎてしまう人，ただ一つの作品の前に長時間佇む人，解説やキャプションを熱心に読む人など，作品に向けられる鑑賞者の眼差しはさまざまである。絵画は，画家が切り取った外界を見るための窓であり，そこには我々が知らない風景や気づくことがなかった出来事があることを知らせてくれる。それは同時に作家自身の内的世界でもあり，時には鑑賞者自身を映し出す鏡でもあったりする。かのベラスケスの『ラス・メニーナス(女官たち)』では，王女を中心に据えて，王室で働く人々の生活を垣間見ることができる。道化師の表情や画家自身の存在を感じさせる巧みな構図は，そのまま王室の権力や人間関係を描き出し，一枚の絵画が人間模様を映し出しているといえる。また，抽象絵画の先駆者カンディンスキーの初期作品では，自然界の色彩がまるで音楽を奏でるように，時に激しく鳴り響き，風景の佇まいを一変させている。その著書『回想』で，カンディンスキーは「私の内では，モスクワのあの黄昏のひとときが鳴り響き，私の目の前には，力強い，色彩豊かで，その影の部分に低い雷鳴のとどろく，ミュンヘンの光にみちた大気の音階がうかんでいた。」と語っている。すでにコンポジションを意識し，見えない世界を見ようとする画家の姿がそこにあり，今見ている先に途方もない世界(「王国」とカンディンスキーはいう)がそびえ立っていることを予感させる。画家が苦悩と格闘の末に見つけ，ようやく到達した世界が，一枚の絵画としてまた一体の彫刻として現前する。その指し示された世界の前で，我々は魂の大いなる安らぎを得，時には救いとなることさえあるのである。作品の世界と出会うことは日常の生活では得られない特別な時間をもつことであり，「意識の次の次元を開くこと」であるとオズボーンは指摘し，ゼーデルマイヤは鑑賞を受動的なものではなく，極めて積極的な「追創造（つい）」として捉えている。シカゴ美術館の印象派コレクションの特別展示室は，天井からの自然光と共に，モネやピサロ，ルノワール等の作品からも光が放たれているのではないかと思うほど，室内に光が満ちあふれている。その部屋を初めて訪れた時，戸外にキャンバスを持ち出した印象派の画家たちが何を求めていたかを体感できたように思えたのだった。画家自身の自然への歓喜と美への衝動に突き動かされている姿を感じるとともに，美術館という場が真に芸術体験の場となり得ていると思えた。

ディエゴ・ベラスケス『ラス・メニーナス(女官たち)』(1656) プラド美術館

金沢健一ワークショップ『鉄・かたち・音』(2003)

美術館で「つくる」こと

　1980年代以降に設置された美術館は「開かれた美術館」「地域に生きる美術館」としての構想を強く掲げ，作品を鑑賞するだけの場ではなく，より積極的に作品を理解するための創作活動としてワークショップを開いたり，実技教室としての制作工房を付設するなど，特に教育活動に力を注ぐようになってきたといえる。とりわけワークショップは地域の美術館の使命として，市民のニーズに応える形で多様な展開を見せ，今日の美術館では作品鑑賞とともに教育・普及活動の重要な柱となっている。実際には担当学芸員が独自にプログラムをつくって行っているものもあれば，作家に依頼して，作家の作品制作を追体験，または共同制作できるようなオリジナリティあふれるワークショップを開催する場合もある。担当者によっては展覧会とワークショップを連動させ，鑑賞者がワークショップに参加することでより鑑賞に広がりが得られる展覧会を企画することもある。さらに現代の美術の視点から，一連のワークショップそのものを一つの展覧会とするものまで登場してきている。また，近年のワークショップは来観者の参加によって成立するインタラクティブ・アートや，造形的表現だけではなく，現代の美術にとって重要なテーマとなっているコミュニケーションの問題を積極的に受け留め，場や関係性の問題を改めて考え直すものとしても注目されている。ワークショップを教育の方法としてではなく，アートの方法として幅広く捉え，その生成の場とすることには興味深いものがある。

■発展

　美術館はより多くの人に楽しんでもらうために，作品鑑賞を支援するいくつもの方法をとっている。例えば作品の解説パネルや音声ガイドを設置したり，企画展のための美術ガイドやワークシート，学芸員やボランティアによるギャラリー・トークなどがある。

ハラミュージアムアークの作品ガイド

萬鉄五郎記念美術館 美術ガイド

竹久夢二展 作品ガイド

景山健ワークショップ『森の生活－夏を味わう』(2002)

POINT

- 鑑賞は知的ドライブ，感覚のドライブでもある
- 芸術作品を通して世界に触れる
- 「つくる」ことも「感じる」ことも根は同じ

関連リンク

芸術体験	→ p.2, 4
追創造	→ p.8, 84
ワークショップ	→ p.179, 181

（岡本康明）

芸術体験としての鑑賞

5 芸術作品の鑑賞

絵画の鑑賞
「叙述」による「眼の経験」の蓄積

総論　主題　技法　知識　鑑賞

鑑賞の技術 〜見ることを楽しむために

　美術史の研究者が作品を目の前にして最初に行うことは，作品の叙述（description）である。何がどのように描かれているか，署名や年記等の有無，画面の破損状況など，いま目に見えているあらゆる情報を詳細に言語化するところから作品研究はスタートする。

　むろん専門家でなくとも，作品鑑賞において言葉の助けを借りることはたいへん有効である。ごく一般的な鑑賞者が美術館の展示室に飾られている作品を「見る」のは，作品1点当たりわずか2，3秒に過ぎないといわれているが，時間をかけて言葉にしながら絵を見ていくと，それまでなら見落としていたであろう描写・表現に気づくことがある。まずは作品を見つめる時間を十分に確保することが必要である。さしあたって重要なのは，次の点である。

- 画面からできるだけ多くの情報を取り出す。
- それに基づいて自分が考えたこと，想像したことを言葉にしてみる。

　「絵は心で見るもの」という感性至上主義の強迫観念や，美術史の知識はいったん頭から消してしまおう。

1）具象的な絵画の場合

　風景・人物など題材がはっきりしており，描き方も写実的・再現的なので言葉で表しやすい。
- 「何が描かれているか」
- 「この中で何が起こっているか」
- 「どのような目的で描かれたと思うか」

2）抽象的な絵画の場合

　絵画の自律を問いはじめた19世紀後半以降，再現的ではない作品が現れる。抽象的な作品では，内容（何を）よりも形式（どのように）に注意して，言語化していくことになるだろう。
- 「どのような色使い，筆さばき，構図で描かれているか」
- 「その描き方は見る者にどのような気持ちをもたらすか」

「眼の経験」を蓄積する

　じっくりと時間をかけて鑑賞し，自分なりの解釈を下した美術作品は，心の中に明確な記憶を残す。この記憶をどんどん蓄積していくことが，鑑賞技術を磨くコツといえよう。なぜなら鑑賞経験を積み重ねることによって，他の作品と「比較して見ること」ができるようになるからである。どのような作品に対峙しても臆することなく，鑑賞―比較―類推―解

清水登之『パリ郊外ムードンの丘』
何をしているところだろう？
どんな声，音が聞こえてくる？

パウル・クレー『都市の境界』
筆づかいはどのようだろう？
これはどんな都市だろう？

釈を行うことが可能になる。

　また経験を重ねていく過程で，ある作品では作者の意図をくみ取ろうとし，別の作品では構図の妙味を認識したというように，鑑賞のポイントの違いを見出すことになるだろう。そこから，「絵画の見方は一つではない」という認識が生まれる。一つの作品を鑑賞するにあたっても，さまざまなアプローチがあり得ることに気づくのである。

　毎週一つの作品を5分間真剣に見つめる。それを1年間続けたならば，どれほど豊かな「眼」の蓄積ができることだろう。

美術館で発行している展覧会の目録
　学校の授業では，展覧会図録や画集を用いて目のトレーニング。

● 美術館で本物と対面する。
　時間をかけて，じっくり見てみよう。

パウル・クレー『三人のアラビア人』
左の作品との共通点があるだろうか？

■発展

●対話型作品鑑賞

　芸術作品は一人で鑑賞するもの……という考え方に固執しない，数人で語り合いながら作品を鑑賞するというスタイルが，ここ十年ほどの間に多くの美術館や学校の鑑賞授業で取り入れられるようになった。少人数のグループで作品の前に並び，進行役が「何が見えているか？」「なぜそう思うのか？」といった問いかけを繰り返すことで，参加者は自分なりの判断や評価を他のメンバーの前でどんどん表明していくことを求められる。発言の権利はどのメンバーにも等しく与えられ，進行役は肯定的な励ましの態度をもってグループの対話をリードする。美術作品を複数の人間で「見る・考える・話す・聞く」コミュニケーションを通じて，鑑賞体験の共有という新たな関係がそこに結ばれていく。

● 幼稚園児と対話しながら，作品を鑑賞する。

「この人はどんな人かな？」
「お金持ち！」
「へえ，どうしてそう思ったの？」

「あれっ，白眼が青いよ！」
「着ている服も青いね」
「いろいろな青が使われているね」

POINT

● 画面からさまざまな情報を取り出し，言葉にしてみる

● 好きな作品は，心の中に明確な記憶を残すまで見続ける

● 眼の経験を蓄積しよう

関連リンク

叙　述　　　　→ p.84

対話型作品鑑賞　→ p.182, 189

（伊藤伸子）

芸術体験としての鑑賞

5 芸術作品の鑑賞

総論 主題 技法 知識 鑑賞

デザインの鑑賞教育
プロダクトについての再考

その本質を正しく理解しよう

　デザインの本質は，私たちの生活や社会と直結する目的に応えるために，アイデアを「構想」すること，それを実現するためにモノを「生産」すること，そして生み出された製品を「消費」することにある。構想，生産，消費から成るプロセスは無限に循環し，それが究極的にめざすところは，生活を満たすあらゆるモノの質的な向上，維持，評価，普遍化あるいは差別化にほかならない。すなわちデザインとは，優れた芸術的センスと高度な科学技術の知識を必要とする分析的かつ総合的な創造行為──知的ものづくり──の一つと評してよい。

　デザイン・プロダクト（製品）と美術作品との相違は，構想を生産に導く作り手の使命にある。近世以前は特定の受け手を意識し，今日では社会とのかかわりに焦点が当てられるようになったが，本質的にはアーティストが自己実現をめざし，それを造形物，時には行為や思想として示すのが美術といえる。また，同じく消費を前提としながら，人間とモノの関係性が生産工程で自己完結しがちな工芸品とも異なる。特に従来の工芸では，合目的性より作り手のクラフツマンシップと制作態度が優位に置かれ，その充実によって受け手の要求が満たされると考えられてきたからである。

なぜ鑑賞が大切なのか考えてみよう

　デザインという造形を特徴づけ，そのプロセスで大きなカギを成しているのは，新たな創造行為の出発点となる「消費」である。それは構想と生産の帰結点ではなく，単なる製品の流通や敷衍を指すのでもない。むしろ，使い手と作り手の双方がアイデアとモノを包括的に「受容」することを意味している。よって，消費の一翼を担うデザインの「鑑賞」を造形教育の一環に位置づけることは，近・現代の物質文明と消費文化，ひいては知的ものづくりを原動力に発展した人類の歴史，社会と生活について，私たちが自覚的に「再考」するための契機となる。一方，「知」と「手」の協働とフィードバックによって問題解決に当たり，新たな創造を拓くプロセスは，あらゆるジャンルに活用される学習メソッドであり，すべての人々に有効な生活プログラミングのモデルと呼ぶにふさわしい。その最初のステップが鑑賞であり，美術館，博物館でのデザイン普及活動が学校・専門教育，生涯学習と連動するとき，デザインの正しい受容が導かれ，真の意味でデザインが社会に浸透していくきっかけとなる。

現場でのデザインの位置づけと現状

　これまで日本の美術館では，デザイン・プロダク

デザイン・プロセスにおける「知」と「手」の相互作用

デザイン・プロセスにおける「知」と「手」の相互作用

頭の中での構想・設計　　　現実的な対処・解決方法

あいまいなイメージの起草　　ディスカッション，ドローイング，スケッチ，ダイアグラム，メモ，グラフ，数値などの提示

アイデアの構築と追究　　試行錯誤やプレゼンテーションのための三次元モデルの提示

問題点の明示　解決策の模索　　プロトタイプの制作または製品化成果の提示

評価と受容

より発展的なアイデアが展開される可能性　　より発展的な成果が期待される可能性

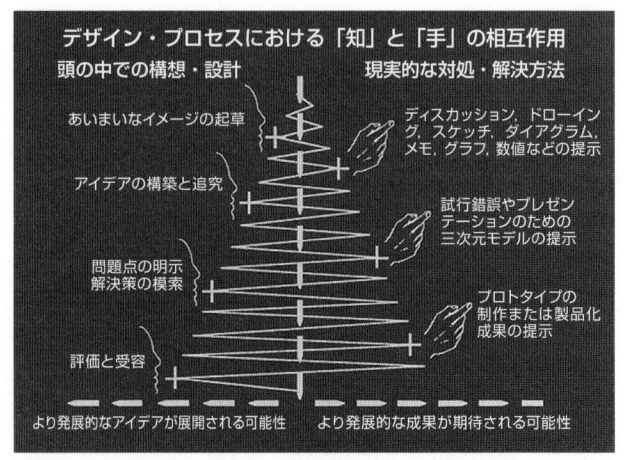

Kimbell, Stables, Wheeler, Wosniak, Kelly による
（和訳は筆者）

トの物質性やコマーシャル性が強調されるか，その様式的な変遷が美術史の文脈に組み込まれることが多かった。歴史民俗・産業・科学技術系の博物館の場合，デザインという言葉の登場が少ない分，製品の背景にかかわるふんだんな情報が無意識的に提供される。

　学校教育では，美術表現や工芸技法のバリエーションとして，主にグラフィックの基礎が実践されてきた。技術家庭科や職業・専門教育を別にすると，生産の実際を教室で学ぶのが難しいからだ。文部科学省の学習指導要綱にデザインが初めて現れたのは1958年だが，その時点では高度成長を達成するためのスキルとして紹介された。多少なりともデザインの本質とプロセスに触れる教育の試みは，2004-2005年に始まった「総合学習」，これを受けて盛んになってきた美術館，博物館の活用が始まりといってよい。だが欧米に比べると，適切なテキストと教材，独自な指導・学習方法，デザインのパーマネント・コレクションの不足が現状として挙げられる。

海外美術館での体験的デザイン展示
（スコットランド建築＆デザイン・センター）

国内美術館での体験的デザイン展示
（宇都宮美術館）

■発展
●デザイン鑑賞の理想的なあり方を求めて

　「展示」を主体に考えるならば，デザインの歴史や造形理念を知らない鑑賞者であっても，製品の背景が理解できるような解説とテキスト，自発的な学習を促すようなキーワードとワークシートを用意し，オリジナル作品，体験的プレゼンテーション（見る，知る，触れる，解体する，再構築するなど多様な視点による），インタラクティブな普及活動（ワークショップ等）と関連させるのが望ましい。若年層，そして多くの来館者は，デザインという未知の領域に対する潜在的な違和感をもっている一方で，展示室で目にする製品が生活に身近である場合も多いからだ。

　同じことを「館外」で実践するには，製品（リプロダクション），全体・部分・解体モデル，図面やドローイング，映像などを組み合わせたキットを用い，学芸員や教師とのコミュニケーションを通じた鑑賞教育が期待される。

　デザインは，消費をカギとするからこそオリジナル作品がなくとも「鑑賞」が成り立ち，こうした学習方法は，その循環プロセスと完全に重なり合っている。

学習キットの開発事例
（「宇都宮美術館デザイン・キットdeli.」より「Kit No.4」）

POINT
- デザインの本質とプロセスに触れる教育の試み
- デザインが社会に浸透していく契機
- デザインの鑑賞は，生活文化史の学習につながる

関連リンク

デザイン・プロダクト　⟶ p.30, 110

工　芸　⟶ p.32, 157

総合学習　⟶ p.8, 198

（橋本優子）

芸術体験としての鑑賞

5 芸術作品の鑑賞

手で見る美術鑑賞
知覚的認識の意味

総論　主題　技法　知識　鑑賞

手で触れる作品鑑賞の始まり

　どの美術館でも「作品には手を触れないで下さい」と案内するのがごく当たり前のことだった。その約束をあっさり破棄させ、無効としてしまったのが1984年に東京・渋谷に開設されたギャラリー・TOMである。視覚障害者にも楽しんで作品を鑑賞してもらうことを目的に"手で見るギャラリー"として、開かれた鑑賞の場を提供した。もちろん一般の人も作品に触れることができ、ブロンズや木の作品を、手で触れて鑑賞することができた。少数ではあったが関心をもった美術館学芸員の中には、自館での彫刻作品の鑑賞にこの触察を取り入れ、企画展や常設展の彫刻コーナーで視覚障害者のための積極的な作品鑑賞の機会をつくっていった。美術館が多くの人々に開かれた場であり、美術は誰にでも楽しむことができることを知る先駆的役割を果たしたといえる。彫刻作品に触れる、手で作品を見ることは、その後、日本の美術館に徐々に広がり、彫刻の展覧会では手で触れる作品鑑賞会を開くことや、点字による解説やキャプションの設置はごく当然のこととなった。また作品に直接触れることはできなくても、立体コピーを鑑賞の補助教材にして作品解説を行うなど、美術館の積極的な取り組みや工夫も見られる。

触れることの可能性

　見るだけではなく、手で触れてものを確かめたくなる気持ちは誰もがもつ衝動である。美術館に展示されている絵画作品にすら、思わず手を伸ばしてしまう人を見かけることがよくある。目の不自由な人が彫刻作品に直接手を触れて、曲線や表面の伸びやかな広がりに手のひらを添えて鑑賞する姿は、まさしく手で見ることの可能性を我々に知らせてくれる。視覚や聴覚、嗅覚や触覚といった五感全体をはたらかせてものを捉えることは、ごく自然なことであり、触覚はそのベースとなる重要な感覚である。大まかな形体や細部のつくりの把握、造形的リズムの感得、素材の感触を得ることは、作品を知るうえで大切なことである。

　我々は、触れてみたいという人間の生理の向こう側に開かれていくものと、そのことによる知覚的認識の意味を改めて考えるとともに、視覚に障害をもつ人の触覚によるものの捉え方の中に、その豊かな世界の広がりがあることを知ることが重要であると思う。作品を鑑賞するということにおいては見ることも触れることも等しく意味をもち、何を見ているのか、何を感じ取れるのかが問われている。

ブロンズ彫刻の触察

木彫作品を触って鑑賞

知覚的認識と作品鑑賞

　目隠しをして森や林を歩く「ブラインド・ウォーク」が，ネイチャー・ゲームの世界だけではなく，美術や建築，演劇やカウンセリングといった分野においても，近年ワークショップとして行われることが多い。さまざまな対象に対して視覚を遮断することで，聴覚や触覚などの感覚の働きを意識化させ，森の木々を駆け抜ける清々しい風や，植物の匂いを感じ，鳥や昆虫の鳴き声を改めて聴きかえしてみると，森は新鮮な驚きに満ちていることを発見する。

　現代は視覚が優先される時代といわれ，テレビやインターネットといったメディアの介在による情報が圧倒的な量を占めている。本来，一体であった見ることの先にある実体は，見えるものとその対象が切り離され，見ることと実体が乖離する状況にあるといえる。それゆえ身体による直接的な体験，五感で感受する知覚・認識の重要性が高まりつつある。

　森に入り，静かに目を閉じて耳をすましてみると，風の音，鳥の鳴き声，葉のこすれる音がざわめきとなって聞こえてくる。また，土に触れ，樹木の表皮に触れ，風にさえ触れてみようとすると，触れることは自己を取り巻く未知の世界の存在を知り，対話することだと気づく。

　彫刻に触れることもまた，単に手で形を確かめるだけではなく，作品としての彫刻の世界に出会うことであり，同時に，それらを制作した彫刻家の魂に触れることでもあるといえる。太陽の光のきらめき，森のざわめきを聞くように，彫刻に耳をすませてみてはどうだろう。

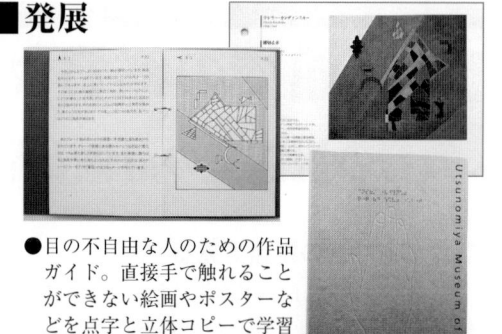

ブラインド・ウォーク

■発展

●目の不自由な人のための作品ガイド。直接手で触れることができない絵画やポスターなどを点字と立体コピーで学習する補助的な教材。

藤本由紀夫『Untitled』(1999)
音を聞いたり，香りを嗅いだり，五感で楽しむ作品。

平田五郎『土の家―遠くの部屋』(2001)
内部は蠟でできた部屋になっている。作品の中に入り，光と音と時間の流れを感じる作品。

POINT

- ●触れる行為は内的な行為でもある
- ●感覚の交通がもたらす豊かなイメージの広がり
- ●「手で見る」のも面白い

関連リンク

バリアフリー	→ p.112
触　覚	→ p.29, 30, 195
メディアの介在	→ p.3, 30, 146

（岡本康明）

5 芸術作品の鑑賞

総論　主題　技法　知識　鑑賞

美術館での鑑賞マナー
教育の視点での計画と指導

美術館を教育の視点で見る

　美術館は教育材料の宝庫である。美術館の収集，保存している優れた作品や資料と，長年蓄積された調査研究内容の活用によって，より質の高い教育活動の展開が期待できる。そして，何よりも実際の作品を目の前に教育活動を展開できることは美術館ならではの魅力である。また，近年盛んになっている，学校との連携事業を含む教育普及活動にも注目したい。美術館によっては学校のための具体的な資料を用意しているところも増えてきたからである。以上のようなことをはじめとする美術館の特徴と現状を上手に利用するための必要事項を，指導者と児童生徒のマナーとして以下に示すことにした。

指導者のマナー

1）教育普及担当に相談

　学校の美術館利用の窓口は，教育普及担当であることが多い。美術館利用の予定があるならば，早めに連絡を取るようにし，学校名，学年，人数，利用希望日，連絡先，担当者名等を知らせ，下見と事前打合せの日程を決めるようにする。

2）下見と事前打合せ

　利用する美術館を理解し，充実した指導計画を作成するために，下見と事前打合せで，施設，展示内容，利用できる資料，用意できるプログラム等を確認する。必要書類を書くときもある。

3）指導計画を立てる

　美術館の担当者のアドバイスをもらいながら指導計画を作成する。作成した指導計画は学校と美術館の共通資料とし，当日の運営で生かす。

4）児童生徒への事前指導

　美術館利用の注意点およびマナーを事前に確実に指導しておく。また，美術館での活動内容の予告と，美術館利用当日に見ることができる作品の事前学習も目的に応じて実施する。

5）美術館利用当日の運営

　指導計画に基づいて運営を行う。児童生徒へのマナーはそのまま指導者のマナーであることに注意する。

児童生徒のマナー

1）作品を大切にする

　私たちには，美術館で今まで大切に保管されてきた作品を後世に引き継いでいく責任と義務がある。そうした作品保護の観点から次のようにする。①展示作品にはさわらないようにする，②作品を傷つけたり汚したりする恐れのあるものは持ち込まないようにする，③許可なく写真撮影はしないようにする。

美術館が作成した学校利用のための資料

●教師のための
　宇都宮美術館利用ガイド

●茨城県天心記念五浦美術館
　利用の手引き

●埼玉県立近代美術館
　美術館の使い方はやわかりガイド

2）静かな空間を守る

　美術館は学校とは違う一般の人たちも出入りする公共の場であり，静かな空間を心から楽しみたい人たちが集まる場でもある。そのような静かな空間を守るために次のようにする。①話し声はできるだけ小さくする，②展示室だけでなく館内全体でもまわりに気を配って行動する。

3）心も働かせて作品を見る

　美術館で大切に保管されている一つひとつの作品には，作者のメッセージや，その作品が生まれた時代や社会の情勢，その美術館や地域とのゆかりなど，ざっと見ただけで読み取ることができない，たくさんの物語が隠れていることが多い。このようなことから作品を見るにあたっては次のようにする。①作品とじっくりと向かい合い，視覚的に何が描いてあるかを把握するだけでなく，自分が感じ取った印象や感覚，感情を大切にするようにする，②その作品についての事前学習や，展示の解説や資料をもとに，作者のことを想像したり，作品に込められている思いをつかむようにする。

4）知りたくなったら自分で調べる

　作家が人生をかけてつくった多くの作品を短い時間で理解することは不可能である。児童生徒の鑑賞活動で生まれた疑問は，できるだけ自らの力で調べて解決するように促す。

5）美術館の楽しさを友だちや家族に伝える

　鑑賞して心に感じたことが，より一層心に定着することと，友だちや家族と感動や感激が共有できるように美術館の活動の成果を積極的に話すように促す。

マナー指導　展示室での鑑賞
解説を聞く　グループで鑑賞

■ 発展

アートゲームボックス
（滋賀県立近代美術館）

出張授業「知ってる？　ピカソ」
（埼玉県立近代美術館）

　美術館と学校との連携事業として，学校での活動も徐々に増えつつある。滋賀県立近代美術館のアートゲームボックスは，楽しみながら作品との距離を縮めることができる。埼玉県立近代美術館の出張授業では，毎週土曜日に実施しているプログラムの一部や，日本画のレプリカを使った授業等を実施している。

POINT

- 芸術作品を教材にできるのが美術館の魅力
- 早めの連絡・下見と事前打合せが大切
- 静かに感情や感覚をはたらかせて作品を見る

関連リンク

調べ学習　　　→ p.161, 179, 199

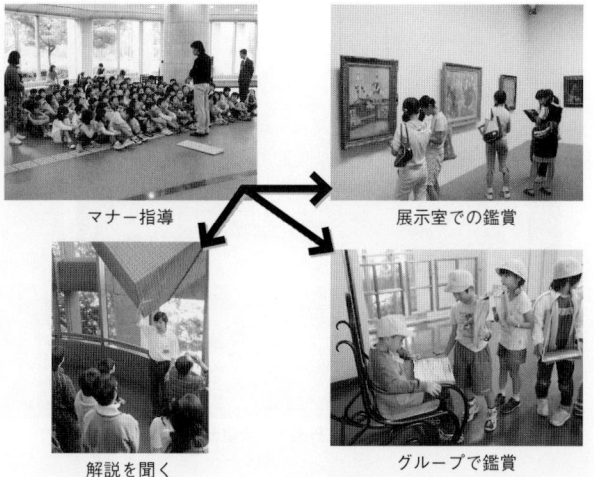

（山田一文）

芸術体験としての鑑賞

5 芸術作品の鑑賞

総論 主題 技法 知識 鑑賞

美術の多様な広がり
日常空間へ進出するアート

近代美術館の可能性とその限界

　ホワイト・キューブといわれる白い壁面の展示室が最初につくられたのは、1929年に開館したニューヨーク近代美術館といわれている。同じアメリカでもそれ以前につくられたメトロポリタン美術館やフィラデルフィア美術館、ナショナル・ギャラリーが旧世紀の重厚な公共建築物の影響を強く受け、展示室も厳かな雰囲気に包まれているのに対して、この白い壁面の空間はどのような作品にも対応可能な展示空間として、それ以後に建築された多くの美術館の基本モデルとなった。

　日本の公立美術館もこれに倣い、県立美術館では1951年に開館した神奈川県立近代美術館を始めとして、1970年代以降今日まで、多くの近代美術館あるいは現代美術館が全国に誕生した。企画展事業を中心に、古代から現代までの絵画や彫刻、デザインや今日のインスタレーションなど多様な展覧会が開催され、白くて開放的な空間はその展示効果を遺憾無く発揮させた。白い空間は展覧会を構成するうえで、出品作品に合わせて変幻自在に空間をつくることを可能にし、ニュートラルなその空間は作品を際立たせ、鑑賞者に作品とじっくり向き合える場を提供したといえる。しかしまた一方で、その白い空間に作品を展示することが、多くの作品にとって本当に望ましい場といえるのか、また鑑賞者が作品と出会う場所として最も相応しい環境であるのかというと、考察の余地はあると思われる。改めて作品を見るということがどのような意味をもっているのか考えたい。

非日常空間から日常空間へ

　既存の美術の枠を超えた多様な広がりが急速に高まっている。特に現代美術においては、社会との結びつきや個の場との関係、またこれまでの絵画や彫刻のように作品のもつ造形性への問題意識よりも、コミュニケーションをテーマとした作品制作への大きな流れと変化は、美術の新たな価値を求める時代の到来を物語っているといえる。現実の社会や生活に密着した場との交流の中で、改めてアートの可能性を確かめるような作業が近年盛んに行われている。1960年代、70年代の野外での彫刻展やランド・アート、アースワークとは異なる文脈で、いま街や村や小さな島が美術の舞台となり、日常の生活の中でアートが息づいている。非日常空間としての美術館での展示があるように、日常空間の中にこそ生きる場を求めているアートの存在も見逃せない。

　美術館に足を運び、古今東西の名画に酔いしれたり、コンセプチュアルな知的で思索的な作品を前に

ニューヨーク近代美術館

平田五郎『佐久島空家計画1　大庭邸―緑の庭―』(2002)

思考をめぐらせたり，アバンギャルドの激しい表現にからだ全体が揺り動かされたりすることが，ある意味で非日常的な特別の時間の体験だというならば，もう一方で，とりわけ普段アートを意識しているわけではない人々の暮らしの中で，日常空間の中に息づいていく現代のアートの存在に注目してみたい。愛知県の三河湾に浮かぶ佐久島での「三河・佐久島アートプラン21」は，改めてアートの可能性を考えさせてくれる。人口340余人，島民の平均年齢が70歳に近いこの小さな島で起る活動は，島の自然や伝統と現代美術との出会いによって佐久島の活性化をめざすという，一色町と島民が推し進める事業である。中でも，『大庭邸―緑の庭―』は最も興味深いプロジェクトだった。細い路地の奥に潜む黒い家々，その通りの門を潜ると，母屋と離れの間に小さいながらも一面に石が敷き積められた銀色に輝く美しい庭が出現する。海岸から採取した大小の佐久石が整然と並び，一本の高い木立と離れ手前から伸びた深い溝の穏かな直線が，石畳の庭に小気味よい緊張を与えて，屋根瓦が何枚も積み重ねられた塀の趣と相まって，三河湾に浮かぶこの小さな島に昔からあったかのように，その風景の中に静かな佇まいを見せている。このプロジェクトは，翌年には母屋に淡い光の差し込む部屋をつくる作業へと進み，島を訪れた人や島に住む人々がしばし海から吹きつける潮風や太陽の光とその温もりを味わえる空間となった。これらの作品は，制作していく中で島の人々に受け入れられていき，いつしか制作に携わった作家やボランティアの学生と島の人々とのふれあいや交流も生まれていった。

■発展
●市街地で行われた展覧会

「横浜トリエンナーレ2005」会場入り口

「大分現代美術展2002」アート循環系サイト
工場跡に制作された作品。『関係―重い時』河口龍夫

「取手アートプロジェクト2005」
商店街の店の前に置かれた作品

『アルテピアッツァ美唄』の展示室
廃校となった小学校が芸術広場として再生され，彫刻家・安田侃の作品が校舎や外の広場に展示されている。

POINT
- 美術館だけがアートの場ではない
- 洞窟絵画は，先に場所ありきであった
- 美術館を出て，街を歩こう

関連リンク

日常空間・非日常空間 → p.85, 188

アースワーク → p.16, 22, 87

ホワイト・キューブ → p.87

(岡本康明)

[5] 芸術作品の鑑賞

総論　主題　技法　知識　鑑賞

ミュージアム・アウトリーチ
クロスオーバーする社会性

広く，深い世界をめざそう

　今日，芸術文化の領域で盛んに行われている「アウトリーチ」とは，実は社会福祉の用語である。クライアント（福祉を受ける人）が必要とする種々のニーズについて，当人ではなく，クライアントの置かれた環境，周囲の人々に働きかけることによって，より本質的なニーズを把握する——これが本来のアウトリーチ（援助の模索）のあり方だ。「モノ・コト」と「ひと」を結ぶことを究極のミッションとする美術館，博物館の場合，来館者や利用者，直接的に支援，関係する個人と団体ばかりではなく，潜在的にミュージアムを支える人々，ひいては社会全体がクライアントに相当する。

　だが，社会福祉におけるケース・マネジャー（福祉に携わる人），援助団体とクライアント，その家族，職場，地域の結びつきと，学芸員，研究者，アーティスト，ボランティアなど，多くの内なる関係者と外なる人々（狭義のクライアント）の輻輳化した関係性は，非常に性質が異なっている。ミュージアムの関係者は，本当は社会（広義のクライアント）の一員でありながら，その自覚がいまだに稀薄といえる。ミュージアムを巡る人々の間には必ず「モノ・コト」が介在する一方で，潜在的なクライアントのニーズは「モノ・コト」の享受に集約されるわけではない。受け止め方も，ゆるやかな個人的要求であると同時に，差し迫った社会的命題でもある。

　理想的なミュージアムは，コレクション（収蔵），リサーチ（研究），プレゼンテーション（展示），エデュケーション（教育），パブリシティ（広報），マネジメント（運営）に大別される複雑な機能が，相互にフィードバックしながらクロスオーバーする社会機関であり，この状態がハード（施設）の健全な維持，将来性あるソフト（活動）の展開，あらゆるクライアントとの活発なコミュニケーションを導く。それでもなお美術館，博物館が自発的，積極的に行う「対社会的な働きかけ」がアウトリーチにほかならない。よって，マンネリ化したミュージアム活動のカンフル剤，施設としての生き残りを賭けた顧客開拓策，逆に，特定のクライアントを対象にした事業，高度に学術的あるいは専門的，コマーシャルまたは大衆路線の対外的なプロポーザルは，正しい意味でのアウトリーチではない。

　このように考えると，さまざまの矛盾，曖昧さを十分に考慮し，オルタナティブな選択肢を提供しながら，広く，深く追究されるのが，ミュージアム・アウトリーチの理想だろう。

先進的な海外の事例（ユトレヒト市立中央美術館）

創立1838年のユトレヒト市立中央美術館は，オランダで最も古い公立美術館であり，施設は，古い教会，孤児院，陸軍厩舎，精神病院にモダンな増改築を加えたものである。コレクションは，歴史文化，古典絵画，近・現代の美術，デザイン，ファッションから成り，ユトレヒトゆかりの二大クリエイター，ヘリット・トーマス・リートフェルトとディック・ブルーナは，世界最大の収蔵を誇る。リートフェルト設計の「シュロイダー邸」と「エラスムス街のアパート」も分館として有し，特異なコレクションと展示環境を活かしたアウトリーチを展開している。

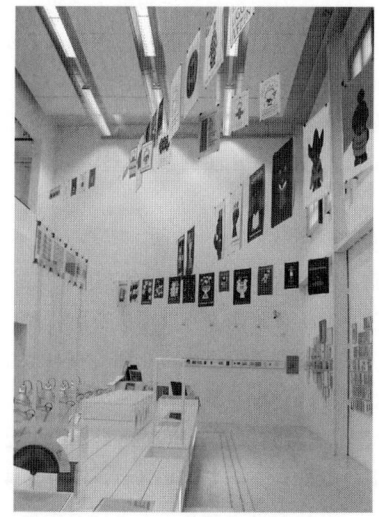

●開放的でアットホームなブルーナの展示室

アウトリーチは「館外活動」とは限らない。展示室でコレクションとクライアントが自然に出会うチャンスをつくる——これこそ美術館に課せられた基本使命だ。ここでは，作品を「見せる→鑑賞する」「教える→学習する」という活動は行われず，ブルーナの創造世界で一緒にくつろぐ。

●シュロイダー邸の外観（中），邸内で解説する学芸員（左），キットを手にするエデュケーター（右）

シュロイダー邸はガイド・ツアーで見学することができ，エラスムス街のアパートは館外ビジター・センターとして機能する。学芸員と共に市内のリートフェルト建築を巡る成人向けサイクリング・ツアーのほか，小・中学生は，「リートフェルトを通じて地域の歴史と環境を考える」というプログラムを学級単位で経験する。キットを用いた講義と街の探訪，ディスカッション，生徒の発表を主体とする後者は，エデュケーターと学校が協働するプロジェクトだ。

■発展

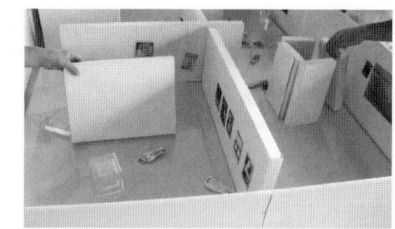

美術館を知るためのオリジナル学習キット（下）と，それを用いた館内ワークショップ（上）

●国内の取り組み最前線（宇都宮美術館）

コレクションとリサーチ，館内で恒常的に行われるエデュケーションに基づき，21世紀の社会におけるミュージアムの位置づけ，そのミッションを問う総合的なアウトリーチは，日本でも盛んになってきている。

学習キット（カメラ・オブスキュラ）を開発したデザイナーから直接指導を受ける地域の小学生

POINT

- クライアントのより本質的なニーズを把握する
- ミュージアムはオルタナティブな選択肢の提供
- ミッションを問う総合的なアウトリーチ

関連リンク

学習キット　　　→ p.179, 183

ワークショップ　→ p.174, 179, 181

（橋本優子）

5 芸術作品の鑑賞

総論　主題　技法　知識　鑑賞

"美術館ならでは"の授業を考える

美術館へ行こう

　せっかく美術館へ行くのだから，学校にはないものを存分に活用したい。それはなんといっても所蔵・展示されている美術作品であり，美術研究・解説の専門家である学芸員であり，建築家が手がけた非日常的な空間である。これら地域の文化資源は，どんなに活用してもしすぎるということはない。現在では，ある程度の規模の美術館ならば学芸員の中に教育普及担当者を置いている。また，学校から異動した教員が教育普及部門を担当している美術館も増えている。専任者がいないところでも，団体鑑賞や施設見学の定番プログラムを用意していることがある。まずは学芸員とコンタクトをとるところから始めよう。教育機関としての自覚がある美術館ならば，積極的に協力を申し出るはずである。

作品との対話

　学校が美術館を訪れる目的の大半は「図工・美術科における鑑賞」のためであるが，2列になって壁伝いに絵の前を行進して帰っていくだけの学校がときに見られるのは残念なことである。
　われわれの経験からは，展示室全体をまんべんなく見せるよりも，年間の授業計画から判断して最も鑑賞に適した作品を事前に選定しておき，じっくりと，児童生徒と作品とを向かい合わせるのが効果的だと思われる。鑑賞にあたっては，展示室内の解説パネル類を活用するほか，学芸員の解説，ワークシート，簡単な模写などさまざまなサポート方法が考えられる。グループで活動させる際には対話型鑑賞が有効だろう。また他教科との横断的な鑑賞活動としては，作品の印象を詩・短歌・俳句に詠み発表し合う事例や，歴史および異文化理解の手がかりとして作品を使用する事例も報告されている。いずれにしても，課題の完遂に気をとられて鑑賞活動がおろそかにならないよう注意したい。

人との対話

　美術館という大きな文化施設を運営するために，どれくらいの人がどのような思いを胸に働いているのか，学芸員や職員の生の声を聞く機会は意外に少ないのではないだろうか。
　例えば，「美術館はこの町に必要か？」という議論を現場の職員も交えてディスカッションすることによって，「文化を守り育てる」という美術館のミッション，ひいては社会における文化の役割について，図工・美術科の枠には収まりきれないかもしれないが，考えさせることができるだろう。
　また，美術館を通してアーティストや美術支援

●美術館で発行しているさまざまな資料を活用しよう。

●活躍する解説ボランティア，今後の社会を支える，新たな生き方のモデルとしても注目される。

者，ボランティアなど「美術とともに生きる」さまざまな人と出会うことも可能である。美術館には，作品だけではなく人的なネットワークも集約されているので大いに活用したい。

空間との対話

　美術館の展示空間は，作品を鑑賞するためだけにつくられた独特の空間である。ここは建物自体もアートなのだということを満喫したい。

　美術館を訪れる人の多くは，作品を見るためだけではなく，日常の雑事から離れたひとときを過ごすためにやってくる。来館者のそうした思いを満たし，さらに鑑賞に向けて集中させていくために，建築家は最大限の手腕をふるっている。普段の生活の中で建築について意識する機会は少ないが，美術館の中では，厳密に計算された動線や空間構成を鑑賞することができる。こうした工夫については学芸員や職員からも解説を受けることができるだろう。また美術館建築には，地域の特徴ある木材や石材が使われていることも多い。ソフト（収蔵品）ばかりではなくハード（建築）もまた civic pride（市民の誇り）たる美術館のあり方を象徴しているのである。

美術館へのアプローチ
特別なひとときへの期待を高める。

●学芸員によるバックヤードツアーで，巨大な収蔵庫を見学。美術館は展示だけの空間ではないことを学ぶ。

■発展

●美術館は，となりの"非日常"

　従来切り離されがちだった「鑑賞（見る）」と「制作（つくる）」を有機的につなげていく。学校と美術館の連携に最も期待されているのはその点であろう。

　しかし教科教育に限定された考え方ばかりではなく，美術館で体験した非日常的な空間をいかに学校という日常へ還元していくのか，それを考えることの大切さもこの場で提言しておきたい。日常性と非日常性の間を自在に往還できる柔軟なココロをどのように育てていくのか，真に求められているのは，この問いに答え得るプログラムの開発ではないだろうか。それはもしかしたら「プログラム」と呼ぶことのできない，精神の構えのようなものの伝承であるかもしれない。

●美術館の公園で…。
　時間を忘れて手とココロを動かす（ワークショップでの一コマ）。

●街の中で…。
　「この石材，美術館にもあった！」
　アートの種がいろいろなところに見つかる。

POINT

- 美術館には本物がある。アウラがある
- 厳密に計算された動線や空間構想を鑑賞する
- 作品を介して，人とのコミュニケーションの場

関連リンク

美術館建築	→ p.84, 184
非日常	→ p.85, 184

（伊藤伸子）

美術館の活用

[6] 生活と造形

総論 主題 技法 **知識** 鑑賞

文化の伝承と保存 I
多様な文化を尊重する社会の構築へ向けて

文化の伝承と保存および目的

なぜ，私たちは文化の伝承や保存に取り組むのか。言い換えれば，文化の伝承と保存は何をめざして行うのかということである。いろいろな観点から考えることができるが，最も重要な観点の一つは，文化の伝承と保存によって，自らの文化の価値や他の文化の価値を認識し，そうした価値の認識に基づいて，多様な文化を尊重する社会の構築をめざすということであろう。世界各地で民族対立や宗教対立などの地域紛争が立て続けに起こり，多くの市民を巻き込む悲惨なテロ事件がいまだに終息する糸口の見えない現状を考えれば，このことはわが国のみならず国際社会における緊要な課題である。端的にいえば，それぞれの地域における文化の伝承と保存は，平和的・民主的な社会を構築するという大きな使命の一翼を担っているといえる。

文化の伝承と保存に関しては，2002（平成14）年4月に文化審議会から答申された「文化を大切にする社会の構築について」においても，文化を「人間が理想を実現していくための精神活動及びその成果」と定義したうえで，次のように述べられている。「文化は，人間が人間らしく生きるために極めて重要であり，人間相互の連帯感を生み出し，共に生きる社会の基盤を形成するものです。また，より質の高い経済活動を実現するとともに，科学技術や情報化の進展が，人類の真の発展に貢献するものとなるよう支えるものです。さらに，世界の多様性を維持し，世界平和の礎となります」。このような答申の趣旨は，文面だけに終わらせず，地域の文化施設や学校など，あらゆる場で具現化させることが必要である。

わが国の文化振興に関する指針

わが国においては，ここ数年の間に，文化の伝承と保存にかかわってさまざまな指針が示されてきた。先に示した文化審議会の答申も含めて，1997（平成9）年以降の主な法律や答申等は以下の通りである。

2001（平成13）年12月に施行された文化芸術振興

表1　わが国の文化振興に関する主な指針

年　月	法律・答申・報告書・構想
1997年5月	・「アイヌ文化の振興並びにアイヌの伝統等に関する知識の普及及び啓発に関する法律」
2001年12月	・「文化芸術振興基本法」の公布・施行
2002年4月	・文化審議会答申「文化を大切にする社会の構築について」
2002年12月	・文化審議会答申「文化芸術の振興に関する基本的な方針」
2003年4月	・文化庁「文化遺産オンライン構想」発表
2005年2月	・文化審議会文化政策部会報告書「地域文化で日本を元気にしよう！」
2005年6月	・文化庁『わが国の文化行政』発刊
2005年7月	・アイヌ文化振興等施策推進会議（国土交通省，文化庁，北海道，アイヌ文化振興・研究推進機構，北海道ウタリ協会）「イオル（アイヌの伝統的生活空間）再生構想」承認

地域の文化施設における文化の伝承と保存

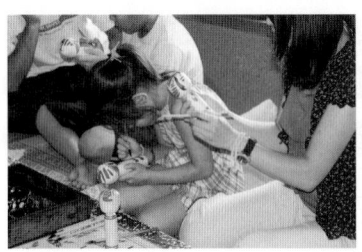

みやぎ蔵王こけし館（宮城県）　—こけし絵つけ教室（左），系統別による伝統こけしの展示（右）—

東北に生まれ育った「こけし」は，産地によって形態や模様に特徴があり，現在11系統（津軽系，南部系，木地山系，鳴子系，肘折系，山形系，蔵王高湯系，作並系，土湯系，遠刈田系，弥次郎系）に分類されている。

安達町和紙伝承館（福島県）

館内には，和紙漉体験室（上），工芸研修室，視聴覚コーナー，パネル展示コーナーなどがある。

基本法は，わが国における文化芸術振興の基本理念を明確にするとともに，文学，音楽，美術等の芸術の振興，文化財等の保存及び活用，地域における文化芸術の振興，国際交流等の推進，学校教育における文化芸術活動の充実などについての基本的施策を述べたものである。また，2005（平成17）年7月，アイヌ文化振興等施策推進会議によって承認された「イオル（アイヌの伝統的生活空間）再生構想」は，アイヌ文化を育んできた自然を再生するとともに，工芸などの文化活動で必要となる自然素材を確保できるようにしようというものである。イオルが再生されれば，材料の採取というものづくりの一から体験できるようになる。

こうした動きは，冒頭で述べた「多様な文化を尊重する社会の構築」に連動するものである。私たち一人ひとりが，その成否の鍵を握っているとすれば，進む方向を明確に自覚し，それぞれの場所で文化の伝承や保存に取り組んでいくことが大切になるだろう。

アイヌ文化に学ぶ「伝統的な楽器ムックリ（口琴）の制作と演奏」
（写真は鈴木紀美代氏によるムックリの演奏／北海道教育大学）

和紙漉き体験講座　—上川崎の手漉き和紙（安達町和紙伝承館）—

■発展

● **文化芸術振興基本法（2001年）**
文化芸術の振興についての基本理念を明らかにしてその方向を示し，文化芸術の振興に関する施策を総合的に推進するために制定された法律。文化芸術の意義については次のように記されている。「文化芸術は，人々の創造性をはぐくみ，その表現力を高めるとともに，人々の心のつながりや相互に理解し尊重し合う土壌を提供し，多様性を受け入れることができる心豊かな社会を形成するものであり，世界の平和に寄与するものである。更に，文化芸術は，それ自体が固有の意義と価値を有するとともに，それぞれの国やそれぞれの時代における国民共通のよりどころとして重要な意味を持ち，国際化が進展する中にあって，自己認識の基点となり，文化的な伝統を尊重する心を育てるものである」（前文）。

● **文化芸術の振興に関する基本的な方針（2002年）**
文化芸術基本法に基づき，文化芸術の振興における国の役割を明らかにするとともに，特に重視すべき方向性や基本的施策などを定めている。重視すべき方向の一つとしては，「文化芸術に関する教育」が取り上げられ，「学校教育においては，子どもたちが優れた文化芸術に直接触れ，親しみ，創造する機会を持つことができるよう，創造的な体験の機会の充実など，文化芸術に関する教育の充実を図る必要がある」と述べられている。

● **アイヌ文化の振興並びにアイヌの伝統等に関する知識の普及および啓発に関する法律（1997年）**
アイヌ文化の振興並びにアイヌの伝統等に関する知識の普及および啓発を図るための施策を推進することにより，アイヌ民族の人々の民族としての誇りが尊重される社会の実現を図り，併せてわが国の多様な文化の発展に寄与することを目的としている。国の責務としては，アイヌ文化を継承する者の育成，アイヌの伝統等に関する広報活動の充実，アイヌ文化の振興等に資する調査研究の推進という観点が示されている。

● **文化庁『わが国の文化行政』（2005年）**
「文化芸術振興基本法」（2001年）および「文化芸術の振興に関する基本的な方針」（2002年）に基づいた「芸術創造活動の推進」「地域文化の振興」「文化財の保存と活用」「国際文化交流の推進」「文化の情報化の推進」「アイヌ文化の振興」など，わが国の文化行政全般について記述されている。

POINT

● 多様な文化を尊重する社会の構築

● 文化芸術振興基本法には美術等の振興も

● 地域の文化施設における文化の伝承と保存

関連リンク

文化施設　　　　→ p.174, 184

文化の伝承と保存　→ p.15, 33

わが国の文化振興　→ p.193

（佐藤昌彦）

6 生活と造形

文化の伝承と保存 Ⅱ
教材としての意義を探る

総論 主題 技法 知識 鑑賞

教材化の意義

　各地域には，自然や人々の生活に結びつきながら長い間受け継がれてきた伝統的な造形がある。例えば，和紙，凧，張子，竹細工，藍染，提灯，和傘，扇子などである。そうした地域の伝統的な造形を教材として取り上げる際には，まずその教育的意義を教師自身が把握することが重要になる。なぜこの教材を取り上げるのか，取り上げることによって図画工作科や美術科においてはどのような意味をもつのか，子どもにどのような能力を育成することになるのか，そしてまた人格形成にはどのような役割を果たすのか——ということに対する検討である。教材としての意義が明確にならなければ，授業のねらいと教材とが乖離するだけではなく，的確な指導法を考えることもできない。では，そのような教材としての意義を探るためにはどうすればいいのか。基本となる観点を以下に三つ示した。

関連する資料の収集

　第一は，教材として取り上げようとする地域の伝統的な造形に関する資料を収集するということである。関連する資料の収集は，なにも地域の伝統的な造形に限ったことではないが，教材の意義を考察するうえでも大切な要素の一つである。資料としては主に三つのジャンルが参考になる。一つ目は，地域性に関する資料（例えば，岡本夏木『ことばと発達』岩波書店，中津燎子『こども・外国・外国語』文藝春秋など）。地域に着目する理由を把握するのである。二つ目は，鑑賞教育に関する資料（ギャラリー・トム協力・藤原新也撮影『彫刻に触れるとき』用美社，市川浩『精神としての身体』勁草書房など）。効果的な鑑賞法の探究である。三つ目は，教材化しようとする地域の伝統的な造形に関する資料（俵有作編『みちのくの古人形—三春人形とその周辺』三春町歴史民族資料館・福島県，日本民藝協会『柳宗悦選集第八巻』春秋社など）。明らかになっていることは何か。それを知る手がかりになる。

製作者からの聞き取り

　第二は，製作者からの聞き取りを行うということである。製作者を訪ねて直接に指導を受けることができれば，文献だけではわからない事柄についても理解を深めることができる。三春張子の製作者橋本廣司氏の次の言葉はそのことをよく表している。「三春張子には，おっぱいを飲んでいる人形や節句用のものなどがあります。また，病気で寝込んでいる子へ与えると気持ちが和むような人形もあります。これは殿様が愛用するために張子をつくったの

教育的意義を探るためのポイント

関連する資料の収集 　　　製作者（右）からの聞き取り 　　　製作過程の追体験（面張子の木型に和紙をはる）

　三春張子は，今から300年ほど前の元禄時代からつくりはじめられたもので，信仰，縁起物，歌舞伎，偉人武者，舞踊，物語伝説，風俗など，約300種類もの張子が受け継がれている。〈主な製作プロセス〉「木型に筋紙（和紙）を貼る」→「木型を抜き取る」→「胡粉塗り」→「絵つけ仕上げ」。

ではなく村の身近な人々の幸せを願ってつくり始めたことを示しているのです」。文献資料には触れられていない内容であり，造形に込められた三春の人々の思いを学ぶことができるものである。

製作過程の追体験

第三は，製作過程を追体験するということである。「関連する資料の収集」や「製作者からの聞き取り」だけに終わらず，「製作過程の追体験」をも加えた理由は何か。それは見たり聞いたりしただけでは気づかなかった点を認識するとともに，教材として取り上げようとする伝統的な造形のよさを実感としてとらえることができるからである。そして，これらのことは長い歴史の中で受け継がれてきた心と技の共有を可能にし，地域文化に対する深い理解を生むことにもなるだろう。製作過程のすべてを追体験することは難しいが，その一部だけでも取り組んでみたいものである。

三春張子「羯鼓(かっこ)」「牛若丸と弁慶」「乳呑み子」など

授業　三春の面張子　—製作者から直接に指導を受けて—

■発展

●文化遺産オンライン構想（2003年）

文化遺産のインターネット上での総覧の実現をめざし，博物館・美術館等におけるデジタルアーカイブ化を促すとともに，インターネット上における文化遺産情報のポータルサイトを整備し，全国の博物館・美術館等の収蔵品をはじめとする文化遺産の情報を集約化して国内外に発信するものである。平成16年4月より「文化遺産オンライン試験公開版」(http://bunka.nii.ac.jp/) が公開されている。

●イオル（アイヌの伝統的生活空間）再生構想（2005年）

アイヌの伝統的生活空間の再生のあり方について，基本的な考え方を示したものである。その機能については次のように述べられている。「この空間においては，①アイヌ文化の伝承に必要な自然素材の確保が一定のルールの下で自由に行うことができるとともに，併せて，②その空間において確保された自然素材を活用した，アイヌの人々の自然観に根差した工芸技術等の文化の伝承活動，自然と共生していたアイヌの人々の知恵を生かした文化の体験あるいは交流等の活動が行われることが考えられる」。

●地域の伝統的造形の教育的意義

地域の伝統的な造形にはさまざまな教育的意義があるが，それらの中から四つを以下に示した。
- 多様な文化を尊重する精神の涵養
- 自然の恵みに感謝する精神の涵養
- 自然素材の特性を生かす造形能力の育成
- 文化の伝承を通した温かい人間関係の形成

三春張子の展示　高柴デコ屋敷資料館（福島県）
人形を意味する木偶(でく)が訛りデコ屋敷と呼ばれる

POINT
- 関連する資料の収集
- 製作者からの聞き取り
- 製作過程の追体験

関連リンク

伝統工芸　　　　　→ p.33

文化の伝承と保存　→ p.190, 198

体験を通して学ぶ　→ p.178

（佐藤昌彦）

6 生活と造形

工芸作品を「見る・触る・使う」
湯飲み茶碗をより深く鑑賞する

総論　主題　技法　知識　鑑賞

「生活用品」鑑賞の意義

　日常的に使用している生活用品の鑑賞は，使用者への温かい心遣い，美と機能との調和的な表現，地域素材を生かした伝統的な造形などを実感するなど多様な観点から意義を見出すことができる。しかし，その存在の意味を考える機会をもたなければ生活と美術の深い関係性や工芸作品の価値に気づくことは難しい。また，日本文化の底流にある四季に育まれた生活用品は，祖先たちの自然との融合や祈り，生活の知恵などを感受するのに好適でもある。

価値意識の形成を企図

　焼き物の鑑賞は，見る・触る・使うという行為を通してその焼きもののよさを味わい，つくり手の表現意図をも感じとらせ，自分らしい価値意識の形成を図ることをねらいとする。さまざまな湯飲み茶碗の中から自分が気に入る一品を選び，その理由を語らせる。湯飲み茶碗の色彩や光沢を見た感じ，それを持ったときの手触り，実際に緑茶を注いで口にしたときの感触など感受したことを述べ合い，生活用品の美しさに対する自分らしい感じ方や考え方を自己確認させる。さらに，つくり手がその一品に込めた使用者への想いを感受させ，その表現意図をも考えようとする態度の形成までを視野に入れて展開する。

工芸作品鑑賞の展開

① 　本学習の意義の理解：素地が焼き締まりきらず吸水性があり不透明かつ釉薬を用いた「陶器」，素地が焼き締まりガラス化して吸水性のない純白透明性の「磁器」との違いを学習させ，生活用品としての焼き物に興味をもたせる。「益子焼き」の歴史もインターネットや書籍などで調べ，日本人の生活に不可欠な焼き物の存在とその学習の意義を理解させる。
② 　「見て」多数の湯飲み茶碗から一品を選択：選ぶ観点などを指示せずに多数の湯飲み茶碗の中から好きな一品を選ばせ，初期段階から主体的に学習する態度を養う。選択理由をワークシートに書かせることにより，その一品への自分のこだわり，すなわち自分らしい見方に気づかせる。
③ 　「触る」による感想の変化：当初は親しい人の好みへの同調，表面色に傾斜して選択することが少なくない。手にとることにより材質感や量感，手触りや手の大きさに適合した一品へと嗜好が変化しやすい。理由の記入で自己確認を行い，感想を交換し，使いやすさも嗜好の要因となることを理解させる。
④ 　「使う」による価値意識の変容：実際に緑茶を入れると，美味に感じさせるには内側の釉薬の色が重要との認識も感じとらせたい。さらに，形体の面白さでなく，食器洗いのしやすさにも気づかせる。

美術室に畳を敷き詰めて場の雰囲気をつくる　　　　　　見るだけでなく緑茶を注ぎ飲んで鑑賞する

「焼き物を見る・触る・使う―よさや美しさのよりよい見方をつくろう」(2001)，指導：宇賀神俊彦（宇都宮大学附属中学校）

鑑賞の三側面と「見る・触る・使う」

　鑑賞には，見て愉しむ「観賞」，優れたものを味わい愉しむ「享受」，美醜・優劣などの価値を判じ定める「評価」などの三側面がある。右の茶碗を「見る・触る・使う」という行為から検証してみる。

　「見る」とは，視覚によって判断し認識することである。左下がもっとも大きく，右上がもっとも小さい。茶碗は飲むお茶の量と無関係には存在しないために，大きさは選ぶ要件として重要である。大きければお茶の量，つまり容積は多くなる。高さは中央の左右の茶碗が高く，右上が低い。小さいと「かわいい」と評されることが少なくない。そのため，大小や高低は嗜好に直結しやすい。この6作品は横から見ると半球型・円柱型・逆円錐台型に大別できる。また，上から見るとすべて円形なのは，ろくろによる形成と関係がある。中央の2作品のみ植物模様が描かれているが，それも選択要件になる。左下は大きく黒色なので深みを感じる。逆に，右上は明色のため茶よりフルーティな酒が似合いそうである。

　「触る」とは，手による触覚的な認識である。左上は表面がザラザラしていて持っても滑らない工夫を感じる。他の茶碗はツルツルしている分，指の形に合わせて凹凸がつくられていて心地よい。

　「使う」とは，持ち・飲む操作性と関係し，飲む動作により口唇の感覚に直結しているため，茶碗の最上部の仕上げの厚薄で味覚が左右される。中左の茶碗の上部は他と異なり水平に切っていないため凹んだ部分に口をあてる必要がある。模様や色とともに好みが分かれやすい。また，ローウェンフェルドの視覚型・触覚型との関係も考察に値するであろう。

■発展

●益子焼小史

　栃木県芳賀郡益子町周辺を産地とする陶器である益子焼（ましこやき）の始祖は大塚啓三郎他で，江戸末期の嘉永6（1853）年に窯を築いたとされる。良質の陶土の発見，江戸への販路の確立，当地代官の三田称平による地場産業としての積極的な奨励で基礎がつくられた。明治期には，東京に至近という条件が幸いし，漬物鉢や土瓶，すり鉢や水甕など台所用雑器が多く産出された。大正期には磁器や金属器の普及で一時衰退したが，関東大震災による需要の高まり，柳宗悦（1889-1961）や河井寛次郎（1890-1966）らによる民芸運動の興隆が益子焼を復活させた。中でも，1955年に重要無形文化財保持者に指定され，1968年には文化勲章を受賞した人間国宝の濱田庄司（1894-1978）によって益子焼は，一躍有名になった。通商産業省（現経済産業省）は1979年に，益子焼を伝統的工芸品に指定している。

POINT

- 生活用品の鑑賞は，祖先の自然との融合や祈りの感受
- 「見る・触る・使う」が工芸作品鑑賞の基礎
- 湯飲みは，手の大きさで好みも異なる

関連リンク

生活用品	→ p.12, 30, 32
見る・触る・使う	→ p.29, 180
陶　器	→ p.158

（山口喜雄）

コラム

鑑賞活動の授業づくりの基本的手順

本論に入る前に，鑑賞授業を構想する際の一般的な基本的な手順について考えておこう。

①	実態調査：	学習者の鑑賞能力はどの程度か？
②	目標設定：	①を踏まえた学習内容（何を教えるのか）は？
③	作品選定：	適切な教材内容（何をとりあげるのか）は？
④	指導方法：	②のための教授行為内容（どのように教えるのか）は？
⑤	反応予測：	①～④をふまえた学習者の解釈内容（どういう理解を示すか）は？
⑥	反応評価：	①～⑤をふまえた実際の授業における活動の様子は？
⑦	評価活動：	①～⑥をふまえた授業後の評価内容は？（②と⑤のズレを把握する）
⑧	全体総括：	①～⑦をふまえた授業づくり全体の反省内容は？

※①から順次⑧へと授業づくりを進めることが原則だが，例えば②よりも③が先に決まることもあれば，何らかの④が先にあり（コンピュータによる指導など），それから②や③が決まるというケースもある。原則をふまえながらも，生徒や学校の学習環境，その他の諸条件に合わせて柔軟に考えるべきである。

絵巻を教えることの難しさ

絵巻は，絵画という狭い概念を超えた魅力的なテキストである。時代の価値観や風俗，高僧の伝記や説話文学などの「事実」が，活字資料とは比較にならない躍動感あふれるイメージで再現されている。にもかかわらず，以下の二つの理由から鑑賞の授業で取り上げられることが少ない。

① 何を教えればいいのかが不明瞭
　教材分析・解釈が難しく，教材化するまでに至りにくい。

② どう教えればいいのかが構想されていない
　本来，一人または数人で手元に置き〈繰り広げながら〉観るものを，集団で行う授業の形態に採り込むことの困難さ。

事前学習は，知識を細かく分け一つずつ確実に

ここでは，平安末期の傑作『伴大納言絵詞』をテキストとした中学生を対象とした授業実践の方法について述べる。

絵巻の鑑賞では，一場面だけを観せて内容を解釈させたり，鑑賞後に絵巻の原理に即して絵を描くといった類の実践がある。しかし，できる限り本来の鑑賞方法に即して観られるべきものであり，話のプロットをきちんと把握して表現を味わうことで，絵巻特有の面白さが理解できる。したがってテキストとなる絵巻全体を鑑賞することが望ましい。

紹介する実践では，「英語」でストーリーを追いながら鑑賞を行っている。とはいえ，いきなり英語による説明だけで行ったわけではない。事前学習と

Look at the screen very carefully!! What's happening?
What do you see in this picture? What kind of animal? How many?
These horses have many tones of color, black, brown and so on.
Paper and Sumi are used and they are materials for E-maki.
About one thousand year has gone by since this artwork was made in Heian period.
You have to look at them very carefully. The men are on the horses.
They have long bows in their hands and put Yoroi, Japanese armor.
They are "Kebiishi". What is their job? Yes, their job is police.
A police squad is charging up the street to inspect the any site.
This E-maki begins with the scene Kebiishi being dispatched for inspection.

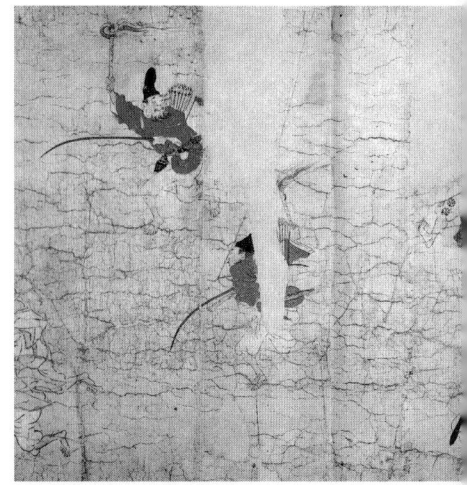

「伴大納言絵巻」出光美術館蔵

column　絵巻を英語で鑑賞する

して50分，必要な予備知識を日本語で学習した後，英語だけを使った鑑賞を50分間行った。

事前学習の流れは以下のとおりである。

① 技　法：他の作品を例に，絵巻の表現形式の基本的な特徴（構図や視点など）を知る。
② クレジットライン：『伴大納言絵詞』の基本的な事項（大きさや作者など）を知る。
③ 背景的知識：図表やイラストで平安時代の官制（身分階級）について知る。
④ 舞　台：イラストで『伴大納言絵詞』の主な舞台（大内裏など）の位置関係を知る。
⑤ 登場人物の関係：主な登場人物と，官制に基づくその権力関係について知る。
⑥ プロット：主なあらすじの前半部分について知る。
⑦ 基本英語：上記の内容のうち，キーワードになる英単語や英熟語，英語の言いまわしを知る。

このように，情報を"Divide and Conquer"，つまり細分化して順序よく与えることで，生徒は内容を容易に理解することができるようになる。

英語だけで鑑賞する

前半は主に誰が何をしている場面かを確認しながら上巻・中巻へと筋を追った。生徒は，教師の英語と，日本語による既知の事柄と，目の前の絵を助けに内容を推測して理解に努めていた。事前学習で約6割のストーリーを知らせてあるので，後半部分（下巻）の結末がどうなるのかを三者択一の問題で予想させた。それにより退屈せずに全長約27mの絵巻を最後まで鑑賞することができた。

あらすじが英語だけに絵を観ることに集中せざるを得ず，常識での予想とは異なる，いわば"逆説的な理解"から派生する新鮮な感情による鑑賞効果が得られた。約8割の生徒が「よく理解できて楽しめた」と述懐した。絵巻を効果的に鑑賞するための最大の要諦は，あらかじめ物語全体の枠組みを知らせたうえで順を追って部分を鑑賞していくことである。これは英語・日本語を問わず，時間的要素を伴う絵巻を鑑賞する授業づくりのポイントであろう。

能動的活動としての鑑賞学習へ

常識的には，日本美術の一ジャンルである絵巻は日本語で学習するのが当然であり，「なぜ英語で？」と思われるかもしれない。しかし鑑賞教育を広い視野の中に置けば，本来は実用的手段である外国語を使って鑑賞することは決して奇異なことではない。小学校の英語活動や高等学校のSELHiからもわかるように，中学校でのこのような発展的授業は有益であり，今後の美術鑑賞教育そのものの活性化にもつながるであろう。また，受身的な理解中心の鑑賞だけでなく，学習者自身の解釈による能動的な鑑賞活動も期待される。

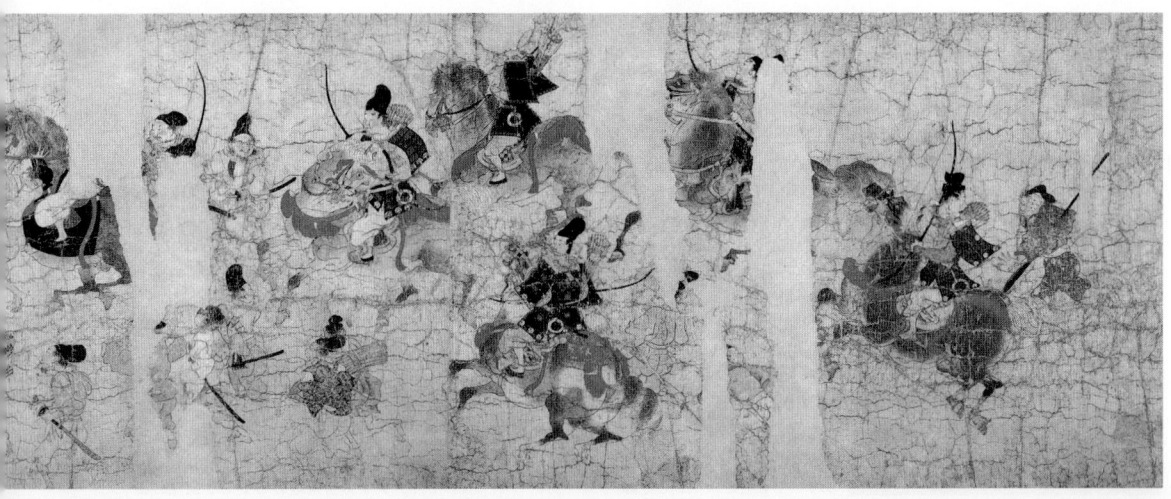

（池永真義）

6 生活と造形

世界遺産と美術文化
歴史・地理，環境などへの広がり

総論　主題　技法　知識　鑑賞

文化財の保護と修復

　世界遺産とは，ユネスコ（UNESCO = United Nations Educational Scientific and Cultural Organization）の第17回総会（1972年）において採択された「世界の文化遺産及自然条約の保護に関する条約」（通称：世界遺産条約）に基づいて指定された歴史的な「文化遺産」と，自然の景観などの「自然遺産」，そして文化遺産と自然遺産の両方を備える「複合遺産」の総称である。現在，世界の137か国に存在する812件の遺跡や自然の景観が世界遺産として認定されている。

　加盟国が拠出した世界遺産基金を運用して，危機にさらされている文化財や自然の景観の保護と修復にあたることが，この条約の直接的な目的である。カンボジアの「アンコール・ワット」やアメリカの「イエローストーン国立公園」など，現在33件が緊急な保護と修復を必要とする遺産として認定されている。それらを抱える国にとって，「世界遺産条約」加入による恩恵は計り知れない。

　危機にさらされているもの以外の世界遺産については，保護・修復の義務を負うのは，条約加入国自体であり，基金からの費用の支出は見込めない。しかし，裏を返せば，世界遺産に認定されるということは，責任をもって国家が文化財の保護・修復を保障することを意味している。それゆえに，それら遺跡や景観自体にとっても，文化財を愛する人々にとっても，世界遺産への登録は，実質的なメリットをもつのである。

木の文化と日本の世界遺産

　建築物などが創建当時の素材と意匠を損なわずに，歴史に耐えてきたことを世界遺産としての認定条件としているため，耐久性のある石造りの構造物の多い西洋文化圏に較べて，東アジア地域，特に日本の木の文化圏に位置する歴史的文化財の世界遺産への登録は，しばらくの間，不利な状況に置かれていた。木造建築ゆえに火災による消失に伴う建て替えや，台風などの被害による修復時の補強などが認定条件に触れるのではないかと問題視されてきたからである。

　しかし，1993年の「法隆寺地域の仏教建築物」の登録を境にして，認定作業の専門家の間で，木造建築物の文化的価値の正当性（authenticity）をめぐる議論が活性化し，創建当時の意匠に復元する文化の特性が評価されるようになった。このことが「古都京都の文化財」（1994年），「白川郷・五箇山の合掌造り集落」（1995年），「厳島神社」（1996年）などの認定作業に反映されている。

世界遺産の分類とその例

● 文化遺産
【定義】優れた普遍的価値をもつ建築物や遺跡など

イギリスのウェストミンスター寺院
（ウェストミンスター・パレス，聖マーガレット教会と一括して登録）

● 自然遺産
【定義】すぐれた価値をもつ地形や生物，景観などを有する地域

アメリカ合衆国のヨセミテ国立公園

造形作品の鑑賞を通じて，文化の多様性を理解する機会を提供してきた造形教育にとって，多種多様な文化圏の遺跡や景観を積極的に認めていこうとする現在の世界遺産認定の方向は望ましいものだといえよう。

　ここまで，世界遺産を教材化するための前提となる基礎的事項を整理してきたが，次に世界遺産を学習するメリットについて箇条書きにして示しておきたい。

① 世界遺産を鑑賞することによって多種多様な造形文化の存在を学ぶことができる。

② 世界遺産を鑑賞領域の教材として扱うことにより，従来，取り組みの薄かった建築物や景観の鑑賞が進捗する。

③ 歴史や地理，人々の生活や環境問題など，社会的な認識を深める学習と関連づけて，美術鑑賞の学習に付随する幅広い知識を学ぶことができる。

④ インターネットや書籍から世界遺産に関する豊富な情報を得ることができるので，造形文化や美術作品についての主体的な調べ学習が展開できる。

■発展

　世界各地に点在する世界遺産を国内でリアルに鑑賞する方法がある。それは世界中の名画を実寸大の陶版に写真製版の方法で焼きつけて展示している大塚国際美術館を利用する方法だ。

　イタリアのヴァチカンは，街の文化財が一括して登録されている文化遺産である。その中でも，ひときわ光彩を放つ文化財がシスティーナ礼拝堂の〈最後の審判〉（ミケランジェロ作）である。その巨大な陶版複製画が大塚国際美術館に永久展示されている。

　これとは別件の登録文化財のイタリアのサンタマリア・デレ・グラツィエ教会の〈最後の晩餐〉（ダ・ヴィンチ作），そして，ポンペイなど考古学地域の住居跡の壁画もこの美術館の複製陶版画によってリアルに再現されている。徳島県鳴門市にあるこの美術館を訪れる計画を学校行事に組み込み，世界遺産として登録された作品を鑑賞する機会を学習者に提供したいものである（写真はこの美術館の複製〈最後の審判〉）。

●脈々と受け継がれる木の文化

　世界遺産に登録された法隆寺は，607年に創建され，710年頃に再建されたと推測される世界最古の木造建築物。当時の高い技術力とデザイン力を表しており，世界に誇る日本の木の文化を象徴している。

　ところで，ドイツの建築家ブルーノ・タウト（1880-1938）は法隆寺のような仏教伽藍ではなく，木と石と水を調和させた桂離宮（17世紀半ば）を日本文化の源泉を示唆するものと捉え高く評価した。

　木の文化といえば，日本における木彫仏の伝統を忘れるわけにはいかない。飛鳥・白鳳時代の無名の仏師たちから始まり，平安時代の定朝，鎌倉時代の運慶や快慶，そして，江戸時代の円空や木喰の作品群まで，木彫彫刻として鑑賞対象となりうる仏像の傑作が豊富に存在している。

●複合遺産
【定義】文化遺産と自然遺産の両方の要素を兼ね備えたもの

ペルーのマチュ・ピチュ歴史保護区

POINT

● 世界遺産は文化遺産・自然遺産・複合遺産の三つ

● 世界に誇る日本の木の文化

● 多種多様な文化の存在を世界遺産で鑑賞

関連リンク

景　観　　　　　→ p.2

造形文化　　　　→ p.3

調べ学習　　　　→ p.161, 179, 182

（山木朝彦）

[6] 生活と造形

総論 主題 技法 知識 鑑賞

世界遺産の街「古都京都」の文化財

世界遺産の街—京都

　京都府内の京都市に位置する15の寺社と宇治市に位置する平等院と宇治上神社，そして滋賀県大津市に位置する比叡山延暦寺を合わせた17の寺社が，1994（平成6）年に「古都京都の文化財」として世界遺産に登録された（下欄参照）。

　どの寺院や神社も貴重な文化財であり，建築，室内装飾，庭園，絵画や彫刻など，鑑賞の対象は数多くある。その中から，東寺と平等院の建築と仏像を例にとり，鑑賞のポイントを提示しよう。

東寺（教王護国寺）の建築と仏像

　東寺は平安京遷都の2年後に官製の寺として創建され，823（弘仁14）年に嵯峨天皇から弘法大師空海（774-835）に下賜された真言宗の寺院である。密教美術の宝庫と呼ばれているように，国宝の〈両界曼陀羅図〉を保有している。南北朝時代，室町時代，安土桃山時代など，時代の異なる建築物の多様な様式を鑑賞できる。平安時代に創建され，江戸時代に創建された〈東寺五重塔〉（国宝）は日本一の高さを誇っている。世界最古の木造五重塔として有名な〈法隆寺五重塔〉（世界遺産・国宝）の耐震構造とともに，高さの限界に挑んだ〈東寺五重塔〉は日本の建築技術の高さを表している。優美さと勇壮さをともに備えた五重塔を鑑賞することで建築の美に関心をもち，その魅力を学ぶことができる。

　この東寺講堂には，4体の菩薩像，5体の明王像，四天王像，梵天像，帝釈天像（いずれも国宝）と5体の如来像（重要文化財）があり，密教の世界観を反映した配置に置かれている。839年につくられた木彫の〈梵天像〉と〈帝釈天像〉はそれぞれ鵞鳥と象に座った座像であり，リアルな表現の中に想像力を刺激する幻想性を備え，強烈な印象を見る者にもたらさずにはおかない。同様に，〈不動明王像〉（839）の憤怒の形相と燃え盛る炎を表す火炎光と呼ばれる光背もまた鑑賞者に強烈な印象をもたらす。これらの像は想像力を掻き立てる存在として，小学生・中学生を魅了するだろう。

平等院の建築と仏像

　平等院は，もとは嵯峨天皇王子の 源 融（みなもとのとおる）の別荘であった。これを藤原道長（996-1027）が購入し，頼道（992-1074）が寺院に改めたことが起こりであり，鳳凰が両翼を広げた形に見える鳳凰堂（阿弥陀堂）は，1053（天喜元）年に創建されている。屋根には金銅（銅に金のメッキの意味）の一対の鳳凰（国宝）が据えつけられている。鳳凰堂のシンメトリー（左右対称）の意匠は，強さとともに優美さを見るものに感

200

日本の世界遺産

　「世界遺産とは」の項目でも一部述べているが，日本にある世界遺産を項目別・登録順に整理してみると次のようになる。

●文化遺産

　「法隆寺地域の仏教建造物」（奈良県），「姫路城」（兵庫県），「古都京都の文化財」（京都府・滋賀県），「白川郷・五箇山の合掌造り集落」（岐阜県・富山県），「広島の平和記念碑（原爆ドーム）」（広島県），「厳島神社」（広島県），「古都奈良の文化財」（奈良県），「日光の社寺」（栃木県），「琉球王国のグスク（＝城）および関連遺産群」（沖縄県），「紀伊山地の霊場と参詣道」（和歌山県・奈良県・三重県）。

●自然遺産

　「白神山地」（青森県），「屋久島」（鹿児島県），「知床」（北海道）。

●京都の世界遺産

　東寺（教王護国寺・796），西本願寺（1591・寺の起源は1272），清水寺（778），銀閣寺（慈照寺・1482），二条城（1603），下鴨神社（賀茂御祖神社・1629），上賀茂神社（賀茂別雷神社・678），金閣寺（鹿苑寺・1398），龍安寺（1450・1488再建），仁和寺（888），天龍寺（1345・明治期再建），高山寺（1206），西芳寺（苔寺・8世紀前半・1644再建），宇治上神社（1060年代），平等院（1052），醍醐寺（874），比叡山延暦寺（788・17世紀半ばに再建）。

　いずれも観光の名所であり，よく整備された庭園を備えた寺社も多い。

じさせる。

　藤原氏による莫大な資金の投入によって，鳳凰堂内部は，平安王朝文化の粋を集めた絢爛豪華な装飾的空間であった。その中心には，和様彫刻の完成者といわれる仏師定朝がつくった〈阿弥陀如来像〉(1053)が鎮座している。その特徴は穏やかで優しい表情である。同時に光背や天蓋の絢爛たる金色の輝きには浄土を夢見る平安貴族の世界観が表れている。

　平等院の彫刻の中でひときわ目を引くのが52体の〈雲中供養菩薩〉である。創建当時は極彩色で彩られていたが，今は木地が露出している。雲に乗った菩薩たちの多くは楽器を弾き楽しく踊る姿である。仏の姿を表すための図像的な条件に縛られて，硬くなりがちな仏像彫刻の中で，人体の動勢を生き生きと捉えた〈雲中供養菩薩〉は独創的であり，きわめて魅力的である。

　これら数多くの〈雲中供養菩薩〉の作者はいったい誰だろうか。この点についても触れておきたい。全体の構想や個々の菩薩の指導にあたった総指揮官は前述の定朝である。その指揮下に整然とした仏師の集団が従っていた。鳳凰堂創建より20年以上前の時期に，定朝の下には20人の大仏師のもとに各々5人ずつの小仏師がいた。一種の大工房である。しかし，定朝は仏師たちを自らの権威で縛ることなく，個性的な表現を追究させたのではないかと言われている（平等院発行「平等院雲中供養菩薩」所収の岩佐光晴の解説を参照）。

■発展

　東寺や平等院の仏像を鑑賞し，イマジネーションをはたらかせて，表現に結びつけてみよう。

●東寺の木造彫刻
　動物に乗った帝釈天の姿は，どことなくユーモラスである。空想上の動物に乗って，考えに耽る自分の姿を思い浮かべ，絵に描いてみよう。

象に乗った東寺の帝釈天像

●平等院の木造彫刻
　楽しく踊り，楽器を奏でる雲中供養菩薩の姿には今にも動き出しそうな人体の動勢（ムーヴマン）が表現されている。鑑賞した後に，ひとが踊る姿を絵に描いたり，粘土で立体に表してみよう。

楽しく踊る雲中供養菩薩 　　拍板という楽器を鳴らしている雲中供養菩薩

東寺の五重塔は，新幹線の車窓から見ることができる京都のランドマークでもある。

POINT

●古都京都の世界遺産は32社の寺社

●東寺五重塔（国宝）は，日本一の高さ57m

●世界最古の法隆寺五重塔は耐震構造

関連リンク
木造彫刻　　　　→ p.28, 104

（山木朝彦）

6 生活と造形

「姫路城」の用と美

総論　主題　技法　知識　鑑賞

世界文化遺産の建築

　世界文化遺産と呼ばれる歴史的文化財の中心は，ある文化圏における繁栄の時代に築かれた建築である。壮大な演劇や歌劇が総合芸術とみなされることがあるように，建築という人類の営為には，高度な技術とともに多様な造形思想が織り込まれており，できあがった建造物は，総合的な芸術として高く評価される場合がある。彫刻との関連で，前項で取り上げた平等院鳳凰堂などもその一例である。

　国際的な観点からいうと，インドのタージ・マハルやトルコのアヤ・ソフィア聖堂（登録名：イスタンブール歴史地区），フランスのヴェルサイユ宮殿やモン・サン・ミシェル寺院など数多くの建築が世界文化遺産として登録され，芸術的な価値を認められている。

　日本の建築としては，姫路城が法隆寺地区の仏教建造物とともに世界文化遺産に登録された最初の建造物となった。ここでは，姫路城を鑑賞する意味を探ってみよう。

姫路城の魅力

　姫路城は，1346（貞和2）年の赤松貞範によって築城され，羽柴秀吉（後の豊臣秀吉）の3層の天守の建築を経て，池田輝政（1564-1613）の5層の大天守などの大規模な城郭の整備によって完成した。その後の増築や改修，明治期の一部取り壊しや空襲による被害はあったものの中心部分は，この時期の姫路城の姿を留めている。

　大天守は外観5層で内部は6階・地下1階の構造で，石垣を入れて47mの高さを誇る。屋根が織り成す「人」の形を飾る破風(はふ)の部分に鋭角の「千鳥破風」と曲線的な「唐破風」を組み合わせることで，変化をつけ，全体として安定感と勇壮さを醸し出している。大天守の1側面と背後に三つの小天守が配置された「連立式天守」という意匠（デザイン）が奥行きを感じさせるとともに華麗な印象をもたらしている。

　姫路城は，しばしば「用」と「美」の融合した存在だといわれる。それは，戦闘への防備や行政の実務，そして権力の誇示といった有形無形の目的と，優美さや荘厳さという，美とかかわりの深い印象を姫路城がともに満たしているからである。

　たとえば，天守や土塀に規則正しい間隔でつくられている狭間(さま)という小窓は，火縄銃を撃ち，矢を射るためのものである。しかし，正方形，正三角形，円形にくり抜かれた小窓は，白壁に変化をつけ，幾何学的な形から採光する魅力的なデザインとして見ることができる。屋根瓦の隙間にまで施した白い漆

202

負の世界遺産

　日本には通称で負の世界遺産と呼ばれる文化遺産がある。それは「広島の平和記念碑（原爆ドーム）」である。

　廃墟と化してしまったこの建築物は，1915（大正4）年に完成した広島県産業奨励館と呼ばれる建物だった。チェコの建築家に設計を発注したものである。

　皮肉なことに，30周年記念式典が行われた翌日の1945年8月6日に上空580メートルの地点で原爆が炸裂した。その威力は凄まじく，廃墟と化したこの建物の周囲は見渡す限り焼け野原であった。

　建築行為がその時々の文化の豊かさを表すのと対照的に，破壊行為は文化的営為と想像行為への否定に他ならない。その意味で，原爆ドームは戦争と破壊へ向かう人類の志向性を戒め，暴力の無益さを永遠に留める負の遺産として世界文化遺産に登録されたのである。

　負の遺産を図画工作や美術で扱うのは難しいと考える人もいるかもしれないが，戦争の悲惨さを告発する絵画作品の鑑賞と関連づけることは可能である。例えば，平山郁夫の〈広島生変図〉（1979）や丸木位里・赤松俊子の〈原爆の図〉シリーズ（1950）は直接，原爆に関連している。また，香月泰男の油絵，ヘンリー・ムーアの素描，浜田知明の版画などにも戦争の悲惨を描いた作品がある。

喰も，建物の美しさを際立たせているが，火災に対する効果的な耐火用素材として用いられたものである。景観が微妙に変わるプロムナード（散歩道）の魅力を教えてくれる土塀続きの道も城郭内部に進入した敵を食い止める迷路のような役割を担っている。このように，姫路城は戦闘に対して万全な対策を練って設計された要塞であるが，実際には攻撃を受けることなく近世の城郭建築の堅牢さと優美さを現在に伝えている。

ところで，城という戦乱の世の遺構を鑑賞の対象として選ぶことに抵抗を感じる教師もいるかもしれない。しかし，築城当時の歴史の学習を深めつつ，姫路城の美しさについて気づき語り合う鑑賞の機会を授業の中で用意したいものである。幸い，世界遺産への登録を機に姫路城の魅力を解明する書籍やDVDが数多く発行され，教材開発の手がかりとなる資料は豊富である。

なお，右の「発展」にも掲げたとおり，姫路城だけではなく，世界遺産に登録された日本の建築物を比較鑑賞することは，建築の造形美を学習者に伝えるよい機会となるだろう。

例えば，1995年に世界遺産に登録された「白川郷・五箇山の合掌造り集落」（岐阜県・富山県）の88棟の民家は，いずれも急勾配の茅葺きの屋根が特徴である。これは豪雪地帯に住む人々の知恵が編み出したシンプルな造形美であり，この点を建築家のブルーノ・タウト（1880–1938）は高く評価している。比較鑑賞を通じて，建築物の美しさが，それらの目的と深くかかわっていることを学ぶことにも大きな意義があろう。

■ 発展

① 姫路城を訪れて，自分の好きな場所を簡単にスケッチするか，写真に撮ろう。できあがったスケッチ，あるいは写真を見ながら，どこが美しいと思ったか語り合おう。

参考　姫路城（大天守・小天守・渡り櫓）

② 下の写真には狭間，石落とし，千鳥破風，しゃちほこ（鯱）が写っている。それぞれ，どの部分のことか考えよう。インターネットを利用して調べるのもよい方法である。

③ 日本の建築の歴史に関心をもち，世界遺産に登録された建物の特徴を調べよう。

「広島の平和記念碑（原爆ドーム）」

POINT

- 世界文化遺産には多様な造形思想の営為
- 近代城郭は，用（＝戦闘・行政）と美（荘厳さ）の融合
- 原爆ドームは負の世界遺産

関連リンク

用と美　　　→ p.30, 32

文化遺産　　→ p.198

（山木朝彦）

世界遺産

■ 作品提供・協力

学校インターネット教育推進協会	静岡県広報室	誠心相陽幼稚園（相模原市）
東京学芸大学附属竹早小学校	晴美台幼稚園（堺市）	茨城県天心記念五浦美術館
宇都宮美術館	埼玉県立近代美術館	滋賀県立近代美術館
ハラミュージアムアーク	萬鉄五郎記念美術館	（株）大杉型紙工業（鈴鹿市）
ジオビオデザイン一級建築士事務所	画材・白木屋（宇都宮市）	（株）テオリ（倉敷市）

岩野　宏二（神奈川県立藤沢高等学校教諭）　宇賀神俊彦（宇都宮市教育委員会指導主事）　菊地　伸治（彫刻家）
栗原　節夫（陶芸作家）　澤田　知子（写真家）　鹿目　曹（陶芸作家）
柴山　京子（彫刻家）　長島のぼる（クラフト作家）　廣畑　浩（岡山県立美術館学芸員）
藤田　英樹（信州大学教育学部助教授）　古瀬　政弘（東京学芸大学教育学部助教授）　峯田　敏郎（彫刻家）
八木　　明（京都造形芸術大学教授）　若林　直行（栃木県総合教育センター指導主事）

赤川　伸吾	赤木　恭子	伊藤　俊恵	大長佳世子	小笠原拓哉	小笠原理恵
岡田　　愛	奥山　陽介	尾花　佑梨	金澤　貴子	亀山　智恵	川原﨑知洋
黒沼　　令	興　　　安	小松　慶子	小松田三香子	酒見芙美子	坂本　綾子
篠原　宏一	杉山　恵美	田島　邦彦	長尾早希子	中島つぐ美	長嶋　紀子
中塚　至俊	中村　　妙	根岸菜穂子	橋田　真文	藤岡　麻衣	伏見香奈江
古屋　有花	堀上　二奈	政本　富也	松浦　可奈	松崎　　博	丸山　実穂
溝田　宏朗	八木　育恵	山内　玲奈	山口　侑子	山田　慶子	揚　　孟蓉

■ 参考文献

中原佑介『ヒトはなぜ絵を描くのか』フィルムアート社，2001
川崎市岡本太郎美術館『「岡本太郎と縄文展」図録』NHKプロモーション，2001
岡本太郎『原色の呪文』文藝春秋，1968
伊藤俊治『熱帯美術館』リブロポート，1989
ハーバート・リード，宇佐見英治訳『彫刻とは何か　特質と限界』日貿出版社，1980
ジョルジュ・アンリ・リュケ，須賀哲夫監訳『子どもの絵―児童画研究の源流』金子書房，1979
東山明『美術教育と人間形成―理念と実践』創元社，1986
柳原義達『孤独なる彫刻―柳原義達美術論集』筑摩書房，1985
彫刻天国　東京パブリックアートガイド：http://homepage3.nifty.com/public_art/
町田市立国際版画美術館『版画の技法と表現　改訂版』1994
菅野陽『改訂　銅版画の技法』美術出版社，1962
造形芸術研究会『造形ハンドブック２』造形社，1979
小野忠重『版画』岩波書店，1961
小野忠重『日本の石版画』美術出版社，1967
太田耕二『版画をつくる子供たち』大蔵出版，1954
室伏哲郎『版画事典』東京書籍，1985
岡本祐美ほか『すぐわかる画家別近代日本版画の見かた』東京美術，2005
長谷川公之『現代版画の基礎知識』沖積舎，1994
佐藤忠良『触れることから始めよう』講談社，1997年
舟越桂『森に行く日―舟越桂作品集』求龍堂グラフィックス，1992
彫刻のある街づくり：http://2.csx.jp/users/sentai/tyokoku/sub881.htm
ジョン・ラッセル，福田真一訳『ヘンリー・ムーア』法政大学出版局，1985
中原佑介『ブランクーシ』美術出版社，1986
イサム・ノグチ庭園美術館：http://www.isamunoguchi.or.jp/gamen/home.htm
抽象彫刻と言葉：http://www004.upp.so-net.ne.jp/babezo/word4.htm
ペーパークラフトデータベース：http://www.j-park.net/papercraft/bookmark/index.jsp
小田基『「自由の女神」物語』晶文社，1990
鹿取一男『工芸家のための金属ノート』アグネ技術センター，1985
會田富康『鋳金・彫金・鍛金』理工学社，1980
増本健監修『金属なんでも小事典』講談社，1997
山下恒雄ほか『鍛金の実際』美術出版社，1978

■ 図版の出典

p.1	ラスコー洞窟壁画「オーロックスと馬の群」:『世界美術大全集』小学館, 1995, p.25	
p.2	モネ「サン・シメオンの道」:『世界美術大全集』小学館, 1995, p.201	
p.26	「不可能図形」:浜田寿美男『「私」とは何か』講談社, 1999, p.37	
p.26	M.C.エッシャー「滝」:『M.C.エッシャー画集 −数学的魔術の世界』河出書房新社, 1976	
p.26	サイ・トゥオンブリ「レバントⅦ」:酒井健『絵画と現代思想』新書館, 2003	
p.26	山口啓介「蕊柱のcore」:『山口啓介展｜空気柱　光の回廊』高崎市美術館, 2003, p.17	
p.27	ゲルハルト・リヒター「グレイの筆跡」:金沢21世紀美術館・川村記念美術館監修『GERHARD RICHTER』淡交社, 2005, p.42	
p.27	ロス・ブレックナー「ONE DAY FEVER」:『ROSS BLECKNER』グッゲンハイム美術館, 1995	
p.27	ジグマー・ポルケ「園丁（Gardener）」:『「ジグマー・ポルケ　不思議の国のアリス」展』上野の森美術館, 2005, p.63	
p.27	「ジャクソン・ポロックの制作スナップ」:『Contemporary Great Masters 6　Jackson Pollock』講談社, 1994, p.79	
p.30	亀倉雄策「'89名古屋デザイン博覧会公式ポスター(伝達デザイン)」:『クリエイション NO.21』リクルート, 1998, p.70	
p.31	パンドラデザイン「マタービー　スプーン&フォーク(携帯用使い捨て食器)」:http://www.pandoradesign.com	
p.61	「木わり」:白い国の詩編『東北の子ども版画』東北電力, 1995, p.27	
p.66	山本鼎「漁夫」:『原色現代日本の美術　第11巻　版画』小学館, 1978, p.7	
p.66	デューラー「大磔刑」:『世界版画美術全集　第１巻』講談社, 1981, p.13	
p.66	小林敬生「漂泊 NO.4」:『滋賀の現代作家展カタログ』滋賀県立近代美術館, 2005, p.29	
p.67	安藤広重「大はしあたけの夕立」:小林忠監修『浮世絵の歴史』美術出版社, 1998, p.138	
p.69	吹田文明「新しい星」:吹田文明編著『現代木版画技法』阿部出版, 2005, p.1	
p.69	黒崎彰「迷彩譜」:黒崎彰『NHK趣味入門　木版画』日本放送出版協会, 1999, p.124	
p.70	アルブレヒト・デューラー「メランコリア」:『世界版画美術全集　第１巻』講談社, 1981, p.49	
p.71	長谷川潔「半開の窓」:『版画藝術28冬』阿部出版, 1980, p.61	
p.73	レンブラント「三本の十字架」:『世界版画美術全集　第１巻』講談社, 1981, p.10	
p.73	駒井哲郎「思いで」:『みづゑ3　No.864』美術出版社, 1977, p.9	
p.73	パブロ・ピカソ「ビュッフォン《博物誌》」:菅野陽『改訂　銅版画の技法』美術出版社, 1962, p.36	
p.75	駒井哲郎「時間の迷路」:駒井哲郎『銅版画のマチエール』美術出版社, 1992, 口絵	
p.75	浜口陽三「飼い馴らされた小鳥」:『版画藝術28冬』阿部出版, 1980, p.53	
p.75	長谷川潔「暗い背景とぶどう」:『原色現代日本の美術　第11巻　版画』小学館, 1978, p.206	
p.77	ロイ・リクテンスタイン「た、たぶん（少女の絵）」:『西洋美術館』小学館, 1999, p.1031	
p.79	オノレ・ドーミエ「立法の腹」:『ヨーロッパ版画名作展カタログ』国立西洋美術館, 1981, No.109	
p.79	瑛九「旅人」:『原色現代日本の美術　第11巻　版画』小学館, 1978, p.124	
p.81	「大西靖子の限定数とサイン」:『版画藝術28冬』阿部出版, 1980, p.40	
p.85	ティツィアーノ「青い袖の男」:『FRAME WORKS』MERRELL HOLBERTON, 1996, p.55	
p.86	ダリ「雲で満たされた頭のカップル」:『FRAME WORKS』MERRELL HOLBERTON, 1996, p.416	
p.86	マイク&ダグ・スターン「PLANT DEAILS #3. 1988」:『マイク アンド スターン』リブロポート, 1991, p.66	
p.87	ロバート・スミッソン「螺旋形の突堤」:『現代美術事典』美術出版社, 1984, p.16	
p.99	興福寺「阿修羅像」:河原由雄監修『仏像の見方　見分け方』主婦と生活社, 2002, p.93	
p.106	「石彫工具の使い方」:宮脇理編著『新版　造形の基礎技法』建帛社, 1998, p.105	
p.106	菊地伸治「地平線の番人」:『第2回安比高原彫刻シンポジウム図録』安比高原彫刻シンポジウム推進協議会, 1998	
p.110	ヴァーナー・パントン「Panton chair（人体にフィットする椅子）」:http://www.hhstyle.com	
p.113	柴田文江「COMBI ベビーレーベル（幼児用食器）」:『AXIS103』アクシス, 2003, p.137	
p.123	国際赤十字「献血を訴えるポスター」:『pen No.145』阪急コミュニケーションズ, 2005, p.87	
p.123	静岡県広報室「ユニークな広告表現」:http://www.pref.shizuoka.jp/bb/kn/2002072k.htm	
p.128	ユーリー・ノルシュテイン「霧につつまれたハリネズミ」:『アートアニメーションの素晴らしき世界』エスクァイア マガジン ジャパン, 2002, p.114	
p.128	山村浩二「頭山」:森山朋絵監修『絵コンテの宇宙—イメージの誕生』美術出版社, 2004, p.28

p.129	岩井俊雄「時間層Ⅱ」：『アートアニメーションの素晴らしき世界』エスクァイア マガジン ジャパン，2002，p.53	
p.134	アンディー・ウォーホル「映画『ナイアガラ』広告写真」：『アンディー・ウォーホル展覧会カタログ』アンディー・ウォーホル美術館，1996，p.214	
p.134	アンディー・ウォーホル「青緑色のマリリン，1962」：『アンディー・ウォーホル展覧会カタログ』アンディー・ウォーホル美術館，1996，p.80	
p.134	森村泰昌「セルフ・ポートレイト・女優（モンローとしての私）」：森村泰昌『空想主義的芸術家宣言』岩波書店，2000，p.81	
p.134	澤田知子「ID400」：http://www.kohjiogura.com/current/sawada/sawada.html	
p.135	ユージン・スミス「トラックの行く手を阻む牛の群れ」：ジルモーラほか『ユージン・スミス写真集』岩波書店，1999，p.103	
p.142	ジョルジョ・メリエス監督「映画『月世界旅行』」：『アートアニメーションの素晴らしき世界』エスクァイア マガジン ジャパン，2002，p.56	
p.143	「CM『日清カップヌードル マンモス篇』」：森山朋絵監修『絵コンテの宇宙—イメージの誕生』美術出版社，2004，p.13,16	
p.148	「教育用Webコンペ」：http://thinkquest.jp/	
p.149	「統合的なコミュニケーションシステム」：http://moodle.org/	
p.151	「ケルマン=ルーキッズの図」：ジャック・ニニオ『錯覚の世界』新曜社，2004，p.87	
p.152	小町谷朝生「輪郭による色の見え方の違い」：小町谷朝生ほか『キュクロプスの窓』日本出版サービス，1989，p.45	
p.154	「春日権現験記絵巻」：小松茂美編『続日本絵巻大成14 春日権現験記絵 上』中央公論社，1982，p.4	
p.155	「パーティクルボード原材料」：INAX『デザイニングウッド －木材進化系－』INAX出版，2000，p.18	
p.156	「各種打刃物」：『越後与板打刃物』与板金物振興協同組合，2006，p.1	
p.157	「竹集成材作例」：http://www.teori.co.jp/tdw/collection/index07.html	
p.159	長江重和「釉彩薄層のかたち」：『炎芸術 70号』阿部出版，2002，p.48	
p.162	自由の女神のパーツを制作するフランスの職人：小田基『「自由の女神」物語』晶文社，1990，p.155	
p.174	ディエゴ・ベラスケス「ラス・メニーナス（女官たち）」：『世界美術大事典 第5巻』小学館，1993，p.181	
p.174	金沢健一「ワークショップ「鉄・かたち・音」」：『「ワークショップ＋展覧会」図録』宇都宮美術館，2003	
p.176	清水登之「パリ郊外ムードンの丘」：宇都宮美術館所蔵	
p.176	パウル・クレー「都市の境界」：宇都宮美術館所蔵	
p.177	パウル・クレー「三人のアラビア人」：宇都宮美術館所蔵	
p.178	Kimbell, Stables, Wheeler, Wosniak, and Kelly「デザイン・プロセスにおける「知」と「手」の相互作用」：『The Assessment of Performance in Design and Technology』School Examinations and Assessment Council (London), 1991	
p.183	「アートゲームボックス」：滋賀県立近代美術館	
p.196	「伴大納言絵巻」：『国宝 伴大納言絵巻』出光美術館，1994，p.16	
p.201	「楽しく踊る雲中供養菩薩」：『平等院 雲中供養菩薩』平等院，2005，p.36	
p.201	「拍板を鳴らしている雲中供養菩薩」：『平等院 雲中供養菩薩』平等院，2005，p.7

索　引

数詞, A～Z

2DCG	136
3DCG	115, 138
CAD	115
CG	37
CI	153
DTP	115, 146
DTPR	146
Web	148

ア

アイデアスケッチ	120
亜鉛	80, 164
アーカイブ	15
アクアチント	74
アクセシビリティ	111
アクリル絵具	47, 50
アスファルト	109
アースワーク	16, 87, 184
厚紙成形	117
アートアニメーション	128
アートゲーム	183
アニメーション	128, 130
アバンギャルド	185
油絵具	40
アルミニウム	90, 164

イ

意外性	123
板目版画	66
一版多色木版	68
一本造り	104
イニシャルデザイン	121
イラストレーション	123, 124
イラストレータ	115
色空間	150
色立体	150
陰刻版画	67
印刷術	60, 76
インスタレーション	86
インターネット	147, 148
インデックスページ	147
インプリマトゥーラ	49

ウ

浮世絵版画	66
動き	29, 118
打ち抜き	117
裏引き	169
漆	108, 172

エ

エアブラシ	51
映像編集	142, 144
エコロジカルデザイン	31, 111
絵コンテ	144
エスキース	96, 114
エッチング	64, 72
エッチングプレス機	63
絵具	46, 48
絵巻	196
遠近法	35
エングレービング	70
鉛筆	42

オ

オイルパステル	44
黄銅	163
凹版	64
オーサリング	147
雄型	102
オブジェ	51, 86
表下地	169
折り加工	116
オリジナル版画	81
おる	116
音声ガイド	175

カ

カービング	94, 104
絵画	13, 40
諧調	73, 118
額	85
学習キット	179, 187
加工硬化	164
加工粘土	99
かさねる	116
鍛冶	162
可塑変形	116
型染	76
カタログ描法	36
学校行事	92
ガッシュ	47
カートゥーン	59
加熱形成	166
紙	10, 116
紙版画	80
カメラオブスキュラ	135
ガラクタ	20
烏口	115
カリカチュア	59
カルトネ	52
環境	19, 30
関係図	124
観察	34
乾漆	172
鑑賞	174, 195, 176, 177
乾性油	48
顔料	48

キ

記憶画	36
記号	3
技術性	4, 30
木取り	104
機能	30, 110
木節粘土	158
技法性	4, 7
キャスティング	94, 102
キャッチコピー	122
キャプチャー	144
キャラクターデザイン	58, 133
キャンソン紙	44
胸像	88
共同制作	82, 97, 140
曲性変形	116
虚構	85, 134
魚類	89
切り絵技法	76
銀	163
金工	162
銀線	169
銀箔	169

ク

空間	29
草木染	170
具象	38, 88
雲形定規	115
グラウンド	72
グラディエーション	118
グラフ	124
くり返し	118
クレパス	44
クレヨン	44
クロッキー	42

ケ

芸術体験	5, 174
形相的想像力	29
形態	30, 91, 110
啓発・啓蒙	122
軽量粘土	28
消し具	42
結合材	48
ケレンハンマー	106
現代造形	12
見当	69
ケント紙	44, 114

コ

工芸	13, 32, 178
広告デザイン	123, 126
工作	20

構築性	29
勾配定規	115
孔版	64
合板	155
広報	122
勾勒法	57
小刀	94
五金	162
木口版画	66
ゴースト	145
木工	154
誇張	59
古典画法	48
子ども	6
胡粉	54
コーポレート・アイデンティティ	153
コマ撮り	145
コミックストリップ	59
コミュニケーション	175
ゴム版	63
コヤスケ	106
コラージュ	37, 138
コラボレーション	109
コンテ	44
コンテンツ	147
コンパス	94
コンピュータ	125

サ

再現性（絵画）	26
材質	29, 91, 139
再生	111
彩度	150
材料	18, 40, 154
サイン	81
サクラ	62
挿絵	126
擦筆	41, 44
茶道	25
錆漆つけ	173
触る	194
残像現象	128
三属性	150

シ

ジェルメディウム	51
視覚の写実性	34
自画像	38
直づけ	98
磁器	194
色覚	150
色彩	150
色相	150
字消し板	115
自在定規	115
資質	9
姿勢	43
自然遺産	198
自然観	2

事前指導（鑑賞）	183
下絵	42, 83
質感	29, 91
漆喰	99
実像	85
七宝	168
質料的想像力	29
視点	43
シート版画	80
シナベニア	62
写真	134
シャモット	158
自由画教育運動	6
集合彫刻	29, 94
集成材	155
充填形成	166
シュガー・アクワチント	73
主観性	27
縮尺モデル	140
樹脂油	48
主題性	4
主版法	67
シミュレーション	140
樹木	89, 155
棕櫚縄	94, 100
純色	150
商業印刷	79
焼成	98, 158, 169
象徴性	28, 111
焼鈍	164
消費	178
商品	126
情報機能	151
情報デザイン	30, 111
情報リテラシー	31
省略	59
叙述	176
女性美	5
触覚	180
シルクスクリーン	63, 74, 171
ジンク	164
人工環境	3
芯材	95
心像表現	12, 47
人体	101
真鍮	163
新聞紙	19
シンボル	152
シンメトリ	118
心理的効果	111

ス

水彩絵具	40
水彩筆	41
水墨画	56
図解	124, 126
透かし彫り	105
スクリーントーン	58
スクリーンプリント	76

スクレーパー	75
スケッチ	42, 47, 84
スコア	124
図式	34
錫合金	164
スターリングシルバー	163
スタンプ遊び	60
スチレン版画	80
ステージ・フォト	134
ステンシル	74, 171
図表	124
図譜	124
スペイン地塗り	49
図法	125
スポンジ	166
墨	56
素焼	158
3Dソフト	92

セ

生活用品	194
生産デザイン	30
精神文化	32
青銅	163
静物	89
世界観	2
世界遺産	198
積層変形	116
石彫	106
石灰モルタル	52
セッコ	52
石膏	99
石膏取り	102
石膏ブロック	107
切除	116
石塑粘土	28
切断	116
接着	108, 116, 167
染色	170
全身像	88

ソ

創案	84
象嵌	165
造形遊び	7, 14, 18
造形活動	5, 6, 8
総合学習	179
操作性	112
装飾性	111
創造性	4
想像力	4
蔵筆	56
側筆	56
素材	154
塑像	28, 94
素描	35, 42, 84
ソフト・グラウンド・エッチング	73
ソフトパステル	44
染め	170

タ

ダイアグラム	124
体験的展示	179
題材設定	7
対称	118
タイトル編集	145
タイプフェース	132
対話	188
対話型作品鑑賞	177
たがね	94
竹	155
多色木版	65
脱乾漆	172
脱乾漆像	99
脱脂	168
多量接合	117
多量切断	117
鍛金	162
短縮法	35
単色木版	65
鍛造	162
段ボール	92

チ

ちぎる	116
地図	124
知的写実性	34
チャート	124
チャン	109
鋳金	162
抽象表現	38, 39, 90
鋳造	94, 162
彫金	162
彫刻	13
彫刻刀	67
彫刻銅版画	70
彫像	28
彫造	94
鳥類	89
直筆	56
著作権	143

ツ

追創造	174
鎚	163
続き漫画	59
つなぐ	116
手	88

テ

ディスクリプション	176
定着用スプレー	42
手形遊び	60
デカルコマニー	16
適応表現	12
テクスチャー	98
デクパージュ	74
デザイン	6, 13, 30
デザインプロセス	30
デザイン・プロダクト	178
デザイン文字	132
デジタル写真	135
デジタルデザイン	31
デジタルビデオ	142
デスク・トップ・パブリッシング	146
デスク・トップ・プレゼンテーション	146
鉄	164
デッサン	42
鉄線描	57
手びねり	95
デフォルメ	130
テーブル	124
テラコッタ	98
展色材	48
伝達デザイン	30
伝統色	153
伝統造形	12
伝統的工芸品	33
テンプレート	115
テンペラ画	47, 52

ト

銅	163
道具	40, 154
陶芸	160, 194
礬水引き	54
頭像	88
銅版画	68, 80
透明水彩	47
溶き油	48
読書感想画	37
ドット	74, 137
凸版	62
とべ	101
ドライポイント	71
トランジション	144
ドローイング	42
ドロウ系イラストレーション	136

ナ

内面表現	38

ニ

膠	54
日常空間	184
ニードル	70, 81
日本画筆	41
日本庭園	24
ニューヨーク近代美術館	184
認知	112

ヌ

塗りつぶし効果	119

ネ

年賀状	61
粘土	159
粘土クロッキー	95

ノ

鑿	94, 163
糊漆	173
ノンリニア編集	143

ハ

バー	71
ハイブリッドメディア	147
パステル	44
パソコン	115, 119, 142
バックヤードツアー	189
発達段階	9
発泡スチロール	98
ハードパステル	44
バーニッシャー	73
ハマ	159
バランス	29
バリアフリーデザイン	112
張子	92
パレット	46, 139
バレン	65
版画インク	62
版画教育	61
版画プレス機	62
版形式	65
版材	62

ヒ

美意識	5
引き染め	170
ピクセル	137
ピクトグラム	112
ビシャン	106
ビジュアル・コミュニケーション	59
美術	178
美術館	4, 174, 189
ビットマップデータ	136
非日常空間	184, 188
ピュータ	164
ビュラン	62, 70
評価	141, 195
表組	124
表現領域	13
表示	126
表装	87
紅型	74

フ

風景	2, 3, 89
フェルト版画	78
フォトグラム	135
フォトショップ	115
フォン・フレスコ	52
複合遺産	198
腐食銅版画	70
物理的効果	111
筆	46

不透明水彩	47	マニエル・ノワール	74	やぶる	116
ブラインドウオーク	181	マーメイド紙	44		
ブラインドスカラップ	93	マルチメディア	146	**ユ**	
ブラシ	41	マルチワイプ	145	遊戯性	14, 111
ブラス	163	まるめる	116	有色下地	49
プラスチック	166	漫画	58	釉薬	158
プリントゴッコ	80	マンセル記号	153	油彩画	48
ブレインストーミング	140			油彩筆	41
フレーム	85	**ミ**		ユニバーサルデザイン	31, 112
フレスコ画	52	水張り	114		
プレゼンテーションデザイン	146	水篩	168	**ヨ**	
プロジェクト	140	溝引きガラス棒	115	用具	40
ブロンズ	163	見立て	16, 24, 133	陽刻版画	67
文化遺産	193, 198	ミュージック・ビデオ	145	用紙	42
分解法	67	見る	194	用と美	202
文化芸術振興基本法	190			寄木	105
		ム			
ヘ		虫	89	**ラ**	
平版	64	ムーブメント	118	ラワンベニア	62
平面	12, 118			ランドマーク	201
ペインティングナイフ	48	**メ**		蘭葉描	57
ペイント系イラストレーション	137	明暗法	35		
ベクターデータ	136	明度	150	**リ**	
ベジェ	139	雌型	102	離型剤	103
ベニア板	20	目すり	173	リサイクル	111
ペーパーウエイト	165	メゾチント	74	立体	12, 90, 93, 138
ペーパークラフト	93	メタモルフォーゼ	128	律動	118
ベルソー	74	メディア・リテラシー	135	リトグラフ	64, 78
変形	59	メディウム	50	リトプレス機	79
編集ソフト	143	メールサーバー	149	リピテーション	118
ペンタブレット	115	面	29, 93, 100	リフト・グラウンド・エッチング	73
				量	29, 100
ホ		**モ**		輪郭	152
ポインタ	147	木芯乾漆	172	リンク構造	148
防染	171	木造建築	198		
ホオ	62	木造彫刻	201	**レ**	
星取り技法	104	木炭	42	レイアウト	123
ポスター	122	木彫	104	レイヤー	136
ポスターカラー	47, 83	木版画	62	レイヨグラフ	135
ポストモダンデザイン	110	文字デザイン	132	レタリング	132
ポリゴン	93, 139	モダンテクニック	37	レリーフ	105
彫り進み版画	68	モダンデザイン	110	レンダリング	138
ポリマー	50	モチーフ	122		
ホワイト・キューブ	87, 184	木工	154	**ロ**	
		没骨法	57	蝋	109
マ		モデリング	94, 100, 138	ロゴタイプ	132
巻状変形	116	モニタ	115	ロジン	109
巻物	11	モニュメント	92	ロッカー	74
マーク	120	モノプリント版画	80	ロットリング	115
まげる	116	モンタージュ	138	露筆	56
益子焼	195				
マットメディウム	50	**ヤ**		**ワ**	
マップ	124	焼鈍	164	ワークショップ	174, 179, 181
松脂	75	矢印	113	和紙	11
窓枠	86	ヤスリ	94		

あとがき

　表現を巧みに行う方法を「技法」というが，造形表現のための基本的な技法を自分のものにできたとしても，必ずしも表現のためのエネルギーが充満してくるわけではない。それは自動車運転免許の取得と似ている。免許証を手にした喜びは安全運転という責任の自覚へと転化するが，それと同時に市街地での運転への不安を想起した人も少なくないであろう。免許を取得したからといって，それだけで実際に運転ができるわけではなく，自動車を駆って思い通りに往来するには，行き先という移動目的が必要であり，また，思いやりに欠ける運転者や複雑な道路状況に遭遇する日常で運転を楽しむためには，自動車操作の熟練，道路状況への精通，その時その場での判断や適応性が必要になる。

　造形表現における「道路状況」には，絵具・紙・粘土などの材料選択や筆・彫刻刀など用具の使用法にはじまり，表現意図に応じた繊細な手法や手際よく仕上げるための適切な段取り，また偶然に現れた造形的なよさを留め活用する積極的な行為，主体的で創造的な判断に基づく技術性なども含んでいる。それらは表現行為の継続あるいはその累積に基づいた飛躍的な発展の中で，運転技術と同様にだれもが獲得できる可能性がある。そして，技術が向上するにつれて，技術に関係する諸能力をも含めて，それらが造形表現の基本であると気づくであろう。

　けれども，ドライブの目的にあたる「何を表すか」という造形表現の主題性は，車の行き先や荷物の運搬目的のように単純ではない。例えば，創作以前の模写や模刻の学習では，構図や配色，筆致を学んだり，動勢や均衡，量感など先人の造形性を体感したりするねらいがある。さらに創作段階では，表現意図や表現目的への自覚・選択・決定の必要に迫られることになる。仮にそれらがないままに表出するということは，免許証を手にしたうれしさから所かまわず運転することに同じである。主題意識のない作品からは単なる現象としての感覚が伝わるだけで，他に何も見出せないであろう。デザインや工芸の作品であるなら，表現目的に関する用と美の融合の過程でつくられたものに意味が生まれるのは言うまでもない。

　とはいえ，運転免許を所持しない人も少なくないし，取得しなくても生活に困らないという人もいる。しかし，運転免許の場合と造形表現とは本質が異なる。児童・生徒にとっては，個々の造形技法の習得だけが目的ではなく，造形学習を通した人間形成にこそ目的がある。専門的に造形技法を身につける行為と同質に児童・生徒を「評価」すれば，造形学習の好悪に関するマイナス要因になりかねない。教える側が多様な表現に必要な技法を知っていながら，なおかつ児童・生徒の求めや発達に応じて教育的に評価できる視点が不可欠である。

　本書で紹介したそれぞれのベーシック造形技法は，だれもが生来内に秘めている「生命のエネルギー」を「造形表現」へと発展させる手段獲得への第一歩となるであろう。その学びの成果を試してみたくなるような衝動によって，造形表現の世界に足を踏み入れ，何度も試行し，やがて慣れとともに表現技術は身についていくと考えられる。興味を抱いたこと，少し努力すればできそうなこと，難しそうでも試してみたい技法を選んで，ぜひ豊かな造形表現への道を歩み始めてほしいと願う。数えきれない生命体の中で人類だけが発展させてきたこの「造形」という表現手段が，いつかどこかで本書を手にした方々と私たちの出会いをも導いてくれると信じている。

　なお本書においては，表現および鑑賞を二大「領域」，表現の中の絵画・彫刻・デザイン・工芸を四つの「分野」，また絵画の中の素描・油絵・日本画・版画などをおのおの「領野」として分類した。

　末筆になるが，本書の出版に多大なご支援をいただいた建帛社の筑紫恒男社長，全体構成から細部にわたりご高配いただいた同社の本間久雄部長，ならびに文京出版の片柳佳之氏，執筆ならびに資料等でご協力いただいた多くの方々に深く感謝申し上げたい。

平成18年8月

天　形　　　健
山　口　喜　雄

監修者

宮脇　理（みやわき おさむ）　インディペンデント・スカラー
元筑波大学芸術学系博士課程教授

編集者

山口　喜雄（やまぐち のぶお）　元宇都宮大学教育学部教授
元宇都宮大学教育学部附属小学校校長

天形　健（あまがた けん）　元福島大学人間発達文化学類教授
元福島大学附属中学校校長

編集委員

伊藤　文彦（いとう ふみひこ）　静岡大学教育学部教授
岡本　康明（おかもと やすあき）　元京都造形芸術大学教授
新関　伸也（にいぜき しんや）　滋賀大学教育学部教授
佐藤　昌彦（さとう まさひこ）　北海道教育大学（札幌キャンパス）教授

ベーシック造形技法 ―図画工作・美術の基礎的表現と鑑賞―

2006年（平成18年）10月20日　初 版 発 行
2018年（平成30年）5月30日　第5刷発行

　　　　監修者　宮　脇　　　理
　　　　発行者　筑　紫　和　男
　　　　発行所　株式会社 建 帛 社
　　　　　　　　KENPAKUSHA

112-0011 東京都文京区千石4丁目2番15号
TEL (03) 3944－2611
FAX (03) 3946－4377
http://www.kenpakusha.co.jp/

ISBN 978-4-7679-2086-3　C3037　　幸和印刷／田部井手帳
©宮脇理，山口喜雄，天形健ほか，2006.　　Printed in Japan
（定価はカバーに表示してあります）

本書の複製権・翻訳権・上映権・公衆送信権等は株式会社建帛社が保有します。
JCOPY〈出版者著作権管理機構　委託出版物〉
本書の無断複製は著作権法上での例外を除き禁じられています。複製される場合は，そのつど事前に，出版者著作権管理機構（TEL 03-3513-6969，FAX 03-3513-6979，e-mail:info@jcopy.or.jp）の許諾を得て下さい。

学習指導要領の［内容］

高等学校 専門学科 美術

	美術
1	美術概論
2	美術史
3	鑑賞研究
4	素描
5	構成
6	絵画
7	版画
8	彫刻
9	ビジュアルデザイン
10	クラフトデザイン
11	情報メディアデザイン
12	映像表現
13	環境造形

高等学校 普通教育［芸術］

工芸

学年	表現	鑑賞
3	(1) 身近な生活と工芸 ・身近な生活の視点に立った発想や構想をしたことなどを基に、創造的に表す技能。 (2) 社会と工芸 ・社会的な視点に立った発想や構想をしたことなどを基に、創造的に表す技能。	・身近な生活や社会的な視点に立ってよさや美しさ、生活文化と工芸との関わり、作品が生まれた背景など。 ・工芸作品や文化遺産などから伝統と文化の価値、工芸の役割や工芸理解に果たす工芸の役割や文化遺産の意義、国際理解に果たす工芸の役割などから伝統と文化の継承、発展、創造することの意義。 ・造形的なよさや美しさ、発想や構想の独自性と表現の工夫など。 ・社会的な視点に立ってよさや美しさ、発想や構想の独自性と表現の工夫や工芸のもつ機能性の改善など心豊かな生き方に関わる工芸の働き。 ・工芸作品や文化遺産などから表現の独自性、時代、民族、風土、生活環境の独自性などから工芸の伝統と文化。 ・自然と工芸の関わり、自然の中から見られる造形的なよさや美しさ、自然と工芸の特質や美意識、工芸の関わり。 ・工芸作品や文化遺産などから表現の共通性や相違点などから日本の工芸の特質や美意識、工芸の伝統と文化。
2		
1		

芸術

学年	表現	鑑賞
3	(1) 絵画・彫刻 ・感じ取ったことやよさを基に、想像力などの心の世界を生み出し、単純化や省略、強調、材料の組合せを考え、創造的な構成を工夫し、心豊かに表現する構想を練る技能。 (2) デザイン ・目的や機能などを考えた発想や構想をしたことなどを基に、創造的に表す技能。 (3) 映像メディア表現 ・発想や構想を豊かな発想や構想を生かした創造的な表現の技能。	・造形的なよさや美しさ、発想や構想の独自性と表現の洗練された工夫、作者の心情や表現の意図と創造的な工夫など。 ・日本及び諸外国の美術作品や文化遺産などから美術の役割や美術理解に果たす美術の伝統と文化の継承、発展、創造することの意義。 ・造形的なよさや美しさ、発想や構想の独自性と表現の工夫など。 ・目的や機能の独自性と表現の工夫など。 ・環境の中に見られる造形的な独自性などから美術の働き。 ・日本及び諸外国の美術作品や文化遺産などから表現の独自性と共通点などから時代、民族、風土、宗教などにかかわる表現の特質や美意識。 ・環境の中に見られる造形的なよさや美しさ、生活や社会の中に心豊かな美術の働き。 ・日本及び諸外国の美術史や美術文化、創造性など、美術を通した国際理解とそれぞれの国の美術文化。
2		
1		

中学校 美術

学年	表現		鑑賞
	絵や彫刻など	デザインや工芸など	
2・3	対象や事象を見つめ感じ取った形や色彩の特徴や美しさ、想像したことなどを主題に、全体と部分の関係などを考え、創造的な構成を工夫し、心豊かに表現する構想を練る。	・構成や装飾の目的や条件などを基に、用いる場面や環境、社会との関わりなどから主題を生み出し、美的感覚を働かせて調和のとれた洗練された美しさなどを総合的に考え、表現の構想を練る。 ・伝える目的や条件などを基に、伝える相手や内容、社会との関わりなどから主題を生み出し、伝達の効果と美しさなどとの調和を総合的に考え、表現の構想を練る。 ・使う目的や条件などを基に、使用する者の立場、社会との関わり、機知やユーモアなどから主題を生み出し、使いやすさや機能と美しさなどとの調和を総合的に考え、見通しをもって表現の構想を練る。	[美術作品など] ・造形的なよさや美しさ、作者の心情や表現の意図と創造的な工夫など。 ・目的や機能との調和のとれた洗練された美しさなどの表現の意図と創造的な工夫。 [生活や社会の中の美術の働きや美術文化] ・身近な環境の中に見られる生活や社会を美しく豊かにする美術の働き。 ・生活や社会の視点から自然や風土、伝統や文化などから受け継がれてきた美術の働き。 ・文化の継承と創造。諸外国の美術作品や文化遺産などから、国際理解を通した美術文化。
1	対象や事象を見つめ感じ取った形や色彩の特徴や美しさ、気持ちなど、材料との関係などを考え、創造的な構成を工夫し、心豊かに表現する構想を練る。	・構成や装飾の目的や条件などを基に、対象の特徴や用いる場面などから主題を生み出し、美的感覚を働かせて調和のとれた美しさなどを考え、表現の構想を練る。 ・伝える目的や条件などを基に、伝える相手や内容などから主題を生み出し、分かりやすさと美しさなどとの調和を考え、表現の構想を練る。 ・使う目的や条件などを基に、使用する者の気持ち、材料などから主題を生み出し、使いやすさや機能と美しさなどとの調和を考え、見通しをもって表現の構想を練る。	[美術作品など] ・造形的なよさや美しさ、目的や機能との調和のとれた美しさなど、意図と表現の工夫など。 [生活や社会の中の美術の働きや美術文化] ・身の回りにある自然物や人工物の造形的な美しさなどに豊かに関わる美術文化。 ・身近な地域や日本及び諸外国の文化遺産などの美しさなどに豊かに関わる美術文化。

表現・鑑賞共通事項

・形や色彩、材料、光などの性質や、それらが感情にもたらす効果などを理解する。
・造形的な特徴などをとらえ、全体のイメージや作風などで捉えることを理解する。